《中国交通年鉴》增刊

中国城市交通智能出行2016发展报告

ZHONGGUO CHENGSHI JIAOTONG ZHINENG CHUXING FAZHAN BAOGAO

Yearbook of China
Transportation & Communications

中 国 交 通 年 鉴 社

《中国交通年鉴》增刊

2016中国城市交通智能出行发展报告

出版发行 《中国交通年鉴》社
发行范围 国内外公开发行

编 辑 部 010-63022515 65544742
通信地址 北京市东城区东四什锦花园胡同23号
邮政编码 100007

印　　刷 北京宝隆世纪印刷有限公司
开　　本 890mmx1240mm 1/16
字　　数 504千字
印　　张 21
版　　别 2016年12月第1版
刊　　号 ISSN1002-8617 CN11-1397/U
版　　次 2016年12月北京第1次印刷
定　　价 人民币580元 国外150美元

2016中国城市交通智能出行发展报告

主　编

张　暖　陶　然

执行主编

刘　庶　喻　尘　陈喜群

编　辑

李宝珠　王拥民　朱　燕

数据研究

王占伟　姚　林　杨川明

李勇骞　陈　嘉　张帅超

陈笑微　陈楚翘　郑宏煜

报告撰写

朱　燕　刘思杙　呼延朔

强明阳　吴汉华　刘泽宇

英文翻译

Chen (Meggy) Li（加拿大）

美术编辑

孙　钊

研究机构

《中国交通年鉴》社

人民网舆情监测室

浙江大学建筑工程学院交通工程研究所

滴滴媒体研究院

大数据观察城市交通的一次有益尝试

（序）

这是第一次大规模地利用互联网公司企业和社会舆情监测机构的数据作为依据，研究中国城市的交通出行问题。这是一次大胆的尝试，也是一次有意义的尝试。因为随着互联网的普及，“互联网+交通”的推进，互联网思维已越来越深入人心，互联网产生的大数据也越来越被社会所重视。以往，我们印象中对交通出行的研究数据大多来源于城市交通管理部门，或者是专门的交通研究机构，可是现在，这种情况正在发生改变。

本次，由《中国交通年鉴》城市交通研究中心与滴滴媒体研究院、人民网舆情监测室、浙江大学建筑工程学院交通工程研究所共同完成，《中国交通年鉴》社编纂出版的《中国城市交通智能出行发展报告》，就是充分利用互联网交通舆情的大数据，对中国主要城市的交通出行所做的一次较为系统、深入的多维度的研究分析。这次研究输出的生成，采纳利用了中国交通年鉴30多年的数据积累和滴滴出行等单位的数据和舆情研究成果。

今天，中国的城市建设日新月异，在可以预见的将来，中国将涌现出世界上最大的、最多的城市群，将拥有最多的城市人口，城市化带来的各种问题都有可能出现，都市圈、城市之间、城市内部的交通出行问题，已经成为全社会关注的问题。如今，人们已经不仅仅是交通政策的执行者，而是已通过互联网等多种形式成为城市交通发展的建设者和参与者。我们期望通过本次全新视角形成的城市交通研究报告，能够让更多的人关注城市交通、支持城市交通，为政府管理部门的决策和相关机构的科研提供有益的参考。

我们希望这个报告能够打开一扇窗，并通过这扇窗，让人们多角度地看到中国交通发展的现状，看到政府和社会为交通发展所做出的巨大努力和取得的成绩，看到中国交通发展光明的未来。同时，我们期待这项研究能持续地得到更多机构、部门、研究者的参与和支持，并共同分享交通大数据带来的启迪和借鉴。

由于时间和人力的局限，我们这次的研究颗粒度还是放得较大，还不能细微地聚焦于更小的地点、更精确的时间点，对出行变化进行更加精确地观察。今后，我们力求将颗粒度细微到城市街区、商圈、社区，甚至细化到某一楼宇的交通出行分析，使其维度和广度都得到更大的扩展。

在本次报告的研究和编纂过程中，得到了诸多部门、单位，以及行业专家学者的指导和支持，在此一并致谢。

本刊编辑部

2016年12月

An Attempt to Observe Urban Transportation Using Big Data

(Preface)

This may have been the first large-scale research study conducted to examine transportation-stemmed issues in urban China using Internet company database as a basis. This was a bold attempt, as well as a meaningful one. With the increasing growth of Internet usage and the advance of the "Internet & Transportation", Internet cogitation is already embedded in masses' cognition, and the Internet-generated Big Data will only continue to increase in significance. Formerly, our impression of transportation data came from the city traffic management department, or a specialized transportation research institute. But now, time changes.

This year's 《China Transportation Yearbook》 was completed with the collaborated efforts of: Urban Transport Research Centre, Didi Media Research Institute, Public Opinion Research Institute of People.cn and the Institute of Transportation Engineering at Zhejiang University. The 《Report on China's Urban Traffic Intelligence Travel Development》 published in 《China Transportation Yearbook》, has precisely utilized the Big Data on Internet traffic public opinion, is a systematic and in-depth study on the transportation of major urban cities in China. Our output results adopted and utilized over 30 years of data accumulation from China Transportation Yearbook, companies such as Didi Chuxing, and public opinion research results.

Today, China's urban construction advances with each passing day, and in the foreseeable future, China will have an influx of the world's largest urban agglomeration, as well as possess the world's largest urban population. And so, various problems brought on by urbanization are inevitable: difficulties in transportation in metropolitan area, between cities, and within cities are already becoming societal concerns. Now, the populace are not only the implementers of traffic policies, but are also the builders and participants in the development of urban transportation. We wish to increase public awareness and support of urban transportation through this multi-angled urban transportation research report, in hopes of bringing useful reference for the decision-making sectors of the government departments and related agencies.

Our hope is that this report can open a window for viewers to note our transportation developments in multi-angles, to see the achievements reached as a result of the tremendous efforts made by the government and the community, and to perceive the bright future of our transportation development. Concurrently, we look forward to the continued support from organizations, departments, and researchers for this project, as well as to the inspirations and references that may come with sharing Big Data on transportation.

Due to time and personnel constraints, the granularity of our research this time remains wide, we have yet to be able to refine our location and focus our timeline for a more accurate observation of changes in travel. From now onwards, we will strive to narrow our granularity down to city blocks, to business districts, to communities, and even to singular buildings, for a larger expansion of the dimensions and breadth of transportation analysis.

We would like to acknowledge here, the many departments, companies, as well as industry experts for their guidance and support in the compilation and publication of this report.

Editorial Office

December 2016

目录

从舆情数据看城市交通

人民网舆情监测室 主任舆情分析师 **朱 燕**

从网约车补贴大战、交通运输部出台网约车新规，到滴滴出行并购优步中国；从各个一线城市排序之变，到各地纷纷推进绿色出行、智慧交通、“大数据 + 交通”的布局；从国家层面出台“八纵八横”高铁路网的宏大蓝图，到新一轮城市地铁与轻轨的规划建设；从拼车、顺风车、代驾、租车等网约车市场的细分，到摩拜单车等互联网单车风靡京沪……不管你是自己开车或习惯使用网约车的上班族，还是尝试开网约车增加收入的司机；是期待本地借助高铁和机场建设增进发展的市民，还是常出门“看世界”的“驴友”；是热衷单车出行的年轻人，还是关注城市交通发展的专业人士……我们每个人的生活，都或多或少地被城市出行的发展、变化、改革影响着，而关于交通出行的话题，也常常被媒体、网民、专业人士和普通市民谈论着。那么，当“我们”所代表的网民，在谈论城市交通出行的时候，到底在谈论什么？“我们”最关注哪些方面？在谈论交通时有哪些态度上的倾向、意见和看法？媒体、网民、政府对于这些话题的关注有哪些不同的解读和思路？

作为舆情监测与网民意见分析领域的先行者，人民网舆情监测室拟利用 2016 年 1 月 1 日至 6 月 30 日这半年来的城市出行舆情大数据，对 22 个重点城市交通出行的网络舆论进行整体呈现。

图 1 22 个城市十大交通舆情名词、动词的词云

1."地铁""机场"成为各城市最热门话题

对22个城市的相关新闻报道进行词频分析，可以为每一个城市都总结出最常出现的十大名词和十大动词，其中，"地铁""机场"出现在每一个城市的十大名词榜中，其次是"交通"（出现20次）、"公交（车）"（出现19次）、"轨道"（出现7次）、"司机"（出现7次）、"项目"（出现7次）、"航线"（出现5次）、"铁路"（出现5次）、"中国"（出现4次）、"公路/道路"（出现4次）、"五一"（出现4次）、"高铁"（出现3次）、"网约车/专车/滴滴"（出现3次）。

从舆情反映出，在所有城市中，"地铁""机场"是最受舆论关注的交通工具或场所，主要关注点集中于新线路/航线的规划、建设、开通；其次是"自驾"（本文将其做动词分析，但由于与本部分内容联系紧密，故将其与其他名词一起对比），主要关注点集中于春节、小长假、周末的出行；再次是"公交（车）"等公共出行方式，并且在公交（车）、出租车、网约车等公共出行上，关注点常集中于"司机"和"公路/道路"状况等方面；最后是"铁路""高铁"等城际出行方式，主要关注点在于高铁站的新建和开通等等。

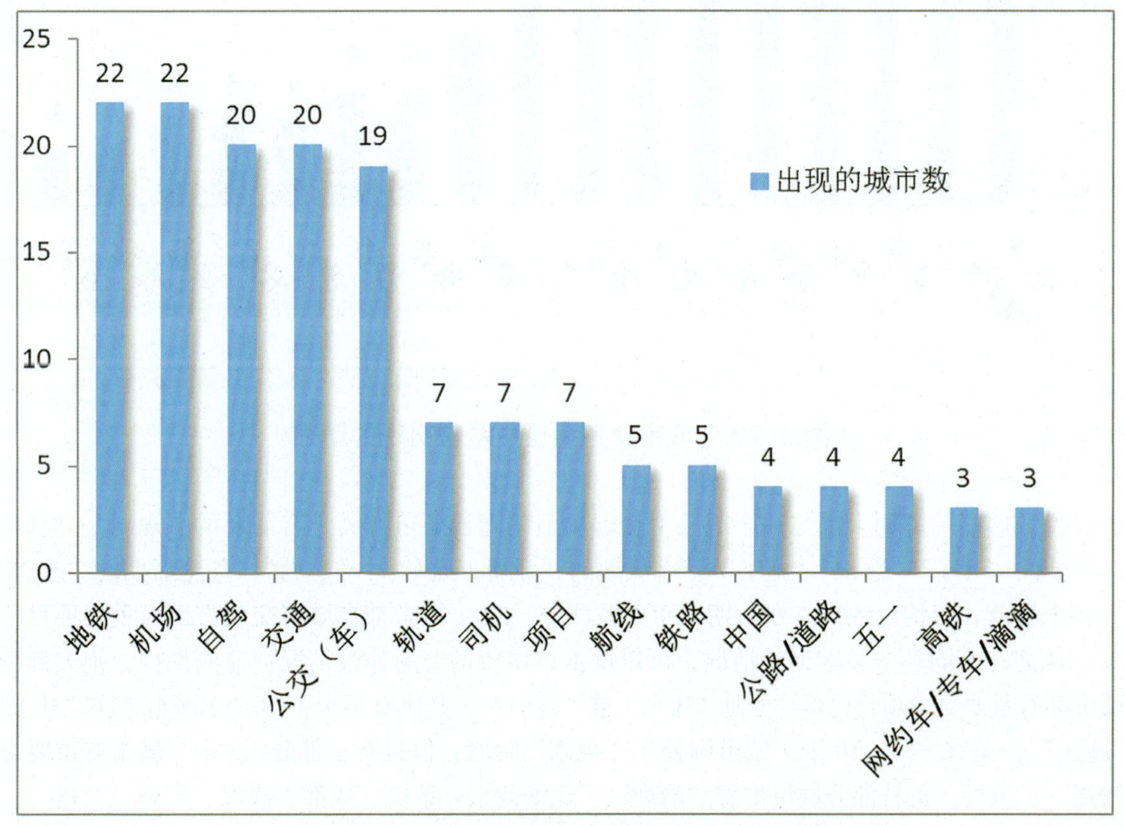

图2 22个城市交通舆论中最常出现的名词

2."开通"与"建设"成为各地交通主要动态

22个城市中，有20个城市的十大动词包含"自驾"，19个包含"开通/通车"，其次是"建设""招标""运营""施工""新增""规划""开工"等等。拥有不同关键词的城市数量如下：

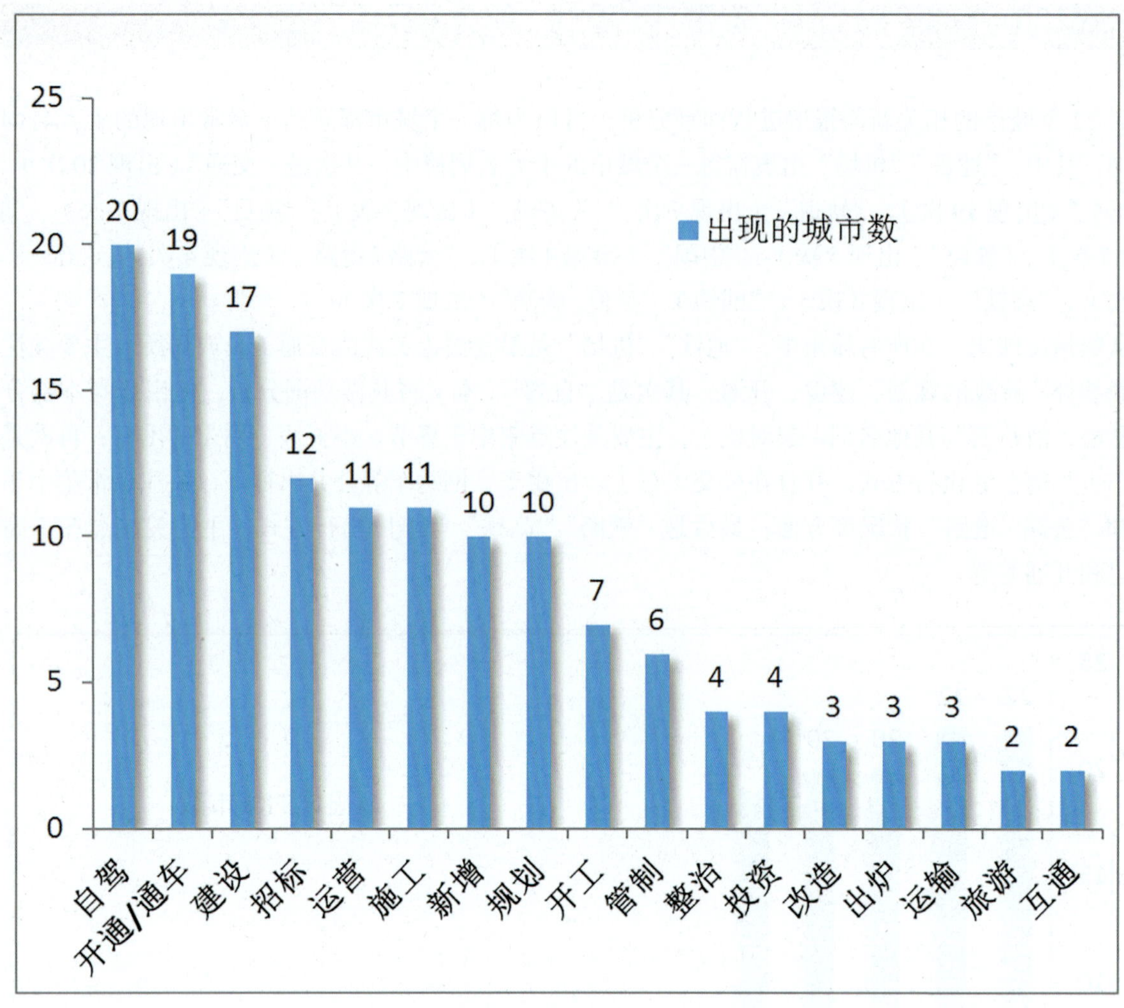

图 3 22 个城市交通舆论中最常出现的动词

可以说，这些关键词大都与一个或几个交通项目的建设环节有关，有前期的“规划”“投资”“招标”，中期的“开工”“建设”“施工”，完成期的“开通（通车）”“运营”，甚至后期的“改造”“管理”等各个环节。舆情反映出，在为期半年的监测中，22 个城市都在城市交通方面有重大项目的建设与完工。从拥有不同环节关键词的情况，可以反推该城市的交通建设情况：监测期内，绝大部分（20 个）城市都有重要交通项目已经“开通 / 通车”或“运营”，其次有不少（18 个）城市正在“开工”“建设”“施工”，还有一些（10 个）城市则处于“规划”阶段，但只有小部分（3 个）城市有重要交通工程“改造”。另外，也有部分城市忙着“治理”，比如北京、重庆、成都、武汉、广州、兰州。

表 1 22 个城市的交通舆论出现相应动词的情况（√为出现）

城市	前期			中期			完成期		后期	
	规划	投资	招标	开工	建设	施工	开通通车	运营	改造	整治
北京		√					√			
上海	√		√		√			√	√	√

广州	√						√			
深圳	√			√	√		√	√		√
天津		√		√	√		√	√		
重庆			√		√					
沈阳	√		√	√	√		√			
长春	√				√		√	√		
哈尔滨			√		√	√	√	√		
石家庄			√		√	√	√	√		
郑州			√		√	√	√	√		
济南	√		√	√	√	√	√			
青岛			√		√		√			
南京			√		√	√	√	√		
杭州	√	√	√	√	√	√	√			√
合肥	√			√	√	√	√	√	√	
武汉			√	√	√	√	√			
长沙						√	√	√	√	
兰州	√		√		√	√	√			
西安	√						√			
成都		√								
南宁					√	√	√	√		√

3. 关联城市体现区域“一体化”与“同城化”

在不少城市的名词热词中，都出现了其他相关的省份、城市或区域名，有些地区看似与本市关联并不大，但深入研究却能发现交通发展对城市协同发展的促进作用：很多舆论中常出现的地名都与新航线、铁路线路的开通相关，或是本身就是该市周边的热门自驾游目的地，或体现了区域性的协同发展战略有关，如京津冀、长三角一体化等等。

以哈尔滨为例，很多河北、山东的城市成为了与之相关的高频词，如“石家庄”“青岛”“日照”“北戴河”（隶属秦皇岛市）等，这反映了民航的迅速发展。2016 年 3 月，石家庄、秦皇岛、青岛均增开了前往哈尔滨的相关航线，其中石家庄、青岛往来哈尔滨的航线均是该机场的骨干航线。据 2015 年《哈尔滨市国民经济和社会发展统计公报》，哈市当年交通运输总量为 13158.1 万人次，较 2014 年下降 5.4%，但民航旅客运输总量达 710.2 万人次，较 2014 年增长 14.5%，体现了哈尔滨民航业在本市对外交通上的重要作用。

又如对于北京，河北、京津冀是其高频关联地名；对于石家庄，京津冀、北京、天津是其高频关联地名；在天津，北京是其高频关联地名。京津冀一体化在网民和媒体中也得到了热烈的讨论和聚焦。

在长三角的南京，扬州、上海、安徽、浙江都是其高频相关地；在上海，长三角、北京、江苏、杭州是其高频相关地；在杭州，临安、宁波、上海是其高频相关地。

而在珠三角的广州，上海、南宁、东莞、深圳、佛山都是其热点地名词汇，在深圳，东莞、广州、济南则是其热点地名词汇。长三角、珠三角、京津冀三地一体化的发展思路，明显地体现在交通舆情中。

当然，作为首都的北京，更是一大半城市的高关联地名，是否与北京有直达的高铁或航线，常被用来衡量一个城市在交通出行和区位经济上的重要性；另外，不少城市及其附近的热门景点，也成为高频地名词汇，如杭州关联西湖，成都关联泸沽湖、稻城亚丁，石家庄关联北戴河、秦皇岛……热点城市与热点景区的发展休戚与共，往往一方的舆论口碑对另一方的旅游业也有重要的促进或负面作用。

有趣的是，上海、天津、青岛、广州作为重要的港口城市和交通枢纽，在相关的新闻报道中，出现“中国”这一关键词的次数最多，似乎比起其他城市更具有全国视野；而成都则是在交通舆论中最具有“国际”气息的城市，成都是唯一在十大热点名词中拥有“国际”一词的城市。在与国外地区的关联中，上海的交通舆论出现“日本”“韩国”的次数最高。依次类推，重庆是“越南”，青岛是“美国”。

表 2　22 个城市在交通舆论中的高频相关地名

城市	关联地名			
	市内	省内	国内	国际
北京			京津冀　河北	
上海	浦东　虹桥		长三角　北京　江苏　杭州	日本　韩国
广州	增城　黄埔	顺德　深圳 东莞　佛山	香港　南沙　成都　上海 北京　武汉　山东　杭州	
深圳	龙岗	广州　惠州　东莞	北京　香港　杭州	
天津	滨海新区　武清		北京　上海　临汾	
重庆	万州　永川　涪陵		四川　广元　西藏　天津　云南 武汉　临汾　贵州　深圳　山东	越南
沈阳		大连	中国　西安　哈尔滨　张家口　北京	
长春	龙嘉　北湖	吉林市	中国　新疆　北京　武当山 昆明　大连　长沙　烟台	
哈尔滨	太平区　哈西		石家庄　日照　青岛　北戴河 北京　张家口　营口	
石家庄	正定	张家口　北戴河 唐山　秦皇岛　保定	京津冀　北京　天津	
郑州	新郑		北京	
济南	章丘	青岛　烟台	中国　北京	
青岛		济南　烟台	中国　北戴河	美国
南京	江北	扬州	北京　上海　杭州　合肥	
杭州	萧山　西湖 余杭　富阳	临安　宁波	黄埔　上海　北京　武当山	
合肥	滨湖　肥东	巢湖　马鞍山　六安		
武汉	武昌　汉口 汉阳　光谷　东湖			

长沙	宁乡 橘子洲	浏阳 张家界 株洲	中国 武汉	
兰州	东岗	敦煌	重庆 中国 西藏 青海湖	
西安		咸阳 延安 宝鸡	成都 兰州	
成都	双流 温江 郫县 都江堰	川西 遂宁 稻城亚丁	西藏 北京 重庆 拉萨	
南宁	吴圩	桂林 柳州 玉林	上海 中国 广州	日本 越南 泰国

4. 交通舆论反映出城市“性别友好”的气氛

在不少城市，“女性”“女子”“女乘客”等也常成为出现频率较高的词汇，一定程度上说明女性的出行和安全更容易引发关注。在郑州，含“女性”相关的交通新闻和网民贴文比例达14.47%，其次是济南（8.69%）、杭州（5.78%）、北京（5.50%）、上海（5.43%）、南京（5.32%）等地，而同样“男性”“男子”相关的新闻，则要远低于该比例。

在北京，2016年3月起首都机场开设女性专用安检通道，不仅提高了通行的效率，而且很好地保护了女性隐私。在郑州，“女性”“专车”“歧视”都是该市独有的热点词汇，这与郑州公交推行的“女性专车”项目有关。为方便孕妇和哺乳期母亲在高峰期乘车，同时避免女性在夏季遭到骚扰，2016年4月，郑州市906路公交车推出夏季女性专车，在夏季乘车高峰期时发出，仅限女性乘坐。这一新规引发本地热议，很多网友认为此举“贴心”；但也有男士表示“受伤”，甚至有质疑者表示这是对男性的“歧视”。不管如何，对于孕妇、哺乳期妇女等弱势群体在出行上的特殊照顾，以及对普通女性夏季出行时的保护，反映出了一个城市在舆论中性别友好的程度。

表3 女性新闻出现较多的城市

城市	含女性的新闻比例
郑州	14.47%
济南	8.69%
杭州	5.78%
北京	5.50%
上海	5.43%
南京	5.32%
沈阳	4.25%
天津	4.11%
成都	2.44%
长春	2.29%
广州	2.25%
重庆	2.22%
西安	1.90%
合肥	1.71%

长沙	1.69%
哈尔滨	1.61%
青岛	1.61%
深圳	1.51%
南宁	1.50%
石家庄	1.46%
兰州	0.82%

5. 节假日与本地文化塑造了城市的出行风貌

在不少城市的关键词中还透露出本地文化的特点，比如“端午”是广州交通相关舆论中的十大热点名词之一，体现出广州人对端午节的重视。“赛龙舟”是端午节期间最大的活动项目，广州市内多地都会举办赛龙舟或龙船巡游活动，如何规划路线去参加龙舟比赛或参观龙舟巡游也是市民非常关心的话题。因此“端午”“龙舟”成为广州特有的热点名词。“清明”“五一”则是南京交通舆论出现较多的节日，与之相关的“扫墓”“自驾”“路线”等词汇，表明南京人对这两个节假日的重视，而此时，临近的上海、苏州、扬州、安徽、浙江等地，则成为南京人最常去的目的地。另外，“春节 / 春运”是杭州、成都、南宁相关舆论最关注的节日话题。

在本地特色文化与品牌方面，如青岛，“渔船”“航线”“克利伯”“海域”“帆船”“船员”等词语则是活跃词语。克利伯环球帆船赛作为全球规模最大的业余环球航海赛事，每 2 年举办一次，青岛站作为赛段之一，是该赛事停靠次数最多的城市，借助这一赛事，青岛“帆船之都”城市品牌建设也在不断深化。

在成都，随着以熊猫为主题的地铁 3 号线的建设运营，“3 号线”“熊猫地铁”和“盼达号”等词一度骤升为新一届“网红”，成为本地文化和城市宣传的“新名片”，在新媒体产生千万级的关注量。

在西安，“老区”“振兴”和“助推”等词是热词，主要是因为近年来陕西省一直致力于整合红色旅游资源助力革命老区发展。

从舆论的角度去研究城市的交通出行，给了我们看待城市交通的第二视角。我们不仅了解城市交通自身存在的问题和发展动向，更重要的是，我们可以了解网民和媒体在这些问题和发展中的情感、态度和立场。

利用舆情大数据，我们能理解网民群体力量的作用，但同时，不以这种群体力量来为个人偏激、狭隘的文字和行为推脱。比如不再一边倒地“黑”某个城市的拥堵情况；不再作“键盘侠”，“人肉”地铁上的不文明乘客；不再仅处于情感而非理性去欢迎或厌恶某种政策的落地。让我们关注城市社会的不平等、关注社会弱势群体的特殊出行需要，但同时，不以简单化、标签化的概念去对看待所有事物。比如为孕妇、哺乳期妇女提供更人性化的服务；为青少年在考试期间提供更合理的路线；为不会使用手机的老年人提供便捷的打车服务。让我们理解城市协同发展与不均衡并存、智慧交通与出行难同在等城市发展背后的复杂逻辑，但同时，理解不同群体认知与行为的多元性，也理解道德、法律、政治的复杂性，比如一条新地铁线路的开通可能是会更照顾某些地区的发展，单一政策难以满足不同社会阶层的不同需要，大数据的利用能带来便利也暗藏隐忧 。

总之，透视城市的交通舆情，我们提出、批判、思考问题，讨论、推进、弘扬优秀的地方经验，但同时，也不能自以为正确、正直、正义，而是在网络这个“场域”中，在观点、文化、利益诉求的碰撞与交织中，在认知与行为的互构中，由政府、网民、媒体、个人、组织、社会，一起建构出一个更美好、更善良、更合理的网络社群，为城市交通出行的改善，乃至整个城市面貌的提升群策群力。

这，是数据给我们的真诚、善意和美好。

网络规划行程时间率（Network planning time rate，单位为分钟 / 千米），简称 NPTR。规划时间是指出行者为了保障能够准时到达目的地，根据计划到达时间，规划出的从出发地前往目的地的预留时间。比如说从家到公司 20 次内迟到 1 次影响不大，那么根据以往出行时间的统计数据，找到其 95% 的分位数所对应的行程时间，假设这个值为 30 分钟，同时公司规定早上 8:30 上班，那么只要早上 8 点出发即可。如果对应的路程为 10 千米，那么 NPTR 值为 3 分钟 / 千米，即每千米实际路程需要 3 分钟时间来保证到达目的地。NPTR 反映的是网络区域状态下的规划行程时间。

网络缓冲行程时间率（Network buffer time rate，单位为分钟 / 千米），简称 NBTR。缓冲时间是指出行者为了保证能准时到达目的地，所预留的额外旅行时间。一般来说，需要预留的额外时间越大，则路网越不可靠。如果某 OD 对的 NBTR 大小为 0.5 分钟 / 千米，即每千米实际路程需要额外预留出半分钟时间来保证到达目的地。一般情况下从家到公司平均需要 25 分钟，若两地相距 10 千米，则需要预留 5 分钟来保证能够准时到达。因此，NBTR 作为网络区域状态下的缓冲时间行程指标，能够直观地指导出行者进行路程规划。

网络缓冲行程时间率指数（Network buffer time rate index, 无量纲），简称 NBTRI。该指标反映的是 NBTR 占 NTTR 的比重，即出行者为了保证能准时到达目的地的可能性足够大，预留的出行额外时间占平均出行时间的比重。

2.3 可靠性指标计算方法

（1）对于给定的城市，先把其分成一个个网络区域块。本研究采用的方法是将其划分为实际边长为 1 千米的正方形区域块，下面简称为交通小区。

（2）通过网络约租车数据平台获取乘客起讫点间的行程距离和旅行时间。

（3）计算单个路径的行程时间率，$\tau_{ijk}=\dfrac{t_{ijk}}{d_{ijk}}$，其中：$t_{ijk}$ 为从第 i 个交通小区到第 j 个交通小区的第 k 次出行的旅行时间，d_{ijk} 为从第 i 个交通小区到第 j 个交通小区的第 k 次出行的行程距离，如图 1 所示。

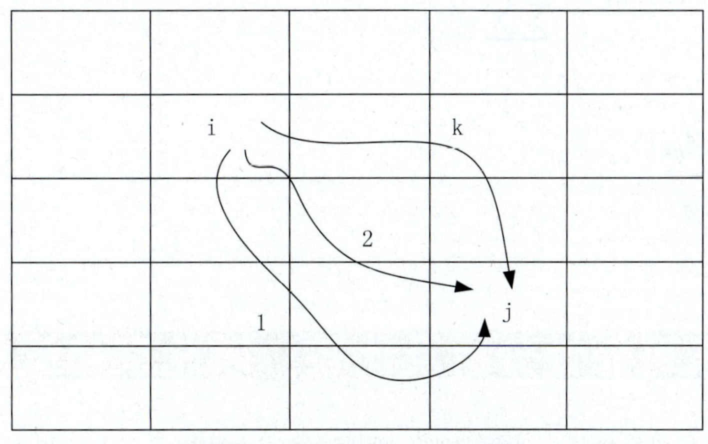

图 1 OD 计算方法示意图

（4）计算网络的行程时间可靠性，首先定义如下参数：

$\tau_{ij,50\%}$ 表示从第 i 个交通小区到第 j 个交通小区的中位行程时间率（Medium travel time rate）；

$\tau_{ij,95\%}$ 表示从第 i 个交通小区到第 j 个交通小区的规划行程时间率（Planning travel time rate）；

$\tau_{ij,5\%}$ 表示从第 i 个交通小区到第 j 个交通小区的自由流行程时间率（Free-flow travel time rate）；

$\tau_{ij,95\%}-\tau_{ij,50\%}=\beta_{ij}$ 表示从第 i 个交通小区到第 j 个交通小区的缓冲行程时间率（Buffer travel time rate）。

$\eta_{ij}=\dfrac{\beta_{ij}}{\tau_{ij,50\%}}$ 表示从第 i 个交通小区到第 j 个交通小区的缓冲行程时间率指数（Buffer travel time rate index）

（5）根据网络的行程时间可靠性指标计算方法，对于不同的分位数取值，分别定义网络行程时间率、网络自由行程时间率、网络规划行程时间率、网络缓冲行程时间率 如下：

$$NFFTR=\frac{\sum_i\sum_j w_{ij}\times\tau_{ij,5\%}}{\sum_i\sum_j w_{ij}};\quad NTTR=\frac{\sum_i\sum_j w_{ij}\times\tau_{ij,50\%}}{\sum_i\sum_j w_{ij}}$$

$$NPTR=\frac{\sum_i\sum_j w_{ij}\times\tau_{ij,95\%}}{\sum_i\sum_j w_{ij}};\quad NBTR=\frac{\sum_i\sum_j w_{ij}\times\beta_{ij}}{\sum_i\sum_j w_{ij}}$$

$$NBTRI=\frac{\sum_i\sum_j w_{ij}\times\eta_{ij}}{\sum_i\sum_j w_{ij}}$$

式中：$w_{ij}=\sum_{k=1}^{n_{ij}}d_{ijk}$ 。

3. 主要城市可靠性分析及比较：以北京和杭州为例

利用本研究所提出的可靠性指标计算方法，通过对滴滴大数据平台上杭州市 2015 年 11 月和北京市 2015 年 6 月至 2016 年 5 月的订单抽样数据，进行交通可靠性指标相关计算，得到杭州市和北京市交通可靠性指标对比表，如图 2 所示。与此同时，对杭州市滴滴订单出发地进行分析，绘制热力图，如图 3 所示。

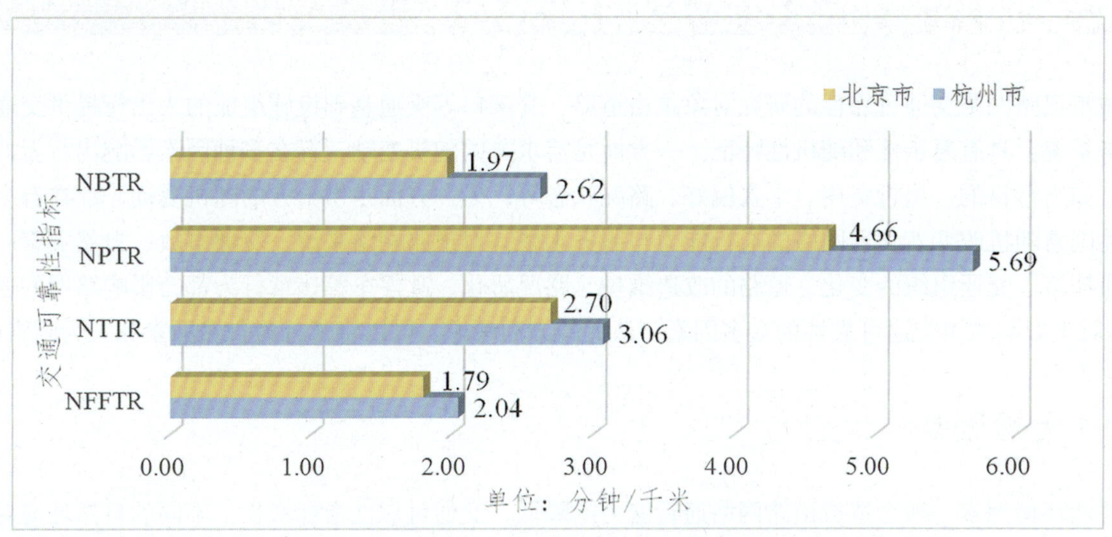

图 2 杭州市和北京市交通可靠性指标对比

通过图 2 可以发现，杭州各项指标均略大于北京，说明杭州交通可靠性比北京略差一些。从 NFFTR 可以看出，在道路畅通情况下，车辆在杭州市每行驶 1 千米一般要比北京多花费 0.25 分钟。通过比较 NTTR，在正常行驶条件下，车辆在杭州每行驶 1 千米一般要比北京多花费 0.36 分钟。如果杭州居民在出行前预留额外时间以保证准时到达目的地，则由 NBTR 可知，对应于每千米路程，往往需要比在北京市居民多预留出 0.65 分钟。

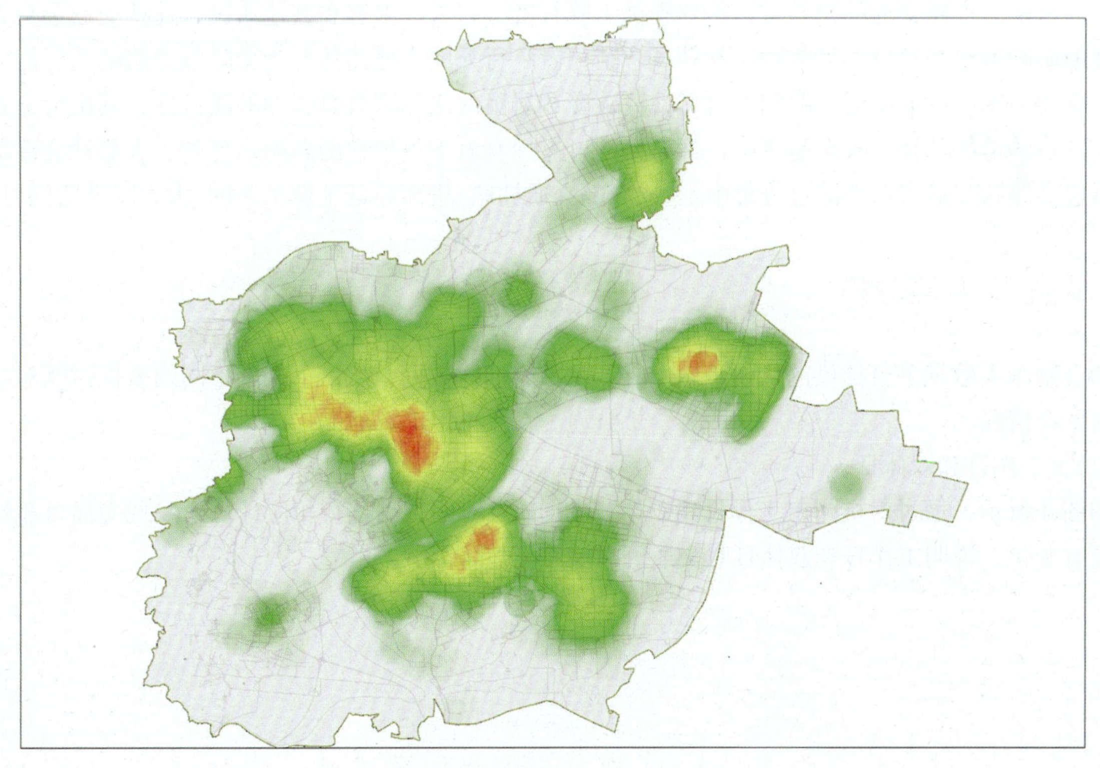

图 3 杭州市滴滴打车出发地热力图

4. 交通可靠性评价的影响因素分析

城市道路网络交通可靠性的研究对象是由道路、交叉口等交通基础设施组成的为出行提供交通服务的网络系统，具有复杂性和随机性特征。一方面是需求方的随机变动，存在多种因素影响出行者的出行行为，如出行目的、出行费用、个人偏好、路况状态等；另一方面是供给方的随机变动，存在有多种不确定性因素随机改变着交通网络的通行能力与服务水平。对道路网络来说，交通事故、自然灾害、日常的交通拥堵、交通组织的变化、道路的改造维护、路况恶化、乱停车等违章行为都会影响路网的通行能力[iii]。对于影响城市交通可靠性的众多因素，从大的方面考虑，可以将其分为自然因素和人为因素两类。

4.1 自然因素

自然环境因素一般会造成道路网络通行能力的降低，交通可靠性指标增长，不同的自然环境对路网的破坏性可大可小。对城市交通系统可靠性存在直接作用的自然因素包括地质灾害、恶劣气候等。典型的地质灾害有地震、塌方、泥石流；恶劣气候条件则主要有洪水、暴雪和冰冻、大雾天气等[iv]。一般来说，比较突发的恶劣天气会在短时间内使打车需求量激增，在车辆的供应量不增反降的情况下，容易导致供不应求，从而使出行时间大幅增加，交通可靠性指标值提高，网络交通运行可靠性降低。

4.2 人为因素

人的因素比较复杂，也是不可或缺的重要因素，能引起交通需求和交通供给的变化，对可靠性的影响也尤为重要。道路交通的参与者包括驾驶员、骑行者、行人、乘客和其他居民，这些交通参与者都不同程度地影响着整个路网的可靠性。驾驶员、骑行者、行人的交通违法行为会降低道路的通行能力，甚至引发交通阻塞，进而降低了路网的可靠性；乘客和居民的出行则具有强烈的随机性，其出行方式、出行路径、目的地的选择，甚至是否出行都对路网可靠性有着不可忽视的影响；另外，大型社会活动、集会游行也会导致交通参与者的过分集中，造成局部交通拥堵，进而蔓延至整个路网，大大降低路网可靠性。

4.3 具体因素分析

结合滴滴大数据平台提供的杭州市 2015 年 11 月的抽样数据，从以下几个不同因素探讨其对交通可靠性的影响情况。

（1）工作日和双休日

如图 4 所示，通过对杭州市工作日和双休日的 OD 点对间数据进行相应计算，发现交通可靠性指标几乎没有变化，说明工作日和双休日对交通可靠性并无显著影响。

iii 邹志云，宋新生，宋程．城市道路网可靠性影响因素研究 [J]. 物流技术，2009(02):1-2.

iv 王建军，赖友兵，牛俊萍．城市路网可靠性影响因素及作用机理 [J]. 公路交通科技，2006(06):168-170.

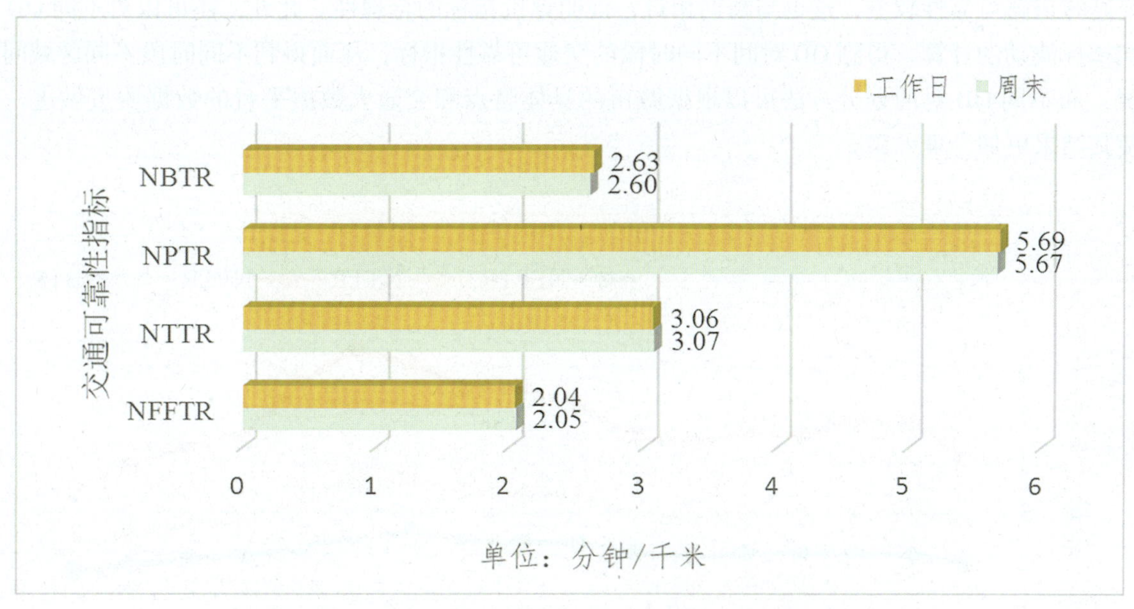

图 4 杭州市工作日和双休日交通可靠性指标对比

（2）天气及特殊事件

对杭州市 2015 年 11 月的抽样数据按天进行划分，计算其交通可靠性指标，如图 5 所示。可以发现，每天的交通可靠性指标基本维持稳定，说明每日的天气状况及发生的各类特殊事件对杭州市整体的交通可靠性而言并无太大影响。对于特定的区域在特定的时间段内的天气状况，以及一些特殊事件，由于缺乏相应的精确数据，无法做进一步的详细分析。

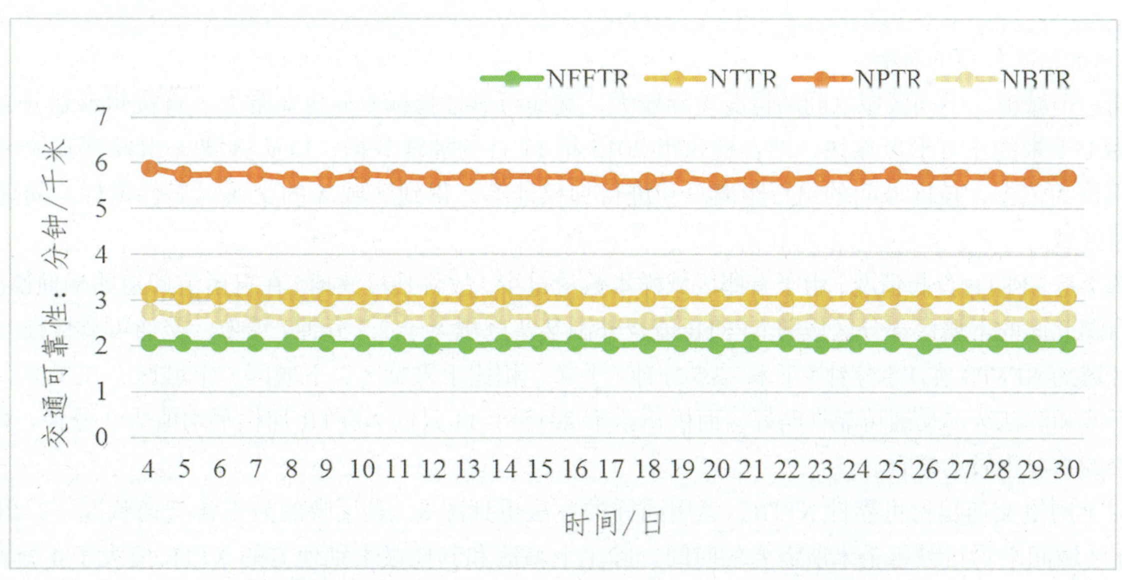

图 5 杭州市 2015 年 11 月每日交通可靠性波动情况

（3）早晚高峰

利用同样方法对同一样本数据按小时进行划分，计算每小时的 OD 对交通可靠性指标，再经过加权后得到相应指标的时均波动情况。如图 6 所示（1:00~7:00 数据缺失，故删除），早高峰期间（8:00~10:00）交通可靠性指标略有上涨，而晚高峰期间（17:00~19:00）交通可靠性指标大幅增长，说明晚高峰道路可靠性较差，这也与预期相符，证明评价指标的合理性。此外，还可以对不同OD对进行日均指标波动的计算，得到OD对间不同时段的交通可靠性指标，从而得到不同时段不同区域间的交通状况，而不同OD对的划分方法可以根据城市的具体特点和交通大数据平台的数据质量做进一步改善，使其结果更加合理可靠。

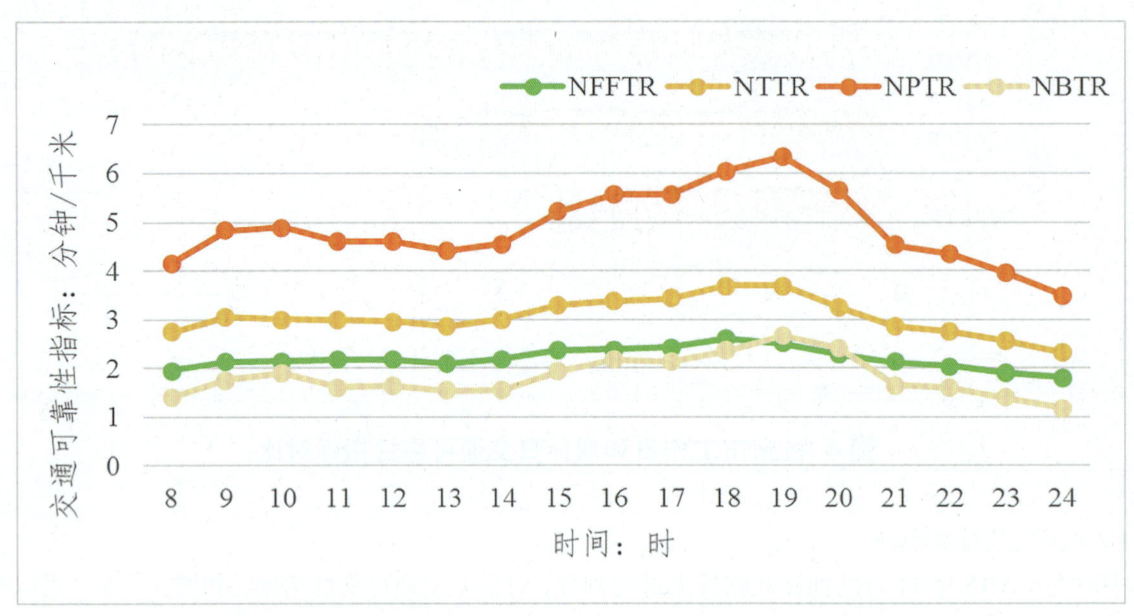

图6 杭州市2015年11月某日交通可靠性波动情况

注：9:00对应的指标是取8:00~9:00内所有用户到达目的地时刻为标准进行计算，其他时间以此类推。

（4）空间分布的影响

同一个城市、不同区域之间的情况差异较大，交通可靠性指标差异也非常大。将杭州市划分为实际边长为1千米的正方形区域块，结合杭州市2015年11月的抽样数据，以从区域A出发到其他区域的所有用户为依据，按区域间的出行距离总和进行加权计算，得到区域A的交通可靠性指标，同理可得到其他区域。

图7是NFFTR分布情况，由于有些区域样本数量过少，故将其过滤掉。在自由流即道路畅通情况下，位于西湖北面的下城区部分区域的NFFTR值及外围某些区域大于2.5分钟/千米，交通可靠性较差。大部分区域的NFFTR在1.5分钟/千米~2.5分钟/千米，相比于拱墅区、下城区、上城区、江干区、萧山区，下沙和滨江区的交通可靠性略好。而杭州全市2015年11月的NFFTR加权平均值为2分钟/千米，和图中的情况也较为符合。

对于网络交通出行可靠性NTTR，运用同样的方法得到图8，其反映的是正常交通状况下，出行者在OD区域间平均行驶每千米所需要的时间。除了上城区和其他极个别地方的NTTR值大于4分钟/千米外，拱墅区、下城区、江干区、萧山区的NTTR值在3~4分钟/千米左右，下沙、滨江区的NTTR值则在2~3分钟/千米左右。

对于网络规划行程时间率NPTR，其差异也较大，从图9中可以发现有很多区域的NPTR值都大于8分钟/千米。在道路比较拥堵时，为了保证能准时到达目的地，出行者往往需要在行程上预先规划更多的时间。而杭州市2015年11月整体的NPTR值也达到了5.69分钟/千米，相对而言也是较高的。

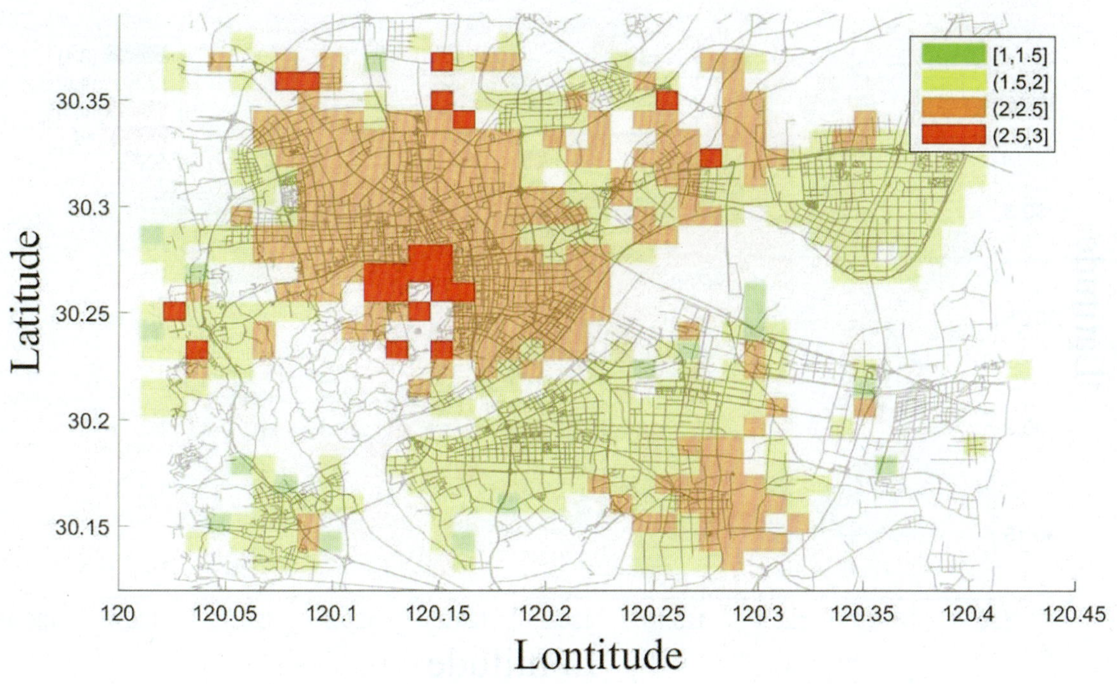

图 7 杭州市 2015 年 11 月 NFFTR 分布情况

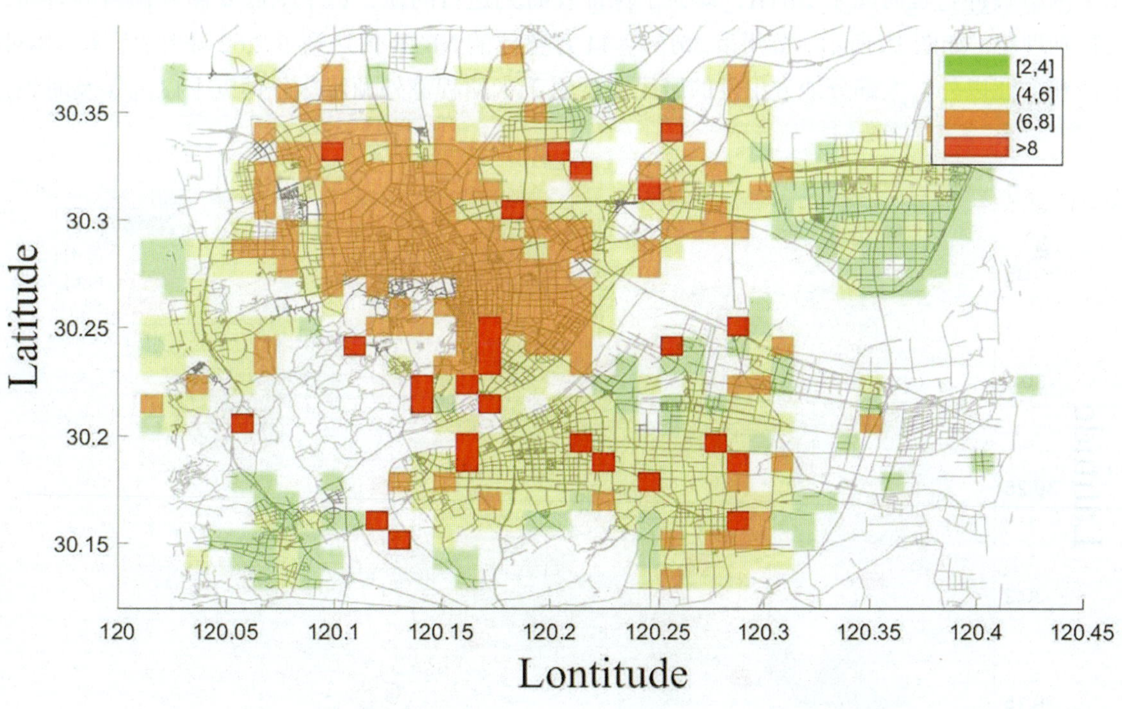

图 8 杭州市 2015 年 11 月 NTTR 分布情况

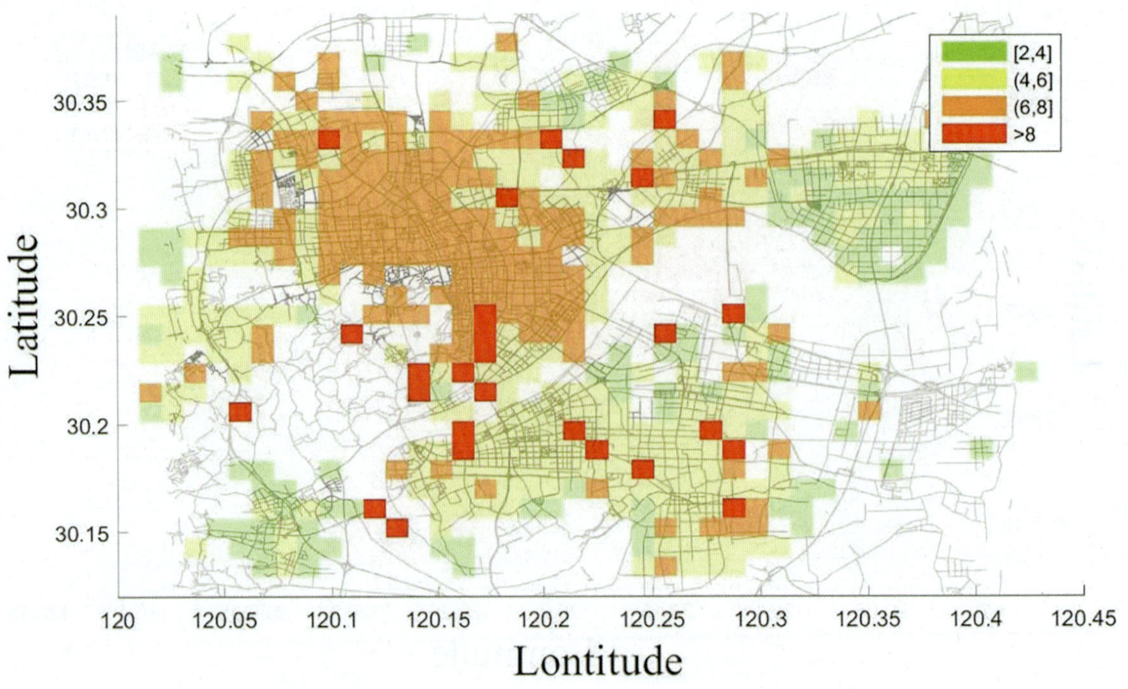

图 9 杭州市 2015 年 11 月 NPTR 分布情况

至于网络缓冲行程时间率 NBTR，即为了保证及时到达目的地，每千米需要额外预留的时间，情况也不是特别理想。如图 10 所示，杭州市 2015 年 11 月整体的 NBTR 值达到了 2.62 分钟 / 千米，相对较高。除了下沙和滨江以外，大部分地方出发的居民需要每千米路程额外预留 2 分钟以上以确保及时到达目的地。

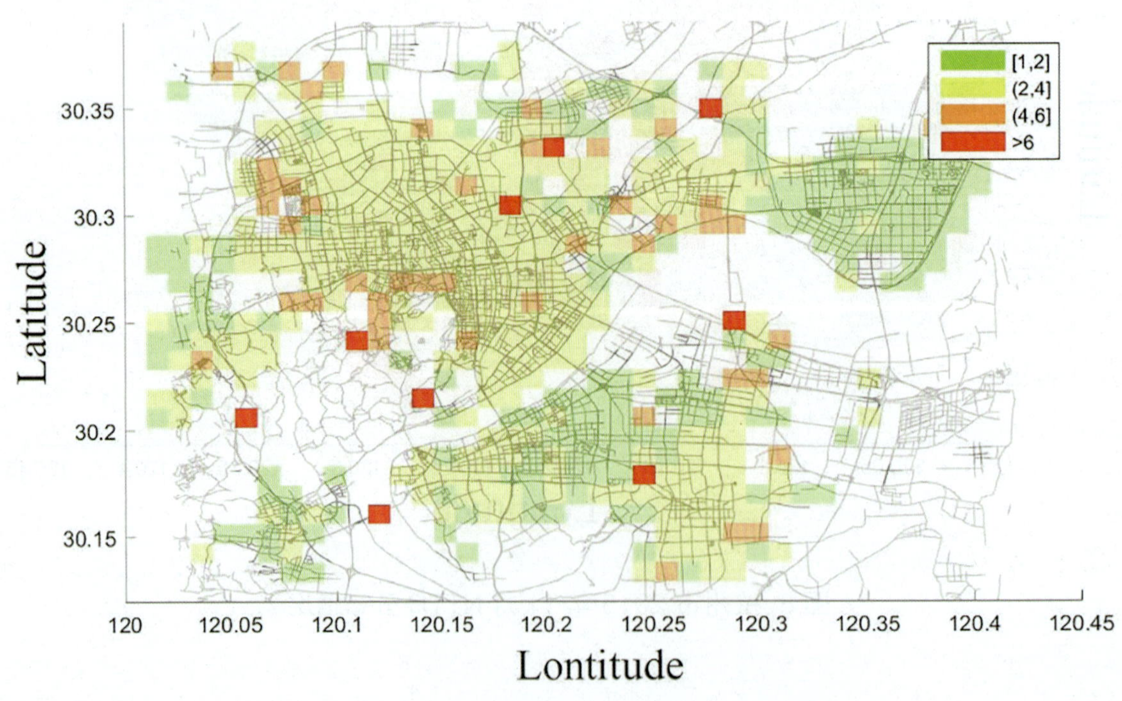

图 10 杭州市 2015 年 11 月 NBTR 分布情况

通过计算 NBTR 占 NTTR 的比重，可以进一步得到 NBTRI。这一指标反应的是交通可靠性的相对情况。如图 11 所示，杭州周边一些区域，NTTR 和 NBTR 指标都不是很高，但是这些区域的 NBTRI 比较高，表明从这些区域出发的居民，为了保证能准时到达目的地，可能需要把更多比例的时间花费在额外预留的时间上，而不是在正常路况下的出行时间上。

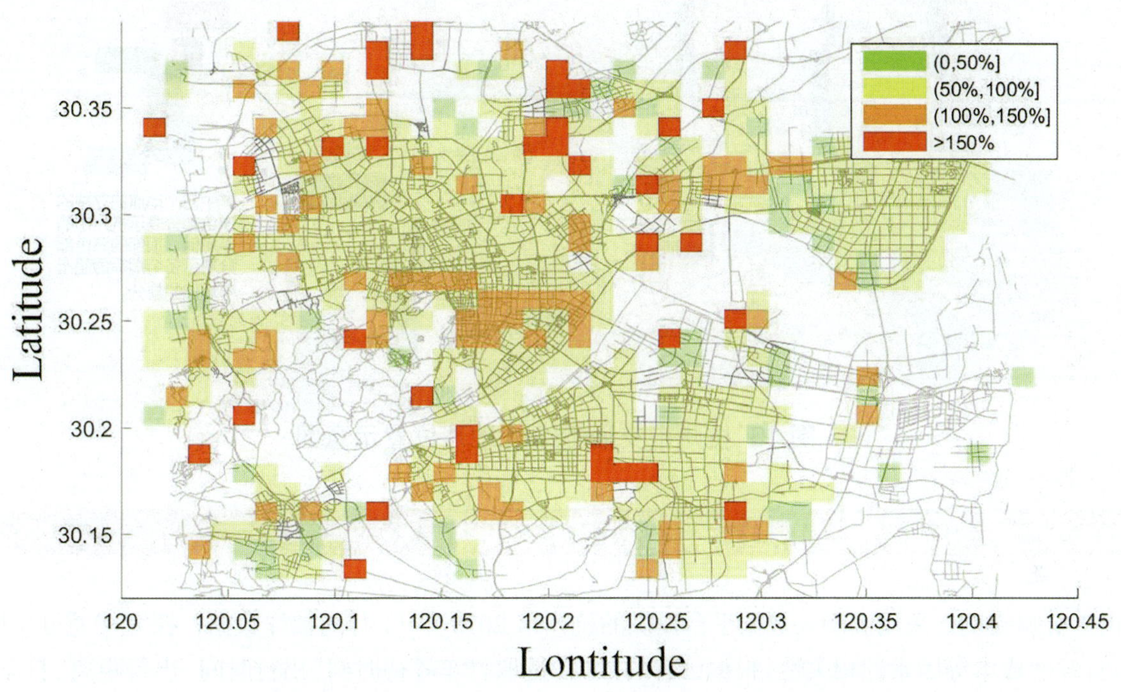

图 11 杭州市 2015 年 11 月 NBTRI 分布情况

（5）交通枢纽

在了解整个城市的交通可靠性指标的空间分布后，进一步分析交通枢纽区域交通可靠性指标，选取杭州汽车北站、杭州南站、杭州东站等重要的交通枢纽，同时选取武林广场地铁换乘站区域进行相应计算，把得到的指标和杭州整体指标进行对比，结果如图 12 和图 13 所示。可以发现，交通枢纽区域交通可靠性指标普遍大于杭州市整体情况，说明交通枢纽区域的可靠性较差。而其中武林广场的 NPTR 和 NBTR 值最大，其交通可靠性最差，这和实际情况相符合。因此，从这几个区域出发的用户应该提前做好时间规划，为了准时到达目的地，需要预留出更多的时间。

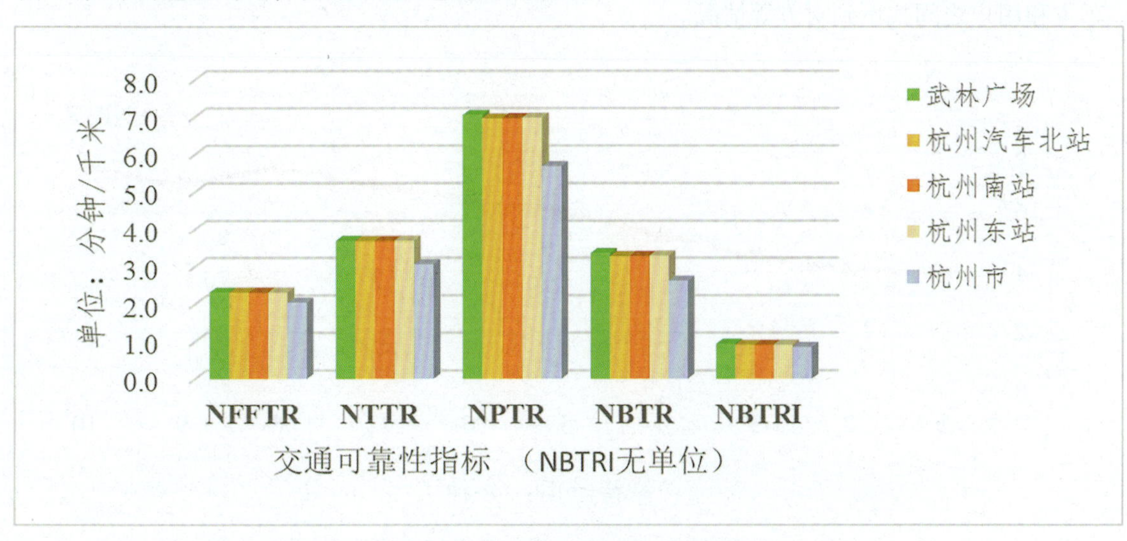

图 12 杭州市交通枢纽交通可靠性指标比较

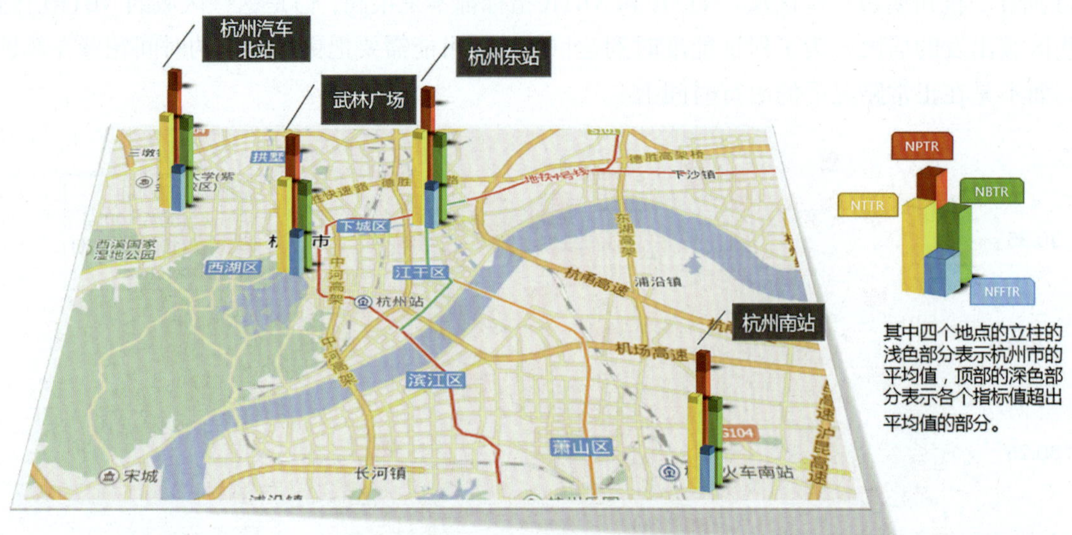

图 13 杭州市交通枢纽的地理位置示意图

5. 交通可靠性对居民出行的影响

仍以杭州为例，采用滴滴大数据平台提供的杭州市 2015 年 11 月的抽样数据，探究交通可靠性和出行时间，经济成本等因素的相关性。根据已有的数据，选取打车等待时间、出行时间、出行距离、打车费用、OD 对之间的行程次数作为因变量，交通可靠性指标作为自变量进行分析。考虑到对于居民出行来说，比较关注的是交通可靠性指标中 NTTR 和 NPTR 这两项指标，即正常路况下的网络行程时间率和为了准时到达目的地的规划行程时间率，同时 NFFTR 波动性不大，NBTR 和 NBTRI 也由 NTTR 和 NPTR 推导出，所以重点分析这 NTTR 和 NPTR 这两个指标。

先考虑单变量下的情况，选取打车等待时间和行程时间两个因素进行初步观察。把打车等待时间按分钟数进行划分，对于每分钟内的所有用户，按照计算总体交通可靠性的方法来计算各分钟对应的杭州市总体交通可靠性指标。如图 14 和图 15 所示，可以发现 NPTR 和 NTTR 随着用户打车等待时间的增长，先呈现一个上升趋势，然后逐渐平缓。可以理解为，在一定范围内，交通可靠性越差，打车等待时间越长，但是当等待时间过长以后，其他因素的影响成分也会变大，比如打车匹配的车辆本身就和用户距离较长，车主和用户之间找不到对方等情况。

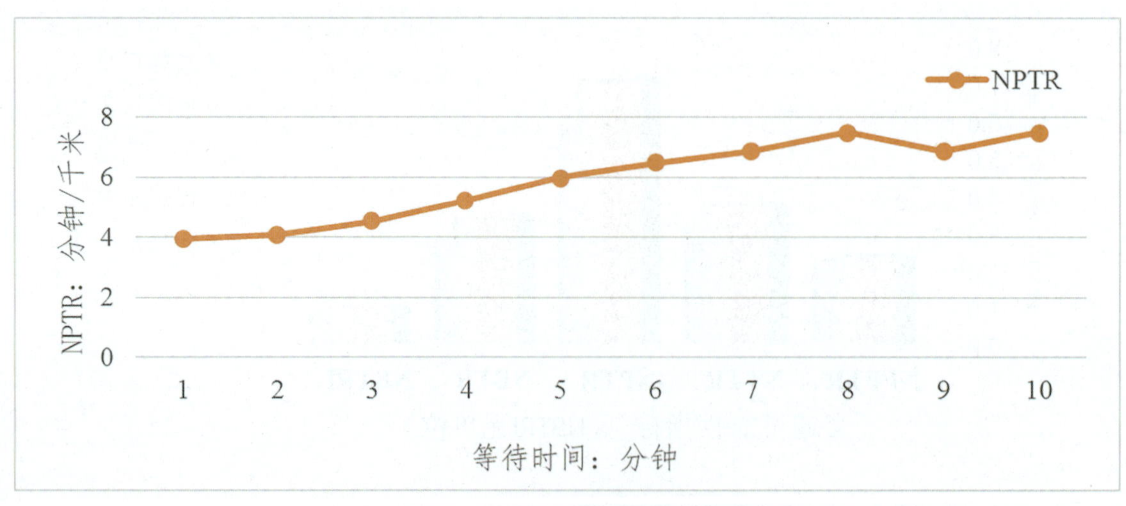

图 14 NPTR 和打车等待时间的关系

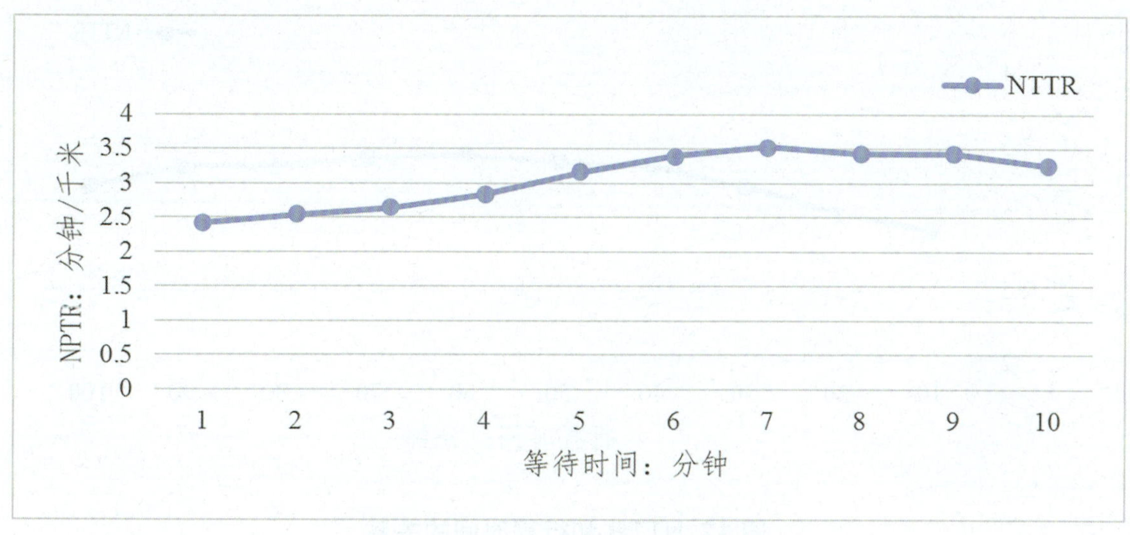

图 15 NTTR 和打车等待时间的关系

同样地，把用户的行程时间按照 10 分钟一个等级进行划分，计算每个时间段内的杭州市总体交通可靠性指标。从图 16 和图 17 中可以看出，NPTR 和 NTTR 随着用户出行时间的增长，先呈现一个上升趋势，然后逐渐平缓，最后会有所下降。考虑到行程时间越长，居民出行的目的地和出发地相隔就会越远，可能会经过高架等交通可靠性比较好的区域，每千米所花费的时间可以减少，所以平均下来交通可靠性呈现这样的趋势也不足为奇。

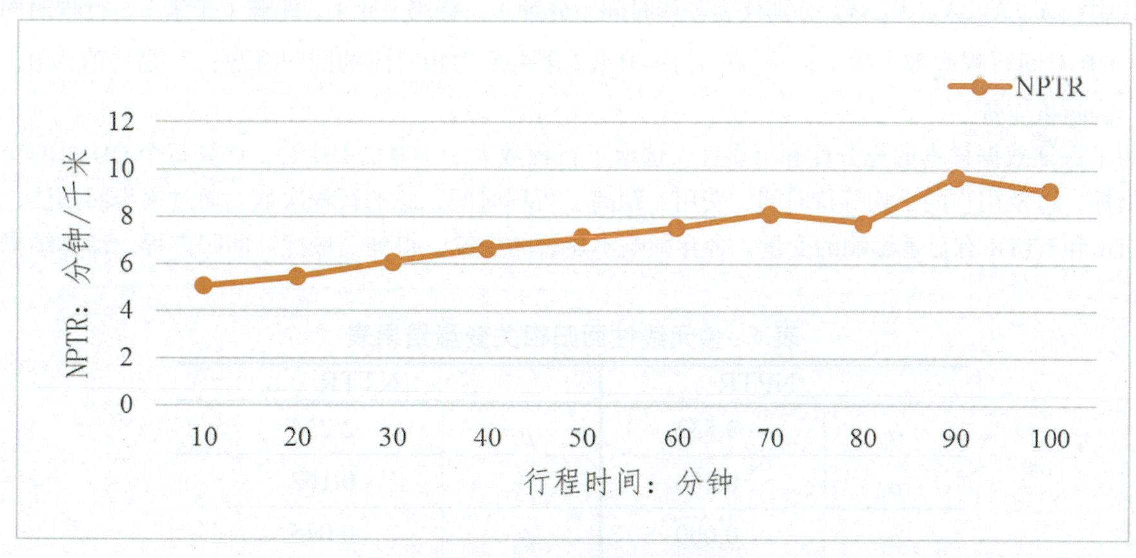

图 16 NPTR 和行程时间的关系

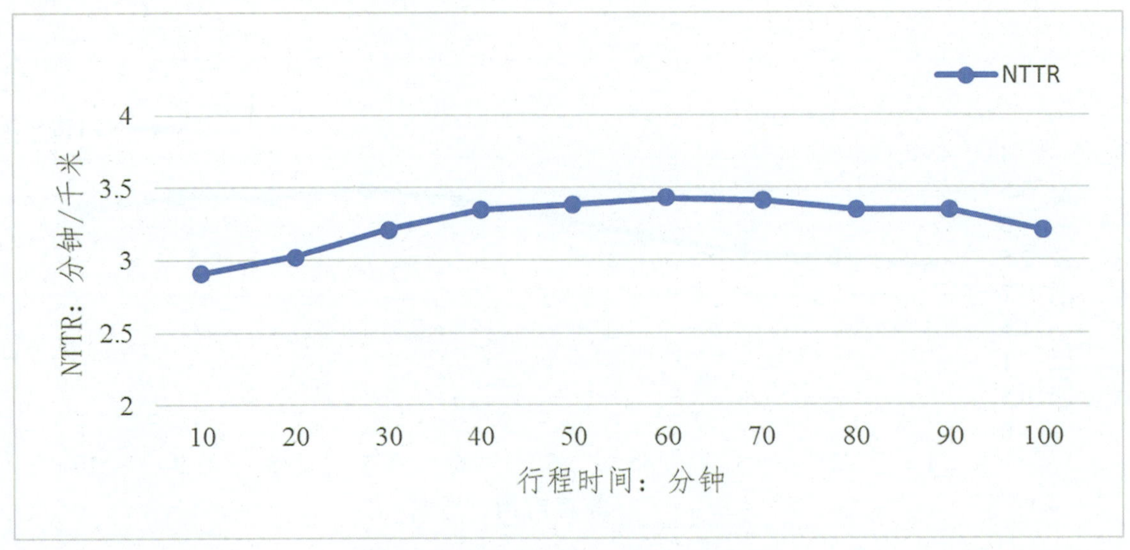

图 17 NTTR 和行程时间的关系

为进一步探究打车等待时间、行程时间、出行距离、打车费用、OD 对之间的行程次数和交通可靠性的关系，建立多元线性回归模型：

$$NPTR = \alpha_0 + \alpha_1 X_1 + \alpha_2 X_2 + \alpha_3 X_3 + \alpha_4 X_4 + \alpha_5 X_5 + \varepsilon$$

$$NTTR = \beta_0 + \beta_1 X_1 + \beta_2 X_2 + \beta_3 X_3 + \beta_4 X_4 + \beta_5 X_5 + \varepsilon$$

式中：X_1, X_2, X_3, X_4, X_5 分别代表等待时间（分钟），费用（元），距离（千米），行程时间（分钟），OD 对间行程次数（次）；$\alpha_i, \beta_j, i, j = 0,1,2,3,4,5$ 为相对应的回归系数；ε 是均值为 0、方差为 σ^2 的随机变量。

为了保证数据样本的充分性和可靠性，选取了行程数大于 100 的 OD 对，计算每个 OD 对的交通可靠性指标，以及用户的平均等待时间、费用、距离、行程时间，总的行程次数。通过逐步回归法，找到对 NPTR 和 NTTR 有显著影响的变量，舍弃影响不显著的变量，得到“最优”回归方程，计算结果如表 1 所示。

表 1　多元线性回归相关变量结果表

NPTR		NTTR	
α_0	3.532	β_0	2.234
α_1	0.386	β_1	0.162
α_2	0.000	β_2	0.045
α_3	-1.286	β_3	-0.676
α_4	0.399	β_4	0.177
α_5	0.000	β_5	0.000
R^2	0.772	R^2	0.857
F	643.352	F	1139.772
p	0.000	p	0.000
$RMSE$	0.886	$RMSE$	0.304

从表 1 可以看出，对于 NPTR 而言，费用和 OD 对之间的行程数对其没有显著影响，等待时间和行程时间与其具有正相关性，OD 对间行程距离与 NPTR 呈负相关性。对于 NTTR 也得到类似结果，虽然费用与 NTTR 存在一定程度的正相关性，但是与等待时间和行程时间相比，影响程度并不大。

以上结果似乎与预期的有所出入，但是也有其合理性。对于用户而言，出行费用和 OD 对之间的行程数并不会很大程度地影响其事先确定好的行程。而至于距离与 NTTR 和 NPTR 成负相关性，可以理解为，OD 对之间的距离越长，那么出行者肯定需要经过更多不同的区域，这样选择走路况良好的区域的可能性更高，总行程交通可靠性也就越高，NTTR 和 NPTR 的值则会有所降低。不过由于各影响因素之间并非完全独立，距离和行程时间、费用也有一定的相关性，模型由于其本身比较简单，还有其他因素没有考虑在内，所以显著性也不是特别高。但是可以从以上分析中大体看出交通可靠性指标与其他相关变量间的关系。

进一步讲，如果要提高区域和城市的交通可靠性，可以从等待时间、出行时间、出行距离等方面进行考虑，从而改善目前的交通状况。毕竟交通系统的不可靠性超过一定阈值只是交通拥堵问题的数字表达，解决交通拥堵的实质还是要解决交通系统中的各种集中矛盾。

6. 总结

随着城市化进程加快，尤其是一、二线城市的交通拥堵问题越来越突出，交通运行状态和期望值偏差越来越大。在智能出行交通大数据平台崛起的社会背景下，本研究提出的交通可靠性指标可以更好地评价区域和城市的交通可靠性，为出行者提供更好的出行规划指导。

北京市

BEIJINGSHI

北京城市出行大数据分析

一、城市概况

作为中国人口最多、最密集、城市建成区最广的城市之一，首都北京的城市交通出行，一直是中国人热议的话题之一。“首堵”，近年来几乎取代了“首都”，成为描述北京的专有词汇之一。

其实，通过对滴滴出行的大数据研究，对中国的省会级和副省级城市做横向比较，我们发现，北京可能并不是最堵的一个城市。

首先，我们列出有关北京的几个数字：2014年末全市常住人口2151.6万人，比上年末增加36.8万人。其中，常住外来人口818.7万人，占常住人口比重的38.1%。常住人口中，城镇人口1859万人，占常住人口比重的86.4%。[i]

而北京的人口密度，在2014年末的数字为1311人/平方公里，每平方公里比上年末增加22人；首都功能核心区的人口平均密度23953人/平方公里；城市功能拓展区人口平均密度8268人/平方公里，每平方公里比上年末增加178人；城市发展新区人口平均密度1088人/平方公里，比上年末增加21人；生态涵养发展区人口平均密度只有218人/平方公里，比上年末增加1人。

从人口密度分布状况可以看出，城市核心区集中了大量人口，其密度是远郊区的上百倍，如此多的人口每天通过公共交通、私家车，甚至步行等不同的出行方式，行走在狭小的城市空间里，这该是一种什么样的状况呢？如果遇到雷暴、雨雪、大风，开学、假日、节庆、交通管制，以及各种突发状况时，将会出现怎样的情况？

在大数据研究突飞猛进的今天，我们尝试利用对交通路况、出行地点、出行路线的大数据分析，研究北京交通出行的另一面。

二、整体交通概况

1. 全年平均车速

在观察的过去一年（2015年7月1日至2016年7月1日，下同）的周期内，北京市主城区主要街道的行驶车速相对稳定，平均车速26km/h。2015年“9·3反法西斯胜利70周年大阅兵”期间、“十一”假期和2016年春节期间，北京市主城区的车速达到一年观察期中的峰值，最高日均车速超过36km/h。

i 《北京市2014年国民经济和社会发展统计公报》，北京市统计局 国家统计局北京调查总队网站，http://www.bjstats.gov.cn/

单位：km/h

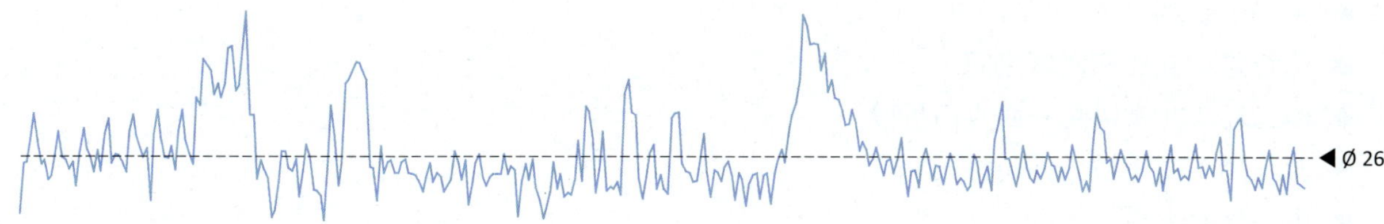

图 1　北京日均车速变化趋势图（2015 年 7 月 1 日至 2016 年 7 月 1 日）

在过去的一年观察周期中，北京市工作日的平均车速 24.7km/h，节假日的平均车速 27.5km/h，节假日车速较高，一般在放假前一天城市整体平均车速开始提高。

这是为什么呢？为什么不是假期的第一天车速开始提升？而是在放假前一天车速就开始整体上升？如果和出行量进行叠加分析，就可以发现，其实，很多人的假期都是“提前一天”来临的，这已成为非常普遍的现象。对这个现象，可能更需要关注的不是交通管理部门，而应该是公司老板、机关领导，如何更为合理地安排员工在假期来临前的工作，可以结合“假期前一天”现象进行适当调整。

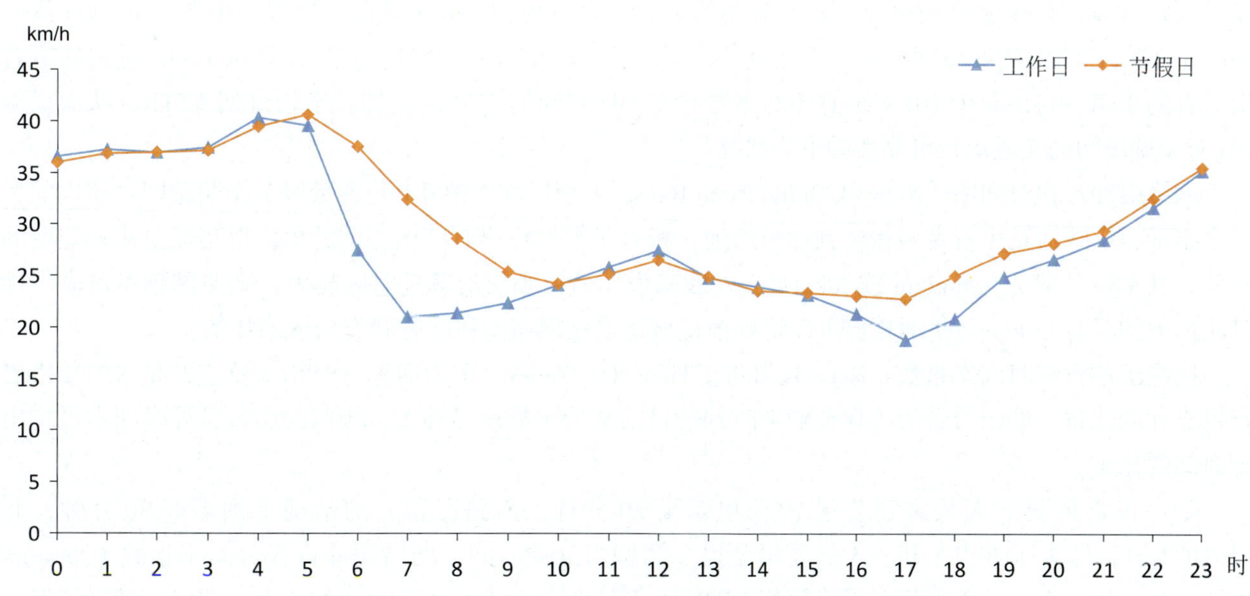

图 2　北京工作日、节假日平均车速的变化趋势图

2. 拥堵路段

滴滴出行大数据显示，北京市区容易发生拥堵的路段如下：

- 东三环北路
- 阜石路（五环和四环之间）
- 西二环（儿童医院—西直门桥段）
- 西三环（丽泽桥—苏州桥段）
- 中关村北大街
- 西二环（菜户营桥—广安门桥）
- 建国门桥和建外大街
- 立汤路天通苑段
- 西单北大街（西四—新街口段）
- 长安街（天安门—公主坟段）

3. 交通可靠性

交通可靠性是指在给定的一段时间内，交通运输服务在一定的路段、区域中保持一致性的程度。通常是由出行者根据他们的经验来判断。例如恶劣天气、交通事故等随机因素会使得出行者原来的出行目的难以实现，城市交通系统整体的运行状态失稳，说明该时段内，该区域的交通可靠性变差。

在现有的交通学术领域中，主要存在 3 种可靠性的定义及指标量化方法：基于静态路网的连通性评价、基于行程时间的路网可靠性评价、基于路网容量的路网可靠性评价。

为了衡量城市路网的稳定性，我们引入如下指标：

网络交通出行可靠性（Network Travel Time Rate，下面简称 NTTR），是衡量城市路网交通可靠性的重要指标，由平均行程时间率（Travel time rate，简称 TTR）决定。对于每一个 OD pair，TTR 反映了出行者在这段旅行中旅行距离与所花费时间的关系，定义为：时间 / 距离，单位一般为（min/km 或 h/km）。我们把给定的城市划分为一个个网络区域，在给定的时间段内，通过计算每个 OD 对间的所有出行者的 TTR，再由每个 OD 对的总出行者数量对 OD 对间的 TTR 进行加权平均得到 NTTR，从而反应 OD 对及城市间的交通出行可靠性的平均状况。

网络缓冲行程时间率（Network Buffer Time Rate，下面简称 NBTR）是衡量城市交通路网可靠性的另一个指标，反映的是出行者为按时到达目的地，相对于平均行程时间而考虑的单位里程需要额外花费的时间，其单位一般为（min/km 或 h/km）。一般来说，需要预留的额外时间越大，则路网越不可靠。计算路网中的所有 OD pair 的 BTR 值可以得到描述城市道路网络整体运行状态的 NBTR 值。

网络缓冲行程时间率指数（Network Buffer Time Rate Index，下面简称 NBTRI）反应的是 NBTR 占出行可靠性的比重，即出行者为了保证能准时到达目的地的可能性足够大，预留的出行额外时间占平均出行时间的比重。

如：正常情况下 A 从家到公司 10 公里需要 20 分钟，而路况很差的情况下则需要 30 分钟，此时 NBTR=1，即为了准点上班，A 需要每公里多预留 1 分钟时间。网络缓冲行程时间率指数（Network Buffer Time Rate Index, 无量纲，下面简称 NBTRI）反应的是 NBTR 占 NTTR 的比重，即出行者为了保证能准时到达目的地的可能性足够大，预留的出行额外时间占平均出行时间的比重。NBTRI 的数值越大，意味着网络的交通不稳定性越大。

$$NBTR=\frac{\sum_i\sum_j w_{ij}\times\beta_{ij}}{\sum_i\sum_j w_{ij}}$$

$$NBTRI=\frac{\sum_i\sum_j w_{ij}\times\eta_{ij}}{\sum_i\sum_j w_{ij}}$$

ω_{ij} Weight of the OD pair

β_{ij} Buffer time rate of the OD pair

η_{ij} Buffer time rate index of the OD pair

（注：其他城市交通可靠性指标的定义和解读与北京一致，将不再赘述。）

过去一年，北京一周内周三的道路可靠性最差，为了保证能按时到达目的地，北京市民需要在正常耗时基础上，每公里预留出 1.5 分钟的出行缓冲时间。而双休日的交通可靠性稍优于工作日。

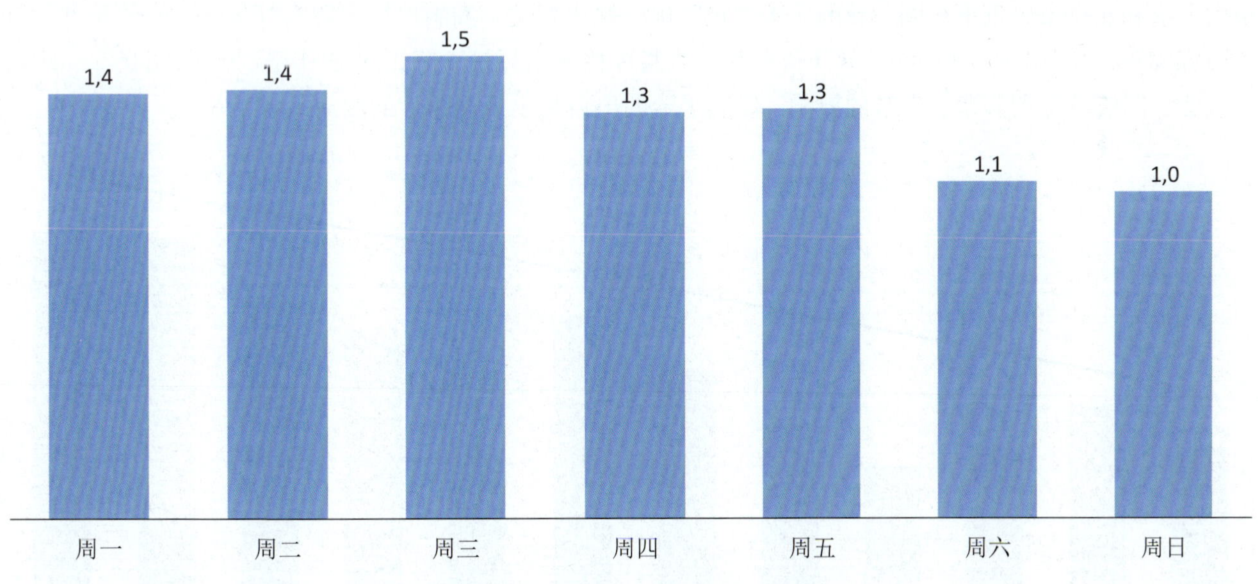

图 3　北京一周内 NBTR 分布情况

从一天分小时的 NBTRI 分布数据来看，凌晨的 NBTRI 数值最小，而早高峰（7:00 ~ 8:00），晚高峰（18:00 ~ 19:00）的 NBTRI 数值较大，道路路况较差，这和我们理解的早高峰、晚高峰相符合，即在这个时间段，需要预留更多时间预防影响交通的不可靠因素的发生。

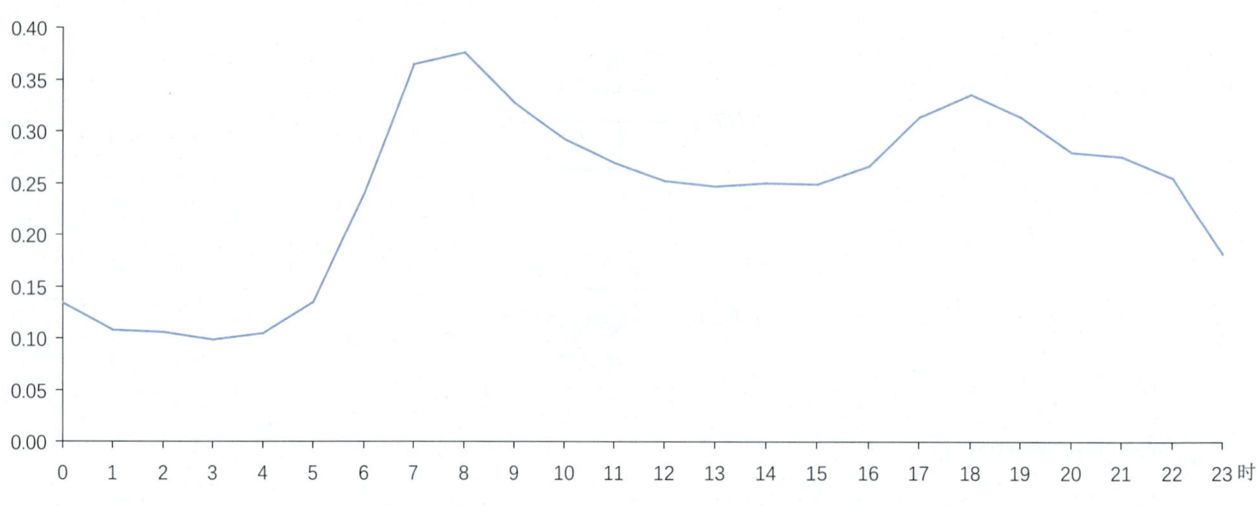

图 4 北京 24 小时 NBTRI 分布情况

三、出行规律

1. 年度出行量分布及规律

北京主城区的交通出行有着很强的时间分布规律，特别是在一年之内，受节假日、特殊活动的影响很大，这和北京市民近乎步调一致的“潮汐式”出行规律有关。滴滴出行大数据对 2015-2016 年度的订单研究发现，单从每月的出行订单分布来看，节假日整体出行量下降，2015 年受“9・3 阅兵”、中秋节放假、国庆黄金周假期、春节的影响，滴滴平台的出行量出现规律性的波动。

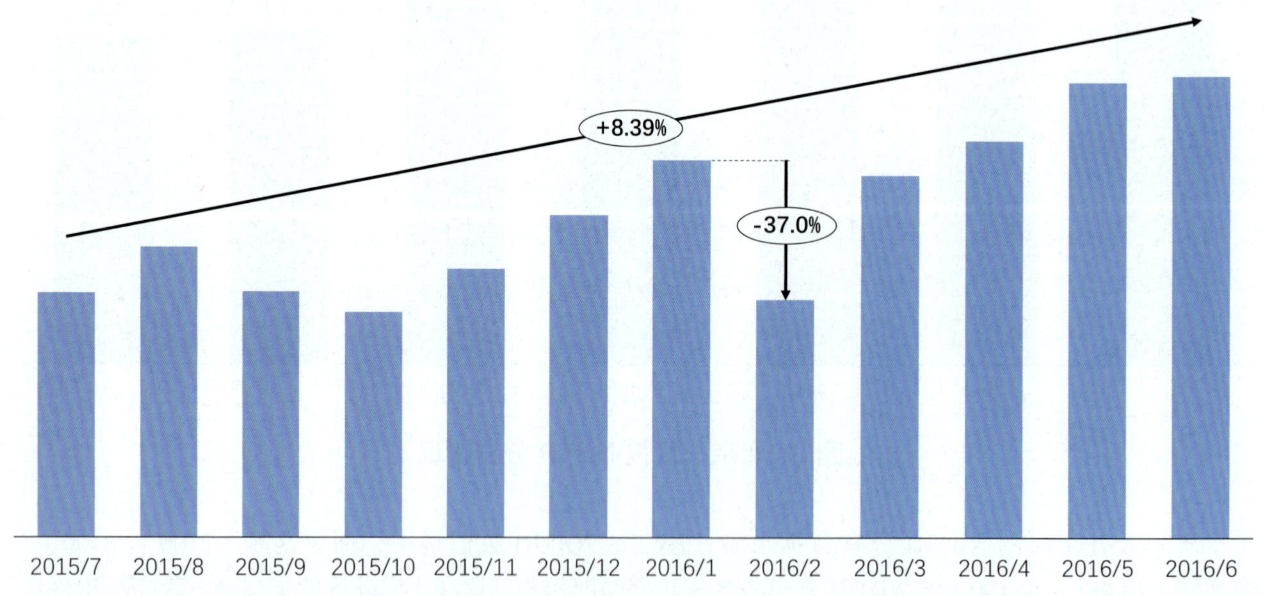

注：数据通过滴滴出行平台全量数据，结合统计周期内市场份额推算。

图 5 北京智能出行量变化月趋势图（2015 年 7 月至 2016 年 6 月）

如果将数据拆分得更细，以天为单位来看，在过去一年里，2015 年 2 月 8 日（正月初一）的出行量最少。

注：数据通过滴滴出行平台全量数据，结合统计周期内市场份额推算。

图 6　北京全年智能出行量变化日趋势图（2015 年 7 月 1 日至 2016 年 7 月 1 日）

2. 工作日出行量分布及规律

与地方城市相比，作为特大城市、都市圈核心的北京，工作日的出行量和周末、节假日相比，有着明显的谷峰和谷底。无论从单周来看，甚至从周一至周日出行量来看，如果将研究的颗粒度拉得更细，甚至可以看出每一天都有其不一样的特点。而我们将一周 5 天工作日的出行量综合分析来看，总体规律是，北京主城区每个工作日都有 3 个出行峰值，这可能和我们传统上理解的早高峰、晚高峰不一样，因为还有一个夜高峰，“越夜越出行”的现象，在 2015 年以来表现得非常明显。

一般来说，如果没有特殊状况，北京主城区工作日的 3 个出行峰值为：早高峰（7:00 ~ 9:00），晚高峰（17:00 ~ 19:00）及夜高峰（20:00 ~ 22:00）。

对夜高峰的体验，可能住在五环以外的通州、大兴、顺义、昌平等新兴的大型居住区的人会发现，在 20:00 以后，京通快速路、京开高速、京藏高速、京承高速、机场高速等主城区和郊区的快速连接路线，会出现一拨较为密集的高峰，而且比 20:00 以前的通行速度还要慢。

这种状况，在东三环等一些环路上也会出现，主要分布在三里屯、簋街等餐饮业、酒吧业较为发达密集的区域，这和人们的夜生活密切相关，这个交通出行现象，可以概括为“8 小时以外现象”，有待以后做更为细致的研究。

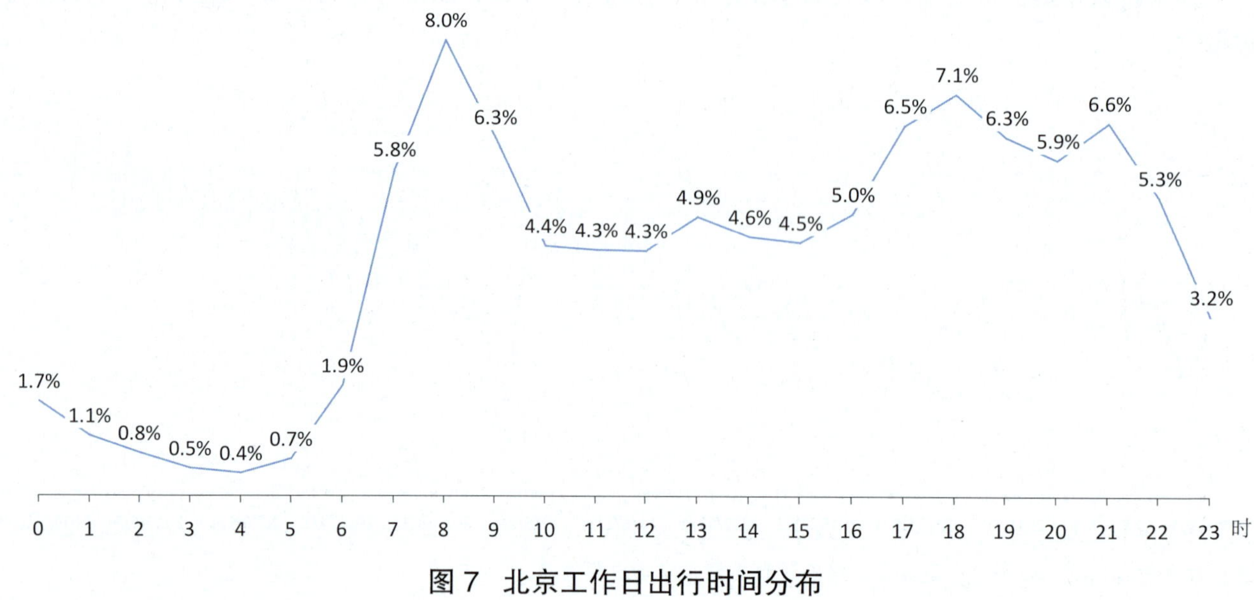

图 7　北京工作日出行时间分布

3. 打车成功率

能不能打到车？什么时间可以打到车？在哪里更容易打到车？对于在北京久居的人来说，这是一个非常重要的问题，可以说，“打车成功率”事关每一个北京常住市民的幸福指数。在滴滴出行等网约车平台出现之前，人们打车出行主要依靠传统出租车，站在路边“扬招”为主，“电话叫车”为辅，北京市 6 万余辆出租车承担了过去主要的打车出行服务，而现在，网约车出现之后，更大的打车出行量被网约车承担了。人们不必站在路边“扬招”，而只需在手机上动动手指，很快就有网约车司机接单，然后与司机约好上车地点，待车来接。

我们通过对人们打车习惯、时间段的分析发现，在每天凌晨 5:00 左右，打车的成功率是最低的。在工作日早晚高峰，打车的难度是较大的，在节假日的白天，打车成功率分布较为均衡，基本上不会出现“打车难”状况。

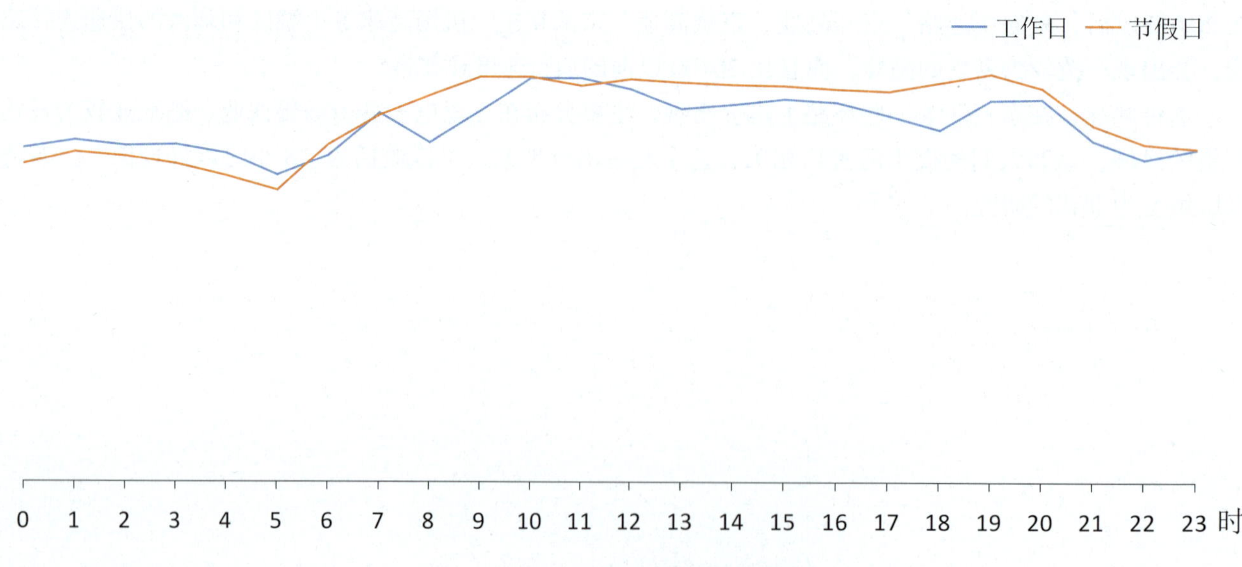

图 8　北京打车成功率时间分布

4. 出行量集中区域

通过总量分析发现，在北京市主城区，由于商业、商务等业态的高度集中，影响着区域的出行量，如果从行政区域来看，朝阳、海淀和东城区的出行需求更旺盛、更集中，并且不会受周末、放假等因素引起热点的较大变动。

具体分析这 3 个行政区出行量相对集中的原因：朝阳 CBD 中央商务区集中的商务写字楼，云集了大量的公司商务人员；海淀区集中了中关村和上地区域大量的 IT 互联网公司，大型公司动辄成千上万的工作人员，加之云集了北京大学、清华大学、中国人民大学等数十所高等院校；东城区则是国家部委和北京市相关行政机构的集中区域，也是当然的出行量集中区域，未来北京市行政机关的东迁，是否带来东城区出行量的变化，还有待观察。

如果将颗粒度更为细化，就会发现北京还存在一些局部打车需求密集的区域：潘家园、三里屯、国贸、望京、丰台区水口子街、北京南站等，这些路段和区域打车需求较为旺盛。

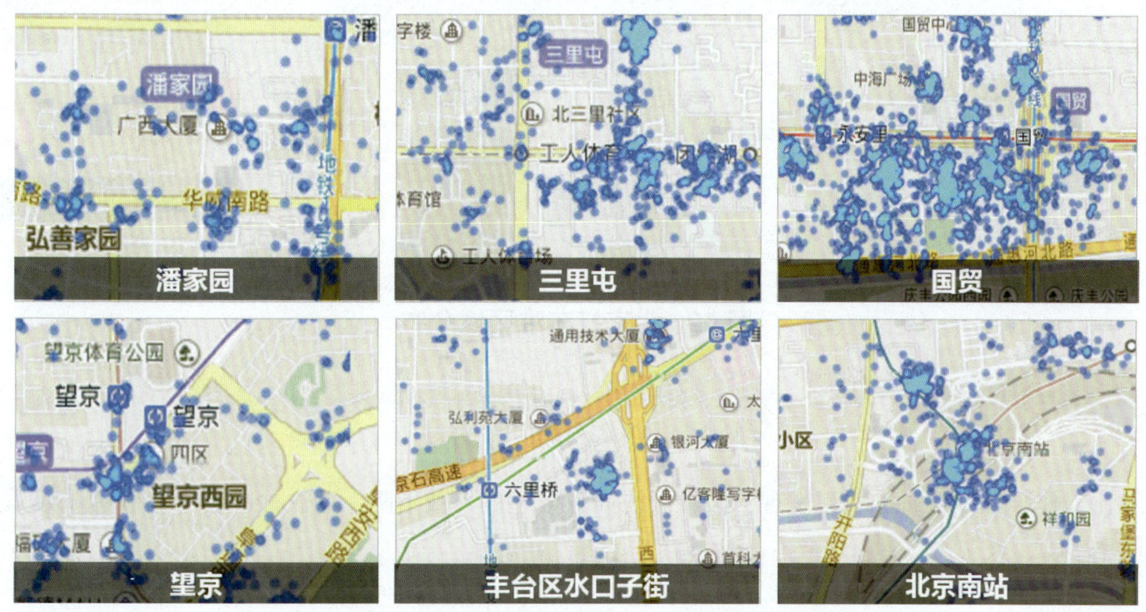

图 9　北京部分区域打车需求热点分布

5.“打车难”区域

在另外一些区域，则存在着“打车难”的问题，当然，这些因素因为“网约车”的出现，已经得到一定程度的缓解，但是，相比其他地段，仍然打车较为困难。相信未来通过大数据的算法精准匹配、调度需求和供应，这些区域打车难的现象应该可以得到缓解。

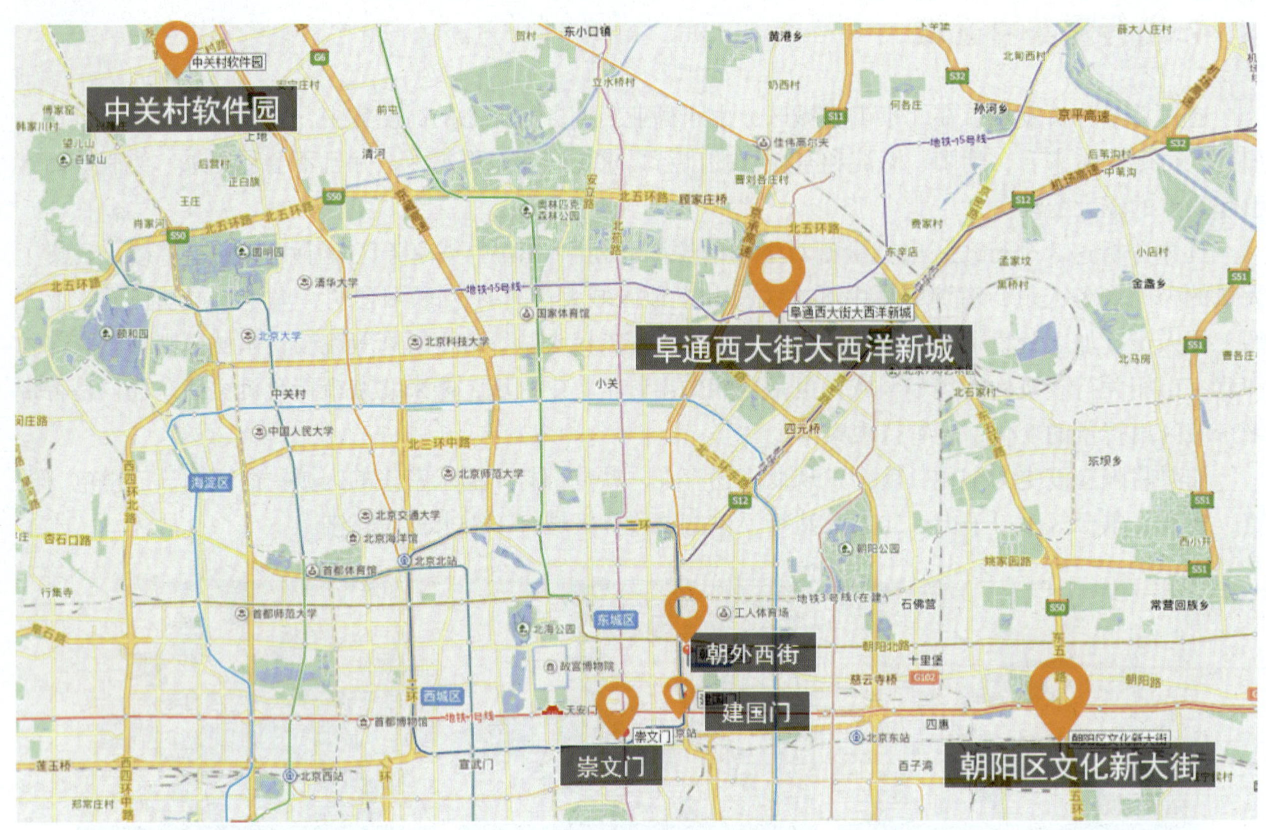

图 10　北京打车难区域分布

6. 不同时间的出行目的地

对比工作日和节假日，可以发现：假日去往商务楼宇的人数下降，而去往购物中心和休闲娱乐场所的人数增多。

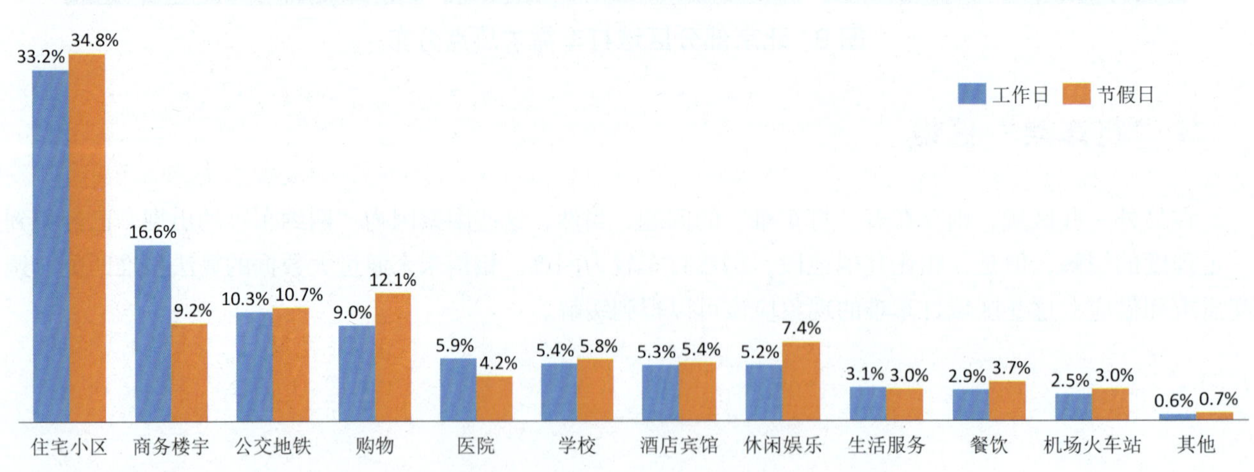

图 11　北京打车目的地分布

工作日 8:00，打车去往商务楼宇的人数是最多的，因为此时工作日的早高峰开始了，而到了节假日的这个时间段，打车去住宅小区、公交地铁、购物中心及休闲娱乐场所的相对较多。分析一个现象是：节假日人们的出行时间相对工作日较晚，可以想见的是，在节假日打车高峰时，很多人的出发地是在家附近，打车去往的交通站点，则是接驳第一段的需求，而在工作日，打车去往商务楼宇，往往是接驳的第二段需求。

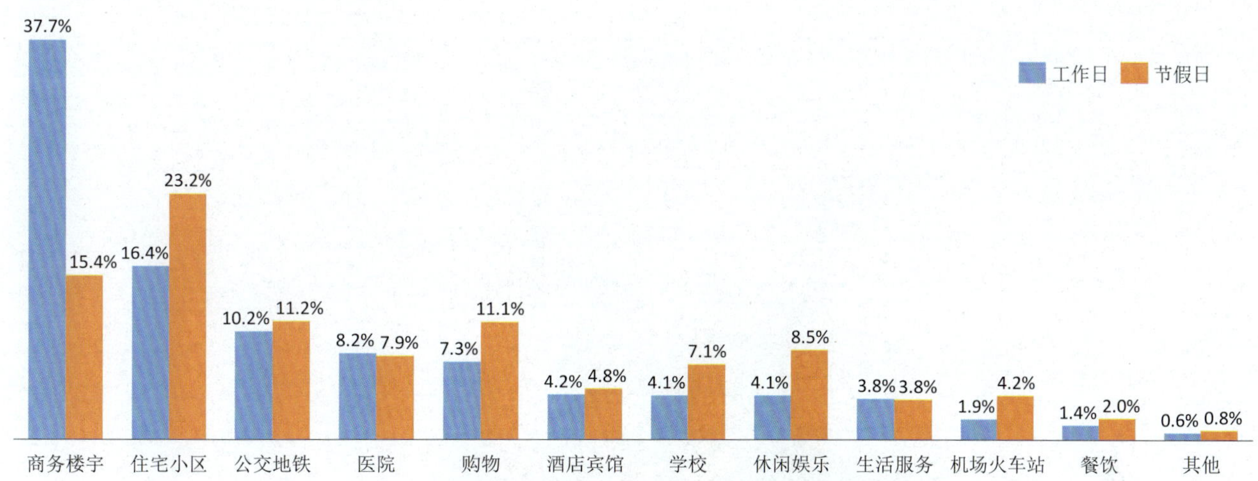

图 12　北京 8:00 打车目的地分布

我们再分析晚高峰出现的时间段，到 18:00，在工作日，打车去往住宅小区的人数更多，而节假日，则是打车去往公交站和地铁站、购物中心、休闲娱乐场所的人数有所增加。这是不同日子里的 2 种截然不同的“晚高峰现象”。工作日时，忙碌一天，北京的人们通常选择下班回家；而在节假日则有所不同，叫上三五好友聚餐，或是出游都是有可能的。

如果将分析的颗粒度进一步微观化，这种工作日和节假日相反的出行现象，对商业分布、交通出行的规划设计、商业地产开发，具有很大的参考价值。

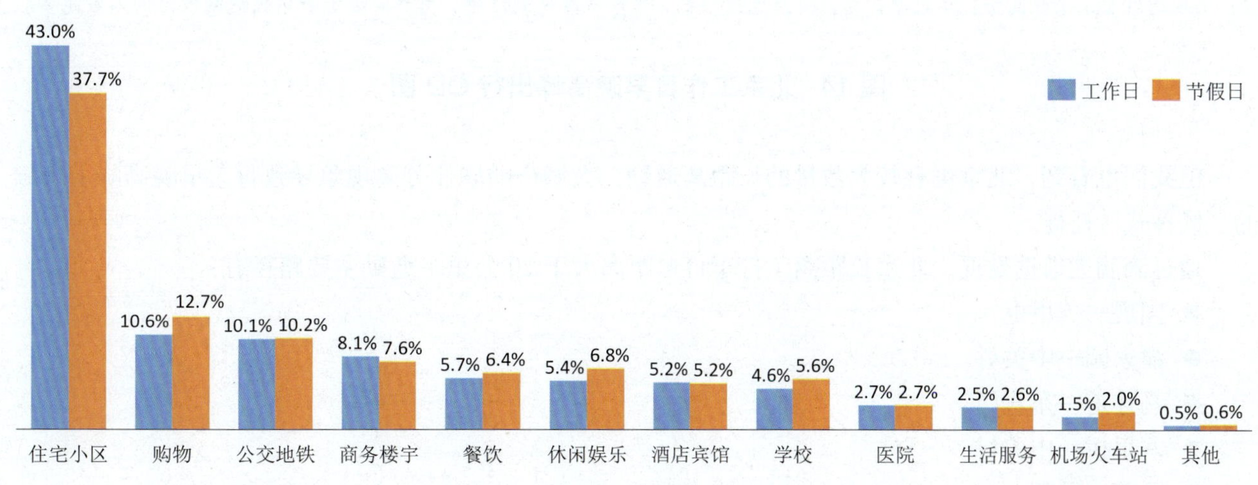

图 13　北京 18:00 打车目的地分布

7. 通勤路线

根据滴滴出行大数据平台，对北京日常通勤订单进行分析发现：北京通勤主要以中短途为主，国贸、通州、望京和三里屯区域内的居住地和工作地之间的出行最为明显。

注：上图通过北京早晚高峰打车订单的起点终点连线绘制，颜色从绿色到红色，越趋向红色表示该通勤线路的人数越多。

图 14　北京工作日早晚高峰出行 OD 图

但我们也看到，北京也有较大数量的长距离通勤，大城市的职住分离现象导致每天早晚高峰上班族的“候鸟式”迁徙。

通过滴滴大数据发现，北京长距离（打车订单距离大于 20 公里）通勤主要路径有：

- 国展—三里屯
- 潘家园—中关村
- 马连道—东直门
- 八里桥—中关村
- 北苑—国贸
- 魏公村—三里屯

四、特殊时间出行

1. 节假日：早高峰缺席，晚高峰和夜高峰依旧

在周末和节假日，由于难得的闲暇时光，好不容易可以睡一个懒觉，所以，大部分北京人可能选择把早上的好时光交给了睡眠。补觉，成为节假日早晨的主题。从滴滴出行平台的大数据也可以发现，节假日，北京是没有出行早高峰的。

但是，这并不意味着北京人在这一天一直沉睡，早上，甚至一个上午好好休息，17:00 以后，城市依然进入到紧张的、高潮的、拥挤的状态。滴滴出行大数据发现，这一天的 16:00 ~ 18:00，会出现 2 个小时左右的出行需求高峰期，而 20:00 之后，会出现一拨夜高峰，晚高峰和夜高峰的规律和工作日的时间波段近乎一致。

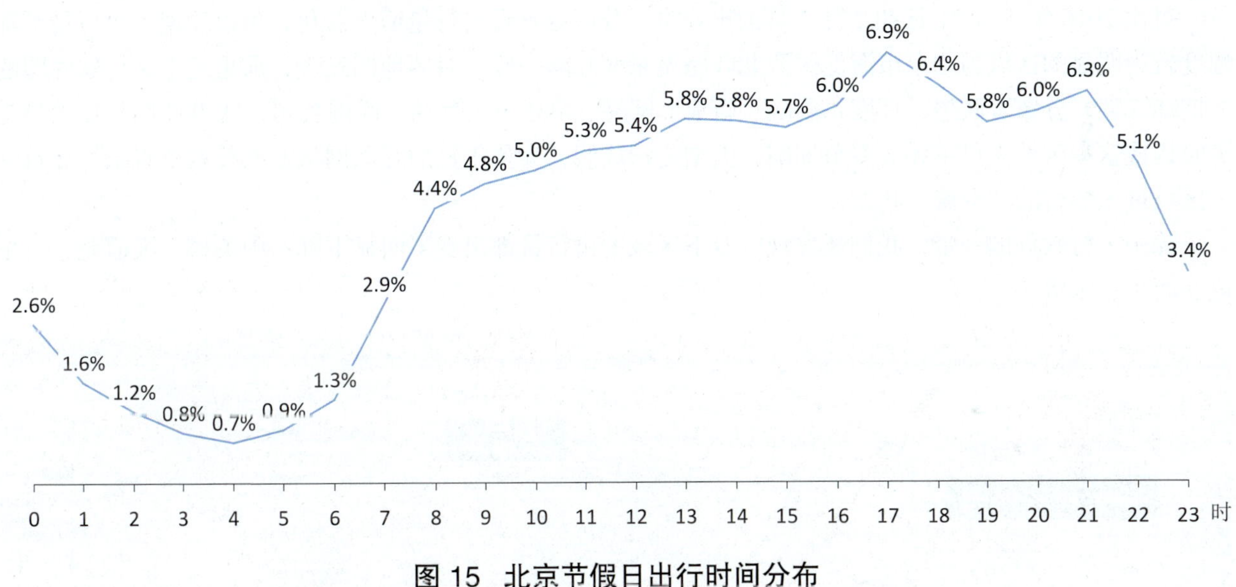

图 15　北京节假日出行时间分布

2. 春节：空城现象明显

人们都去哪儿了？哪里的人流动变化大？在每一年的春节，这种状况反应得最为明显，我们通过对春节期间的出行量变化波动研究，会发现每一个区域的人口结构、出行规律，甚至可以发现所在区域的人口构成主体是以常住人口为主，还是以流动人口为主。

单独看 2016 年 2 月北京出行量分布，2 月 1 日开始明显下降，2 月 8 日（正月初一）达到最低位。可以想见的是，进入到最重要的中国传统节日的这天，近 2200 万北京常住人口中的大部分，已经离开北京，或回到故乡与家人团聚，或拖家带口开启旅游模式，北京进入“空城”模式。

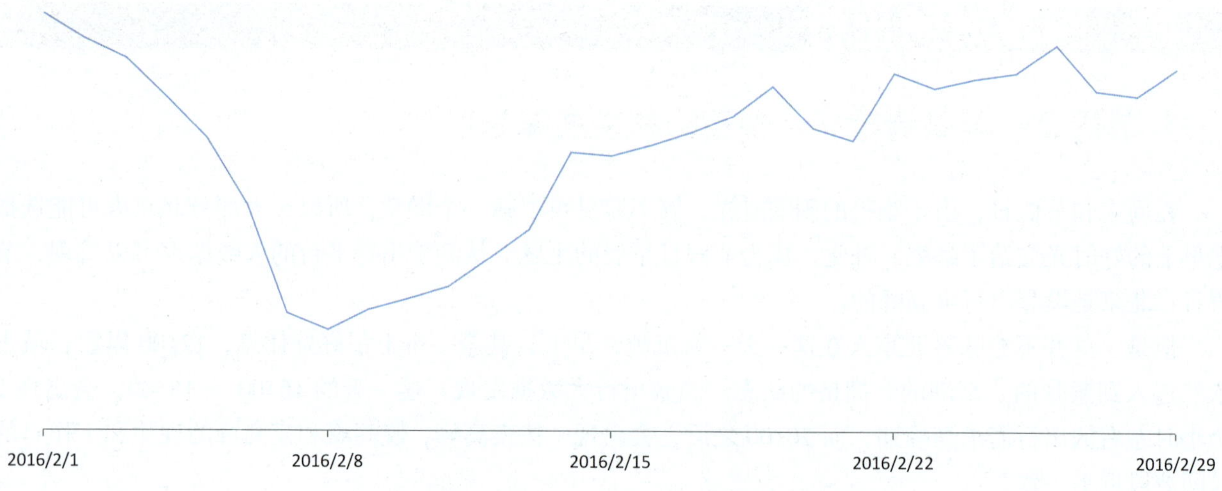

图 16　北京 2016 年 2 月出行量变化趋势图

对比 2016 年 1 月 31 日和 2 月 7 日的出行量，分区域查看出行量密度变化，可以发现：出行量下降幅度较为明显的区域为北京市海淀区西北旺路至东北旺路一段，对照地图发现，那里是中关村软件园的一期和二期，分布着联想、百度、滴滴、新浪、网易、IBM 等大型的互联网公司，IT 互联网从业人员是平时构成这一区域人口主体。春节期间，大型公司放假，大量年轻的互联网从业人员返乡省亲，导致这一区域进入短暂的“空城”状态。

除中关村软件园一带，我们还发现，以下区域的出行量都出现了明显下降：中关村、天通苑、三里屯、西单、国贸。

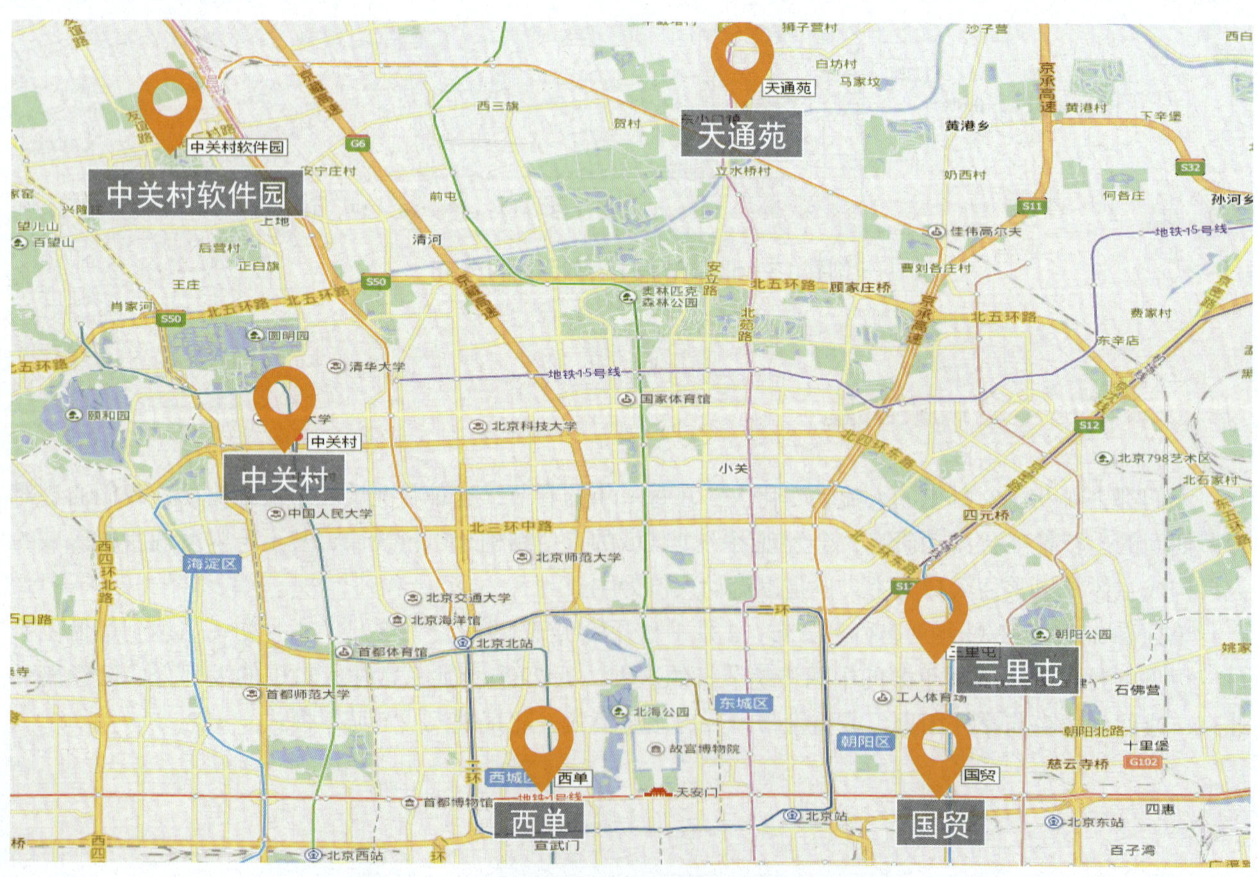

图 17　北京春节期间出行量下降最大的区域

五、舆论中的城市出行

人民网舆情监测室借助大数据平台，采集、抓取、统计2016年1月1日到2016年6月30日期间与“北京交通”相关的网络新闻、博客、贴文等，试图进一步分析。通过关键词检索、大数据抓取和统计研究后发现：在报刊、网站、微信、微博、客户端、视频网站、论坛、博客等媒介平台上，有关“北京交通”的报道和文章计1560715篇，在所有城市中话题讨论最为热烈，讨论量是第二位上海的2倍；文章以网站、微博、微信为主，但在报刊、APP、视频、论坛和博客上，讨论程度也远超其他城市，各渠道文章数具体如下：

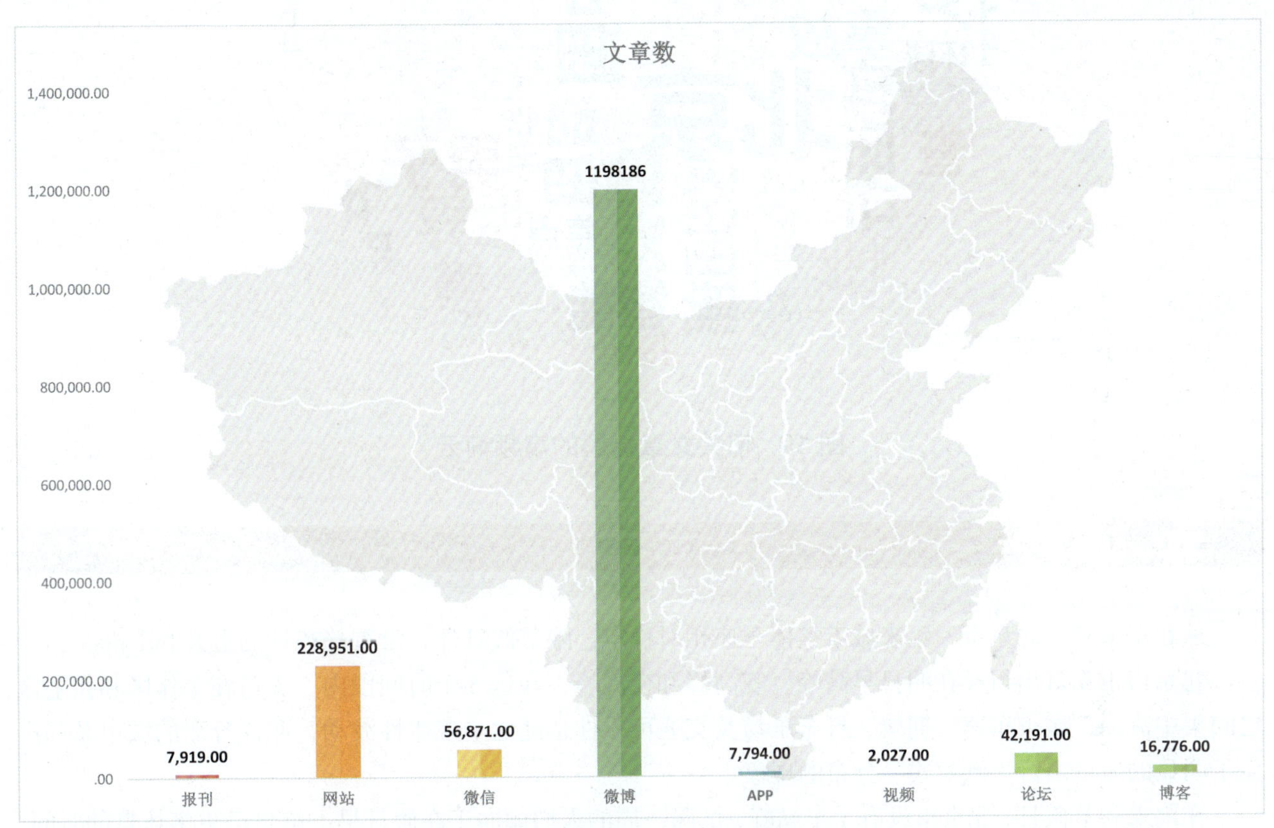

图18 各媒介平台相关文章数量

进一步对这些文章的标题进行词频统计，去除干扰词后发现：在相关报道中，出现频次最高的10个名词分别为机场、北京、地铁、滴滴、男子、公交（车）、通道、网约车、新能源、女子；频次最高的10个动词分别为出行、服务、自驾、安检、改革、被控、套现、开通、投资、交通管制。这些词汇反映了上半年在北京市相关的交通议题上，媒体和网民最为关注的焦点。在这些高频词当中，“滴滴”“女性”“网约车”“新能源”4词上榜，成为北京市特有的热点词汇。全国两会期间，两会代表针对网约车的管理模式提出意见与建议；在“互联网+”大背景下，网约车的发展便利了城市生活，但还存在一些问题，引发舆论关注。“新能源”也是北京交通的高频词汇，新能源车的推广对节能降耗、减少污染有重要意义。此外，女性出行问题也引发广泛关注，如3月起首都机场开设女性专用安检通道，不仅提高了通行效率，也很好地保护了女性隐私。另外，“服务”成为高频动词，不论是涉及机场、地铁、公交、网约车还是交通管理的报道与言论，如何提供、享受更好的出行服务都是媒体与网民关注的焦点。

图 19　相关文章标题的高频词云

六、总结

从数据来看，北京市一年来城市整体车速相对稳定，除节假日外，没有趋势性的上升和下降。

北京市工作日出行存在明显早高峰、晚高峰和夜高峰，在这 3 个时间段内，人口在工作区和住宅区之间集中流动，城市车速、拥堵、打车难易及交通可靠性也随之呈规律性波动，职住分离的城市布局产生了明显的城市出行“潮汐式”分布的现象。

在周末和节假日，北京市没有了早高峰，忙碌一周的人们倾向于在假日早上给自己更多休息的时间，但晚高峰和夜高峰依旧存在，休息后的人们会通过各种休闲娱乐活动享受美好假日。在中国人最重要的传统节日——春节期间，北京空城现象明显，大量外地人口返乡，中关村、天通苑、西单、国贸等地出行量下降较明显。

北京市民 2016 年在出行方面的主要关注点为机场、地铁、服务等与出行体验相关的内容，其中“滴滴”也进入了人们关注的焦点，通过移动互联网方式的智能出行已经成为市民出行的常态，北京市全年智能出行量呈稳定上升趋势。

未来，在政策和技术的驱动下，相信北京的出行会向更优质化、更多元化迈进。

上海市

SHANGHAISHI

上海城市出行大数据分析

一、城市概况

上海是中国的经济、交通、科技、工业、金融、贸易、航运中心，是首批沿海开放城市，也是世界上规模和面积最大的都会区之一。2015年，上海市GDP达25300亿元，为内地城市第一，按常住人口计算，人均生产总值10.31万元，第三产业占上海市生产总值的比重67.8%。[i]

至2015年末，上海全市常住人口总数2415.27万人，其中户籍常住人口1433.62万人、外来常住人口981.65万人。作为全国性的交通枢纽，上海的地铁和地面公交非常发达：全市拥有轨道交通运营线路15条，公交运营车辆1.65万辆，出租车4.96万辆。全年市内公共交通客运量66.41亿人次，其中轨道交通客运量30.68亿人次、公共汽电车客运量25.48亿人次。[ii]

同时，上海机动车保有量334.04万辆，其中汽车291.08万辆、小型载客汽车247.42万辆。以个人名义登记的小型载客汽车（私家车）207.4万辆，平均每百户家庭拥有52辆私家车。本地剧增的机动车，加上大量外地牌照车辆的通行，使得2015年上海机动车驾驶人数量超过650万人。从机动车驾驶人驾龄来看，驾龄不满1年的驾驶人占总数的5.51%，从驾驶人性别看，男性驾驶人占67.98%。[iii]

二、整体交通概况

1. 全年平均车速

过去一年（2015年7月1日至2016年7月1日，下同）上海平均车速24km/h，其中春节期间平均车速最高，达38.4km/h，2015年“十一”假期、2016年清明和“五一”假期出现小峰值，分别为32.4km/h、28.6km/h和28.2km/h。

i 《2015年上海市国民经济和社会发展统计公报》，上海市统计局 国家统计局上海调查总队网站，http://www.stats-sh.gov.cn/sjfb/201602/287258.html

ii 同1

iii 《上海每百户家庭有52辆私车 汽车保有量超330万辆》，新华网，http://www.sh.xinhuanet.com/2016-02/26/c_135132254.htm

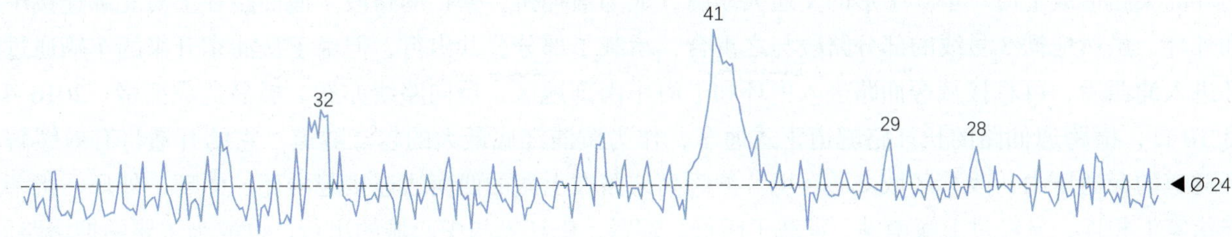

图 1 上海日均车速变化趋势图（2015 年 7 月 1 日至 2016 年 7 月 1 日）

分时间段来看，上海工作日早高峰（7:00 ~ 9:00），晚高峰（17:00 ~ 19:00）车速最低，夜高峰车速不受影响；节假日白天车速相对稳定；整体车速波动与北京类似。

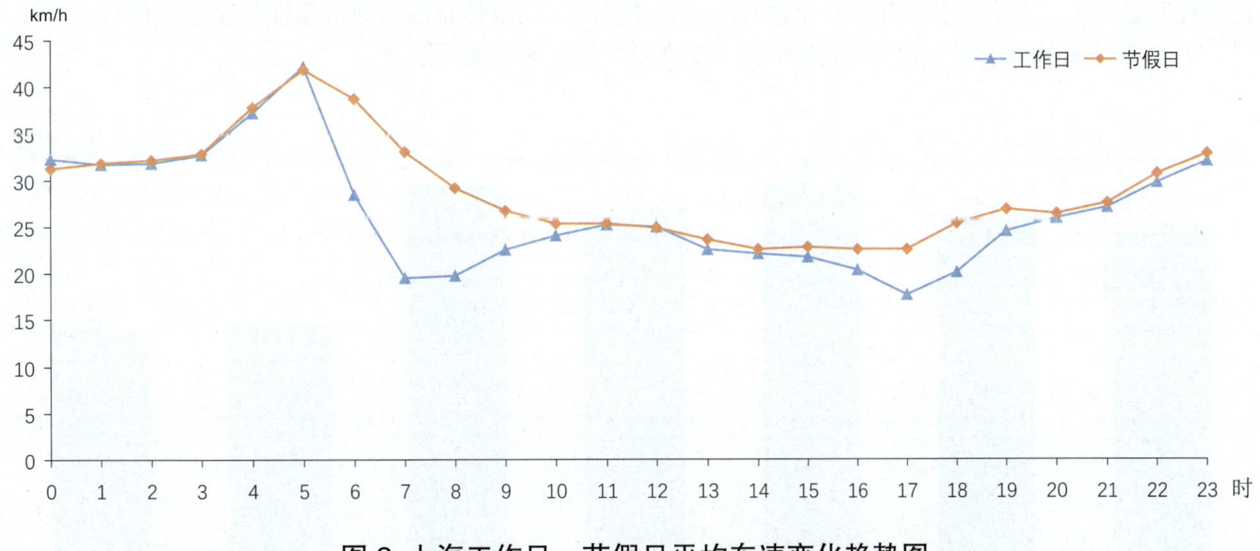

图 2 上海工作日、节假日平均车速变化趋势图

2. 拥堵路段

根据 2016 年 4 月滴滴出行、第一财经商业数据中心发布的《长三角智能出行大数据报告》，上海市区最易拥堵的路段如下：

- 南北高架路
- 延安高架路
- 内环高架路
- 逸仙路
- 沪闵高架路

上海的拥堵路段集中在高架路，其中延安高架路、南北高架路连接了上海的内环、中环、外环，与内环高架路形成上海“申”字形的交通大动脉，成为最拥挤、繁忙的路段。逸仙路在上海北部连接中环和外环，虽然地铁 3 号线的部分路段与之重合，承载了部分公共出行，但由于从浦东开来的车辆通过外环进入浦西后，可直接从逸仙路进入中环和上海中南部地区，反向路线亦然，极易造成拥堵。2016 年 9 月 10 日，横跨逸仙路的长江路隧道正式通车，作为黄浦江底最大的越江隧道，它的开通将有效缓解外环隧道的交通压力，改善区域交通环境。沪闵高架路在上海的西南边连接起内环、中环、外环，将莘庄与徐家汇相连，又经过上海南站，承载了闵行、奉贤、松江等与中心城的出行，也成为主要的拥堵路段。

总体而言，除了高峰期车辆过多、超过道路设计上限外，引起上海交通拥堵的部分原因还有部分道路设计欠妥，比如有上匝道无下匝道、进出口太近。遇有交通事故，一次车辆碰撞，就会“牵一发而动全身”，比如 2016 年 5 月 23 日凌晨，2 辆超载货车违章上高架，其中一辆装载预制管桩的卡车侧翻后造成中环高架受损，维修期间，其他高架、地面交通均因此受到影响。覆盖该事故区段的地铁 7 号线，至 24 日上午 9 点，全线进站客流同比上周增长 4.6%。另外还有特殊事件，上海作为国际经济、金融中心，常常举办各类大型赛事、演唱会、展会等，都易造成区域内的打车难和拥堵问题。

3. 交通可靠性

过去一年，上海一周内周三和周五的道路可靠性最差，为保证能按时到达目的地，上海市民需要在正常耗时基础上，每公里预留出 1.6 分钟的出行缓冲时间。而双休日的交通可靠性稍优于工作日。

（交通可靠性指标的定义和解读参见“北京篇”P32 对应部分。）

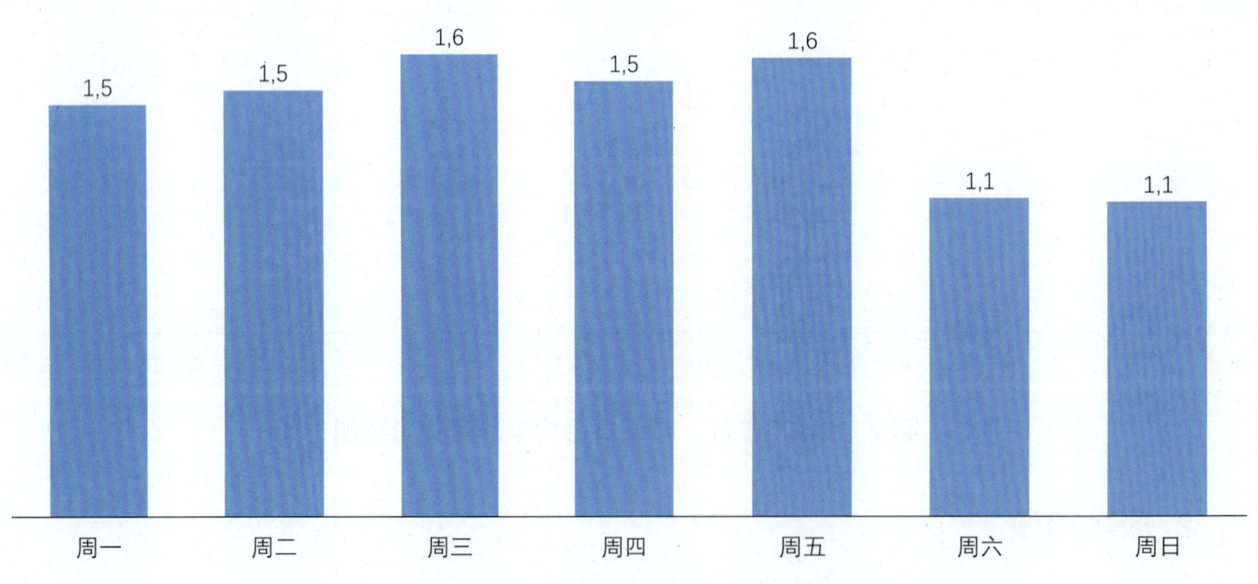

图 3 上海一周内 NBTR 分布情况

从一天分小时的 NBTRI 分布数据来看，凌晨的 NBTRI 数值最小，而早高峰（7:00 ~ 9:00），晚高峰（17:00 ~ 18:00）的 NBTRI 数值波动较大，道路路况较差，这和我们理解的早高峰、晚高峰相符合，即在这个时间段，需要预留更多时间预防影响交通的不可靠因素的发生。

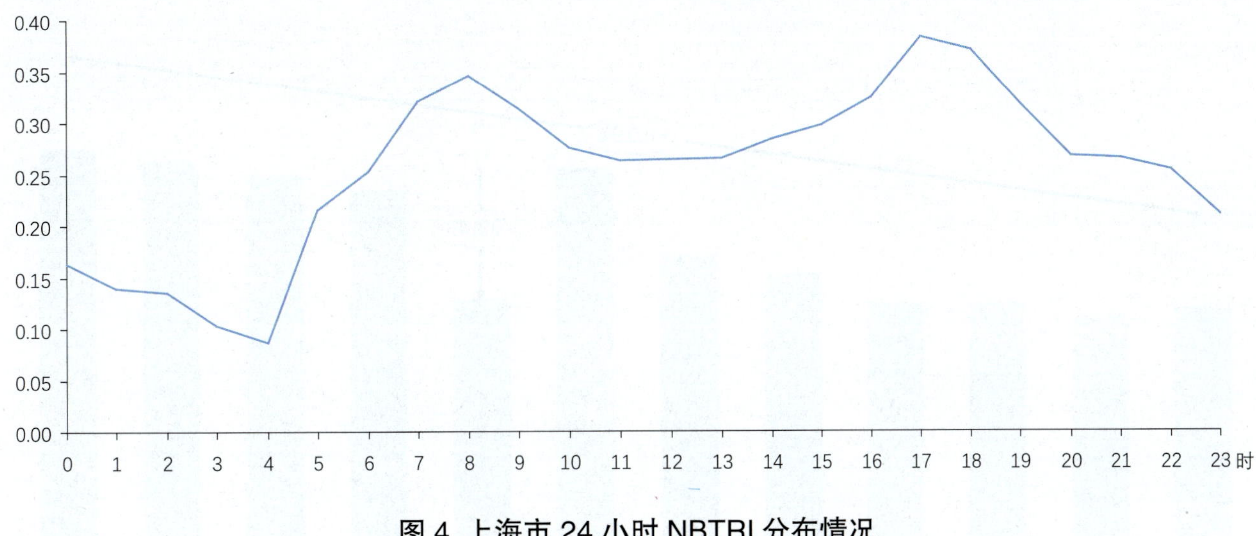

图 4 上海市 24 小时 NBTRI 分布情况

三、出行规律

1. 年度出行量分布及规律

如果将数据拆分得更细，以天为单位来看，过去一年上海整体出行量受节假日影响较大：一是出行量按“工作日—周末”交替波动明显；二是在 2015 年“十一”假期和 2016 年春节期间，出行量明显下降，与北京等地类似。

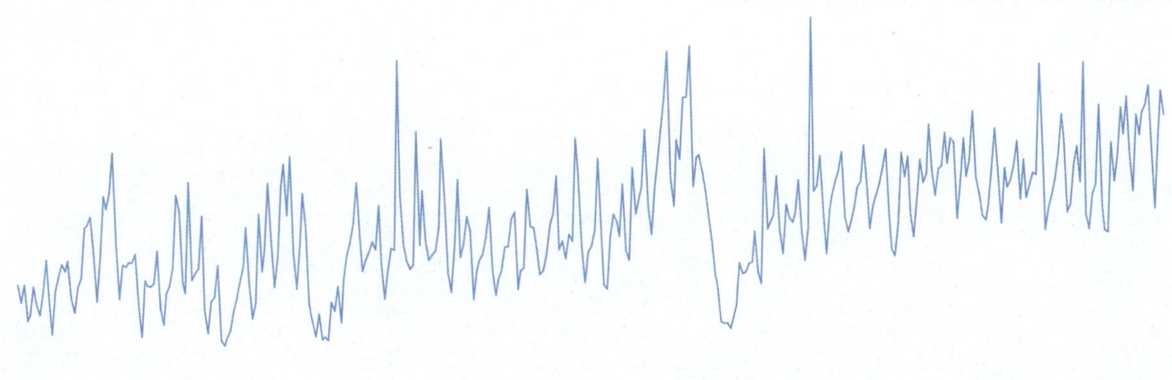

注：数据通过滴滴出行平台全量数据，结合统计周期内市场份额推算。

图 5 上海全年智能出行量变化日趋势图（2015 年 7 月至 2016 年 6 月）

整体看来，上海城市的智能出行量在过去一年呈稳定上升趋势，这和打车软件的市场开拓力度加大、人们的消费习惯养成有关，唯一例外的是 2016 年 2 月。作为全国性的交通枢纽，以及高等教育资源和劳动力输入城市，1 月份的放假潮和返乡潮，使得上海城市出行量迅速上升，而 2 月则由于春节，出行量显著减少，均环比下降 33.4%。

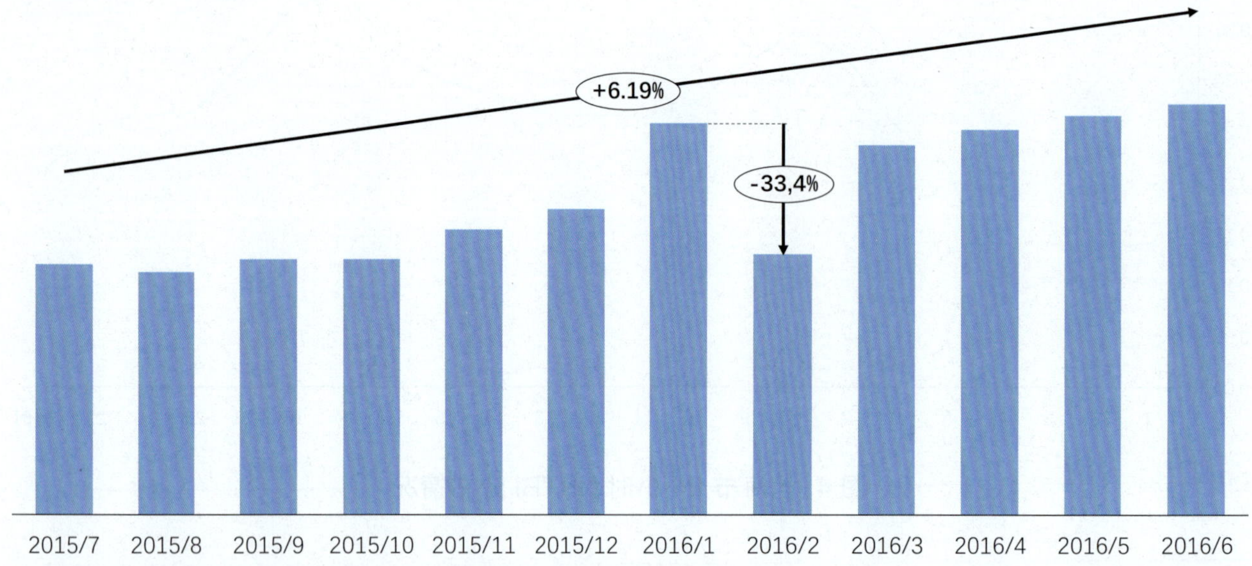

注：数据通过滴滴出行平台全量数据，结合统计周期内市场份额推算。

图 6 上海智能出行量变化月趋势图（2015 年 7 月至 2016 年 6 月）

2. 工作日出行量分布及规律

作为全国经济、金融、贸易中心的上海，工作日的出行量有着明显的谷峰和谷底。总体上，上海主城区每个工作日都有 3 个出行峰值：早高峰（8:00 ~ 9:00，比北京晚 1 个小时），晚高峰（17:00 ~ 19:00）及夜高峰（20:00 ~ 21:00）。

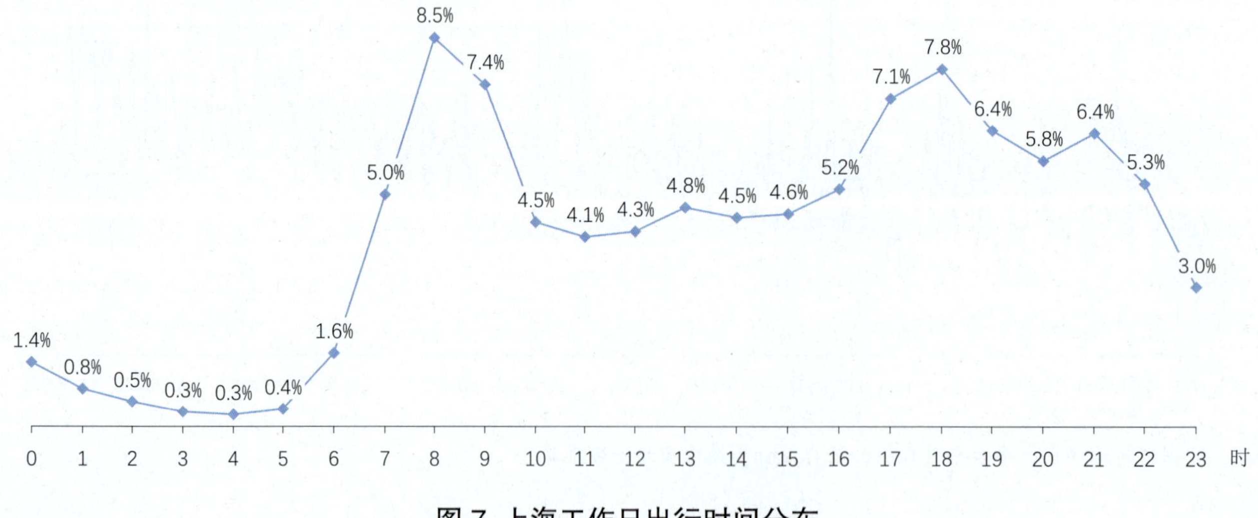

图 7 上海工作日出行时间分布

3. 打车成功率

虽然过去一年上海市整体出行量稳步增长，而打车成功率也一直在提升， 比起 2015 年 7 月，2016

年6月的打车成功率提升1.48%。其实上海市的出租车一直保持在5万辆左右[iv]，在出行需求增加的同时，打车成功率也在提升，无疑得益于智能出行运力的增长。

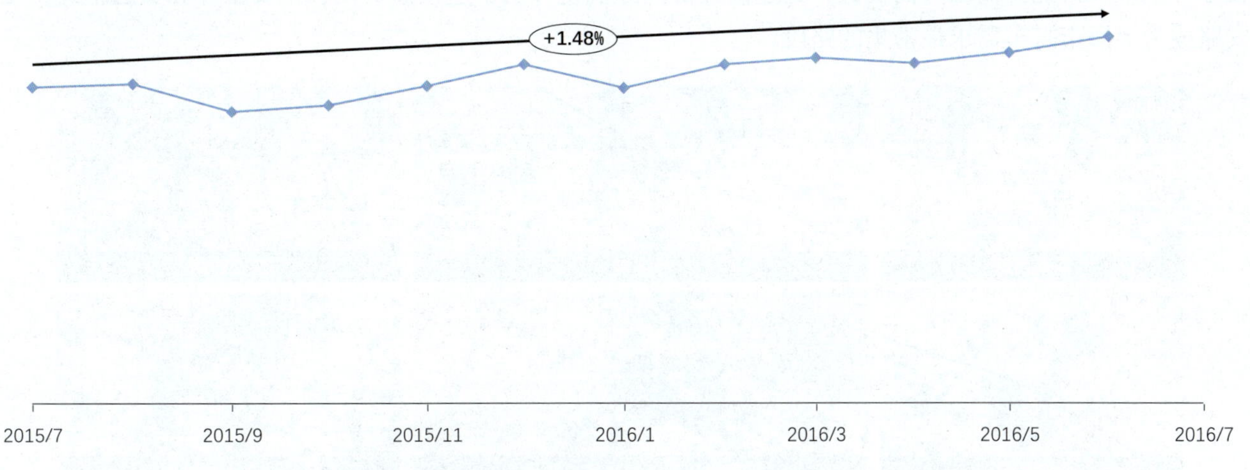

图8 上海打车成功率分布（2015年7月至2016年6月）

对具体时间段进行分析发现，不管是工作日还是节假日，每天凌晨5:00前后打车成功率最低；工作日，早晚夜高峰8:00、18:00、22:00，打车难度都较大；节假日，白天打车成功率分布均衡，17:00打车较难；整体上节假日比工作日更好打车。

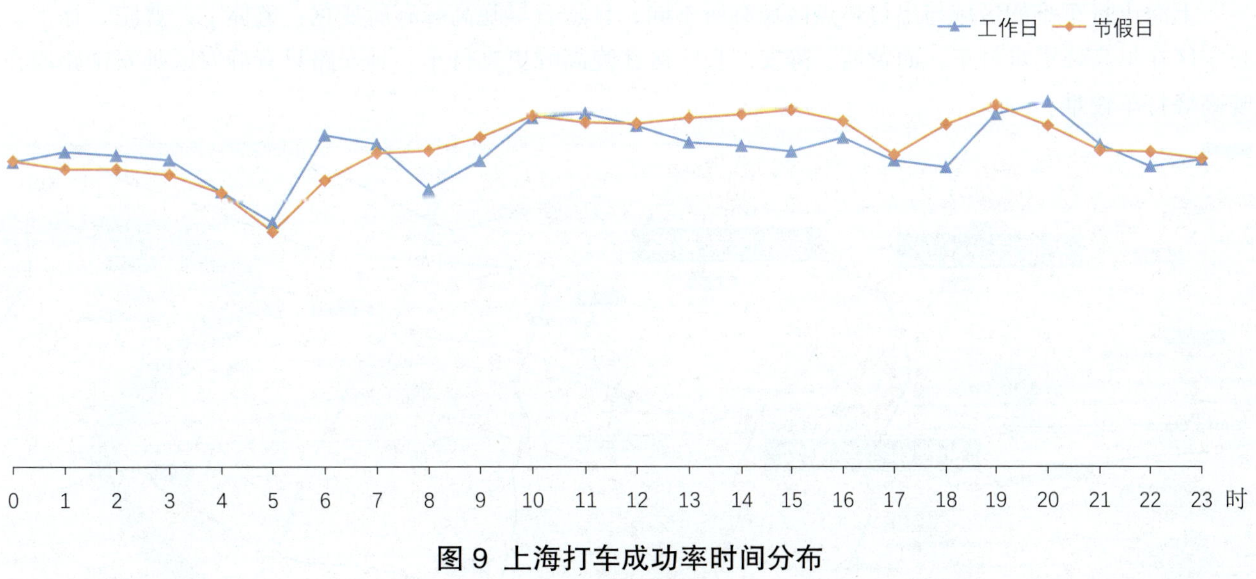

图9 上海打车成功率时间分布

4. 出行量集中区域

通过总量分析发现，横跨静安区南京西路、静安寺、黄埔区的延安西路、人民广场、陈翔路与宝翔路交叉口、地铁浦东大道站附近等区域出行量最大。

具体来看，位于上海市区中部延安路，跨黄浦、静安、长宁3区，全长14220米，是市区东西向主

iv 《31个省会城市出租车现状：21城万人拥有量不达标》，人民网－中国经济周刊，http://bj.people.com.cn/n2/2016/0809/c233087-28801796.html

干道之一。延安东路连接外滩和过江隧道，靠近豫园和人民广场，经过上海博物馆；延安中路则有上海展览中心、静安寺、上海文艺活动中心；延安西路经过上海戏剧学院、东华大学延安路校区、虹桥经济技术开发区和古北开发区等商贸区，又连接虹桥国际机场。由于连接商贸区、主要景区和交通枢纽，延安路成为上海市打车需求最密集的路段。

图 10 上海部分区域打车需求热点分布

5.“打车难”区域

上海市打车难的区域与出行热点区域有所不同，且随着早晚高峰有所变化：整体上，普陀、徐汇、长宁区在早高峰更难打车，而黄埔、静安、长宁区在晚高峰更难打车。延安路只有静安区延安中路段在晚高峰打车较难。

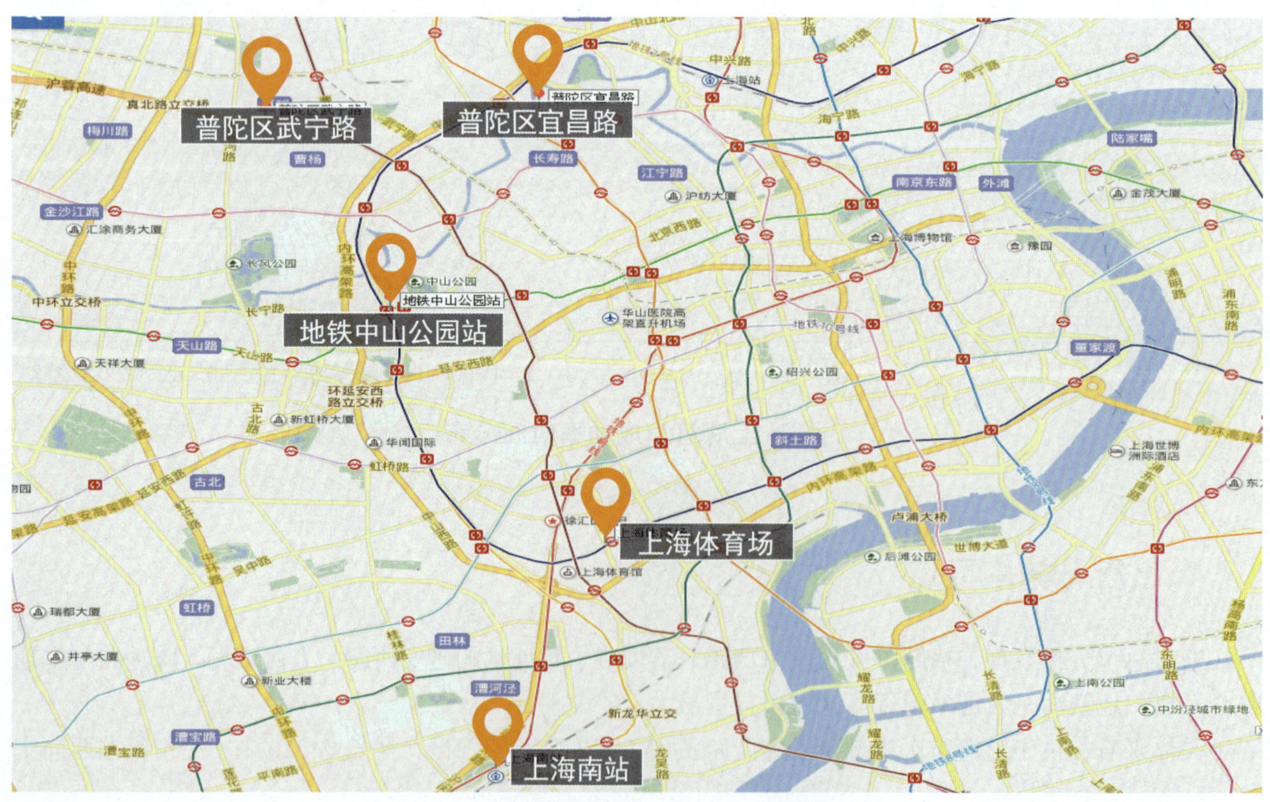

图 11 上海早高峰打车难区域分布

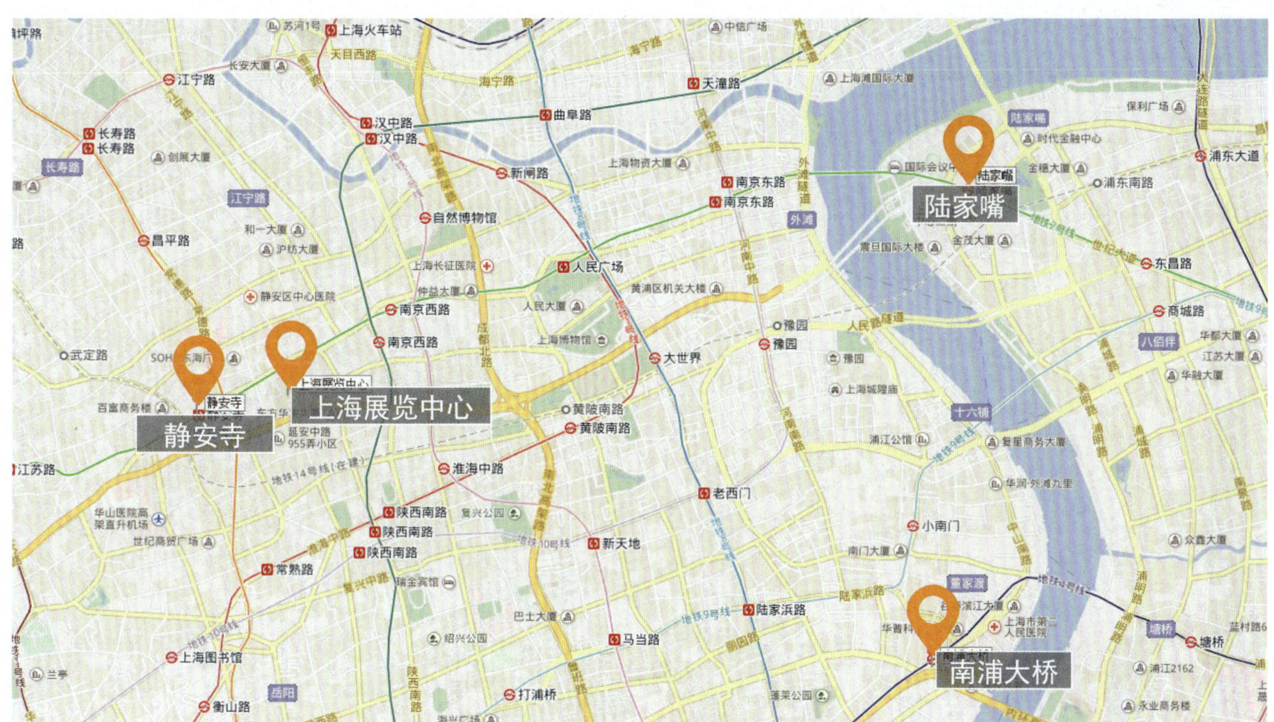

图 12 上海晚高峰打车难区域分布

6. 不同时间的出行目的地

节假日和工作日相比，去往商务楼宇的人数下降 49.2%，而去往购物中心和休闲娱乐场所的人数分别上升 46.5% 和 41.9%。另外，节假日去往机场火车站和餐饮区的人流有一定上升。

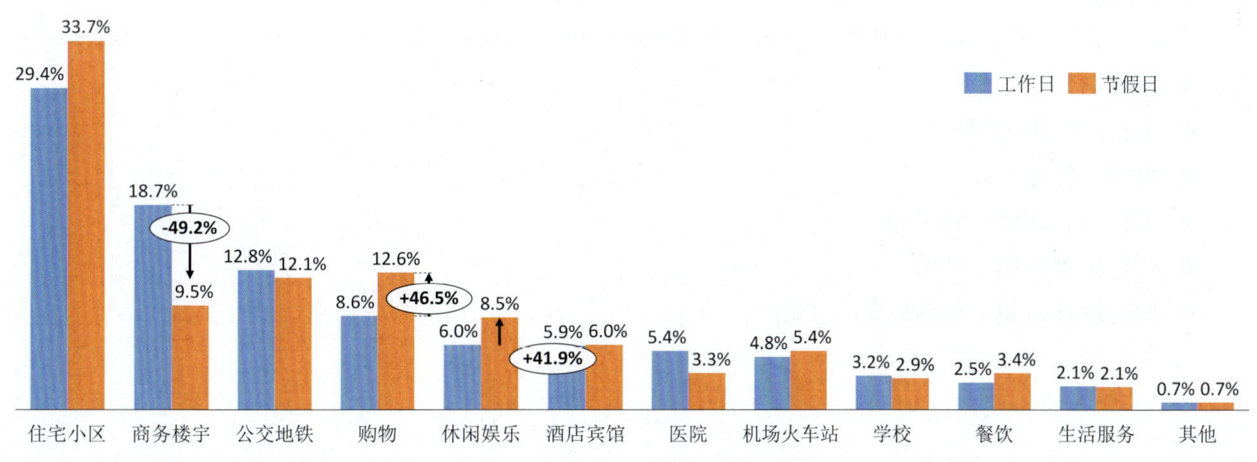

图 13 上海打车目的地分布

在工作日 8:00，由于正逢早高峰，打车前往商务楼宇的人最多，而在节假日的这个时间段，则是打车去往住宅小区、公交地铁的人较多。

值得注意的是，节假日 8:00，打车去往机场和火车站的人流量增幅较大，说明上海常住人口会在周末出城，也从侧面印证了上海的对外客运以铁路为主，网约车则能有效连接此需求。上海拥有上海站、上海南站、上海虹桥站等大型客运火车站，根据《2015 年上海市综合交通年度报告》显示，2014 年春运期间，上海对外客运总量 3556.4 万人次，其中铁路占 51.6%，公路、航空分别占 21.4%、26.8%，水运占 0.2%。上海和周边江浙城市“同城化”现象显著，高铁半小时左右的时间，让不少在上海工作的人选择在昆山、苏州、无锡等地居住。另外，周边城市距离近、旅游资源丰富，吸引了不少上海人和在上海进行中转的外地人前往，因此周末一早打车赶火车也不是什么稀罕事。

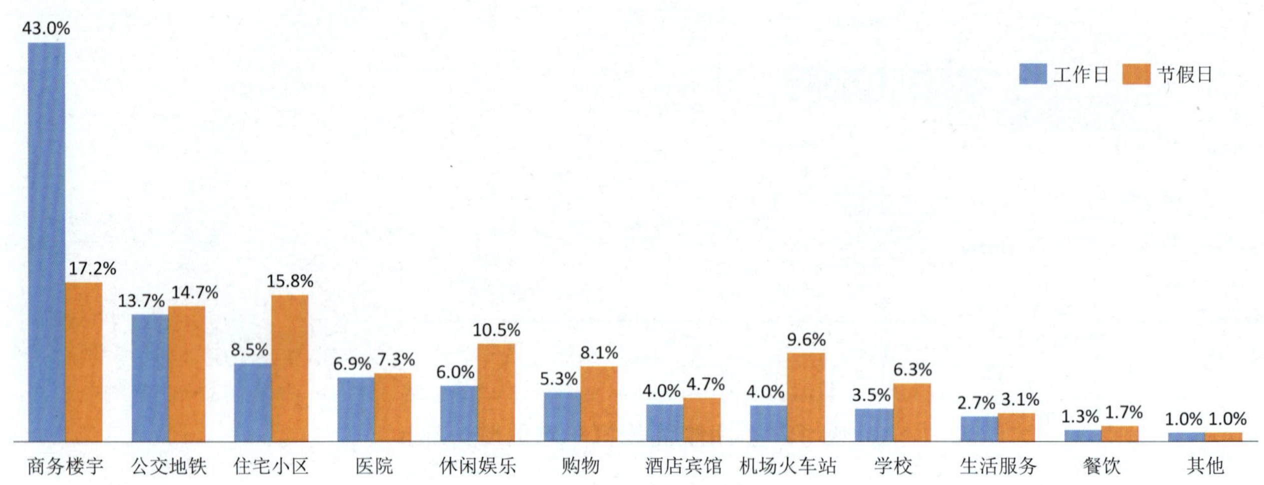

图 14 上海 8:00 打车目的地分布

7. 通勤路线

根据滴滴出行大数据平台，对上海日常通勤订单进行分析，结合上海的城市规划，发现上海通勤路线主要集中在以虹桥机场、外滩和上海浦东软件园为中心的区域。

大城市职住分离现象在上海也有体现，根据滴滴出行大数据测算，上海典型长距离（里程大于 15 公里）通勤路径有：

- 金桥—中山公园
- 金桥—外滩
- 宝山区联谊路—四平路
- 闵行区梅陇镇—外滩
- 闵行区陈行镇—黄浦区复兴中路

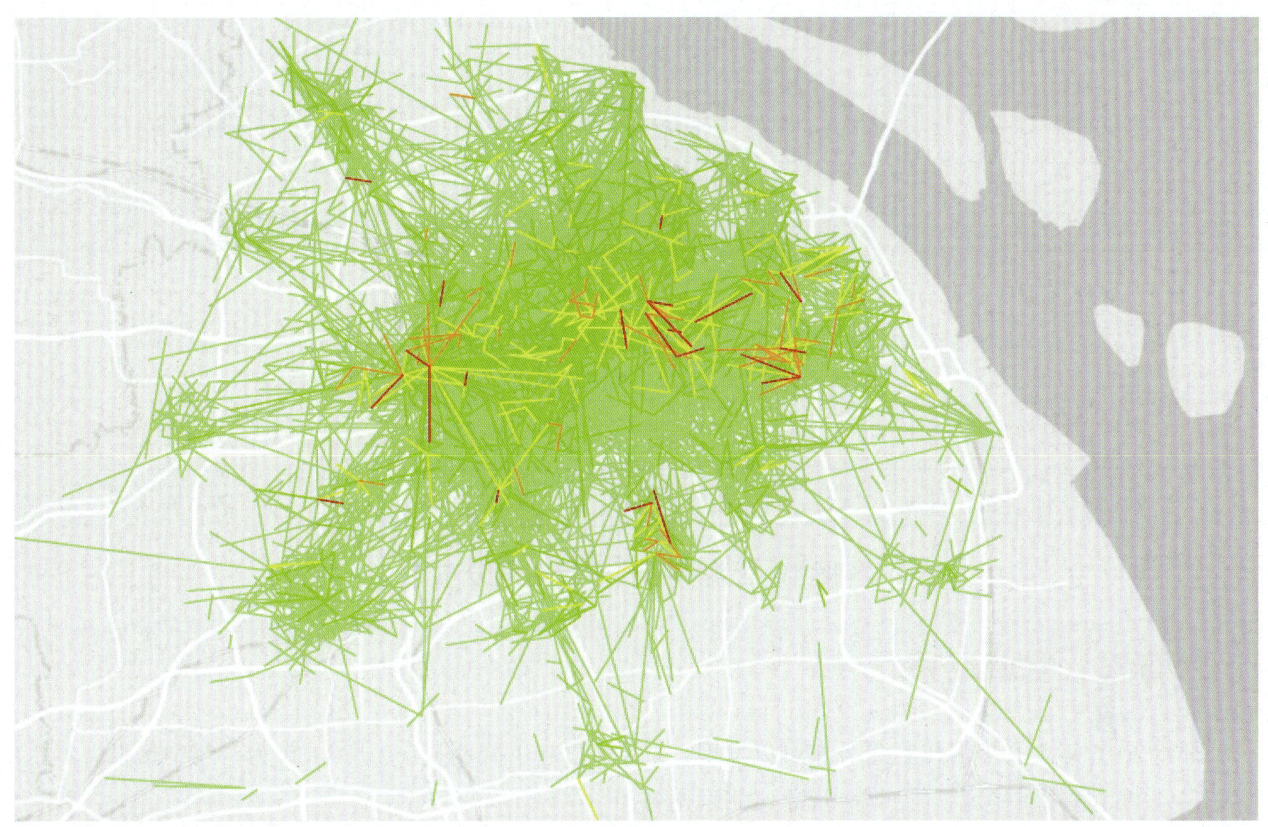

注：上图通过打车订单的起点终点连线绘制，颜色从绿色到黄色，再到红色，越趋向红色表示该通勤线路的人数越多。

图 15 上海工作日早晚高峰出行 OD 图

四、特殊时间出行

1. 节假日：早高峰和夜高峰缺席，晚高峰突出

与很多城市类似，从滴滴出行平台的大数据发现，上海人的周末出行并没有早高峰，反而是早上 8:00 ~ 9:00 出行量较低，看来上海本地人也喜欢“睡到自然醒”。从 10:00 开始一直到下午，上海的出行量保持稳定，只在 17:00 形成出行小高峰。至于晚上，虽然印象中上海给人的感觉是夜生活很丰富，但实际上，从 18:00 开始，只有在 20:00 前后，上海人节假日的出行量（6.4%）才高于工作日（5.8%），而在 19:00、21:00、22:00、23:00 等时间段，节假日的出行量分别为 6.3%、5.9%、4.5%、2,8%，均低于工作日的 6.4%、6.4%、5.3% 和 3.0%。特别是从 21:00 后开始，节假日出行量骤降，反而说明上海人比较“恋家”，周末晚上似乎更愿意在家待着。

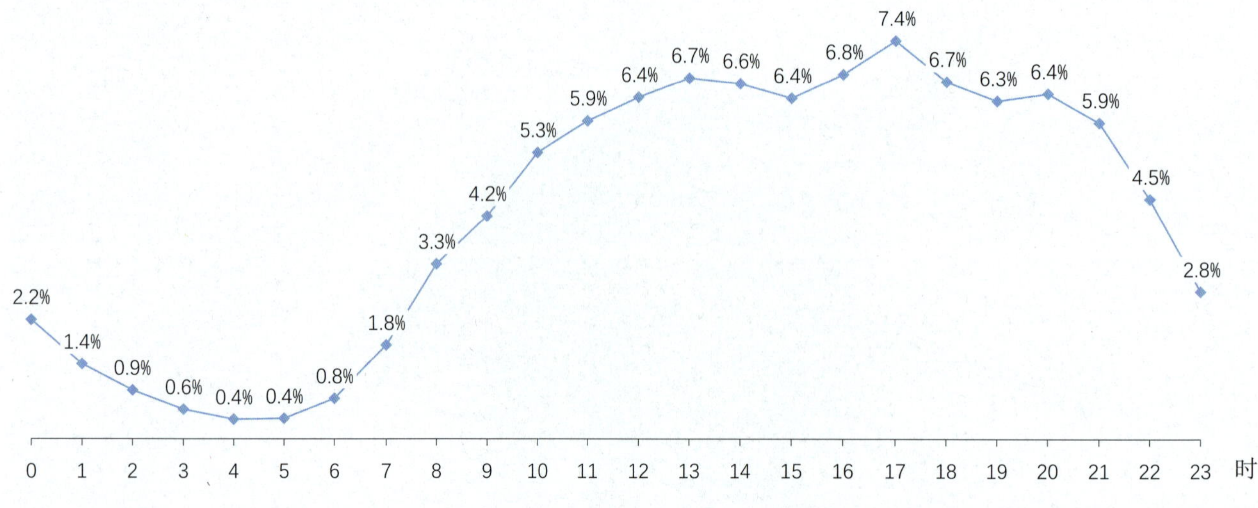

图 16 上海节假日出行时间分布

2. 春节：空城现象

研究 2016 年 2 月上海出行量分布可以发现，2 月 1 日起下降明显，2 月 11 日为一年中最低，2 月 8 日 -13 日出行量相对稳定，“空城”现象比北京稍好。

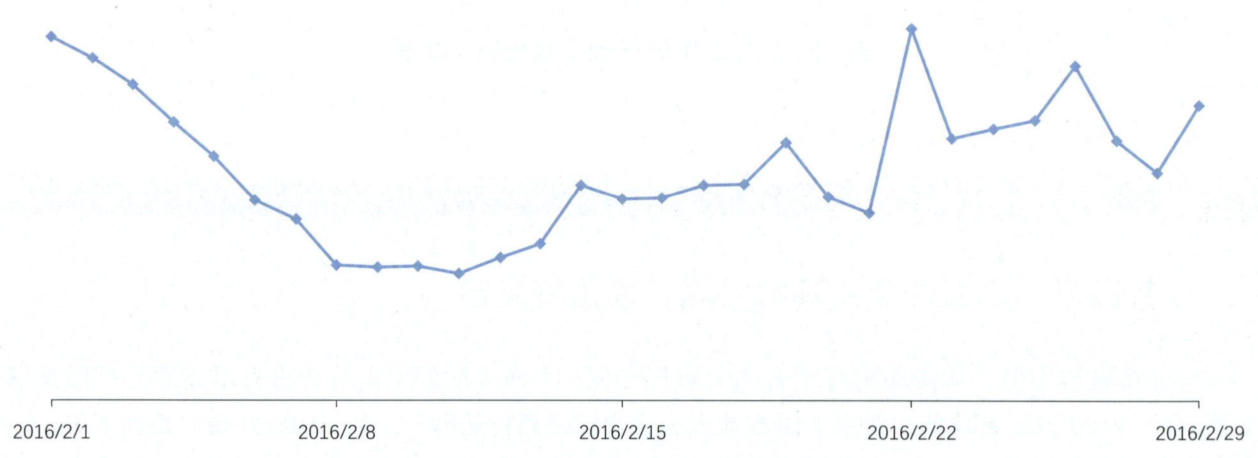

图 17 上海 2016 年 2 月出行量变化趋势图

选取 2016 年 2 月 7 日 -13 日春节期间的订单量，与上一周进行比较，分区域查看出行量密度变化发现：出行量下降幅度较为明显的区域为上海市嘉定区人民公路，下降 90%，对照地图发现，那个区域有嘉定工业区，春节期间大批劳动力返乡；另外，以下区域的出行量也出现明显下降：青浦区淀山湖大道、松江区养石公路、崇明县人民路、嘉定区良舍路等。

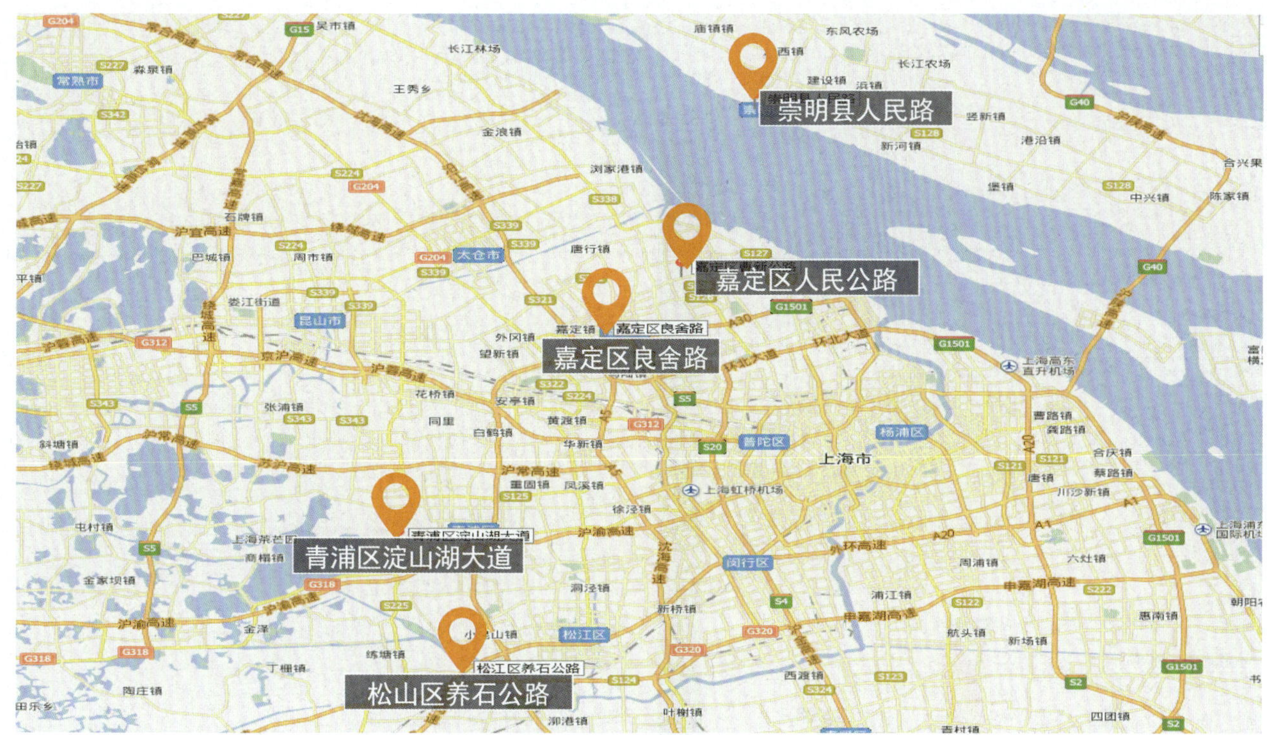

图 18 上海春节期间出行量下降最大的区域分布

值得注意的是，在高校园区和科技园区集中地区，并没有出现最明显的订单量下降，可能是不少高校园区的轨道交通便利，比如在中环路附近的杨浦大学城，以复旦大学为核心，集聚了同济大学、上海财经大学、第二军医大学、上海理工大学、上海体育学院等高校，周围有地铁 3 号线和 10 号线；闵行大学园区，有上海交通大学、华东师范大学、东海学院等，周边有地铁 5 号线；松江大学城，汇聚了上海外国语大学、华东政法大学、上海对外贸易学院、东华大学、上海立信会计学院等，虽然离市区很远，但可通过 9 号线直达。同样张江高科园区有从业人员 30 多万，地铁 2 号线将园区与市中心直连，且贯穿浦东浦西，有效承载了地面出行。

五、舆论中的城市出行

人民网舆情监测室借助大数据平台，采集、抓取、统计 2016 年 1 月 1 日至 2016 年 6 月 30 日期间与“上海交通”有关的网络新闻、博客、贴文后发现：在报刊、网站、微信、微博、客户端、视频网站、论坛、博客等媒介平台上，有关“上海交通”的报道和文章计 741523 篇，仅次于北京，文章来源以网站、微博、微信为主，其中各渠道的文章数如下图：

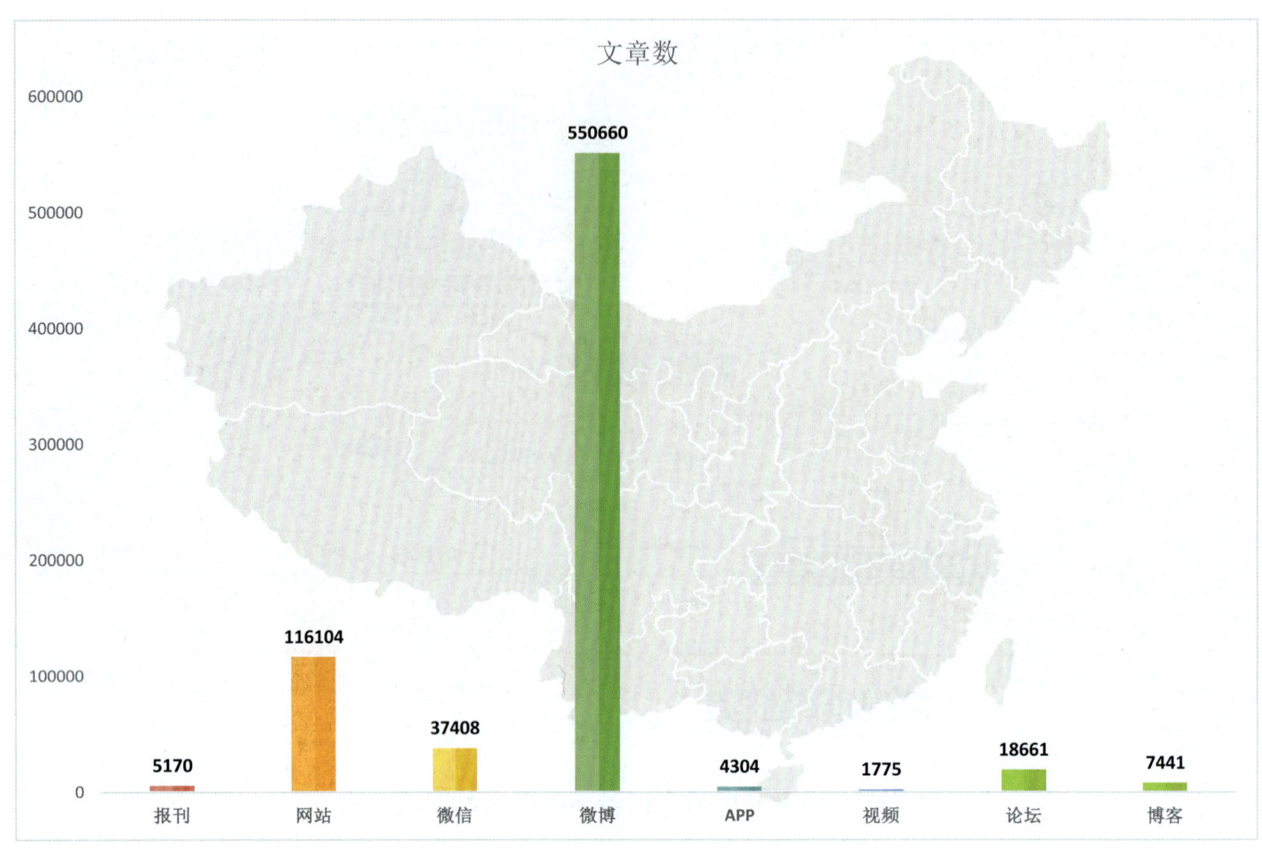

图 19 各媒介平台相关文章数量

进一步对这些文章的标题进行词频统计，去除干扰词后发现，出现频次最高的 10 个名词分别为上海、地铁、机场、公交（车）、浦东、中国、五一、迪士尼、船舶、高峰；频次最高的 10 个动词分别为整治、运营、建设、赔偿、自驾、规划、合作、辟谣、改造、招标。2016 年 6 月 16 日，上海迪士尼正式开门迎客，作为中国内地首座迪士尼主题乐园，一经开业就受到了众多游客的追捧，而其票价、服务、游乐项目一度成为舆论热议的对象。而微信朋友圈或网络新闻中疯传的“上海机场海关大厅变成垃圾场”“上海扩大外牌车限行”“上海迪士尼门票免费领”等谣言，成为相关部门辟谣的对象，故“辟谣”也成为热点词汇。另外，受年初“上海地铁凤爪女”事件，“凤爪”“麻辣烫”等词也有较高曝光率。相对于全国其他城市来说，上海、北京 2 地地铁服务的人数过多，更容易出现“奇葩”人物，加上背后可能隐藏着“网络推手”的炒作，常成为舆论关注的焦点。

图 20 相关文章标题的高频词云

六、总结

从数据看来有几个有趣的结论：一是上海人在节假日晚上的出行量并没有明显高于白天，说明上海人比较“恋家”，似乎颠覆了上海“夜生活”丰富的印象；二是在高校园区和科技园区集中的地点，由于地铁直通，学生、白领更愿意采用地铁出行，因此即使在春节期间订单量下降也并不是最多；三是比起工作日，上海人在节假日更愿意采用智能出行，看来在进行周末休闲、旅游、购物等活动时，上海人更重视乘车的舒适度。

整体看来，作为一线城市的上海，由于本地市民较成熟的消费习惯和滴滴较早的布局，智能出行在2014、2015年就已经吸引了海量用户，渗透到了人们生活的方方面面。因此在过去一年，上海智能出行的人数、订单增幅并不比很多二线城市大。但是由于密集的劳动人口、海量的汽车保有量、复杂的道路交通网，拥堵也一直是上海交通的核心话题，并且整体的打车成功率和其他城市相比并不算高。

天津市

TIANJINSHI

天津城市出行大数据分析

一、城市概况

天津，这座与首都北京相距不过百多公里的城市，从中国近代以来就有着举足轻重的地位。它位于华北平原海河五大支流汇流处，东临渤海，北依燕山，海河在城中蜿蜒而过，穿城而过的海河是天津的母亲河。天津滨海新区被誉为“中国经济第三增长极”。天津是夏季达沃斯论坛常驻举办城市。

2014 年 2 月 26 日，习近平总书记在北京主持召开座谈会，专门听取了京津冀协同发展工作汇报，强调实现京津冀协同发展，面向未来打造新的首都经济圈。自此，天津成为融入首都经济圈的重要一极，成为京津冀都市圈两大核心之一。2014 年 12 月 12 日，位于天津市滨海新区的中国（天津）自由贸易试验区获得国家批准设立。2015 年 4 月 21 日，中国 (天津) 自由贸易试验区挂牌。中国（天津）自由贸易试验区为中国北方唯一的自贸区。

其实，近 10 年以来，天津的经济发展速度一直走在各大城市的前列，作为二线城市的龙头，有着极强的追赶一线城市的能力和动力。2015 年，天津全市生产总值 16538.19 亿元，按可比价格计算，比 2014 年增长 9.3%，从总量来看，与位列一线城市的深圳只差 300 亿，与广州相比也只差不到 1000 亿，而且增长后劲强劲[i]。

当然，决定城市水平的不仅仅是 GDP，还有城市、交通、社会综合发展水平等因素。多年前，天津被戏称为“中国最大的县城”，现在，这种被戏谑的面貌早就被甩掉了，林立的高楼、宽阔的马路勾勒出现代化大城市的图景，越织越密的地铁轨道线路，让这座海河之滨的古老城市越发显现勃勃生机。

至 2015 年末，天津市常住人口总量 1546.95 万人，与 2010 年末相比增加 247.66 万人，5 年间年均增加 49.53 万人。其中，外来常住人口 500.35 万人，与 2010 年末相比增加 199.91 万人，占常住人口增量的比重为 80.19%，5 年间年均增加 39.98 万人[ii]。

城市建设的高速发展，城区的扩大，人口的快速增长，高度的城市化，与之匹配的，必定是交通路网的发展。

天津是中国第二个拥有地铁的城市，至 2016 年 8 月，天津开通 5 条地铁线路，89 座车站，线路总长 150 公里，日均客流量 90 万人次，曾创造过 2015 年 5 月 1 日运送 111.61 万人次的单日客运高峰。天津计划在“十三五”内，建成地铁 5、6 号线，1 号线东延线，4、7、10、11 号线一期；到 2020 年城市轨道交通运营里程达 320 公里以上，届时轨道交通占公共交通出行比例达到 40% 以上[iii]。

为落实习总书记提出的京津冀协同发展的部署要求，天津市提出与北京对接打造京津冀 1 小时通勤圈，计划在“十三五”期间，天津将加快推进京津第二高铁——京滨高铁和京唐高铁的建设进度，推动京承铁路、京石铁路等一批项目的前期工作。

i 《2015 年天津市国民经济和社会发展统计公报》

ii 《2015 年天津市国民经济和社会发展统计公报》

iii 天津市地下铁道集团有限公司

按照规划，天津市坚持优先发展公共交通，未来5年，全市将着力推进京津冀公交智能管理、客运服务、安全保障一体化，方便群众省际间往来。2017年1月1日起，天津公交的部分线路实现与北京、河北的一卡通；推进京津冀毗邻线的公交化改造，开通省际公交线路，方便三地市民出行；实现客运联网售票，使京津冀实现公交化服务。未来，天津的公共交通将真正实现以轨道交通为骨干，以公共汽车为主体，全方位的公交建设为市民群众提供方便出行。

据《天津市2015年交通运输经济运行情况》，2015年天津城市客运量趋于平稳，全市完成城市客运量18.56亿人次，同比增长2.6%。其中，公交完成15.70亿人次，同比增长4.0%；地铁完成2.56亿人次，同比增长2.2%。

在一二线城市，天津百万人口出租车拥有量排在第二位，至2014年底，全市有31940辆出租车，总量排在全国城市出租车拥有量的第4位。

至2015年底，天津市机动车保有量285万辆，有390万驾驶人。虽然车辆增长速度相比以往有所放缓，但道路压力依然较大。

二、整体交通概况

1. 车速及可能的拥堵区域

2016年6月30日，滴滴出行与第一财经商业数据中心发布的《华北城市智能出行报告》中，天津的道路拥堵程度在华北城市中排在石家庄、北京之后，位列第3位。滴滴大数据研究结果显示，过去一年（2015年7月1日至2016年7月1日，下同），天津的平均车速为25.1km/h，春节期间的车速最高，达到29.0km/h，却没有出现像深圳那样与平时相差极大的情况，这也说明在春节期间，流出的人口和车辆的占比没有那么大，本市人口占比较大的特点决定了这个因素。

单位：km/h

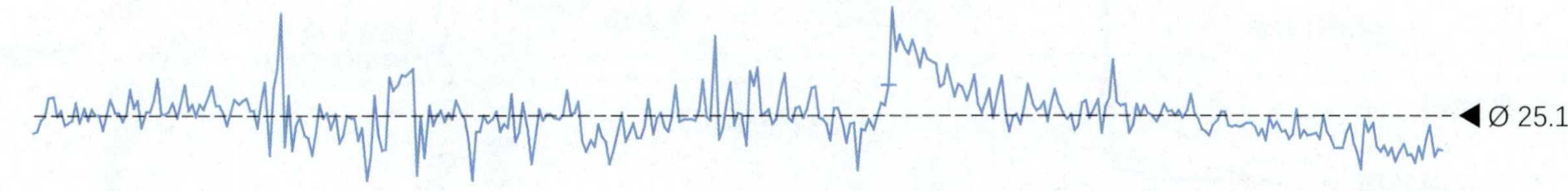

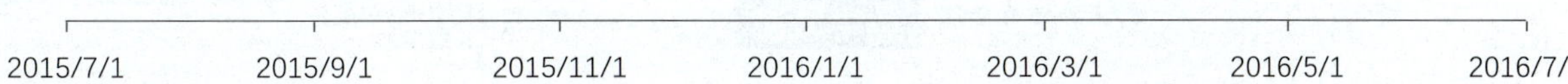

图1 天津日均车速分布（2015年7月1日至2016年7月1日）

研究发现，工作日的7:00、17:00，为一天当中车速最低的时候，而在节假日，却是10:00 ~ 17:00

之间，车速较为缓慢。看来，周末和节假日，很多人可能开车外出游玩、购物，导致比工作日的此时间段的车速还要低。

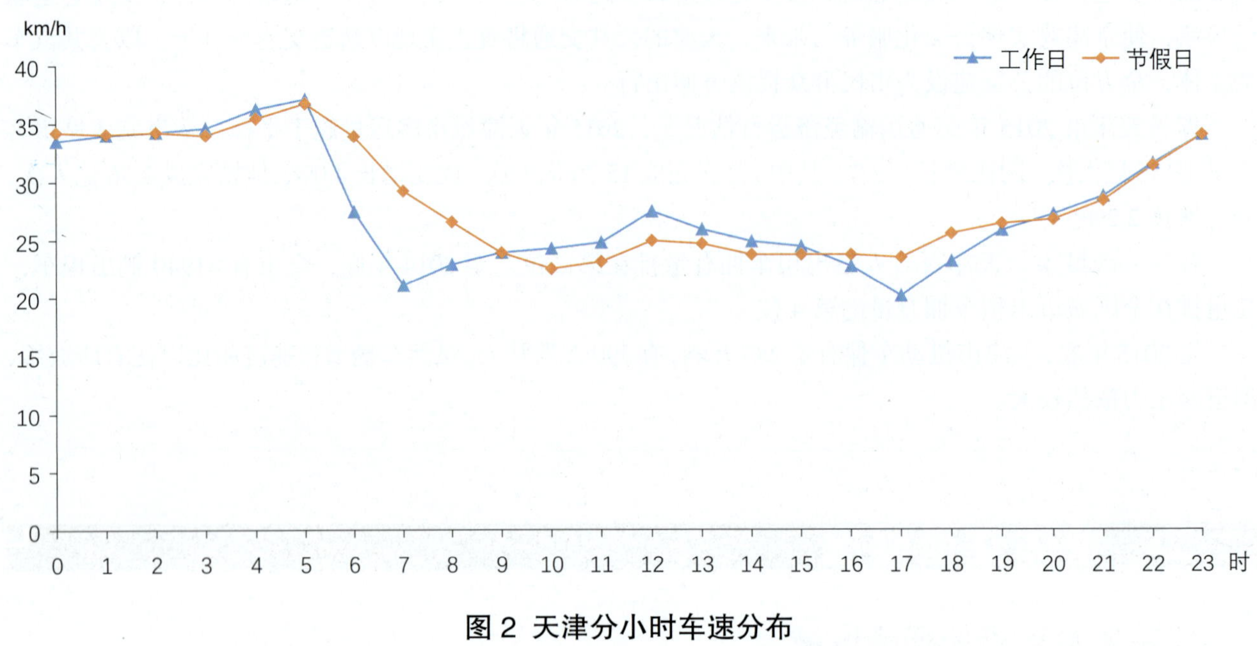

图 2 天津分小时车速分布

在《华北城市智能出行大数据报告》中，黑牛城道、卫津路、南京路被列为天津市最拥堵的3个路段。

图 3 天津拥堵路段

2. 交通可靠性

过去一年，天津一周内周五的道路可靠性最差，为了保证能按时到达目的地，天津市民需要在正常耗时基础上，每公里预留出 1.1 分钟的出行缓冲时间。而节假日的交通可靠性稍优于工作日。

（交通可靠性指标的定义和解读参见“北京篇”P32 对应部分。）

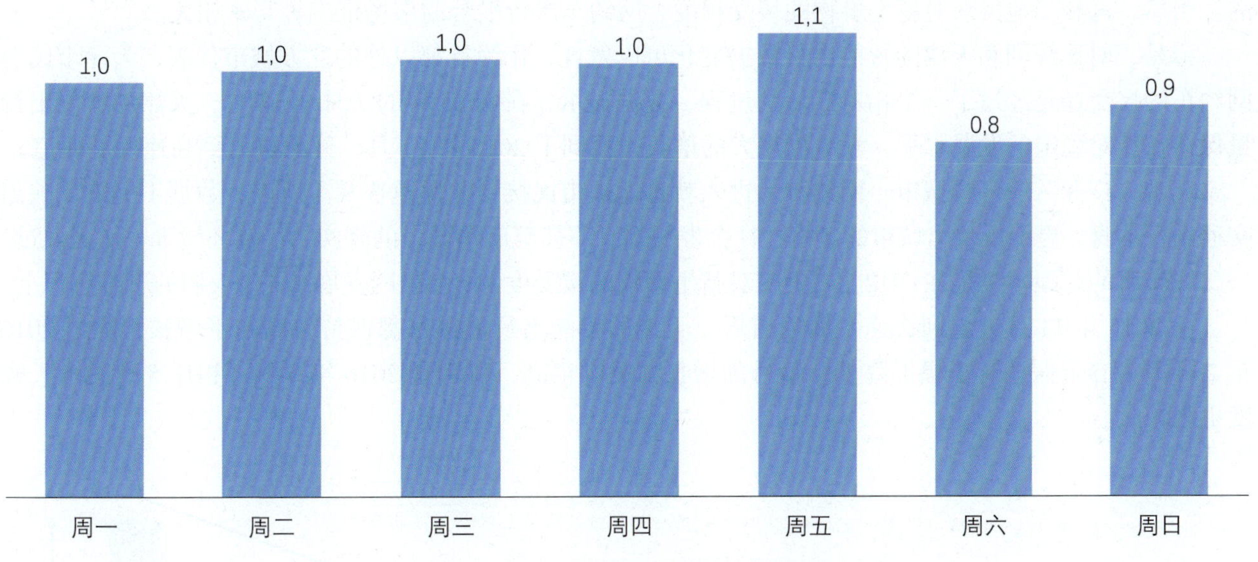

图 4 天津一周内 NBTR 分布情况

从一天分小时的 NBTRI 分布数据来看，凌晨的 NBTRI 数值最小，而早高峰（7:00 ~ 8:00），晚高峰（17:00 ~ 18:00）的 NBTRI 数值较大，道路路况较差，这和我们理解的早高峰、晚高峰相符合，即在这个时间段，需要预留更多时间预防影响交通的不可靠因素的发生。

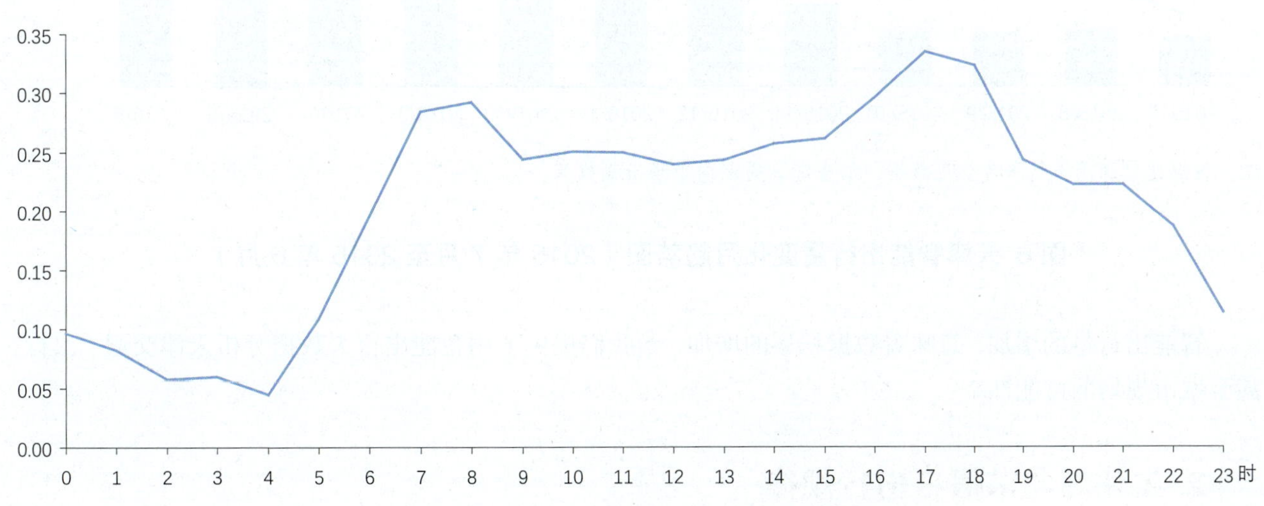

图 5 天津 24 小时 NBTRI 分布情况

三、出行规律

1. 年度出行量分布及规律

我们选取了时间跨度为 2015 年 7 月至 2016 年 6 月的周期为观察时长，在对其他城市的观察分析中，也采取了基本相同的观察周期，可以发现，几乎所有城市在这个周期内的智能出行的总量都是持续上升的。当然，这和当地民众对新生事物的接受程度、网约车出行平台的市场推广等紧密相关。

可是，对比深圳和天津的智能出行数据变化可以发现，作为首都以外的北方城市代表，天津市民对网约车的接受还是经过了一个相对滞后的过程。数据显示，在 2015 年的 7 月至 10 月，天津的智能出行量保持在相对稳定的发展水平，没有出现大的增长，而到了 2015 年 11 月，开始进入到高速发展通道。

反观“广深”等一线城市，网约车一进入就迅速被市民接受并快速普及。所以，数据不但能反映出交通出行本身，更能反映出城市的经济、社会发展水平，甚至反映城市的软实力、软环境等，前面说过，一二线城市的差距不仅是在 GDP 上，更在对新生事物的接受度上、互联网发展水平、人们的思维意识上。

从 2015 年 11 月进入到快速发展通道后，天津的智能出行量每月都保持较高水平增长，除了 2016 年 2 月因为春节假期有小幅下降外，每月的增长幅度都很高，特别是 2016 年 6 月，相比 5 月的增长幅度更是惊人。

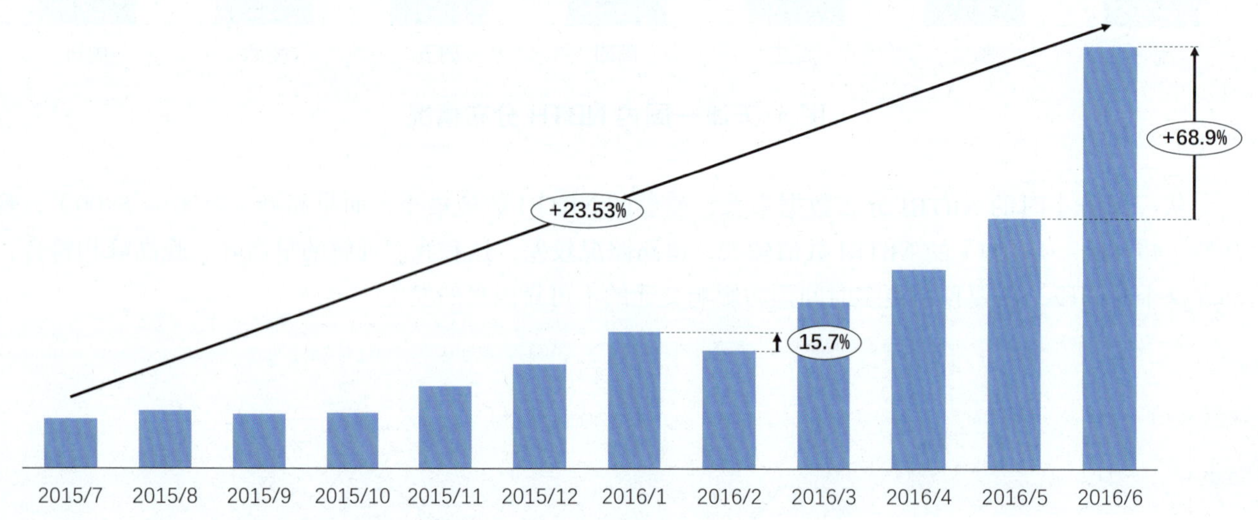

注：数据通过滴滴出行平台全量数据，结合统计周期内市场份额推算。

图 6 天津智能出行量变化月趋势图（2015 年 7 月至 2016 年 6 月）

智能出行量的增加，意味着数据积累的增加，给我们提供了用智能出行大数据分析天津交通、出行，甚至城市规划的可能性。

2. 工作日与节假日出行规律

和大多数城市一样，天津同样经历着“工作日”“节假日”的出行变化规律。与北京的近距离关系，天津可能受到北京的影响，但本地人占主体的人口结构，对交通出行也有影响因素。

将滴滴出行 2015 年 7 月至 2016 年 6 月的天津数据放大，可以发现，2016 年 2 月 8 日（正月初一）

为这一年中的总体出行量最低的一天，但下降幅度没有北京那么大；还可以发现 2015 年 7 月 19 日前后、2016 年 4 月 14 日前后，应该为出行量较大的几天，至于更详细的原因，需查询当时的天气、节气、有无重要活动等因素影响。

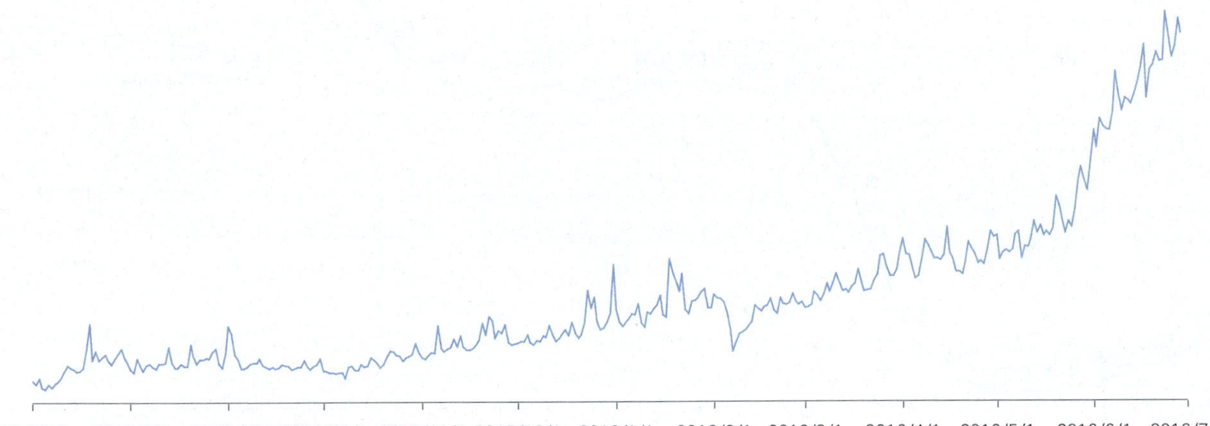

注：数据通过滴滴出行平台全量数据，结合统计周期内市场份额推算。

图 7 天津全年智能出行量变化日趋势图（2015 年 7 月 1 日至 2016 年 7 月 1 日）

我们再分析工作日的数据变化，发现工作日的 7:00 ~ 9:00 之间，出行量占到全天量的 16.0%，而晚高峰的 17:00 ~ 18:00 前，出行量占到了全天量的 17.1%，说明晚高峰的出行压力要比早高峰更大。除此之外，工作日的白天交通运行相对平稳，但是，下午的交通压力要大于上午。到了晚间，出行量持续下滑，没有出现像南方城市那样的夜高峰，说明天津市民的夜间生活并不活跃。

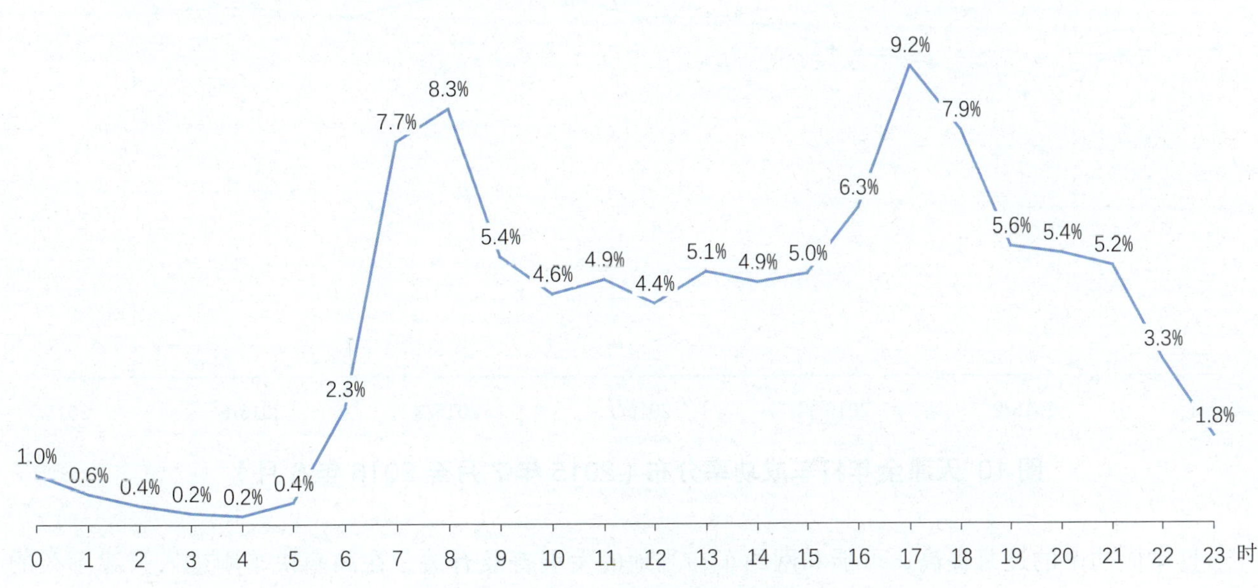

图 8 天津工作日出行时间分布

在节假日，除了17:00 ~ 18:00有短暂的出行高峰外，其余时间段都是平稳的，20:00之后，出行量开始陡然下降，从数据来看，天津市的夜生活比较平淡。

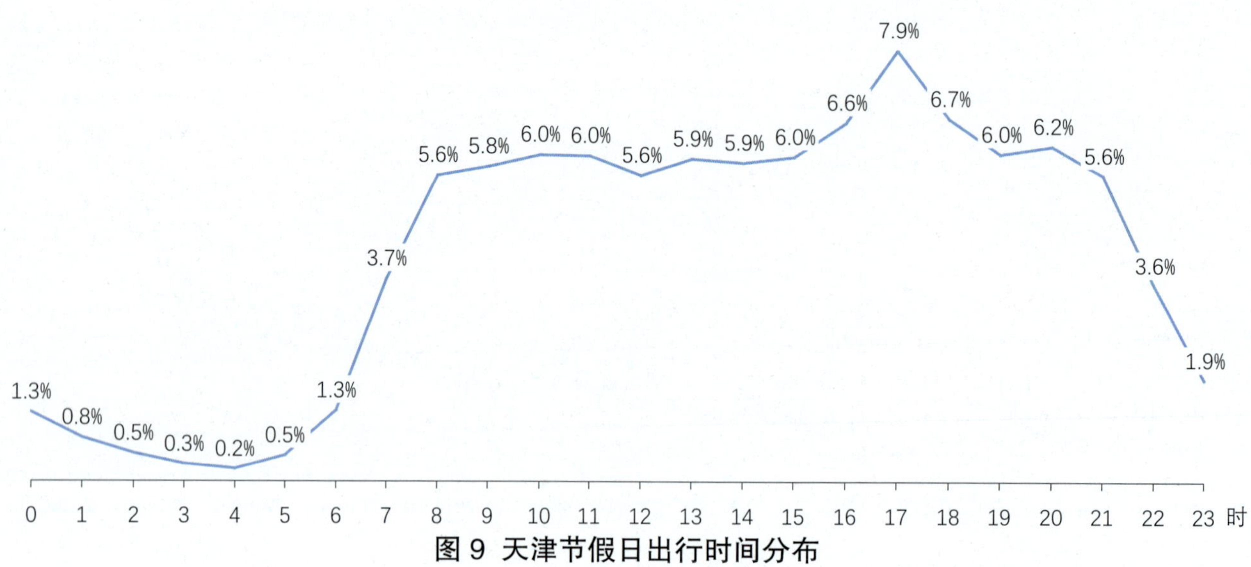

图9 天津节假日出行时间分布

3. 打车成功率及地点规律

APP上下单之后，可能瞬间就会被若干个周边的网约车司机看到。通过对滴滴大数据的研究发现，2015年7月至2016年6月，天津整体打车成功率小幅上升，特别是在2016年春节期间，打车成功率在一年当中最高。

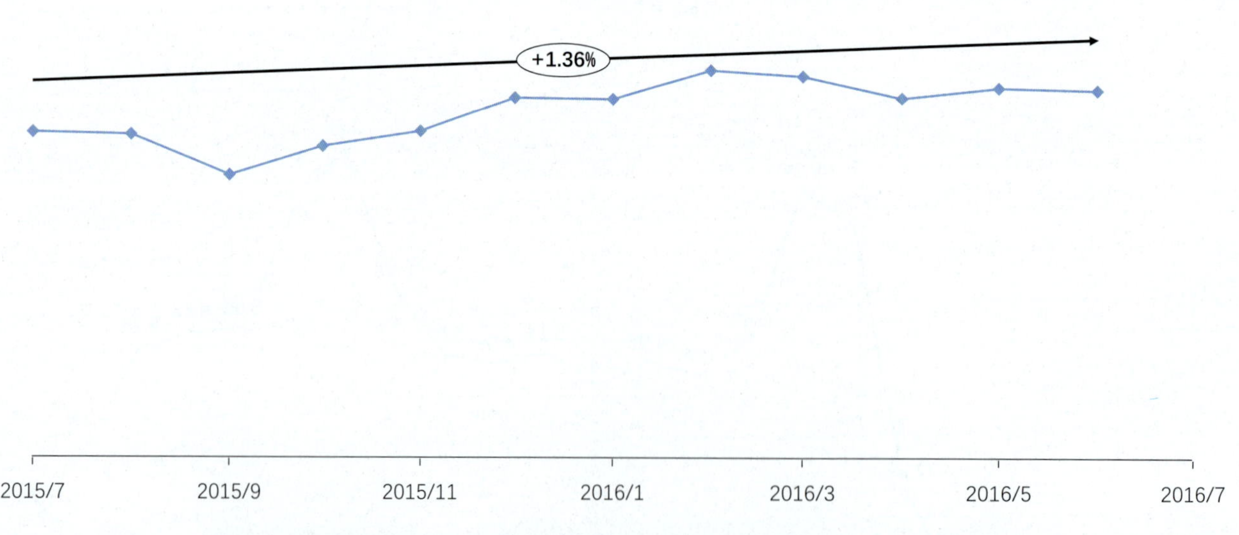

图10 天津全年打车成功率分布（2015年7月至2016年6月）

打车成功率的逐月提高，可能和网约车在当地的发展普及有关。在滴滴快车刚进入天津不久的2015年7月，打车成功率很低，同年9月，下降到观察年度的最低水平，而到2015年11月以后，打车成功率逐月提高，并在2016年3月稳定下来，整体打车成功率与滴滴快车刚刚进入时相比，提升0.12

个百分点。2015 年 11 月，网约车出行量在天津快速增长，百姓尝到了技术带来的便利。

比较工作日和节假日的打车成功率，可以发现天津的全天打车成功率相对好于其他城市，在 22:00 之后至早晨 5:00 之前的成功率低于白天，但并没有低很多，看来夜间还是可以打到车的。在工作日的 6:00 ~ 19:00 相对容易打到车，10:00 和 19:00 左右是全天最容易打到车的，节假日亦如此。

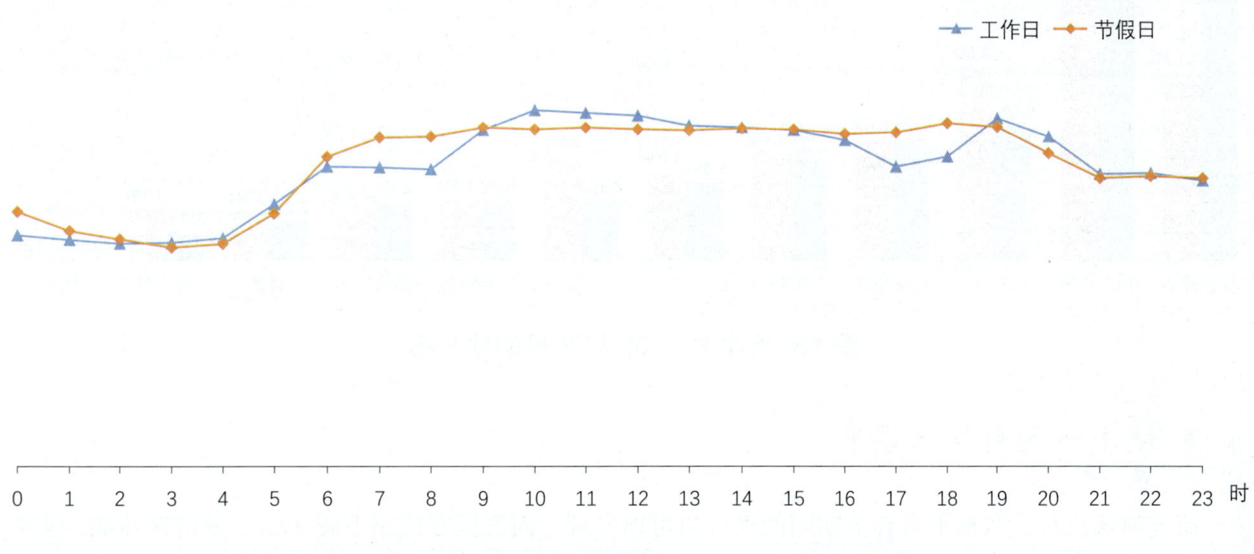

图 11 天津工作日和节假日打车成功率分布对比

通过对出行目的地研究发现，节假日去往商务楼宇的人数，比工作日少 41.4%，反之，节假日比工作日去往购物中心和娱乐场所的人数则分别上升 23.0% 和 32.0%。这个数值变化要比其他城市明显得多，看来，天津市民的工作和生活区分还比较明显。

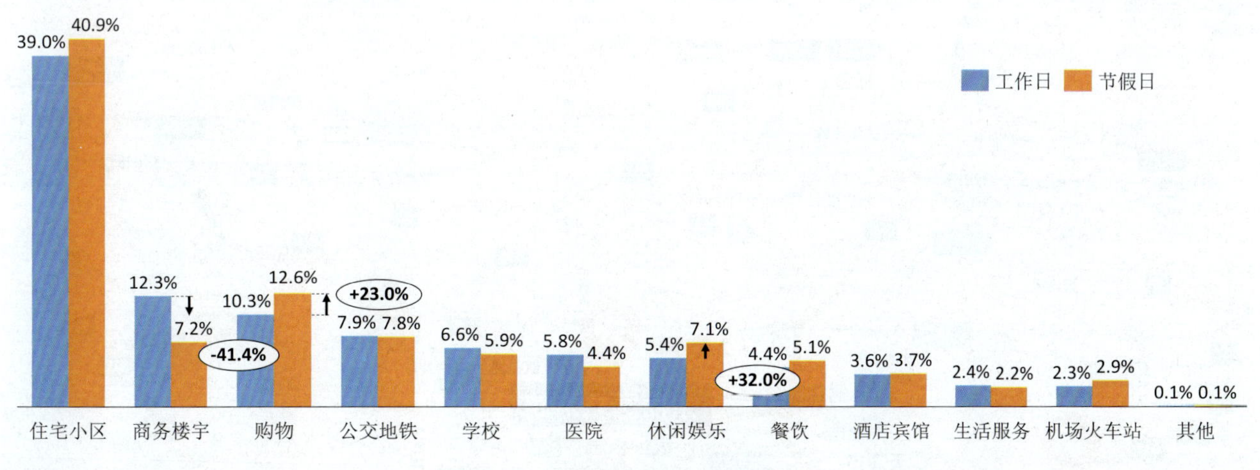

图 12 天津打车目的地分布

以 8:00 为观察的时间点，可以看出，工作日去往商务楼宇的占比最多，节假日比工作日少 53.1%；而此时在节假日，去往住宅小区的，比工作日多出 21.1%。

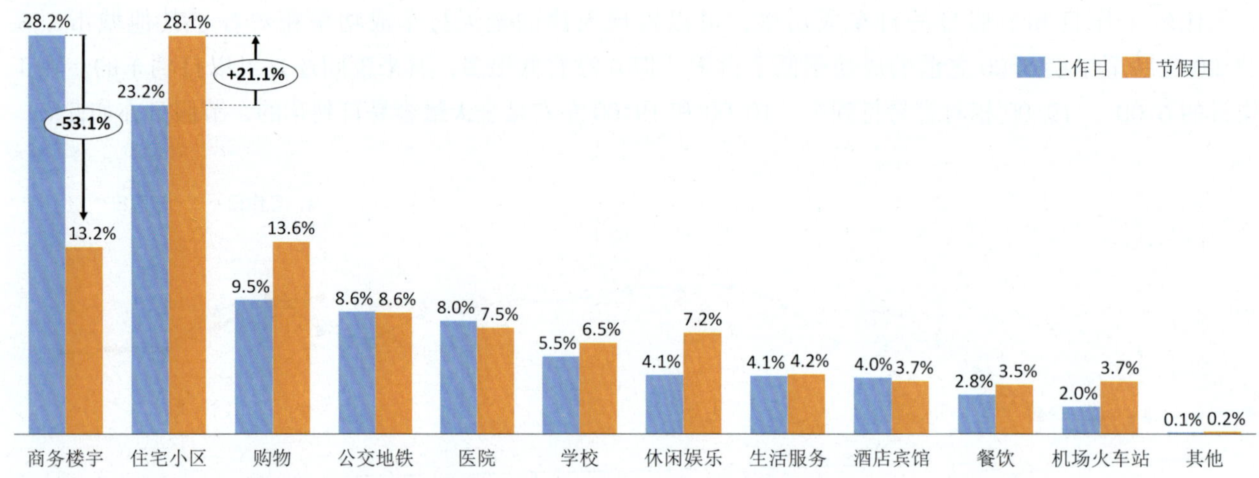

图 13 天津早 8:00 打车目的地分布

4. 从出行量看区域功能

研究滴滴出行大数据平台春节期间的出行量可以发现，西青区赛达路下降 87%，武清区达成一支路下降 84%，西青区丰产道下降 80%，东丽区航海路下降 77%，滨海新区新城东路下降 66%。为什么这些区域的出行量下降较大？

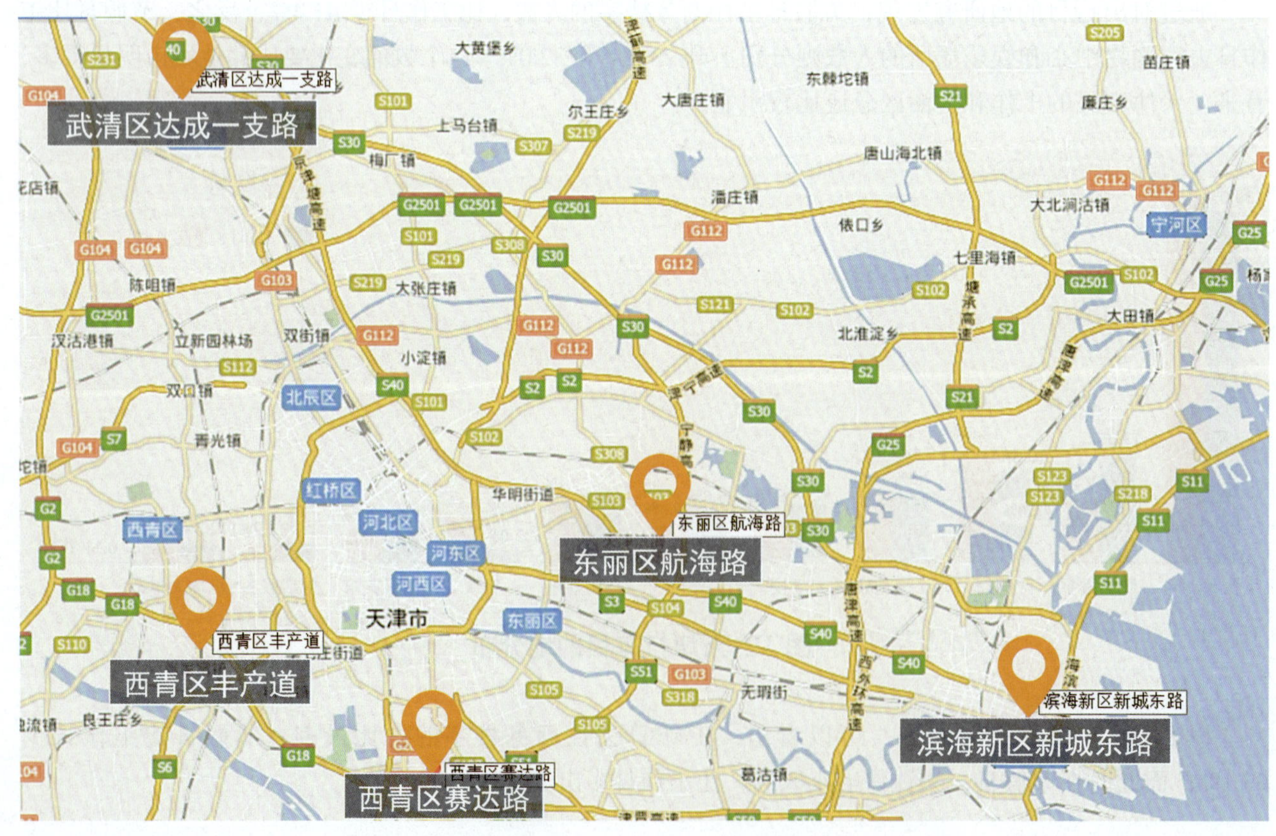

图 14 天津春节期间出行量下降最大的区域分布

这些区域要么是产业基地，要么是市场集中区，要么是大型居住社区分布区域，春节期间，人口流动的减少导致了相应区域的出行量减少，也可能表明，这些区域平时有大量的外来人口分布，而在春节前后，大量人口的离津导致该区域出行量减少。

平时，哪里的人出行需求更旺盛呢？我们发现，河东区的满江道在早晚高峰都是打车难的区域。对照天津地图发现，满江道两侧分布着大量的居住小区，想必在早晚高峰都是到达和出发的旺盛区域。河北区的月牙河北道、泰兴路、群芳路、万柳村大街等路段也都是早高峰打车难区域。看来，早高峰打车难集中在河北区。

图 15 天津早高峰打车难区域分布

那么，晚高峰的打车难区域却集中在河西区。河西区的气象台路、宾水道、围堤道、马场道路、烟台道等，都在晚高峰时段出现打车难。通过这些数据对比，是否可以对“职住合理分布”做更深入的研究呢？希望引起有关部门思考。

图 16 天津晚高峰打车难区域分布

打车难并不意味着这些地方就是津城打车最旺盛的区域，数据发现，在早高峰，打车需求最旺盛的区域，几乎全部分布在滨海新区，显示出滨海新区的发展活力。

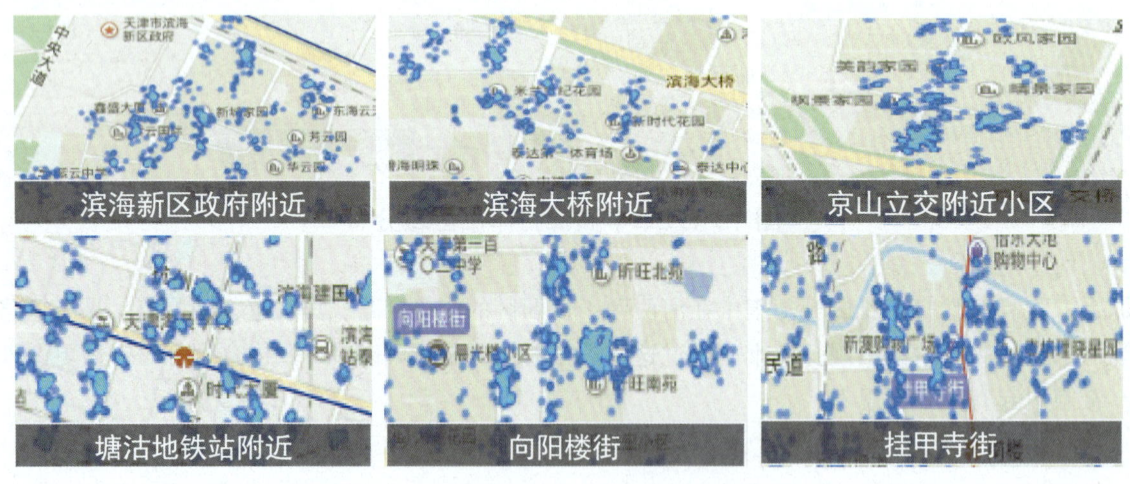

图 17 天津早高峰打车需求旺盛区域

5. 通勤路线

根据滴滴出行大数据平台，对日常通勤订单数据进行分析，结合天津市的城市规划，发现居住地和办公地主要集中分布在以天津站、天津西站、天津北站附近，以及滨海新区的郊区。通勤主要集中经济更为发达的、以南开区为主的天津西部，以及滨海新区内部高密度通勤。

注：上图通过打车订单的起点终点连线绘制，颜色从绿色到黄色，再到红色，越趋向红色表示该通勤线路的人数越多。

图 18 天津工作日早高峰出行 OD 图

四、舆论中的城市出行

人民网舆情监测室借助大数据平台，采集、抓取、统计 2016 年 1 月 1 日至 2016 年 6 月 30 日期间与“天津交通”有关的网络新闻、博客、贴文等进行汇总统计得出：在报刊、网站、微信、微博、客户端、视频网站、论坛、博客等媒介平台上，有关“天津交通”的报道和文章计 182062 篇，文章来源以网站、微博、微信为主，其中各渠道的文章数如下图：

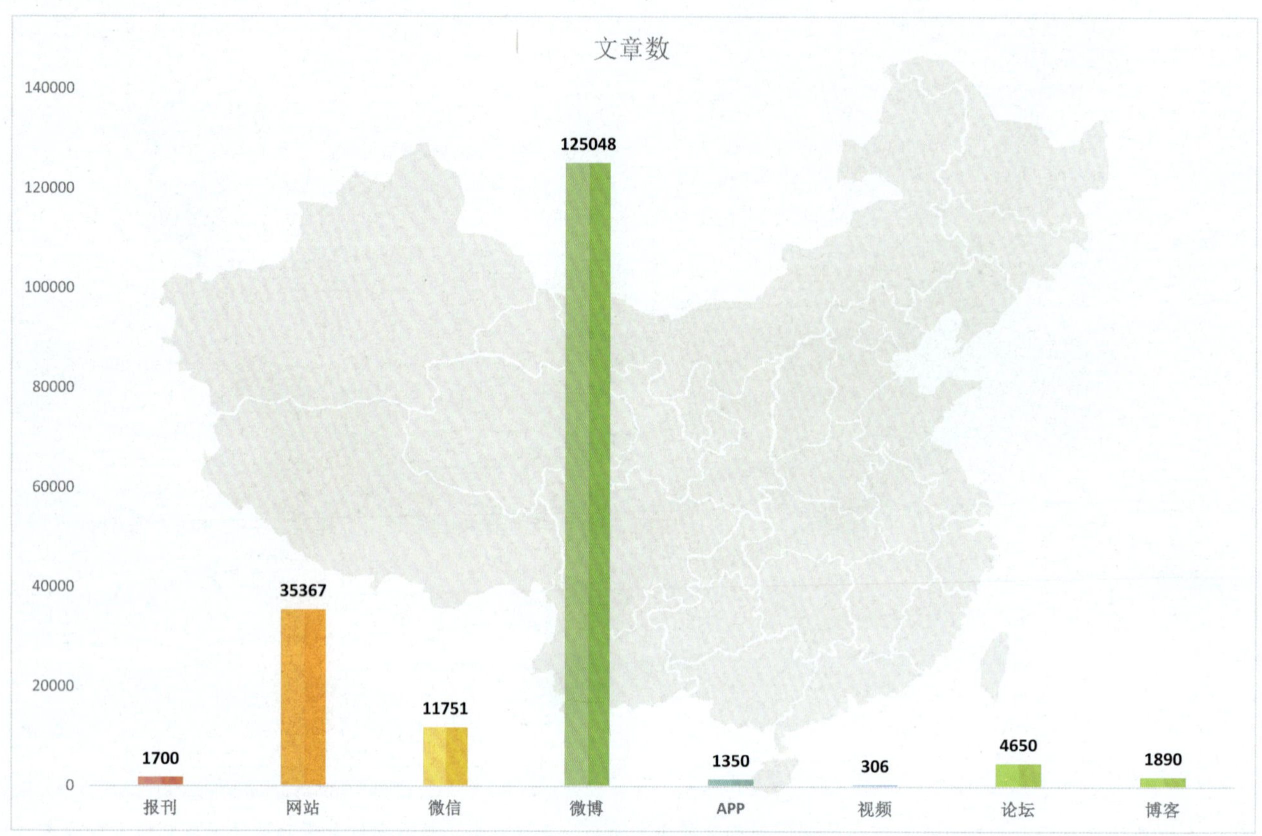

图 19 各媒介平台相关文章数量

进一步对这些文章的标题进行词频统计，去除干扰词后发现：在相关报道中，出现频次最高的 10 个名词分别为天津、交通、地铁、机场、公交（车）、司机、京津冀、铁路、中国、航线；频次最高的 10 个动词分别为开通、建设、新增、运营、开车、开工、互通、受伤、自驾、投资。与同属于华北地区的石家庄市相同，“京津冀”也出现在了天津市的词频统计榜上。作为京津冀一体化的核心城市之一，天津在 2016 年 2 月出台了新的建设目标，重点实施“十大工程”保障京津冀交通运输，包括建成京津城际机场延伸线、京滨城际铁路、蓟汕高速公路，完善机场公交场站、客运枢纽站；打造宝坻、空港、滨海、北部新城等综合客运枢纽，完善城际铁路网络，推进市郊铁路建设等。“京津冀一体化”将有效推进华北地区的相关交通设施建设。

图 20 相关文章标题的高频词云

五、总结

天津经济活力的表现，通过出行大数据的研究可以得到新的佐证。滨海新区经过多年发展，已经成为天津居住和工作相对密集的区域，虽然有 2015 年“天津港爆炸事故”的影响，但仍然没有阻挡滨海新区快速发展的脚步。

因为，在对居住地集中区域的研究中，我们看到，滨海新区的向阳西街、新城东路、迎宾街、津塘路等路段，都是居住相对集中区域，而对工作地集中区域的研究，我们也看到，滨海新区的抚顺道、广场西路、永明路、北海西路等区域，则成为天津人上班的目的地。

由此可见，滨海新区已经是天津高速发展的热土，传统的和平区、河西区、南开区等中心城区的活力则相对弱于滨海新区。滨海新区是继浦东新区之后，在国家经济战略布局上，已成为华北地区经济发展的桥头堡。

目前，尚无交通出行数据对国家战略布局的浦东新区、滨海新区、两江新区、沈北新区、郑东新区等进行比较研究，作为一个新的课题，有待研究者作出新的发现。

重庆市

CHONGQINGSHI

重庆城市出行大数据分析

一、城市概况

重庆地处我国西南部，长江、嘉陵江两江之口，北部、东部及南部分别有大巴山、巫山、武陵山等环绕，地图轮廓形似汉字“山”。作为著名“山城”，山地面积占 70%。独特的地形地貌，造就了重庆别样的码头文化和不一样的生产、生活方式。在重庆，坐公交车像坐过山车，地铁不叫地铁叫轻轨。重庆下辖 38 个区县，东西长 470 公里，南北宽 450 公里，幅员面积 82402.95 平方公里，为北京、天津、上海 3 市总面积的 2.39 倍。全市常住人口 3016.55 万人，比上年增加 25.15 万人[i]。相比成都（2015 年末全市建成区面积 1006.7 平方公里，常住人口 1572.8 万人），重庆的面积更广，人口更分散。

重庆的交通形势似乎比成都更为严峻。据《重庆市主城区交通发展年度报告》显示，2015 年重庆主城区多数跨两江桥梁拥堵时间延长，其中黄花园大桥往渝中方向每天至少拥堵 7 小时，往江北方向至少拥堵 4 小时。尽管重庆市交通建设部门一直在建桥修路——至 2015 年主城区共建成跨江桥梁 27 座，通车立交 204 座。机动车拥有量 126.4 万辆，较 2014 年增加 11.3 万辆。但道路建设的速度还是赶不上居民买车的速度，主城区的交通压力依然严峻。同时，轨道交通方面，部分轨道线路高峰时段平均每平方米至少站 5 人[ii]。其中，两路口站、红旗河沟站和牛角沱站平均每天至少有 8 万人次在此换乘。在居民机动化出行方面，私家车占 31.4%、轨道交通占 12.4%、地面公交占 48.4%。2015 年，轨道线网年日均客运量较 2014 年增长 27%，地面公交年日均客运量同比减少 11 万人次。

二、整体交通概况

1. 全年平均车速

滴滴出行大数据平台显示，过去一年（2015 年 7 月 1 日至 2016 年 7 月 1 日，下同），重庆平均车速 26.2 km/h，略高于成都 25.4km/h 的平均车速。春节期间，重庆日均车速 31.5km/h，略低于成都春节期间 34km/h 的平均车速。这或许与重庆地形有关，也有可能是重庆春节期间的人口饱和度高于成都春节期间的人口饱和度。

i 《2015 年重庆市国民经济和社会发展统计公报》，中国经济网 http://district.ce.cn/newarea/roll/201603/15/t20160315_9501602.shtml

ii 《2015 重庆主城区交通年报出炉 轨道高峰期每平方米容纳逾 5 人》，华龙网 http://cq.cqnews.net/html/2016-05/12/content_36899262.html

单位：km/h

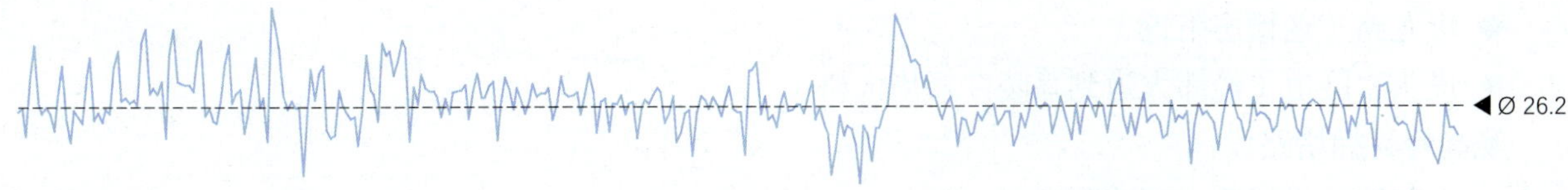

图 1 重庆日均车速变化趋势图（2015 年 7 月 1 日至 2016 年 7 月 1 日）

工作日日间车速情况，重庆早高峰（7:00 ~ 8:00），晚高峰（17:00 ~ 18:00）车速最低。就早高峰而言，车速下降情况比晚高峰时的下降情况更为明显，且重庆的早高峰要比成都早高峰（7:00 ~ 9:00）持续时长略为缩短且稍提前一些。就节假日日间车速情况而言，节假日分小时车速整体走势相对稳定，没有明显的低谷时段。

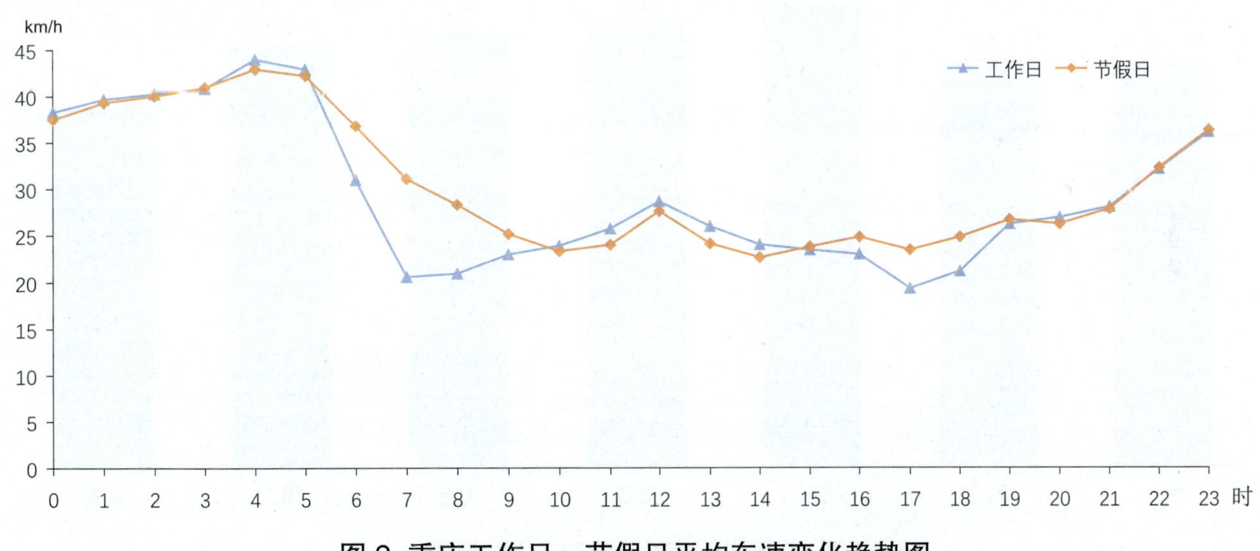

图 2 重庆工作日、节假日平均车速变化趋势图

2. 拥堵路段

据滴滴媒体研究院和第一财经商业数据中心发布的《中国智能出行 2015 大数据报告》显示，重庆市区高峰拥堵延时指数为 1.82，居全国第一，而成都拥堵指数为 1.62，排名第九。此外，“红黄路”为重庆市最拥堵的路段。据上述机构发布的 2016 年上半年《中国城市出行报告——重庆篇》显示，重庆市区最拥堵的路段。

早高峰易拥堵路段：

- 红黄路

- 内环快速 / 包茂高速（近腾龙大道路段）
- 江滨路（老街公园附近）
- 堤龙路（老糟房附近）
- 虎头岩隧道（经纬大道到嘉陵江嘉华大桥）

晚高峰易拥堵路段：

- 海尔路（机场第二高速附近）
- 天赐路（近渝昆高速）
- 江滨路（老街公园附近）
- 红黄路
- 红锦大道（人和立交到建新北路）

3. 交通可靠性

过去一年，重庆一周内周三的道路可靠性最差，为了保证能按时到达目的地，重庆市民需要在正常耗时基础上，每公里预留出 1.6 分钟的出行缓冲时间。而双休日的交通可靠性稍优于工作日。

（交通可靠性指标的定义和解读参见“北京篇”P32 对应部分。）

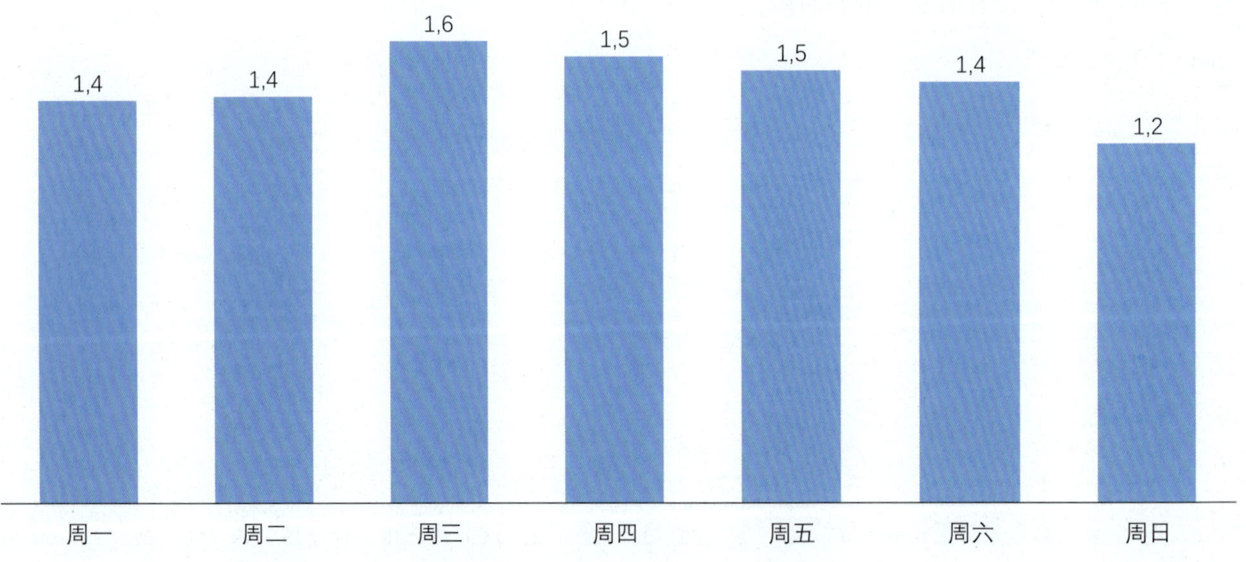

图 3 重庆一周内 NBTR 分布情况

从一天分小时的 NBTRI 分布数据来看，凌晨的 NBTRI 数值最小，而早高峰（7:00 ~ 8:00），晚高峰（17:00 ~ 18:00）的 NBTRI 数值波动较大，道路路况较差，这和我们理解的早高峰、晚高峰相符合，即在这个时间段，需要预留更多时间预防影响交通的不可靠因素的发生。

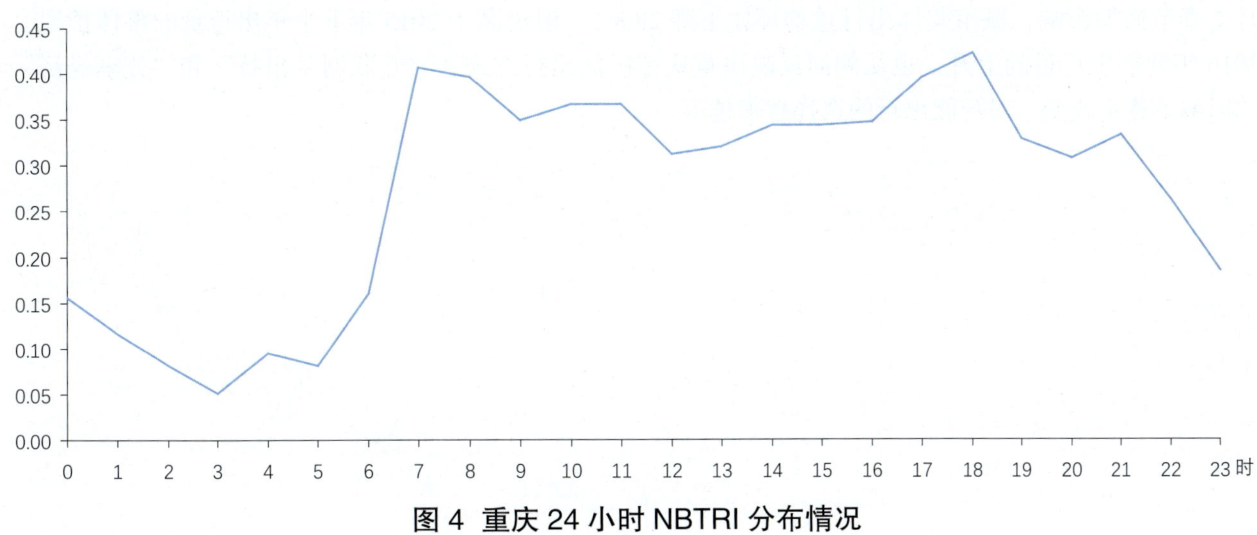

图 4 重庆 24 小时 NBTRI 分布情况

三、出行规律

1. 年度出行量分布及规律

过去一年，重庆市整体出行情况一周内呈现“工作日—周末”的交替波动情况，整体分为 2 个阶段：2015 年下半年，整体出行量趋于平稳，差距不大。2016 年上半年，整体出行量逐步攀高，明显高于 2015 年下半年。与所有城市一样，重大节日对出行量影响较强，春节的出行量最低，其次是“十一”假期出行量也出现下降。

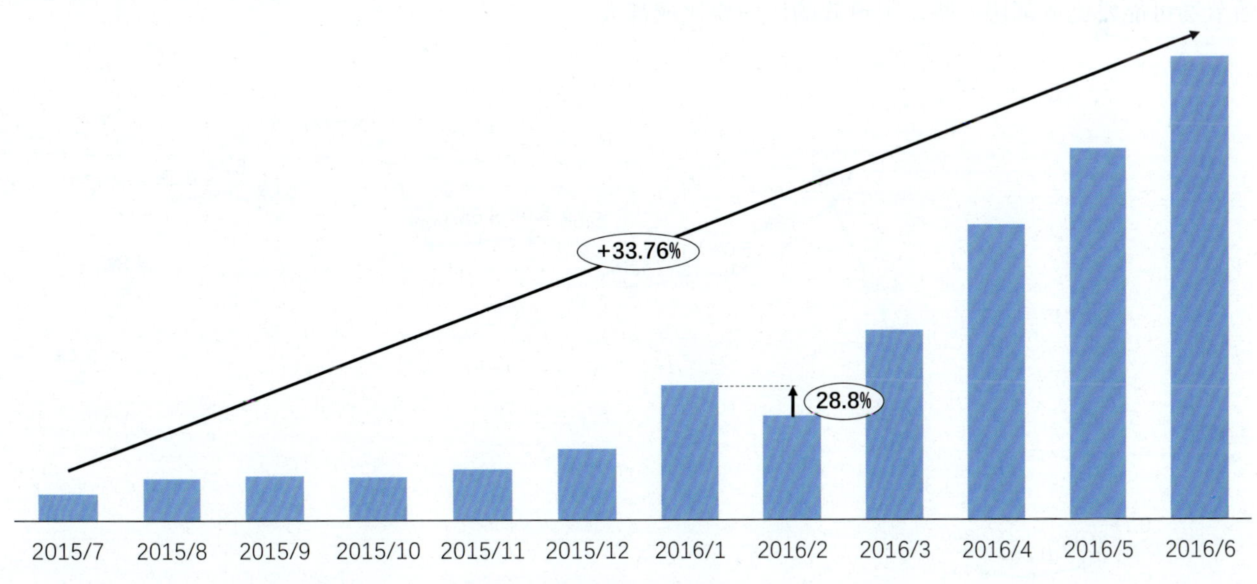

注：数据通过滴滴出行平台全量数据，结合统计周期内市场份额推算。

图 5 重庆全年智能出行量变化日趋势图（2015 年 7 月至 2016 年 6 月）

过去一年，重庆智能出行总量呈整体上升趋势，且从 2016 年 1 月开始势头迅猛、涨幅较大。除 2 月受春节假期影响，城市整体出行量均环比下降 28.8%，但仍高于 2015 年下半年出行量的整体情况。2016 年智能出行量的上升，也从侧面反映出重庆市民的出行方式在“互联网 + 出行”和“分享经济”的影响下逐步改变，对智能出行的选择越来越多。

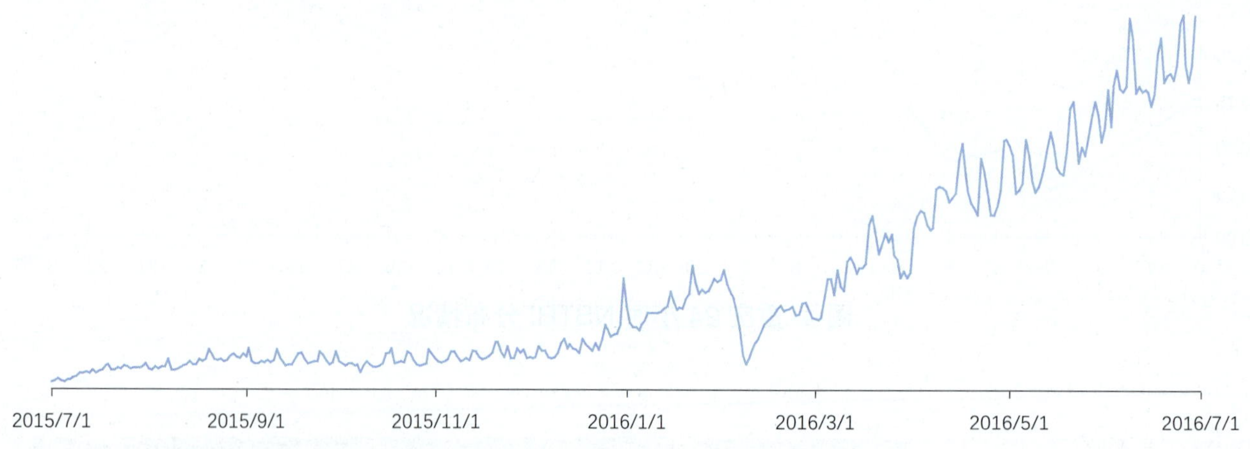

注：数据通过滴滴出行平台全量数据，结合统计周期内市场份额推算。

图 6 重庆智能出行量变化月趋势图（2015 年 7 月 1 日至 2016 年 7 月 1 日）

2. 工作日出行量分布及规律

工作日重庆市民出行有明显的早晚高峰，其中早高峰在 8:00 ~ 9:00，晚高峰在 17:00 ~ 18:00，夜高峰 20:00 ~ 21:00，之后出行量迅速下降。与成都相比，重庆是没有夜高峰的，这也说明重庆的生活节奏可能要比成都快一些，上班族的压力要比成都大。

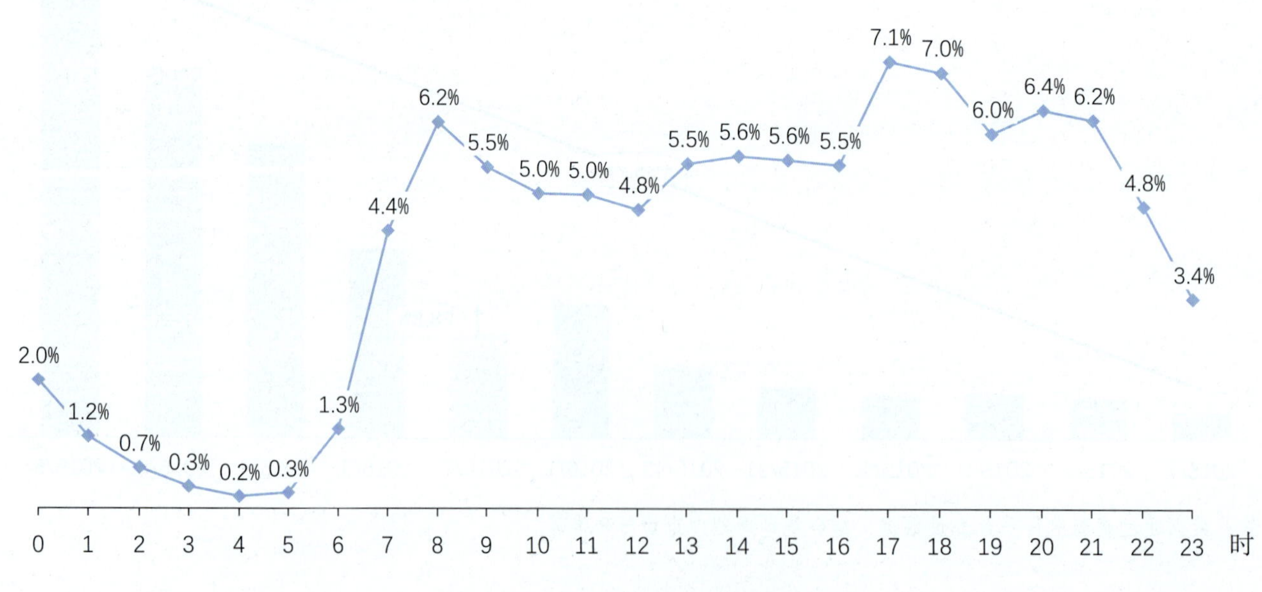

图 7 重庆工作日出行时间分布

3. 打车成功率

过去一年，重庆智能出行整体打车成功率呈小幅上升趋势；2 个低点分别出现在 2015 年 9 月和 2016 年 1 月，2016 年 3 月以后，打车成功率相对稳定。

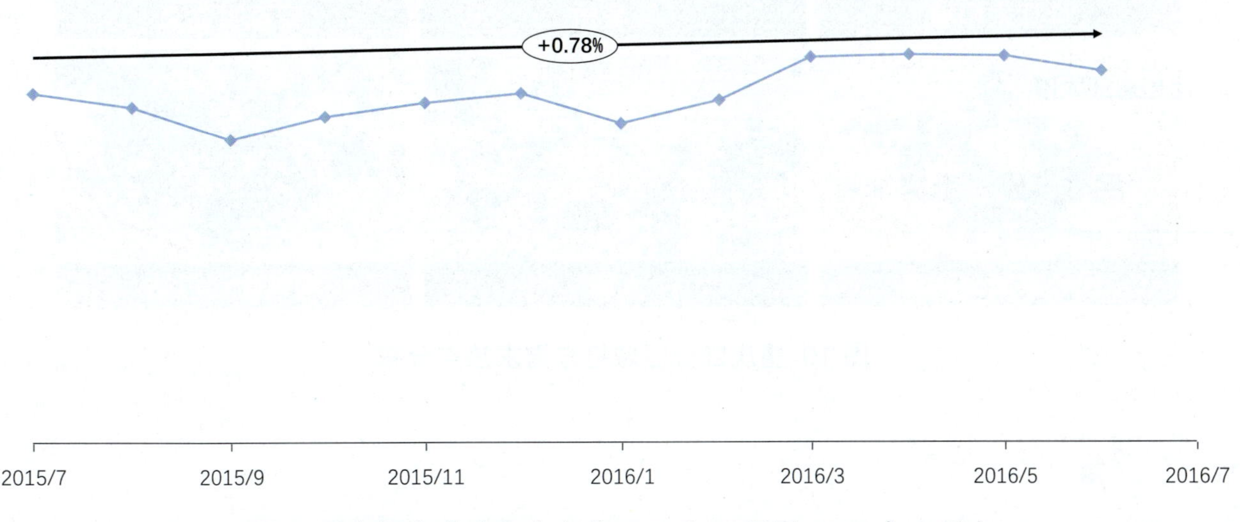

图 8 重庆打车成功率分布（2015 年 7 月至 2016 年 6 月）

工作日，打车成功率最低的时段分别是早晚高峰期，早高峰的打车成功率还要比晚高峰更低一些。节假日整体情况比较稳定。全天来看，无论是在节假日还是工作日，早上 5:00 打车成功率都是最低的，而成都是 6:00 打车成功率最低。这或许反映出重庆比成都更为拥堵，市民倾向于提前出门。

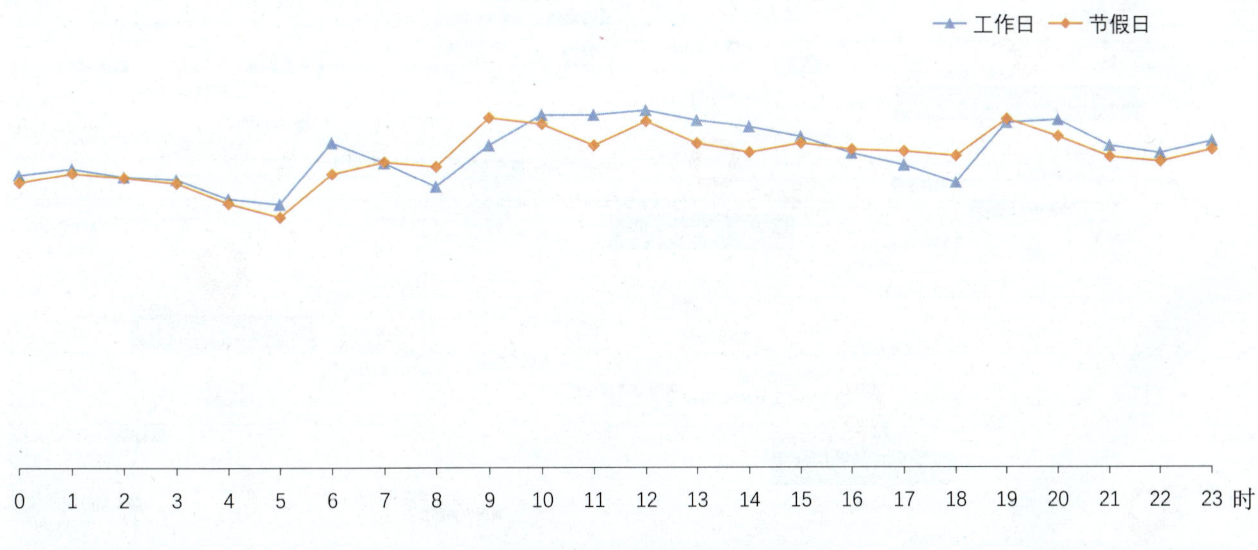

图 9 重庆打车成功率时间分布

4. 出行量集中区域

总体来看，珠江太阳城、观音桥、安家咀立交、民心家园公租房、人和及地铁临江门站等区域出行量最大。

图 10 重庆部分区域打车需求热点分布

5. “打车难”区域

重庆“打车难”的区域在早晚高峰期均没有重叠部分，江北区和渝中区独大。早高峰时段“打车难”现象主要集中在江北区。江北区作为近年来发展迅猛的区域，加之两江新区的布局发展，聚集了大量的新增居住人口，涌现出大体量的居住区和商圈，使这一区域的出行问题日益彰显，加大江北区及周边区域的出行供应，应是当地交通部门重点考虑的问题。重庆打车难地点分布：

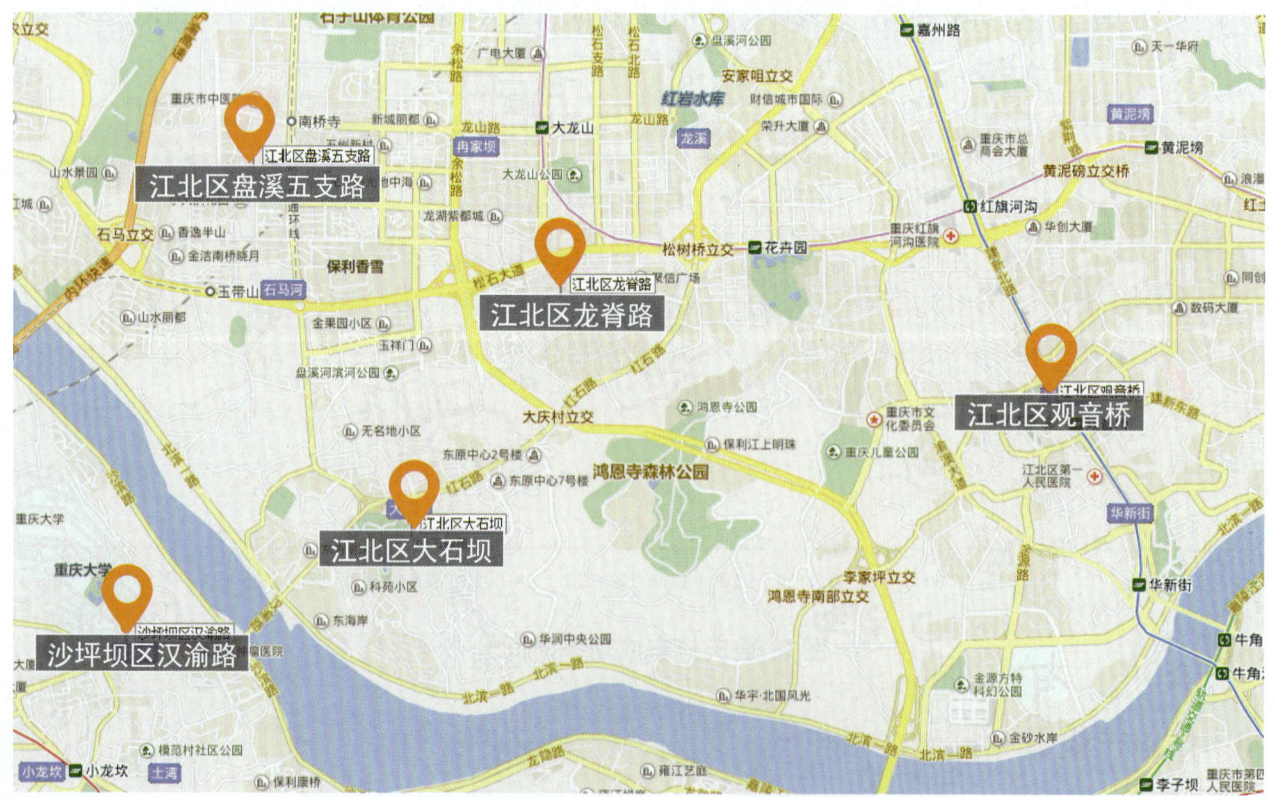

图 11 重庆早高峰打车难区域分布

图 12 重庆晚高峰打车难区域分布

江北区最著名的就是观音桥。“盒子式”的商区，仅次于解放碑中央商务区，将繁华璀璨限定在 10:00 ~ 22:00 的 12 个小时里。虽仅有 1.5 平方公里的商圈，但据统计 2014 年观音桥商圈的日均人流量高达 46 万人，相当于江北区常住人口 84 万总量的一半之多，处于饱和状态。同时，江北区有“两圈、四中心”一说，“两圈”，即观音桥商圈和江北嘴商圈；“四中心”，即大石片区（大石坝、石马河和鸿恩寺）、五里店片区、寸铁片区（寸滩、铁山坪）和鱼复片区（鱼嘴、复盛）4 个区域性商业中心。

对应早高峰期集中在江北区的打车难分布地点，可以看出以上区域主要都离轻轨站较远，交通不太方便，因此打车需求较大，容易出现打车难的问题。

渝中区，又称“渝中半岛”，地处长江、嘉陵江交汇地带，常住人口约 65 万人。其中，渝中区内作为轻轨 3 号线和 1 号线换乘站的两路口，其情况和牛角沱站类似，每天都在上演着著名的“决战两路口”“两路口惊魂”。

对应晚高峰期集中在渝中区的打车难分布地点，可以看出以上区域同样与轻轨站、公交站有一定的距离，交通不便。此外，对应渝中区晚高峰期打车难的对应地点还有菜园坝汽车站，这可能与居住在周边的务工人员下班返家有关。同时，渝中区的火锅店附近也成了晚高峰时段打车难的分布地点之一。

6. 不同时间的出行目的地

整体来看，重庆智能出行目的地集中在住宅小区和商务楼宇，节假日和工作日相比，去往商务楼宇的人数下降 25.6%，而去往休闲娱乐场所的人数上升幅度最大，达 17.6%。

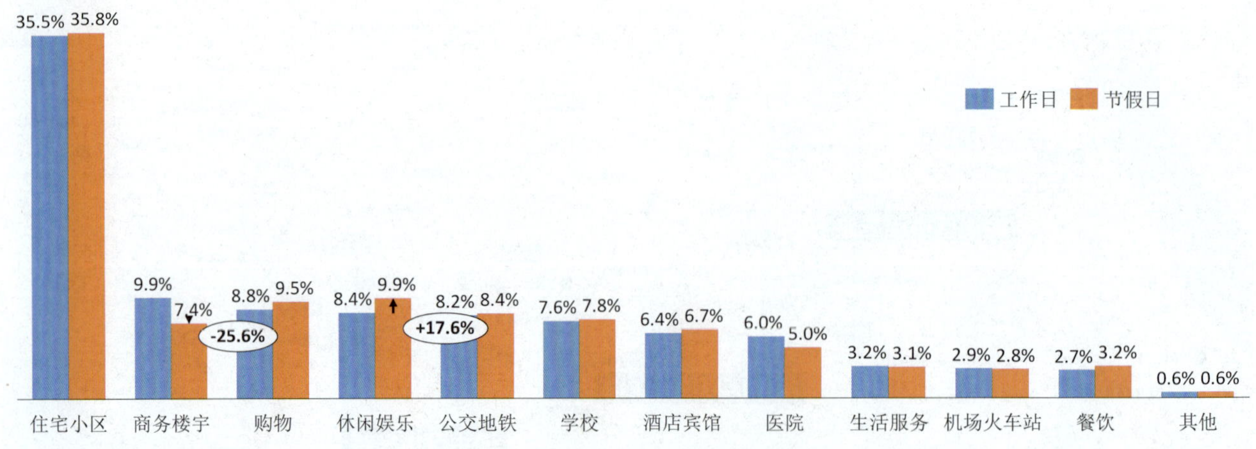

图 13 重庆打车目的地分布

从 8:00 的打车目的地分布图可以看出，工作日去往商务楼宇的人占比较多，节假日下降 47.2%。此外，节假日期间去往公交地铁的人占比仅次于去购物中心的人数，可以看出生活在重庆的市民更倾向于选择轻轨出行。

据交通运输部数据显示，至 2016 年 7 月，重庆轨道交通运营线路有 4 条，包括 1、2、3、6 号线（含 6 号线支线），其中 1、6 号线为地铁系统，2、3 号线为单轨系统（跨座式单轨），线网覆盖重庆主城区全域，设车站 120 座，运营里程 202 公里。2015 年，重庆轨道交通年客运量 6.3 亿人次，日均客运量 180 余万人次。2016 年 3 月中旬，重庆轨道交通 1 号线开通免费 WiFi。

相比工作日增幅较大的还有休闲娱乐场所和机场火车站，反映出重庆人的购买能力和消费水平较高。

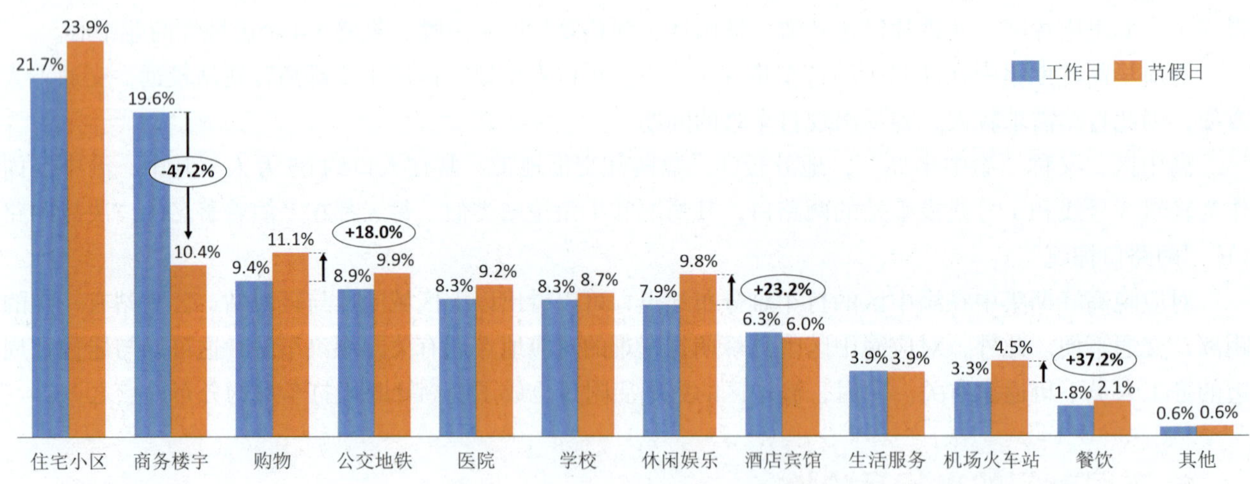

图 14 重庆 8:00 打车目的地分布

7. 通勤路线

根据滴滴出行大数据平台，对重庆日常通勤订单进行分析，发现重庆通勤主要集中在重庆北站、重庆火车站周围的通勤，以及重庆江北区江北机场向市内的通勤。其中涪陵区太极大道住宅区—工商局农业银行等办公区域，以及黔江区河滨南路住宅区—黔江区政府办公区是比较典型的打车通勤路线。

注：上图通过打车订单的起点终点连线绘制，颜色从绿色到黄色，再到红色，越趋向红色表示该通勤线路的人数越多。

图 15 重庆工作日早晚高峰出行 OD 图

四、特殊时间出行

1. 节假日：晚高峰和夜高峰

节假日，重庆市民的出行没有早高峰，全天只有 17:00 ~ 18:00 的晚高峰，夜高峰 20:00 ~ 21:00，之后出行量快速下降。8:00 开始，上午出行量逐渐增多、趋势明显，到 12:00 呈低谷点，占比 4.9%。而成都在节假日期间则是 12:00 出行量达到最大值，占比 6.7%。这可能与夏季重庆“火炉”的热辣天气有关，12:00 太阳辐射最强，因此重庆市民选择尽量避开此时段出行。

下午时段，出行量占全天比值最大的时段是 17:00 ~ 18:00，为 7.3%。夜间时段，出行量最大的时间节点出现在 21:00，占比 6.4%。节假日的成都没有夜高峰，而重庆有相对明显的夜高峰。

“大山大水不夜城，重情重义重庆人”系 2016 年重庆旅游的新口号。这句口号也相对准确、生动地反映出重庆山多水多的城市特色和“不夜之城”的文化标签。重庆的璀璨夜景绚丽多姿，素有“小香港”的美誉。

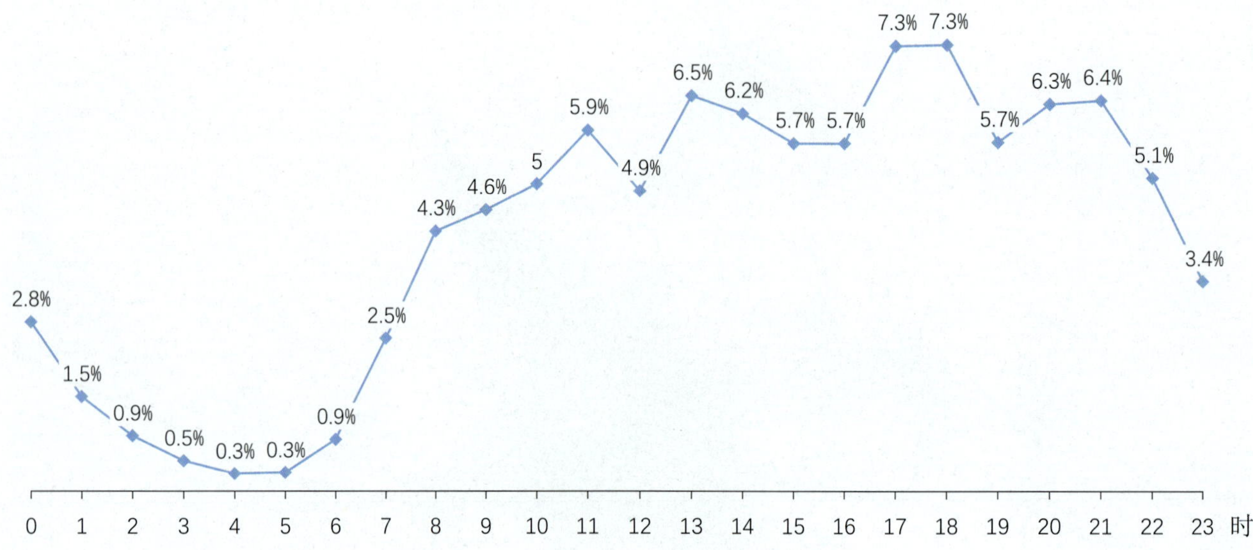

图 16 重庆节假日出行时间分布

2. 春节：正月初一出行量最低

2016 年 2 月重庆整体出行量较低，其中 2 月 8 日（正月初一）出行量最低；之后，呈逐渐上升趋势，但是 2 月下旬的出行情况仍低于 2 月初的整体出行情况。

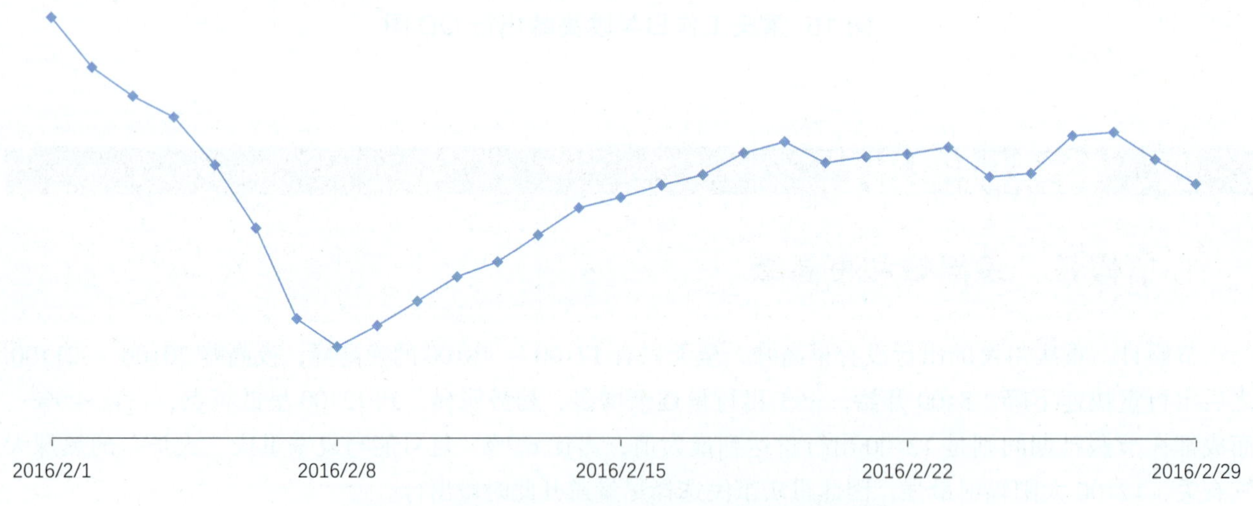

图 17 重庆 2016 年 2 月出行量变化趋势图

重庆春节出行量降幅超 80% 的区域有 1 个，系渝北区机场路，而成都降幅超 80% 以上的占比 3 个。此外，降幅较大的还有渝中区、沙坪坝区、大渡口区等。

渝北区机场路的出行下降幅度最明显，一是外出的重庆人早在春节前就已经回乡，春节期间往返机场的客流并不大；二是住在机场路附近的人多来自周边区县，春节纷纷回到乡镇过年；三是机场路附近有广受市民欢迎的奥特莱斯、汽博中心及重庆市唯一的 IKEA（宜家），据宜家中国在过去的 2016 财年（数据统计时间为 2015 年 9 月 1 日至 2016 年 8 月 10 日）显示，商场迎接了 8346 万人次的访客，比上年增加 20%。

除了春节，你总能听到重庆市民抱怨机场路堵得不行。通往重庆江北机场路需要经过东环立交这一重要节点，随着内环快速路的逐渐饱和，尤其是早晚高峰期时段，机场路出城方向车流量更为密集，机场路东环立交处于超负荷状态。而一旦该区域出现拥堵，极容易产生“连锁反应”，影响江北和渝中的交通及红旗河沟、观音桥环道等路段。好在跨越机场路的东环立交改造项目工程已近尾声，通车后，机场快速、内环快速、沪渝高速之间的交通转换将更加方便快捷。

图 18　重庆春节期间出行量下降最大的区域分布

五、舆论中的城市出行

人民网舆情监测室借助大数据平台，采集、抓取、统计 2016 年 1 月 1 日至 2016 年 6 月 30 日期间与“重庆交通”有关的网络新闻、博客、贴文后得出：在报刊、网站、微信、微博、客户端、视频网站、论坛、博客等媒介平台上，有关“重庆交通”的报道和文章计 254932 篇，文章来源以网站、微博、微信、论坛为主，其中各渠道的文章数如下图：

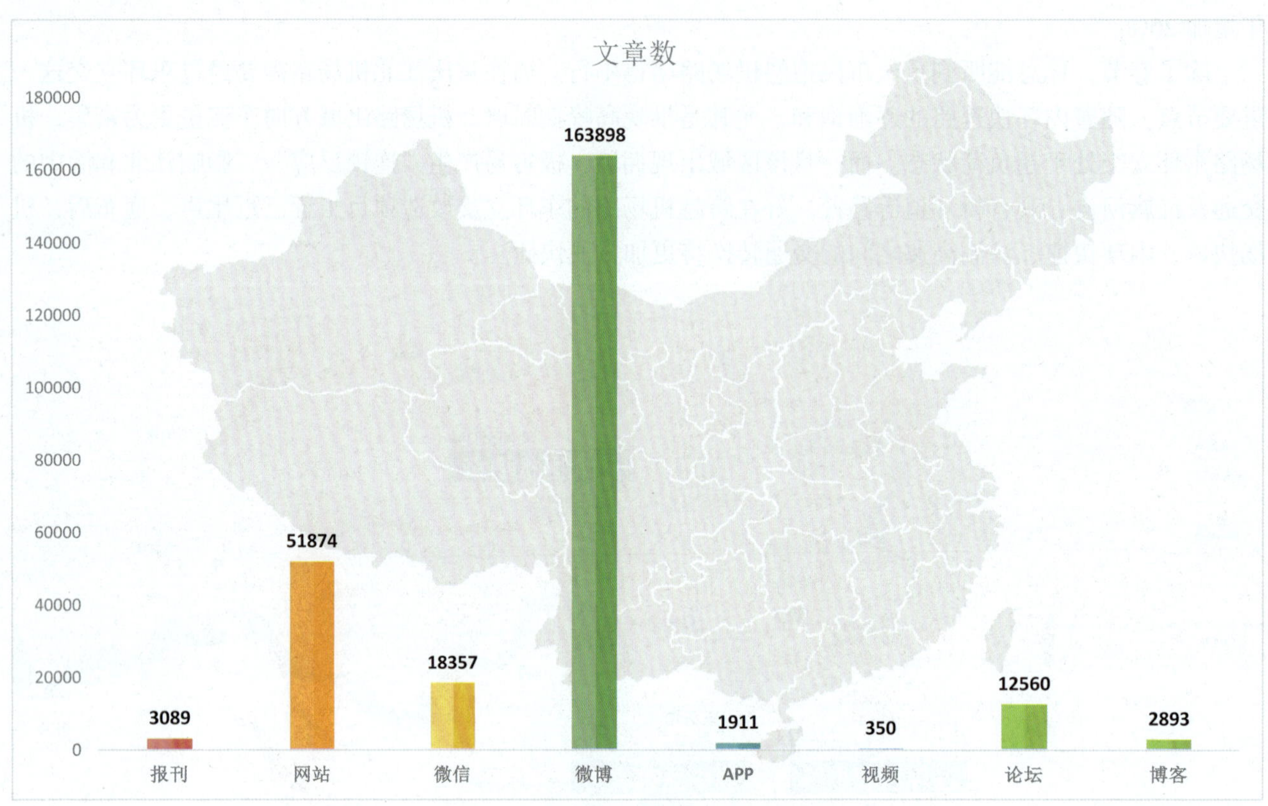

图 19 各媒介平台相关文章数量

进一步对这些文章的标题进行词频统计，去除干扰词后发现：在相关报道中，出现频次最高的 10 个名词分别为重庆、交通、机场、异地、公交（车）、轨道、司机、公路、地铁、项目；频次最高的 10 个动词分别为自驾、罚款、跨省、缴纳、管制、建设、出炉、运输、扩散、招标。这些词汇反映了在重庆交通建设、管理、发展等方面，媒体和网民最为关注的焦点。其中“机场”排名第三，体现出航空交通对于“山城”重庆的重要性。重庆江北国际机场作为 4E 级民用国际机场、国内大型枢纽机场有着较强的运力。2015 年全年完成旅客吞吐量 3240 多万人次，跻身全国旅客吞吐量八大机场之列，比上年增长 11.4%，增速位居中国八大机场之首。除了江北国际机场，2016 年 9 月 23 日重庆武隆仙女山机场开工建设。此外，据重庆市发改委披露，新建万盛黑山谷通用机场项目已获批复，2 年内将启动建设。待重庆航空运输建设项目竣工，其国内外客、货运载能力将进一步增强，最大限度满足现实需要、解决重庆及周边市民的出行需求。

图 20 相关文章标题的高频词云

六、总结

重庆的经济发展日益向好，而由于自身地势以及城市规划问题，发展也造就了“堵城”重庆。好在跨越两江、穿越山岭的轻轨为城市交通作出了不小贡献。据悉，到两路城区、观音桥商圈、三峡广场等地的机场专线将投入使用，重庆轨道交通机场专线 1 号线将延伸至解放碑。但解决城市出行问题也不能片面依赖轨道交通，想要畅通无阻仅仅靠单一方式治堵、疏堵是不现实的。

因此，重庆市全面开工建设 14 个“治堵”工程，包括天宫殿 N 区立交、金童路南段道路、泰山立交等，缓解辖区交通拥堵问题，包括重庆市民最为关注的汽博中心、机场路等交通拥堵问题也有望解决。2016 年 1 月，工业和信息化部与重庆市签署《基于宽带移动互联网的智能汽车与智慧交通应用示范合作框架协议》，重庆成为全国第三个“智能汽车与智慧交通应用示范区”。

重庆市规划局表示未来几年将采取多项措施，大力发展公共交通，社区巴士将开到家门口，这或许能为探寻缓解出行压力之路，提供又一新的“窗口”。

石家庄市

SHIJIAZHUANGSHI

石家庄城市出行大数据分析

一、城市概况

石家庄，河北省会，地处河北省西南部，距首都北京278公里。辖区总面积15848平方公里，市区面积2206平方公里。下辖8个区、11个县，代管2个县级市。石家庄是全国最大的医药工业基地和重要纺织基地，是国家首批生物产业基地，也是河北省的工业大市，2015年，石家庄生产总值完成5440.6亿元，按可比价格计算，比2014年增长7.5%[i]。

石家庄是华北地区仅次于北京的第二大交通枢纽，市域内包含京港澳、石太、石黄高速公路和107、207、307、308国道，公路通车总里程6379公里。石家庄也是全国铁路运输的主要枢纽，京广、石太、石德、朔黄铁路干线交汇于此，2012年底，石家庄新火车站建成，衔接京广、石德和石太铁路干线，京广高铁全线开通，石家庄与北京、太原、济南、郑州等周边城市“一小时交通圈”初步形成，加速了城市之间资源的流动和共享。

石家庄市内交通网络发达，至2015年末，城市公共汽车营运线路229条，营运线路长度3802公里，客运总量58686万人次[ii]。除公路交通外，轨道交通路网正在建设中，石家庄地铁2012年9月28日正式开工，按计划将建设骨干线3条、辅助线3条，线网总长241.7公里，其中地铁1号线、3号线部分路段将于2017年6月底具备使用条件，届时石家庄将成为河北省第一座拥有地铁的城市。石家庄交通运输繁忙，车流量密集，至2016年6月，石家庄市机动车保有量超过200万辆，是全国16个机动车保有量超过200万辆的城市之一。

与对外联络发达的交通相对应的，是石家庄正在扩建的市区。石家庄的城市区划刚刚经历重要调整，2014年9月，国务院同意河北省调整石家庄市部分行政区划，其下辖区由5个扩充至8个，市区面积扩大近4倍，市区人口增长近6成。至2015年底，石家庄市常住人口1070.16万人，其中市区人口430.3万，市区面积2206平方公里，人口密度1920人/平方公里[iii]。而在区划调整前，石家庄市内下辖5区，市区面积469平方公里，人口303.92万，市区人口密度将近7000人/平方公里，人口密度在全国省会城市中位居第一。当前，石家庄市区中心城区面积小，人口高度集中，这些给石家庄的市内交通带来一定压力。

---

i 《石家庄市2015年国民经济和社会发展统计公报》，石家庄统计信息网，http://www.sjztj.gov.cn/index.php?m=content&c=index&a=show&catid=59&id=901

ii 同1

iii 同1

二、整体交通概况

1. 全年平均车速

滴滴出行大数据平台显示，2015年，石家庄日均车速有较大的波动，2016年春节之后，日均车速整体趋于平稳。整体上，石家庄平均车速22.3km/h，低于北京的25.7km/h、上海的24km/h、杭州的23km/h，2016年春节期间车速最高，达到30.5km/h；2015年“十一”假期，2016年新年、清明小长假和“五一”等假日频频出现短期小高峰；2015年10月底至2016年3月，整体车速较夏季慢，推测主要是受冬季雾霾、冰雪天气影响，车速较低。

单位：km/h

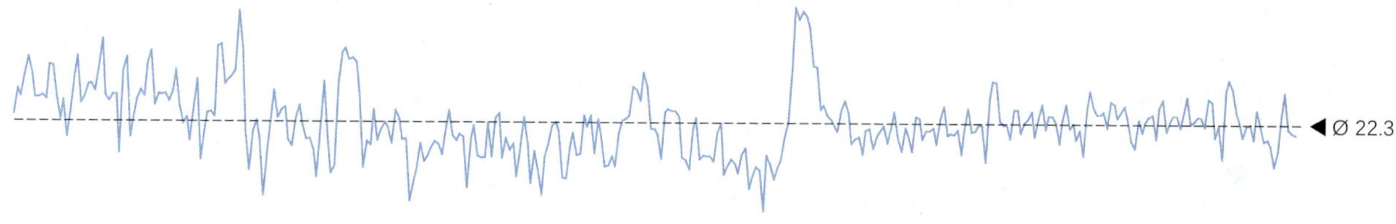

图1 石家庄日均车速变化趋势图（2015年7月1日至2016年7月1日）

值得注意的是，滴滴出行发布的《2016上半年中国城市出行报告》显示，石家庄2016年上半年的拥堵延时指数1.87，意味着早晚高峰期的通行时间要比凌晨时分多出87%，是全国最为拥堵的大城市之一，其拥堵程度超过北京、上海。

而每天的车速变化显示，石家庄在工作日的早高峰（7:00 ~ 9:00）及晚高峰（17:00 ~ 18:00），车速下降明显，节假日期间，车速则相对稳定，没有明显的低谷时段。

此外，对比节假日和工作日分小时车速分布的情况发现：节假日期间，石家庄的车流量基本保持在稳定状态，特别是在7:00 ~ 8:00和17:00 ~ 18:00，车流量较工作日有明显降低，除了早、晚高峰时段外，节假日和工作日分小时车速分布的曲线重合度较高。还有一个现象，石家庄的早高峰出现时间段和北京、上海等一线城市相比，时间要提前，结束的时间也早，这与当地的上下班作息时间有关，上班早，下班相对稳定，是二三线城市的共同现象。

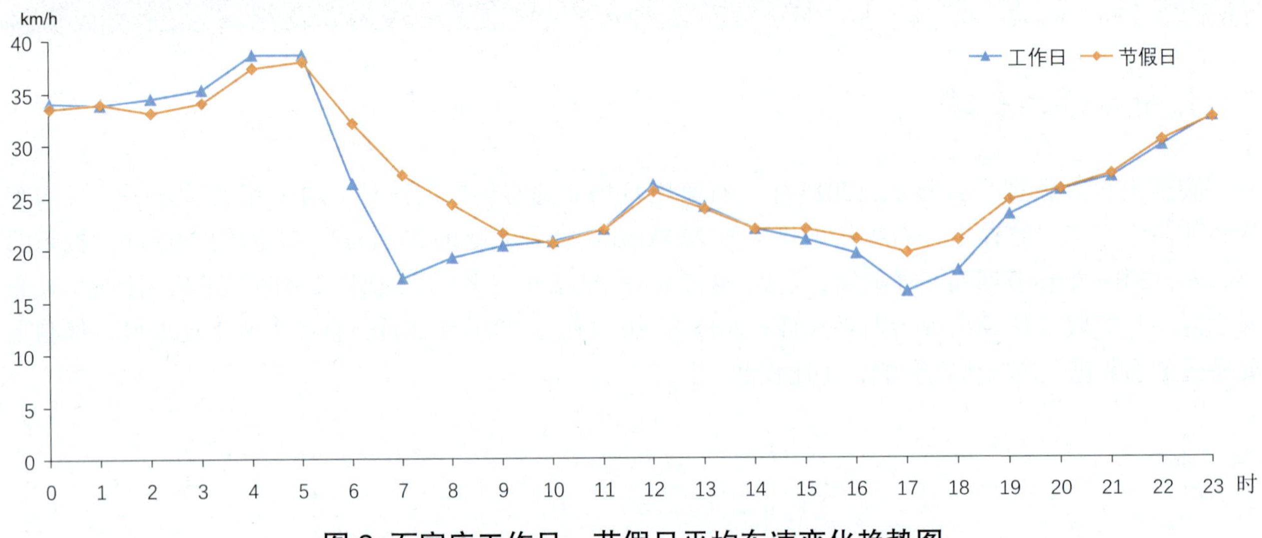

图 2 石家庄工作日、节假日平均车速变化趋势图

2. 拥堵路段

根据滴滴出行大数据测算，在早高峰和晚高峰时间，石家庄最易拥堵的路段。

早高峰易拥堵路段：

- 范西路
- 维明南大街（华星路到金石南路）
- 中华北大街（阳曲公路到曙光路）
- 中华南大街（华星路到新石中路）
- 裕华路南北单行线

晚高峰易拥堵路段：

- 和平西路
- 新华路（维明北大街到中华北大街）
- 桥东区平安南大街
- 中华南大街（华星路到新石中路）
- 裕华区育才街（槐安东路南）

结合地图分析可看出，中华大街、育才街、新华路、范西路等是石家庄市拥堵现象较为集中的路段。这些地区的拥堵与石家庄正在进行的地铁工程及城市规划有密切关系。受地铁建设影响，在近 3 年中，中华大街基本处于全线施工状态，可通过地区狭窄，因而出现全线的拥堵，与之相交的新华路也成为拥堵的“重灾区”。同时，石家庄市内主干道建有多座高架桥及立交桥，在高架桥的下口区域容易造成拥堵，如平安大街、育才街都与高架桥上下口相连，车流量大，出行不便。除此之外，石家庄中心城区公共设施密集，人流来往频繁、部分地区道路相对狭窄，容易造成拥堵，如和平西路与北新街交叉口，范西路与青园街交叉口附近都建有大型医院，道路狭窄，经常形成长时间的拥堵。

3. 交通可靠性

过去一年（2015 年 7 月 1 日至 2016 年 7 月 1 日，下同），石家庄一周内周四的道路可靠性最差，为了保证能按时到达目的地，石家庄市民需要在正常耗时基础上，每公里预留出2.1分钟的出行缓冲时间。而双休日的交通可靠性稍优于工作日。

（交通可靠性指标的定义和解读参见“北京篇”P32对应部分。）

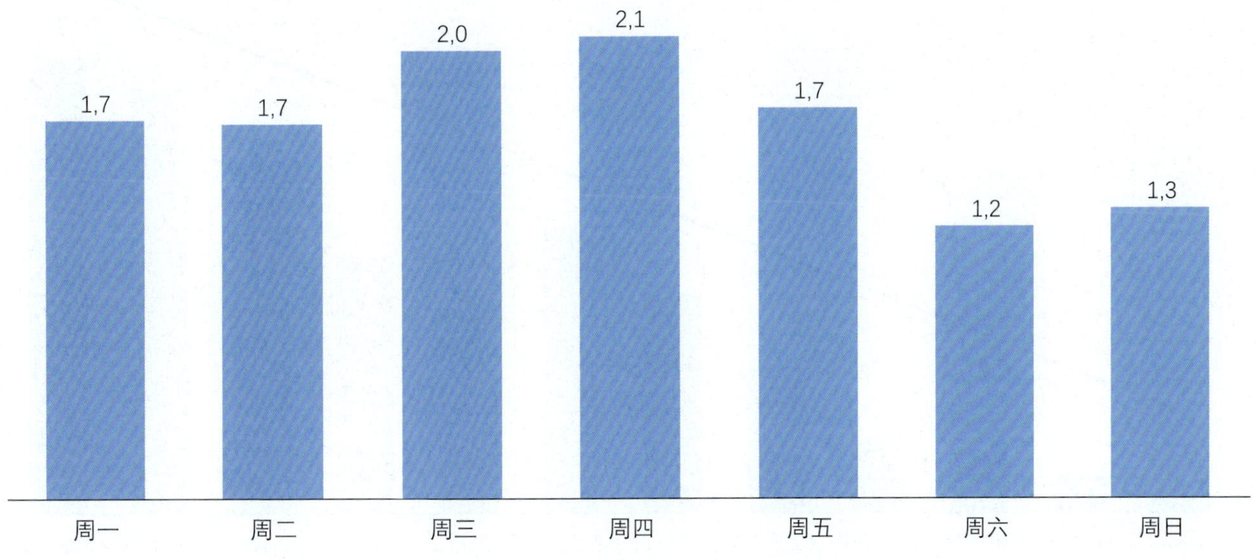

图3 石家庄一周内NBTR分布情况

从一天分小时的NBTRI分布数据来看，凌晨的NBTRI数值最小，而早高峰（7:00 ~ 8:00），晚高峰（17:00 ~ 18:00）的NBTRI数值较大，道路路况较差，这和我们理解的早高峰、晚高峰相符合，即在这个时间段，需要预留更多时间预防影响交通的不可靠因素的发生。

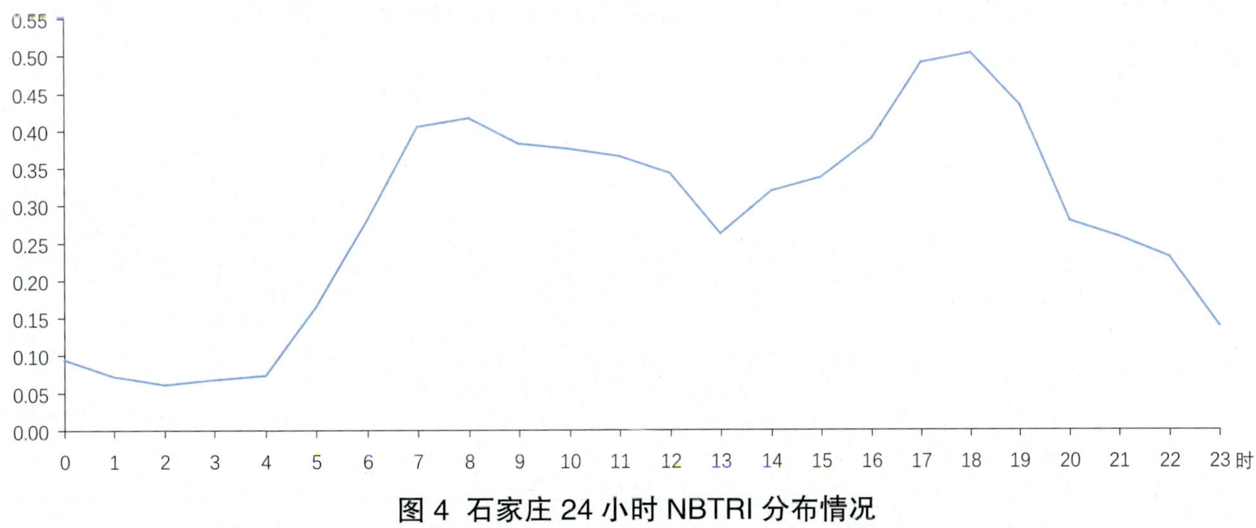

图4 石家庄24小时NBTRI分布情况

三、出行规律

1. 年度出行量分布及规律

过去一年，石家庄市民智能出行人数稳步提升，除2016年2月以外，其他月份的智能出行订单均呈稳定上升趋势，且增长幅度较其他城市明显，全年智能出行量月均增长率 37.28%，2 月受春节假期影响，城市整体出行量环比下降 27.3%。

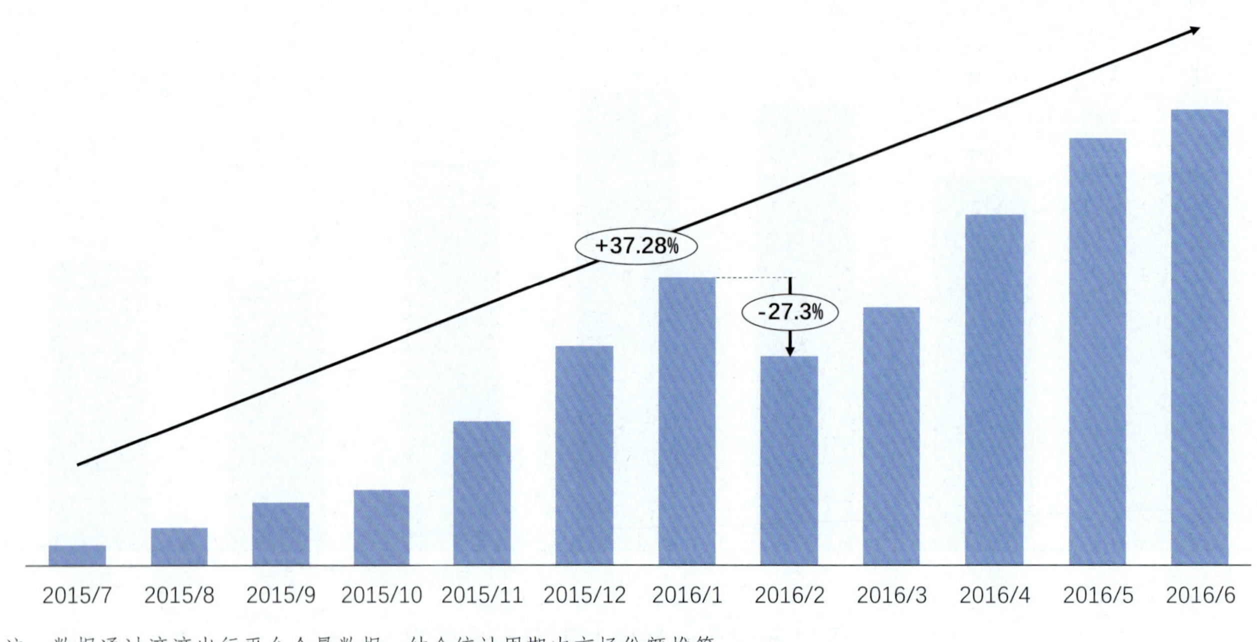

注：数据通过滴滴出行平台全量数据，结合统计周期内市场份额推算。

图 5 石家庄智能出行量变化月趋势图（2015 年 7 月至 2016 年 6 月）

过去一年，石家庄市整体出行量在各周内呈现“工作日—周末”的交替波动，呈整体上升趋势。重大节日对出行量有较大影响，2016 年“五一”假期出行量最高。总体来看，智能出行在石家庄地区增长明显，越来越受到青睐。

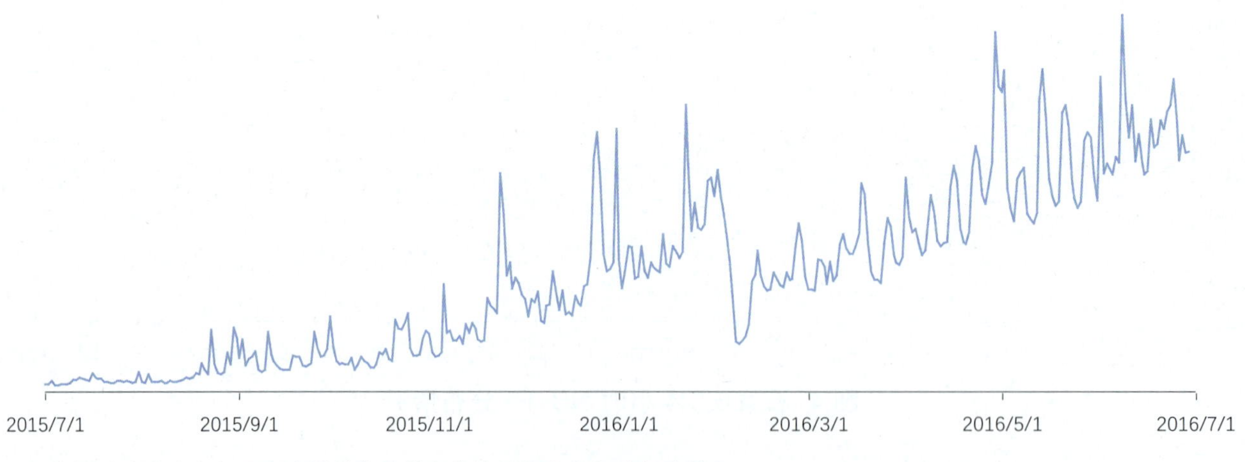

注：数据通过滴滴出行平台全量数据，结合统计周期内市场份额推算。

图 6 石家庄全年智能出行变化日趋势图（2015 年 7 月 1 日至 2016 年 7 月 1 日）

2. 工作日出行量分布及规律

周一至周五的工作日，整体上，石家庄市每天有 2 个出行峰值，即早高峰（7:00 ~ 8:00，8:00 达到最高峰），晚高峰（17:00 ~ 18:00，18:00 达到最高峰），在这 2 个时间段出行量增量明显，而夜高峰则不太明显，21:00 的出行量有一定的上升，但出行量也仅与 9:00 及 19:00 接近，21:00 之后则迅速下降。同时，石家庄的晚高峰出行量要高于早高峰，18:00 是全天出行量最大的时段。考虑到夜高峰的出现是外出餐饮娱乐与加班回家共同作用，对晚高峰进行“分流”的结果。石家庄工作日出行量的分布情况，一方面说明石家庄市民对于夜生活并不十分热衷，另一方面则表现出石家庄市下班时间相对集中，“加班文化”不普及。

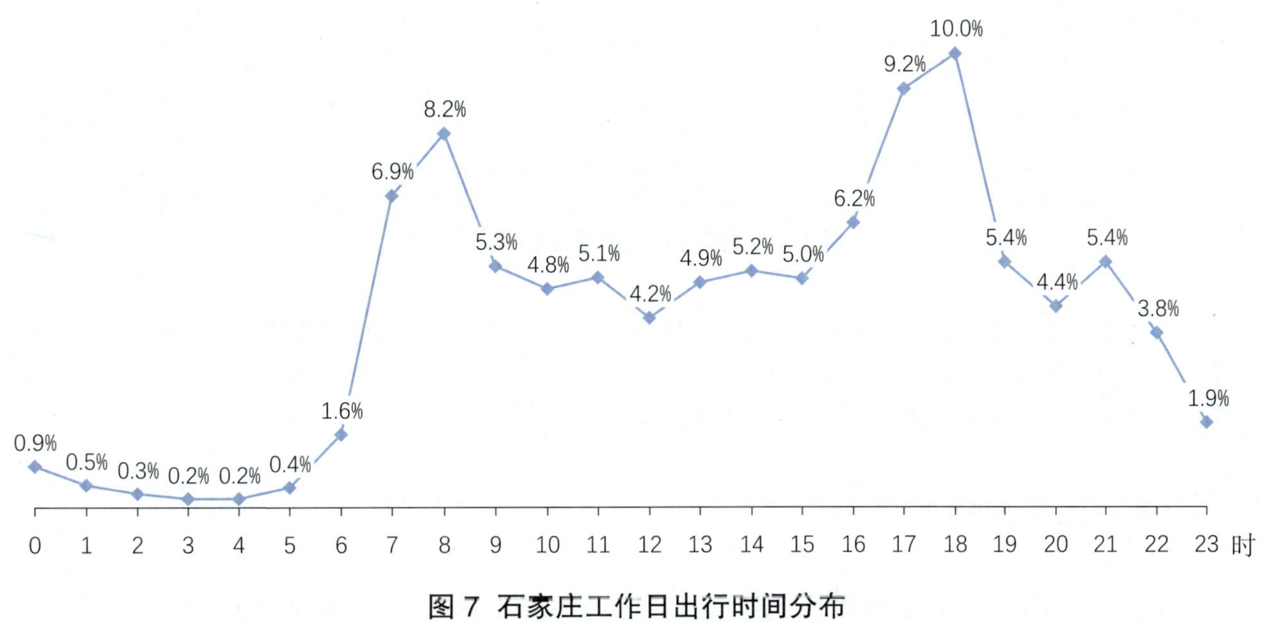

图 7 石家庄工作日出行时间分布

3. 打车成功率

近一年来，石家庄市智能出行整体打车成功率上升趋势明显。说明以网约车为代表的智能出行在石家庄推广较为顺利，发展前景乐观。

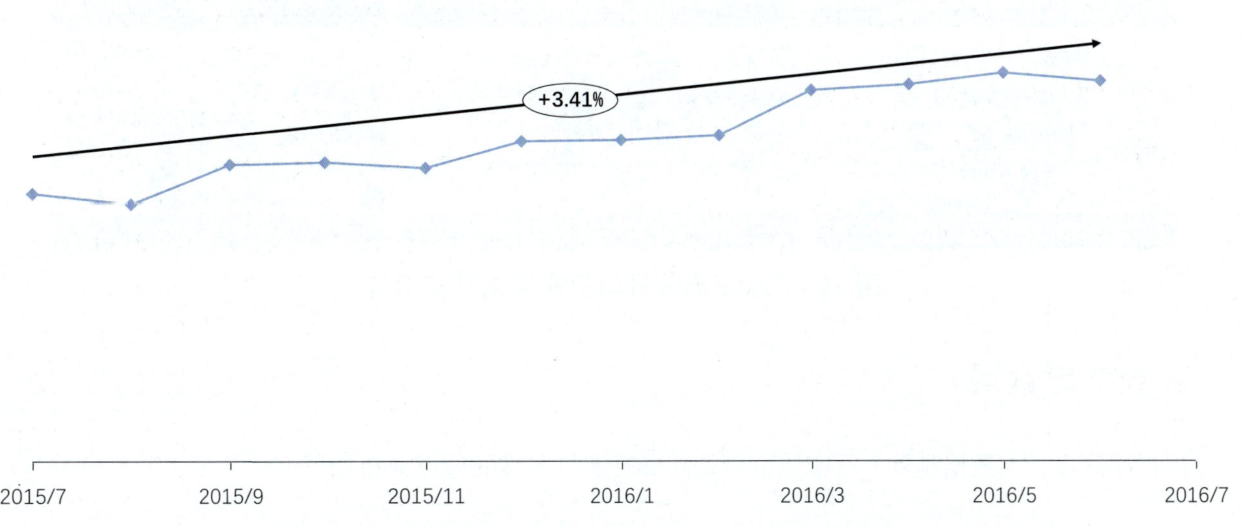

图 8 石家庄打车成功率月分布（2015 年 7 月至 2016 年 6 月）

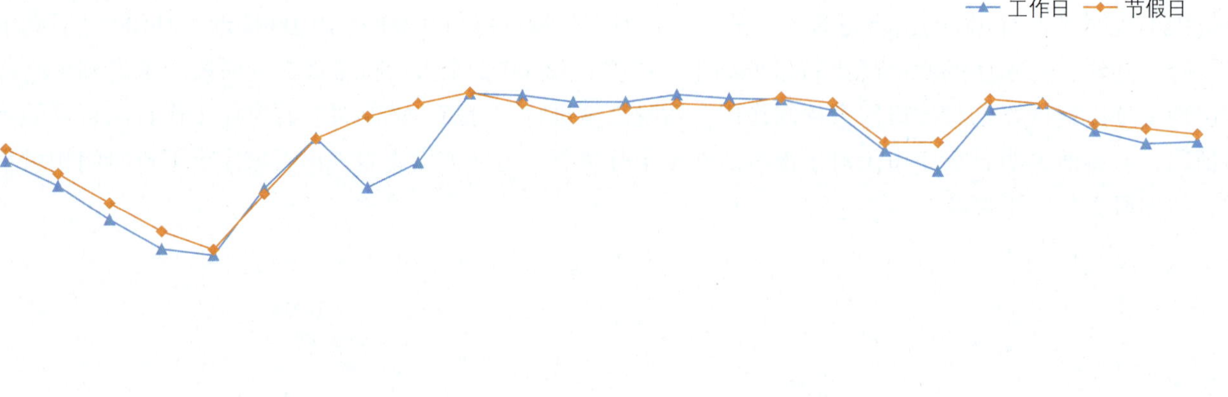

图 9 石家庄打车成功率时间分布

全天来看，石家庄市凌晨 4:00 打车成功率最低。工作日早晚高峰时段打车成功率较低，其中早高峰尤甚；假日则整体比较稳定，在晚高峰时段也会有成功率降低的现象。值得注意的是，在工作日，石家庄出行量的最高点集中在晚高峰时段，但其打车成功率高于早高峰。

4. 出行集中区域

总体来看，裕华区槐安东路国际广场附近、中山广场附近、谈固、新石中路物联网大厦附近、平东路和平时光家园附近及人民广场附近出行量最大。

图 10 石家庄部分区域打车需求热点分布

5. 打车难区域

根据滴滴出行大数据测算，石家庄市早晚高峰时期打车难的地点分布如下：

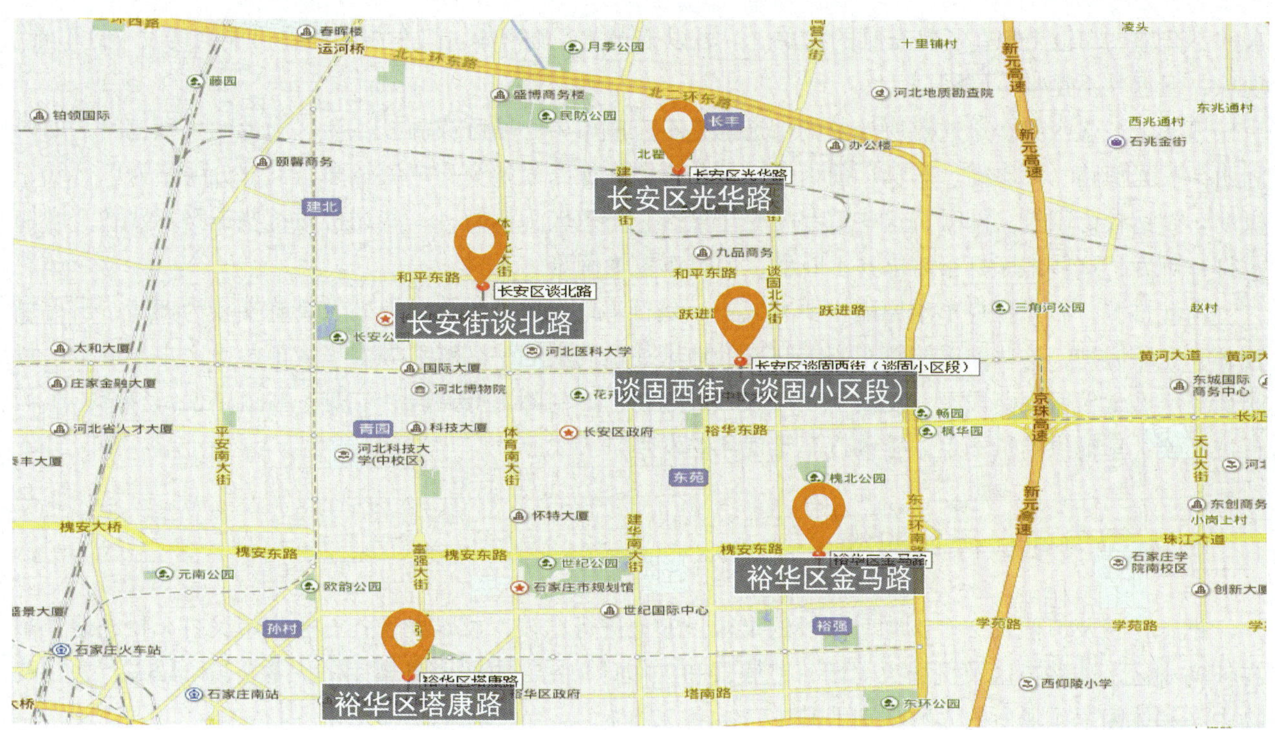

图 11 石家庄早高峰打车难区域分布

图表 12 石家庄晚高峰打车难区域分布

总体来看，谈固西街、光华路是早高峰时期打车较难的街道，晚高峰时间打车难地点分布则相对分散。结合打车需求旺盛的地区进行比较，发现两者所涉及区域有所重叠但也有差别，一些地区的打车需求并不旺盛，却也出现在了打车难的榜单上。可以推测，人流密集、打车需求旺盛可能会诱发“打车难”现象，但这并不是唯一原因。

事实上，多个打车难地点所涉及的街道都是石家庄市中心城区或高校生活区附近的小型道路，如谈固西街、光华路、栗康街、车辆厂前街等，这些道路往往路面狭窄，弯道较多，且部分线路为单行线，机动车到达较为困难。同时，这些道路相对于城区主干道较为偏僻，一些司机对这些道路不熟悉，增加了打车难度，这些地区打车需求并不旺盛，但打车较为困难。

由此推测，石家庄打车难原因主要有二：一是打车地点本身为热点地区，高峰期较为拥堵，出行量较多，竞争激烈，这些地区与打车需求旺盛的地区往往同属同一区域，如中华大街（市区主干道）、青园街（小区学校密集路段），北横街（万象天成购物中心商圈）等路段；二是一些道路偏僻狭窄，车辆行进不便，车辆供给量不足，导致打车难现象的发生。

6. 不同时间出行目的地

把工作日及节假日 2 个不同时间段的出行目的地进行比较，可以发现：石家庄市民打车目的地集中在住宅小区、购物街区及机场火车站，节假日和工作日相比，去往商务楼宇的人数下降 34.5%，去往购物中心和休闲娱乐场所的人数分别上升 12.7% 和 22.8%。

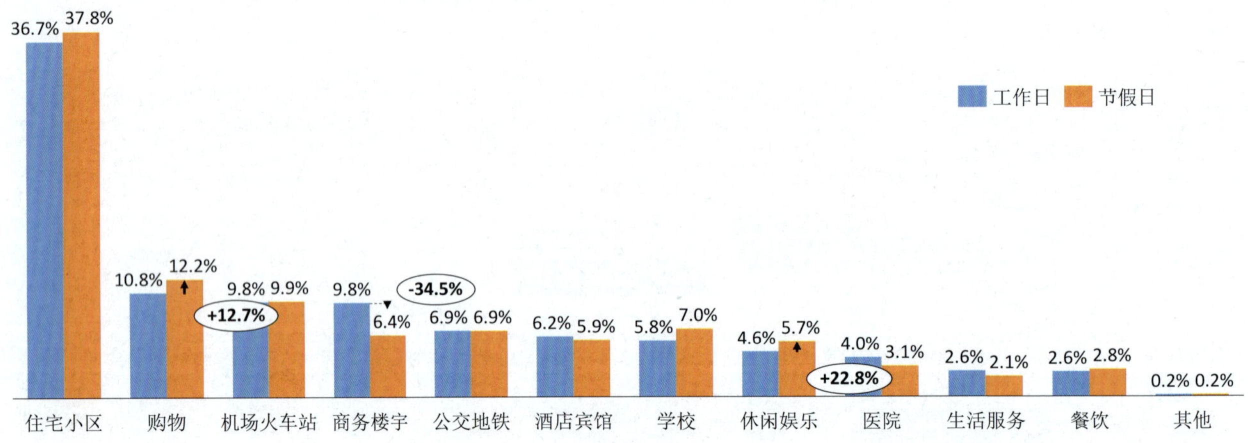

图 13 石家庄打车目的地分布

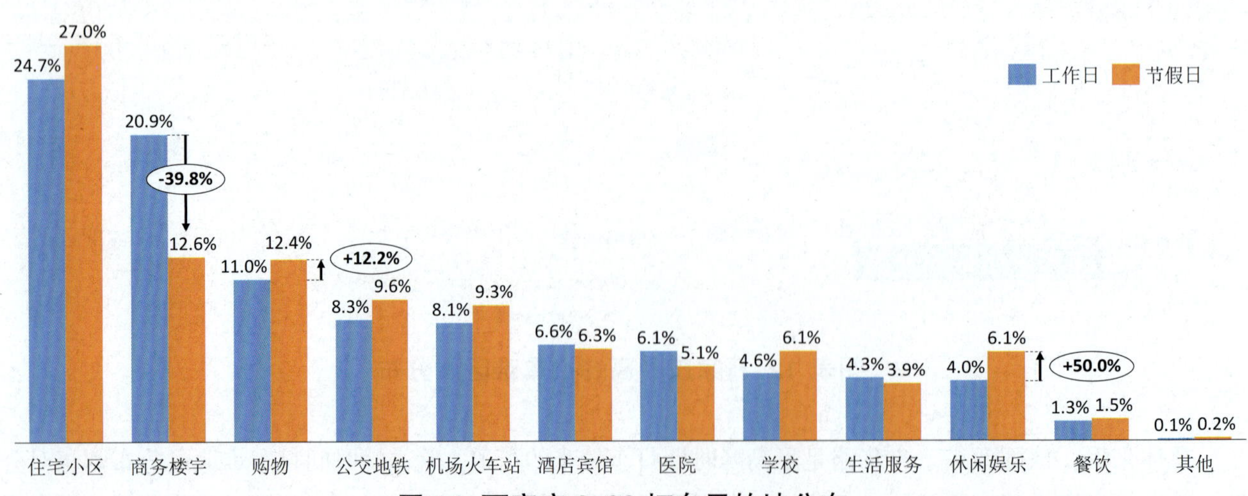

图 14 石家庄 8:00 打车目的地分布

进一步分析 8:00 打车的目的地，工作日 8:00，由于正逢早高峰，因此打车去往商务楼宇的人相对较多，而住宅小区由于在整体城市建设中基数较大，因此目的地为住宅小区的在工作日和节假日均占比最高。

7. 通勤路线

根据滴滴出行大数据平台，对石家庄市日常通勤订单的起始地进行分析，结合石家庄的城市规划，发现石家庄主要通勤路线分布在石家庄火车站附近，以及石家庄市政府及机关单位的市中心群。通勤主要集中在石家庄火车站向北、东北方向的市政府区域。

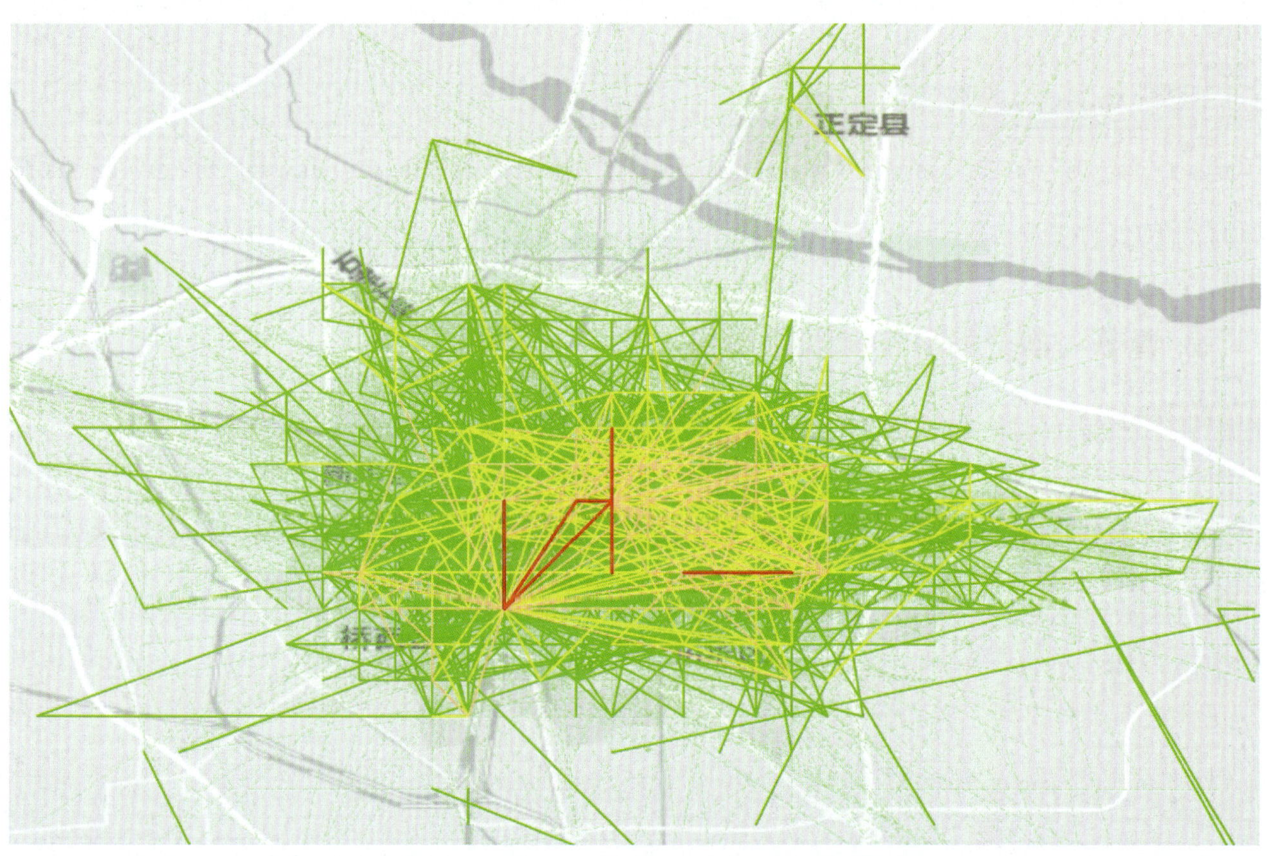

注：上图通过打车订单的起点终点连线绘制，颜色从绿色到黄色，再到红色，越趋向红色表示该通勤线路的人数越多。

图 15 石家庄工作日早晚高峰出行 OD 图

四、特殊时间出行

1. 周末：整体走势平稳，晚高峰突出

同“北上广”等大城市类似，从滴滴出行平台的大数据发现，石家庄的周末出行并没有早高峰。实际上，从 8:00 ~ 15:00，石家庄的出行量一直较为稳定，在 17:00 ~ 18:00 形成明显的晚高峰，随后迅速下降，但在 21:00 左右出行量有所增加，形成一个较小的夜高峰。

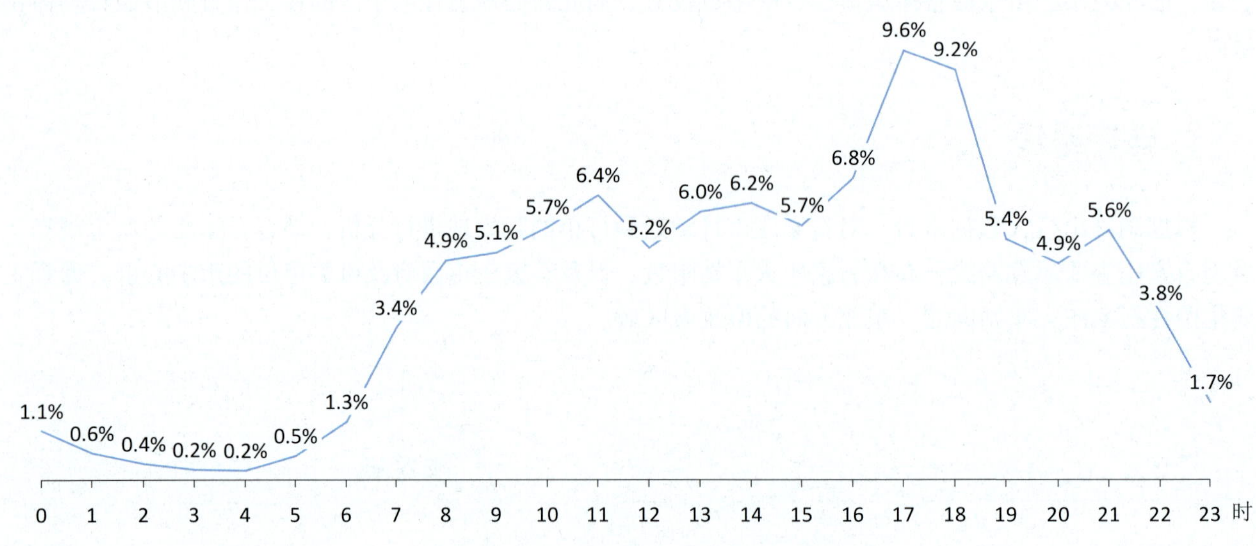

图 16 石家庄节假日出行时间分布

2. 春节：部分地区空城现象明显

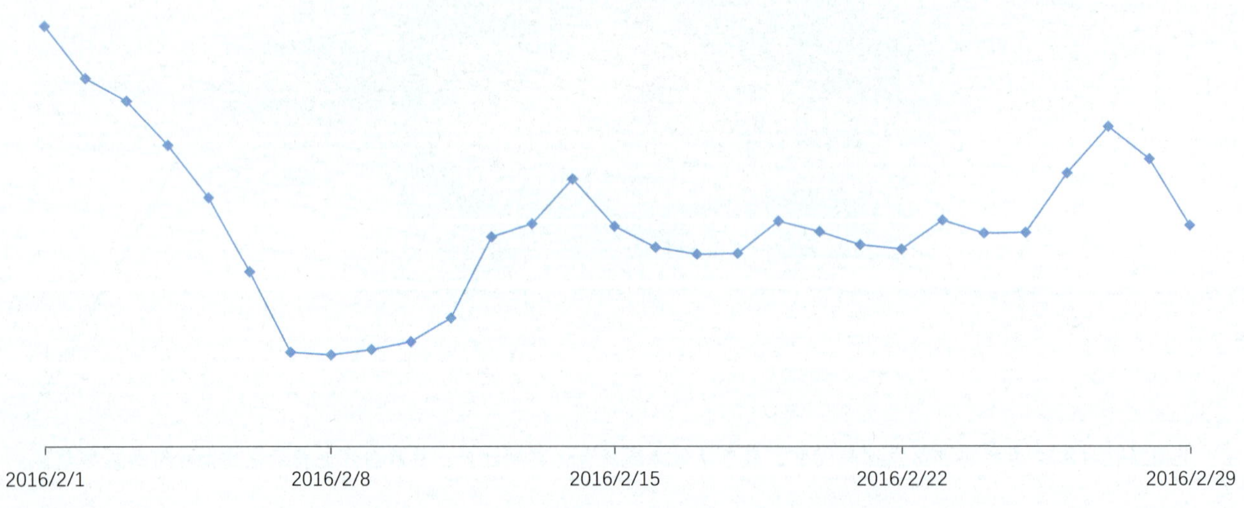

图 17 石家庄 2016 年 2 月出行量变化趋势图

春节期间，居民居家过节，大量打工族返乡，城市部分区域出行量骤降，变得异常冷清。对比 2016 年 2 月 7 日 -13 日与之前一周的出行量，分区域查看出行量密度变化，可以发现：裕华区珠江大道、桥西区长青路出行量降幅较为明显。

图 18 石家庄春节期间出行量下降最大的区域分布

对照地图发现，珠江大道是石家庄高新技术开发区的主干道之一，附近地区是石家庄市民居住较为集中的区域，有石家庄学院等相关院校，综合以上因素，春节期间随着公司、学校放假，附近居民回家乡省亲，这一地区的打车人数明显下降；桥西区长青路附近分布着环保局、省林业局、石药集团等多家大型企事业单位的员工宿舍，春节期间，大型公司放假，大量员工不再进行日常的通勤工作，导致这区域成为短暂的“空城”状态。

同时，同样位于裕华区的宏达东路、育才街及位于桥西区的明德路出行量降幅也较为明显。

研究 2016 年 2 月石家庄出行量分布可以发现，自 2 月 1 日起，石家庄市智能出行人数下降明显，2 月 8 日（正月初一）为一年中的最低值，2 月 8 日 -13 日春节 7 天的出行量相对稳定。春节期间存在着一定的“空城”现象。

五、舆论中的城市出行

人民网舆情监测室借助大数据平台，统计 2016 年 1 月 1 日至 2016 年 6 月 30 日期间与“石家庄交通”有关的网络新闻、博客、贴文后发现：在报刊、网站、微信、微博、客户端、视频网站、论坛、博客等媒介平台上，有关“石家庄交通”的报道和文章计 75672 篇，文章来源以网站、微博、微信为主，其中各渠道的文章数如下图：

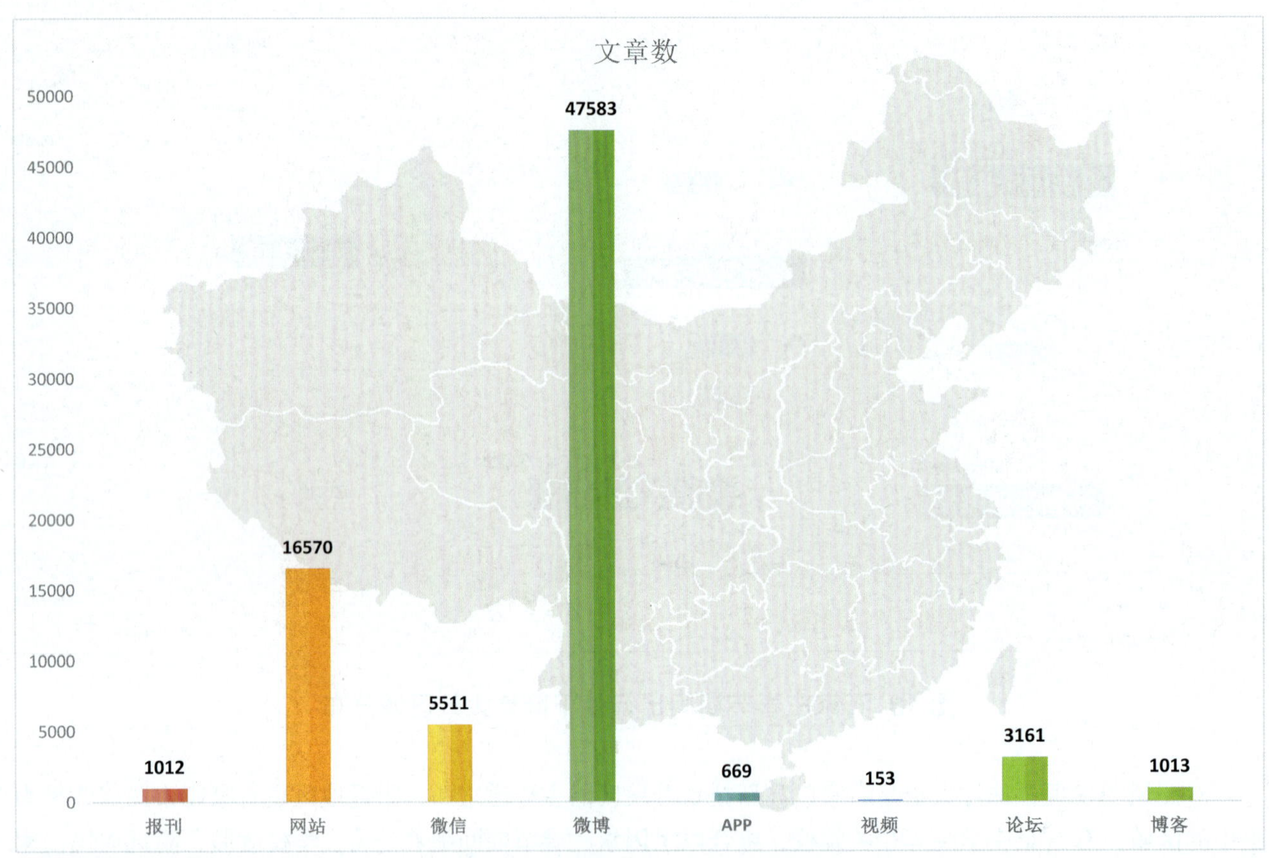

图 19 各媒介平台相关文章数量

进一步对这些文章的标题进行词频统计，去除干扰词后发现：在相关报道中，出现频次最高的 10 个名词分别为石家庄、机场、交通、地铁、公交（车）、京津冀、河北、高铁、列车、铁路；频次最高的 10 个动词分别为开通、自驾、建设、新增、旅游、运营、运输、招标、施工、关注。近年来，“京津冀一体化”成为热点话题。在交通领域，“京津冀一体化”已经进入实践阶段，2016 年，石家庄市正式发售交通一卡通，在北京、天津、石家庄等首批互通城市刷卡乘公交，都能享受当地的优惠政策，“京津冀”成为相关新闻的热词。

图 20 相关文章标题的高频词云

六、总结

从数据来看，石家庄市的智能出行有这样几个特点：一是高峰时间集中在早晚时段，夜高峰并不明显，石家庄市民对于夜生活并不十分热衷，“加班文化”不普及；二是石家庄打车最为困难的地区不完全是热点区域或主干道，而是位于中心城区较为偏僻狭窄的小型道路；三是周末与工作日出行目的地差异巨大，石家庄市民在周末一大早打车前往住宅小区，在市内活动依然是市民周末休闲的主流……和北京、上海等大都市相比，石家庄在出行上呈现的特点更像是一个偏安一隅的小城。

较小的中心城区与较高的人口密度使石家庄的出行状况并不乐观，而正在建设的地铁工程加剧了市区的拥堵。近一年来，石家庄市的平均出行速度为22km/h，低于主要城市的平均水平，拥堵情况超过北京、上海等大城市。

整体来看，与其他城市相比，石家庄出租车的发展与城市规模并不匹配，《中国经济周刊》曾针对全国31个省会城市的出租车现状进行统计，统计指标包括出租车数量、常住人口、万人拥有量、份子钱、经营权有偿使用费等，在这份统计中，石家庄市的出租车绝对数量和万人拥有量都位居末尾，且10余年来出租车数量没有增加。[iv]而作为缓解这一问题的良方，智能出行在石家庄市普及迅速、增长明显，2015年年初，滴滴出行正式登陆石家庄，在一年多的时间里有了长足发展，打车成功率提升迅速。自2015年7月至2016年6月，石家庄市智能出行人数增长37.28%，2016年3月至7月，打车成功率都在8成左右，在全国主要城市中位居前列。

iv 《31省会城市出租车现状：石家庄最低且17年未增一辆》，搜狐财经 http://business.sohu.com/20160809/n463253518.shtml

沈阳市

SHENYANGSHI

沈阳城市出行大数据分析

一、城市概况

沈阳，辽宁省省会城市，全国重要的工业基地。沈阳下辖10个区、2县，代管1县级市，总面积逾12948平方公里，市区面积3495平方公里。2015年，沈阳有常住人口829.1万人，城市居民人均可支配收入36643元，农村居民人均可支配收入13486元。地区生产总值7280.5亿元，比上年增长3.5%，人均生产总值87833元，增长3.2%。[i]在2016年4月25日《第一财经周刊》发布的中国城市分级排名榜单中，沈阳首次被定为新一线城市。[ii]

沈阳既是国家历史文化名城，也是全国重要的工业基地，被国务院定位为东北地区的中心城市，是长三角、珠三角、京津冀地区通往东北地区的综合枢纽城市，具有重要的战略性地位。

与不少大型城市一样，沈阳也存在着较为严重的交通拥堵问题。沈阳的道路格局为环形加放射状路网，以平面交通为主，道桥建设缺口较大，尤其缺乏快速路体系。目前，沈阳有快速路137公里，仅占城市道路的4%，距国家规定达到10%的要求还有距离；沈阳机动车保有量180万辆，每天还在以600多辆的速度递增，与10年前相比，机动车保有量增长202%，而道路延长里程仅增加16.5%。[iii]私人汽车保有量134.6万辆，平均每6个沈阳人就拥有一辆私家车，按照“三口之家”来算，相当于每2个家庭就有一辆私家车。[iv]

沈阳是境外旅客购物退税城市，旅游经济大幅增长，至2015年末，全市国家A级旅游景区74家，全年旅游总收入1221.2亿元，比上年增长14.6%。[v]每天有20多万辆外埠车辆进出沈阳市，交通压力与日俱增。[vi]

i 《2015年沈阳市国民经济和社会发展统计公报》，沈阳市统计局 国家统计局沈阳调查总队网站，http://www.sysinet.gov.cn/index.aspx

ii 《中国城市再分级》，《第一财经周刊》，2016年4月25日 封面故事

iii 《沈阳机动车保有量180万辆 快速理赔将扩至四环》，人民网，2016年4月17日 辽宁频道 要闻

iv 《辽宁：2015年常住人口4382万人 减少9万人》，人民网辽宁频道，《沈阳日报》http://ln.people.com.cn/n2/2016/0531/c346198-28426872.html

v 《2015年沈阳市国民经济和社会发展统计公报》，沈阳市统计局 国家统计局沈阳调查总队网站，http://www.sysinet.gov.cn/index.aspx

vi 《沈阳机动车保有量180万辆 快速理赔将扩至四环》，人民网，2016年4月17日 辽宁频道 要闻

二、整体交通概况

1. 全年平均车速

过去一年（2015 年 7 月 1 日至 2016 年 7 月 1 日，下同），沈阳市区平均车速 20.5km/h，交通情况欠佳。车速波动比较明显的时间点有：2016 春节期间车速 25.8km/h，其次在 2015 年“十一”假期，2016 年元旦、清明、“五一”、端午小长假期间，平均车速较高，可见本地人出游较多，减少了车辆出行；出游人数较多，导致 2015 年“十一”假期前和 2016 年清明节假期前道路上车辆增多，车速均出现最低值，分别为 15.6km/h 和 16.7km/h。

单位：km/h

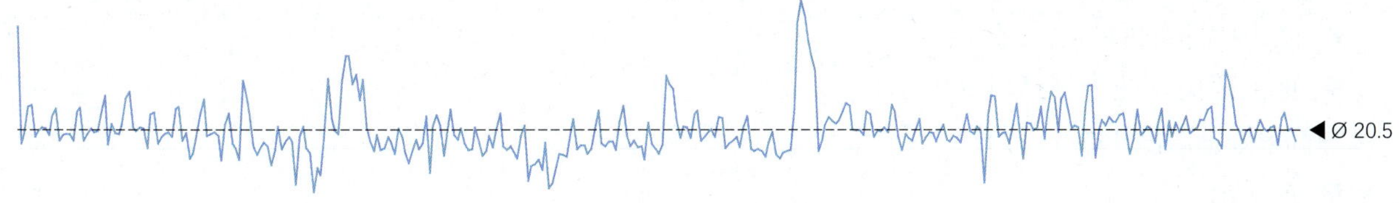

图 1 沈阳日均车速变化趋势图（2015 年 7 月 1 日至 2016 年 6 月 29 日）

工作日早高峰（7:00 ~ 8:00），晚高峰（16:00 ~ 17:00）车速最低，节假日日间车速相对稳定，没有明显的低谷时段。整体上，节假日平均车速高于工作日。在工作日的早高峰，车速下降到只有 15km/h，与同类城市相比有较大差距。

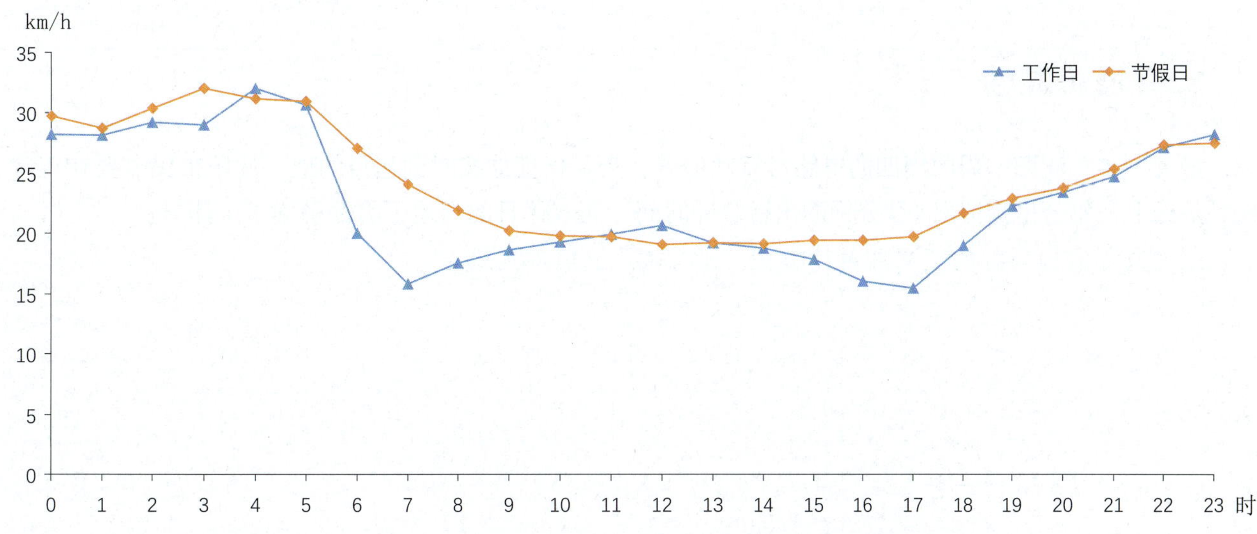

图 2 沈阳工作日、节假日车速变化趋势图

2. 拥堵路段

过去一年，通过滴滴出行大数据测算，沈阳市区易发生拥堵的路段。

早高峰易拥堵路段：

- 长江街
- 怒江街
- 嵩山中路
- 黄河南大街（昆山中路到快速干道）
- 保工北街（北中一路和北中二路之间）
- 兴工北街
- 热闹路（中段）
- 哈尔滨路（青年北大街段）
- 昆山中路(碧塘公园段）
- 重工南街（两十字路口处）

晚高峰易拥堵路段：

- 长江街
- 哈尔滨路（青年北大街段）
- 三好街
- 五爱街
- 青年大街（文化路到二河路）
- 怒江街
- 南五马路
- 和平南大街
- 兴华北街（北中一路和北中二路之间）

沈阳的早晚高峰路段，存在有些路段的重合，比如怒江街、长江街、哈尔滨路等，基本上分布在核心城区，那里可以说不但是辽宁省，也是东北地区的经济中心、金融中心，也是商贸中心，大量的人流、车流汇集，势必加大了交通压力，形成早晚高峰的双重堵点。

3. 交通可靠性

过去一年，沈阳一周内周四的道路可靠性最差，为了保证能按时到达目的地，沈阳市民需要在正常耗时基础上，每公里预留出 1.9 分钟的出行缓冲时间。而双休日的交通可靠性稍优于工作日。

（交通可靠性指标的定义和解读参见“北京篇”P32 对应部分。）

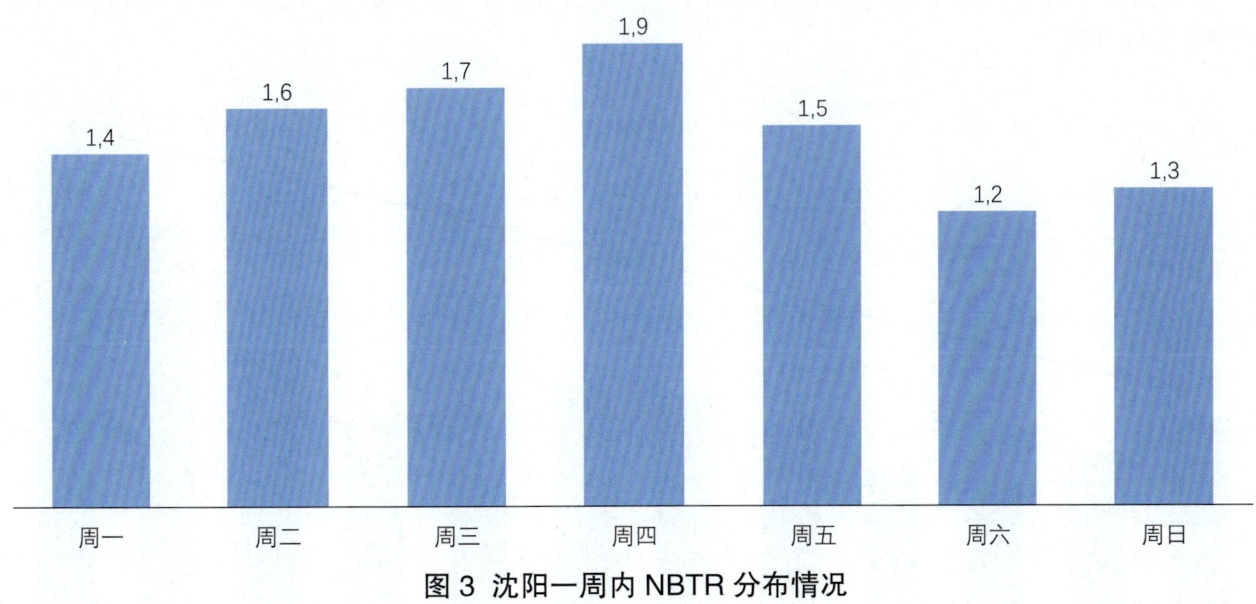

图 3 沈阳一周内 NBTR 分布情况

从一天分小时的 NBTRI 分布数据来看，凌晨的 NBTRI 数值最小，而早高峰（7:00 ~ 8:00），晚高峰（16:00 ~ 18:00）的 NBTRI 数值较大，道路路况较差，这和我们理解的早高峰、晚高峰相符合，即在这个时间段，需要预留更多时间预防影响交通的不可靠因素的发生。

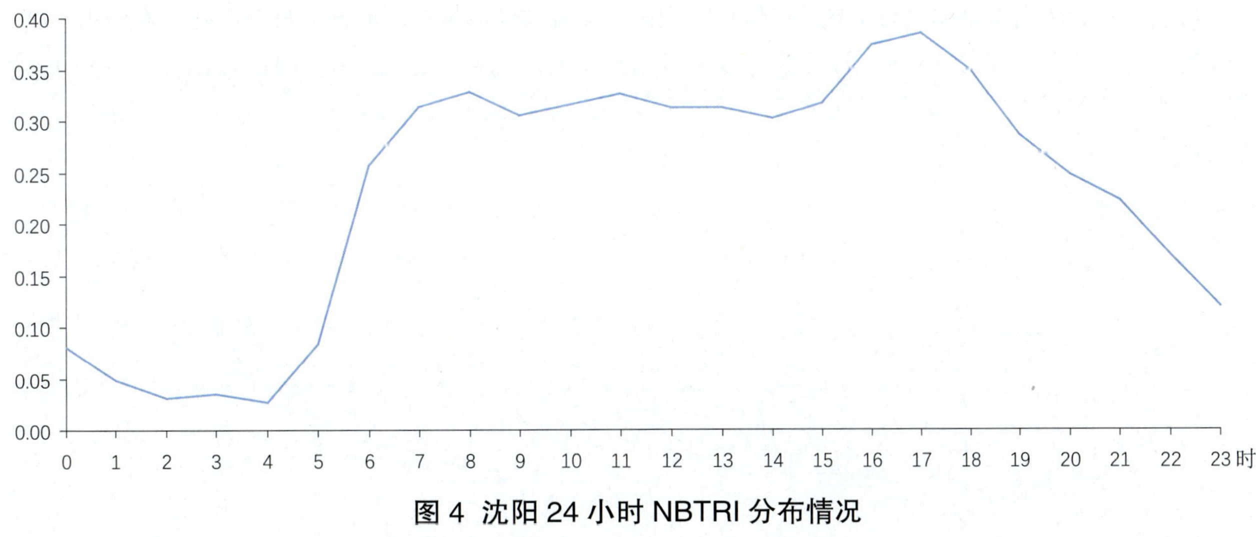

图 4 沈阳 24 小时 NBTRI 分布情况

三、出行规律

1. 年度出行量分布及规律

沈阳市主城区的交通出行受节假日、特殊活动的影响较大。滴滴平台显示沈阳智能出行总量呈波动中上升趋势。过去一年，除 8 月至 10 月、2 月至 3 月外，其他月份智能出行量呈整体上升趋势；2 月受春节假期影响，城市整体出行量环比下降 41.8%，且直到 3 月还未恢复到 1 月水平，说明沈阳人自主将“春节”假期延长，很多行业开工较晚、外地来沈务工人员返程较晚、人流量回升较慢，这些或许都与当地严寒的气候有关。

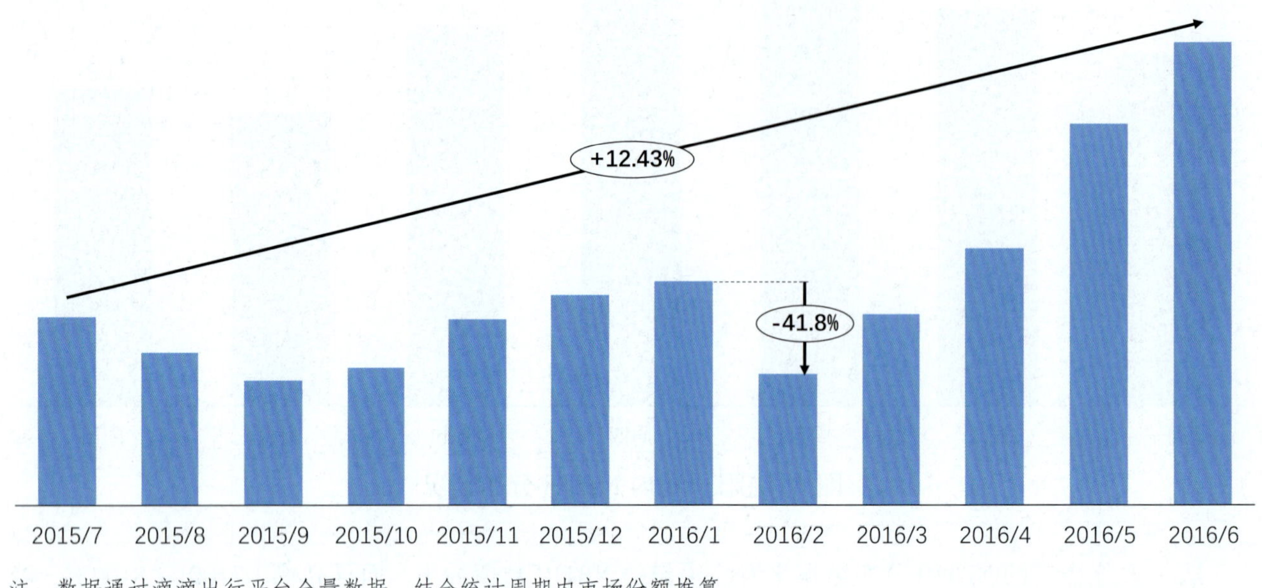

注：数据通过滴滴出行平台全量数据，结合统计周期内市场份额推算。

图 5 沈阳智能出行量变化月趋势图（2015 年 7 月至 2016 年 6 月）

过去一年，沈阳市整体出行呈现“工作日—周末”交替波动的情况。重大节日对出行量有较大影响，春节的出行量最低。从 2016 年 4 月开始，订单量增长明显。当然，智能出行量的迅猛增长，并不完全意味着客流量的增大，也和网约车这种新兴的出行方式日益被沈阳人所接受有关，智能出行逐渐渗入百姓的生活。

注：数据通过滴滴出行平台全量数据，结合统计周期内市场份额推算。

图 6 沈阳全年智能出行量变化日趋势图（2015 年 7 月 1 日至 2016 年 7 月 1 日）

2. 工作日出行量分布及规律

在周一至周五的工作日，沈阳市民出行有明显的早晚高峰，其中早高峰 7:00 ~ 8:00，8:00 达到最高峰，晚高峰 16:00 ~ 18:00，17:00 达到最高峰，21:00 后出行量迅速下降。沈阳市民在工作日内鲜有夜生活。

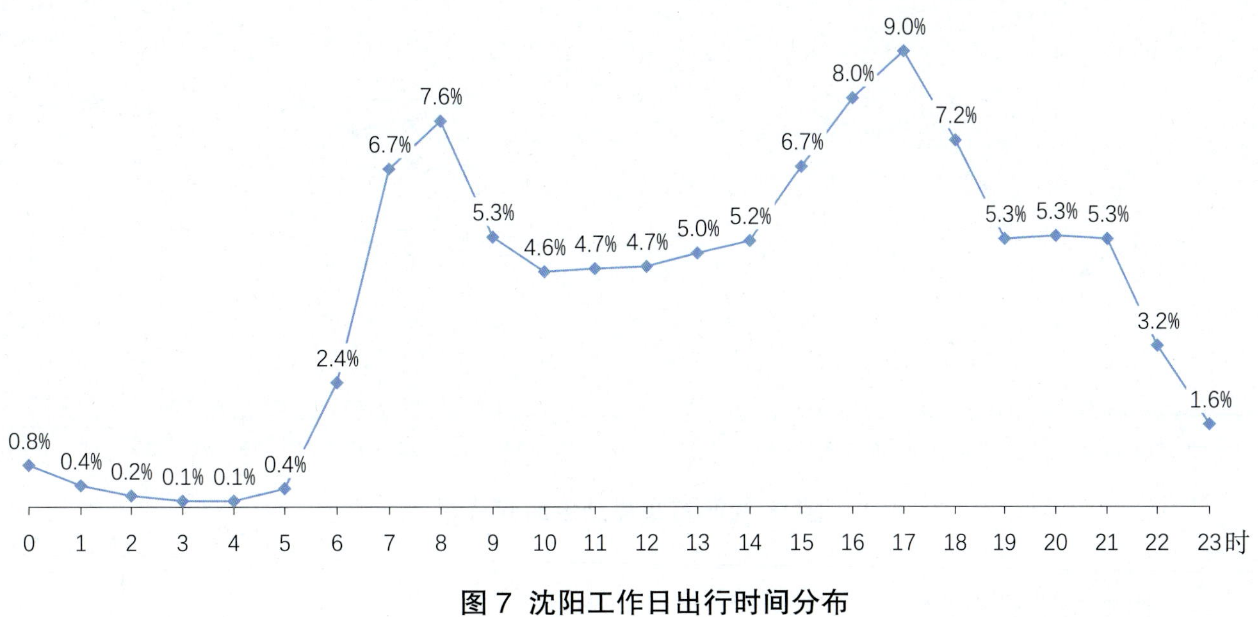

图 7 沈阳工作日出行时间分布

3. 打车成功率

过去一年，沈阳智能出行整体打车成功率在波动中有小幅上升。随着网约车运力的增长，打车难度逐步下降，在 2016 年 3 月后，进入到相对稳定状态。

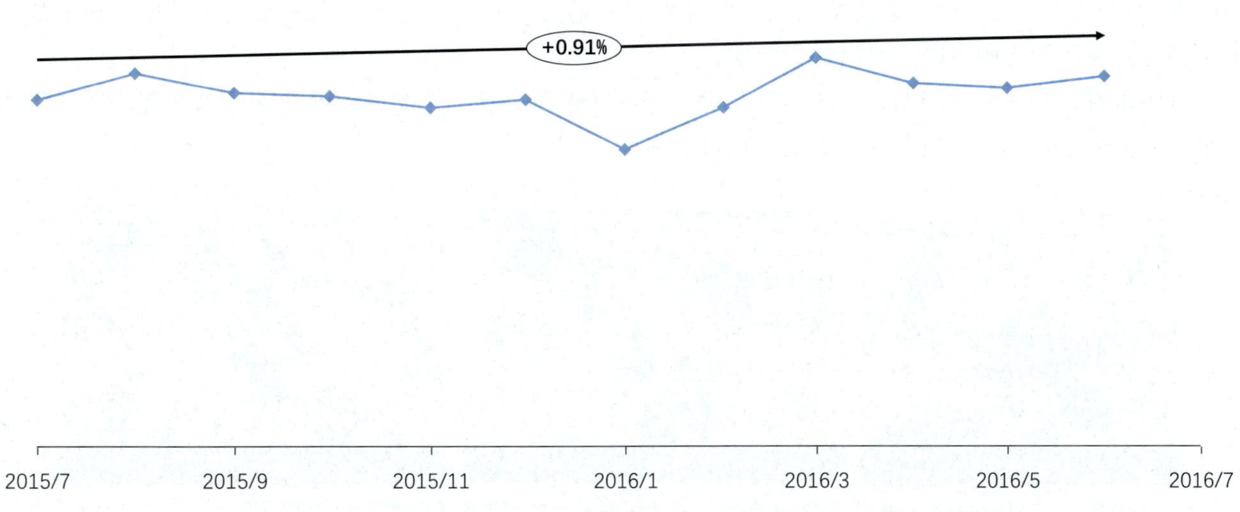

图 8 沈阳打车成功率分布（2015 年 7 月至 2016 年 6 月）

与所有城市一样，不论工作日还是在节假日，沈阳在凌晨 4:00 打车成功率最低。工作日打车成功率在早晚高峰时较低，打车难度较大；节假日打车成功率均匀分布，整体比较稳定，基本不会出现打车难的状况。

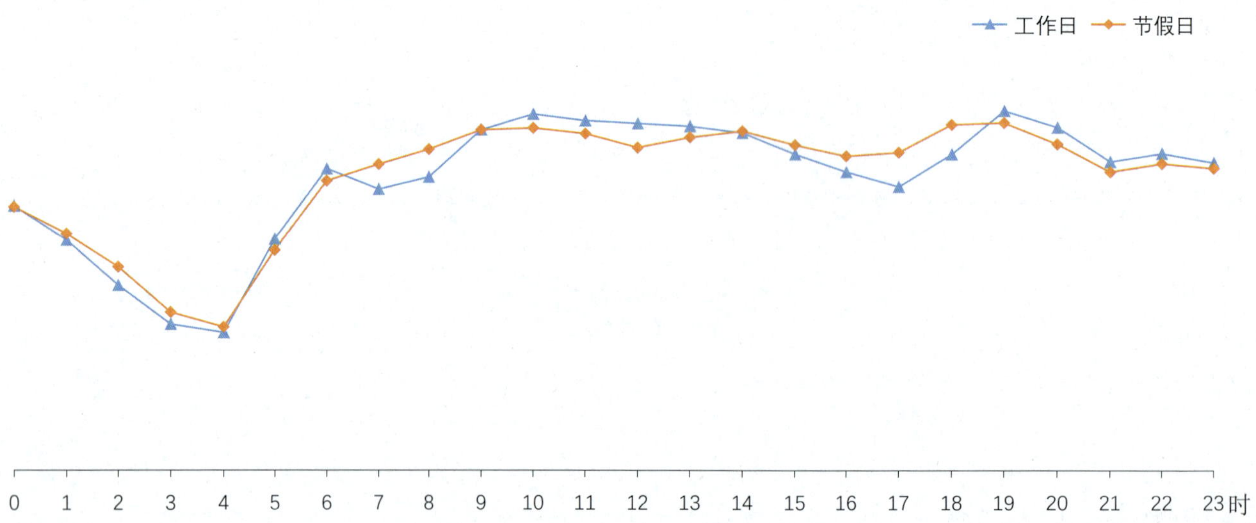

图 9 沈阳打车成功率时间分布

4. 出行量集中区域

和平区是沈阳的中心城区，汇聚了中兴商业大厦、万象城、新世界百货等一大批知名商贸企业，拥有汽车配件城、炊具城等 16 个大型专业市场、10 余条特色商业街、50 余个贸易市场及近万个商业网点，是全市最大的商品交易市场和购物区域，同时，和平区包含太平寺、东北解放纪念碑、中共满洲省委旧址等多处景点，辐射人口达 2400 多万。

此外，铁西区被誉为中国工业的装备部，重工业多，是沈阳市老城区，基础设施完善，楼盘众多。2015 年，铁西万象汇开业，致使铁西商圈商业面积总量达 140 万平方米，人流量大。可见，和平区、沈河区与铁西区为沈阳市民主要出行集中地。

总体来看，和平区沈阳站、东陵区营盘街、铁西区铁西广场、大东区东西快速干道馨龙小区、铁西区北一中街金地名京、皇姑屯区向工街出行量最多。

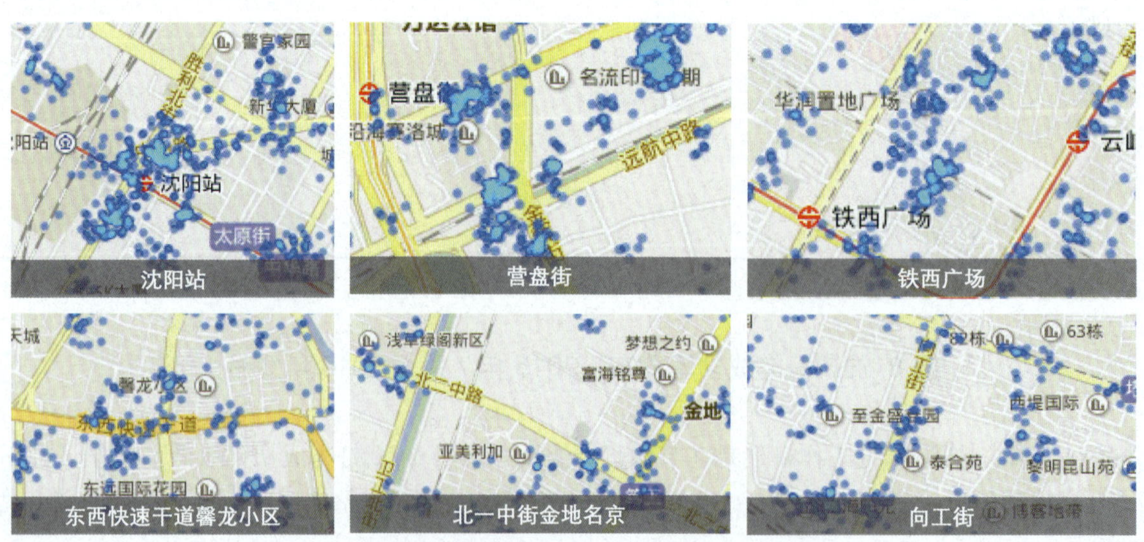

图 10 沈阳部分区域打车需求热点分布

5.“打车难”区域

虽然“网约车”在一定程度上缓解了居民出行的压力，但沈阳仍有相当一部分区域存在着打车难的问题。

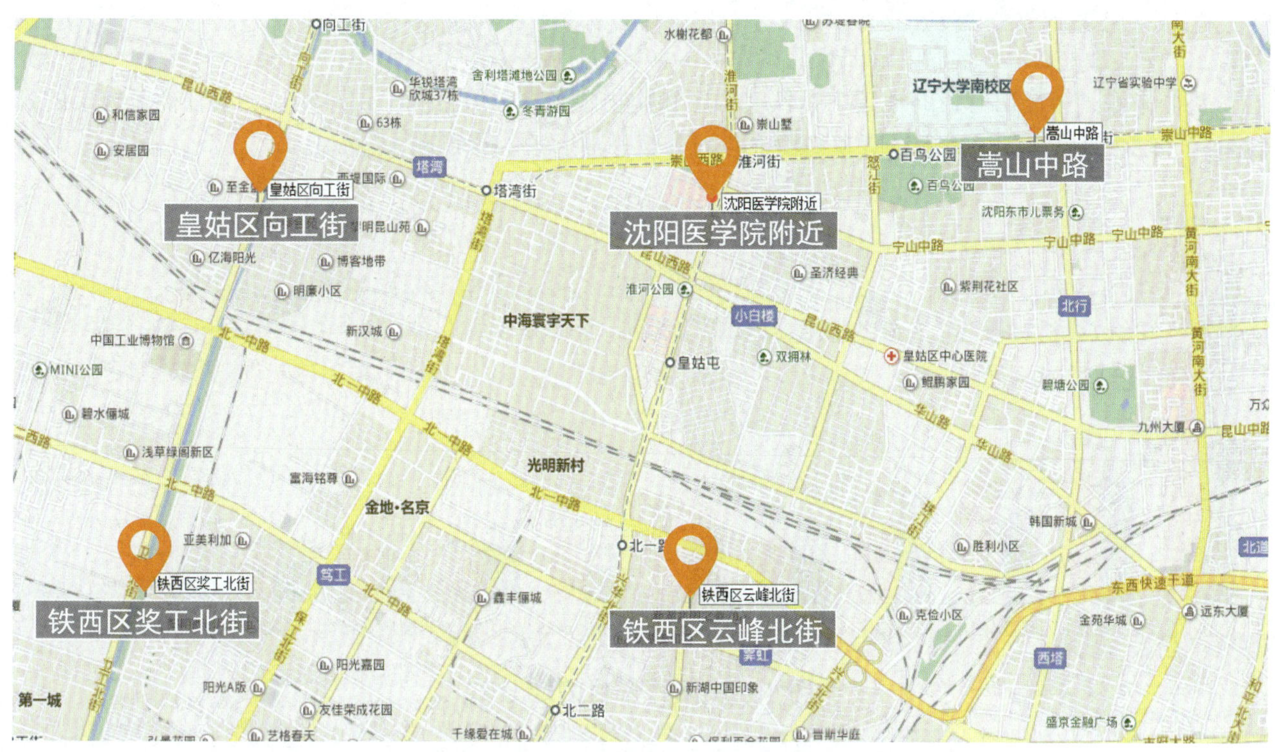

图 11 沈阳早高峰打车难区域分布

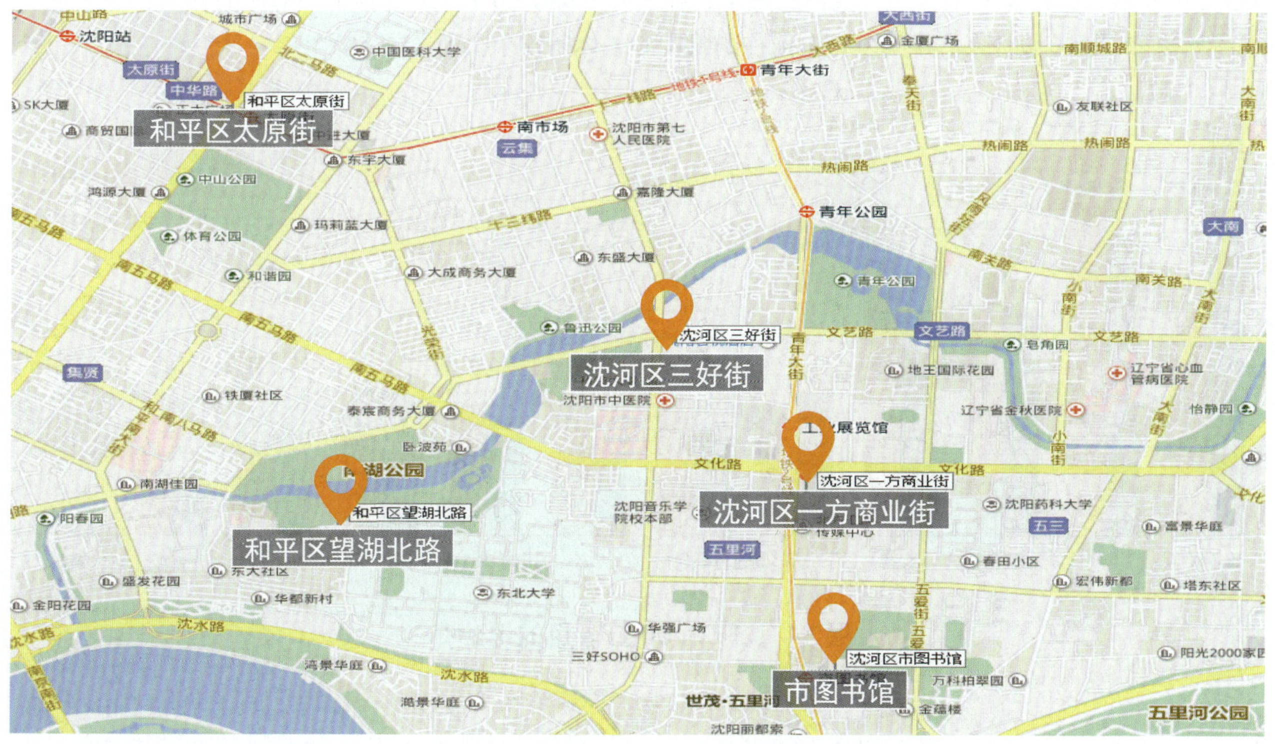

图 12 沈阳晚高峰打车难区域分布

可以发现，"打车难"区域与出行量集中区域重合度较低，并非出行量大的地区难以打车。"打车难"的区域主要分布在道路狭窄路段，推测原因是沈阳道路格局为环形加放射状路网，且拥堵问题较为严重，所以部分狭窄路段不易打车。

6. 不同时间的出行目的地

整体来看，智能出行目的地集中在住宅小区和购物中心，节假日和工作日相比，去往商务楼宇的人数下降 34.5%，去往休闲娱乐场所和购物中心的人数分别上升 16.3% 和 14.8%。

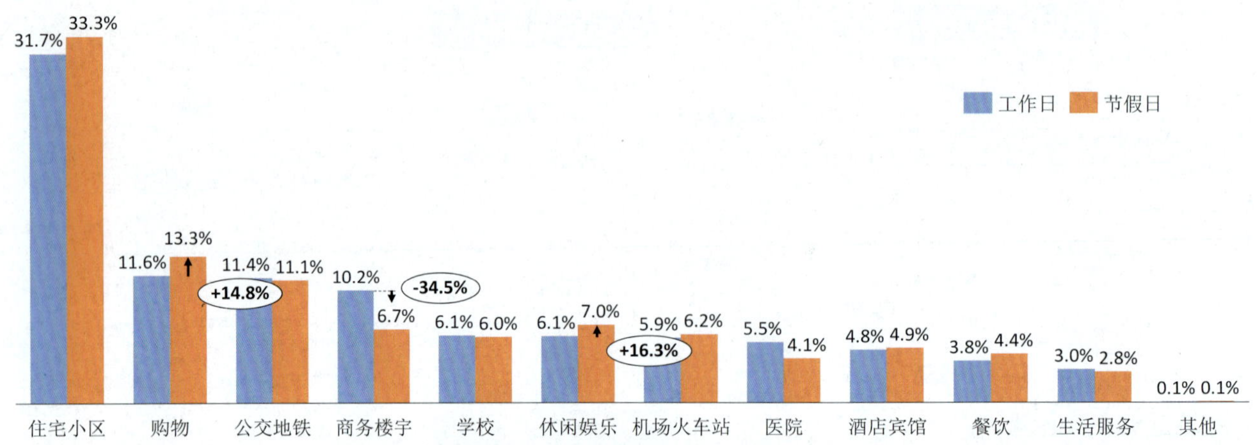

图 13 沈阳打车目的地分布

从沈阳 8:00 的打车目的地分布图反映出，工作日去往商务楼宇的人占比最多，节假日时减少 45.8%；节假日去往住宅小区的人数占比最多，比工作日多 28.5%。工作日早高峰时打车目的地多集中于商务楼宇；而节假日人们早间多打车前往购物中心、休闲娱乐会所。

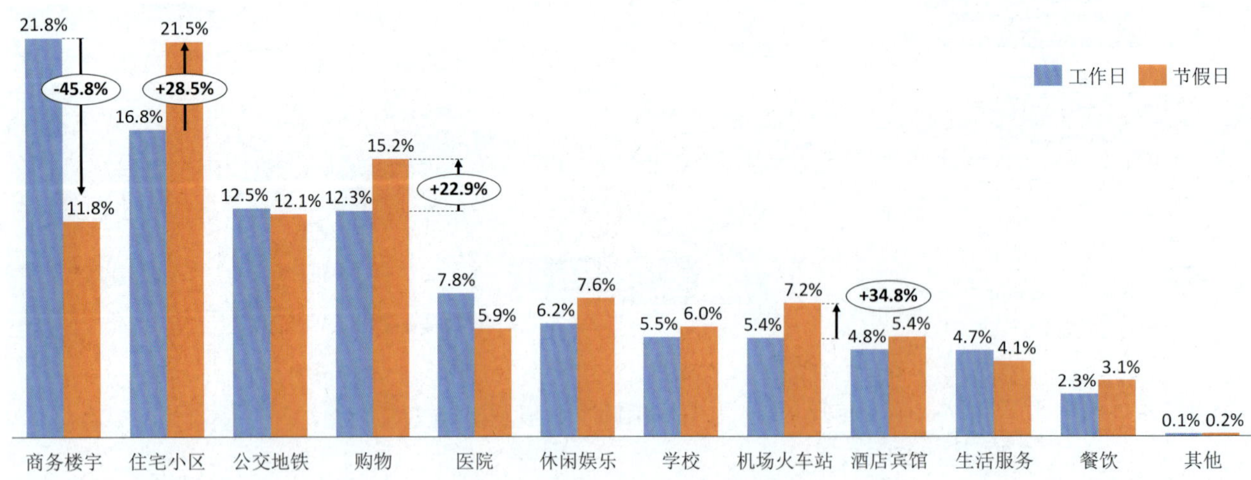

图 14 沈阳 8:00 打车目的地分布

7. 通勤路线

根据滴滴出行大数据平台，对沈阳日常通勤订单的起始地进行分析，发现沈阳市区的主要通勤路线分布在沈阳市浑河市政府及行政办公区的周围，通勤主要集中在沈阳站周围，以及从沈阳北站向浑河南岸的沿地铁 2 号线的南北方向的长距离通勤。

注：上图通过打车订单的起点终点连线绘制，颜色从绿色到黄色，再到红色，越趋向红色表示该通勤线路的人数越多。

图 15 沈阳工作日早晚高峰出行 OD 图

四、特殊时间出行

1. 节假日：早高峰不明显，晚高峰较突出

与工作日相比，节假日沈阳市民出行没有早高峰，在一周辛劳的工作后，更多市民并不在周末早上出行。从滴滴平台大数据来看，全天只有 16:00 ~ 17:00 的晚高峰波段变化与工作日趋于一致，可见沈阳市民多选择在晚餐时间出行，与朋友聚会或联络感情，或是白天休闲娱乐逛累了，赶回家吃晚饭。而 20：00 之后出行量快速下降，由此看出，无论节假日还是工作日，沈阳市民都较少有夜生活。

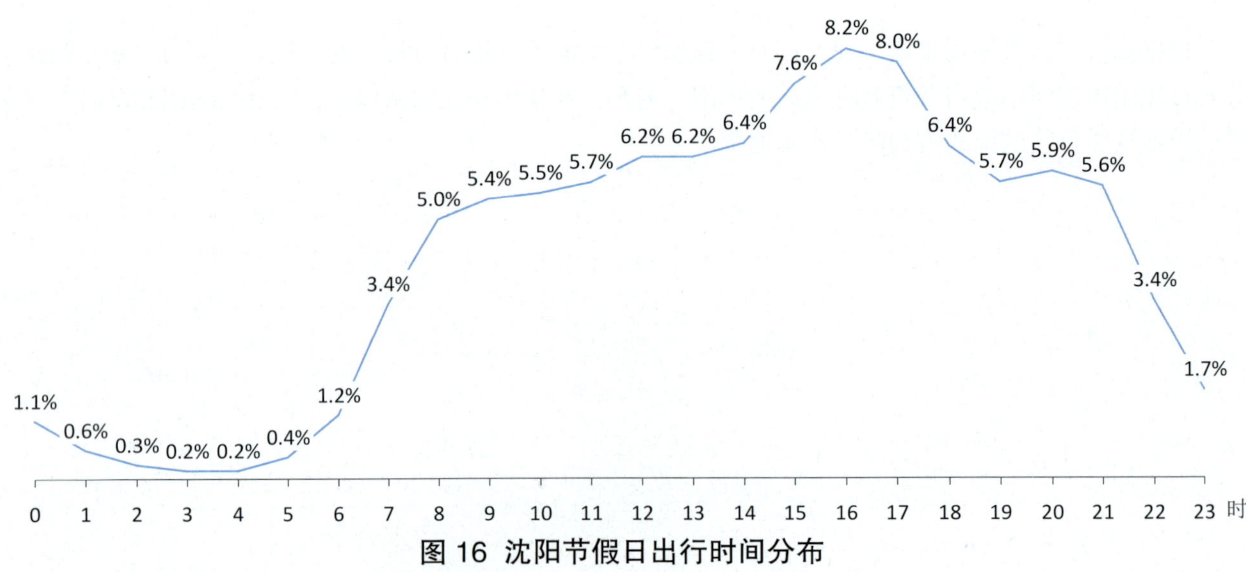

图 16 沈阳节假日出行时间分布

2. 春节：空城现象明显

从 2016 年 2 月沈阳出行量来看，春节期间，整体出行量较低，其中 2 月 8 日（正月初一）出行量最低，其前后出行量陷入低谷。春节是中国最主要的传统节日，绝大部分沈阳市民选择回到故乡与家人团聚或旅行过年丰富人生体验，直至 2 月 12 日，出行人数明显回升，一直保持稳定直到 2 月底，然后从 3 月开始恢复常态。

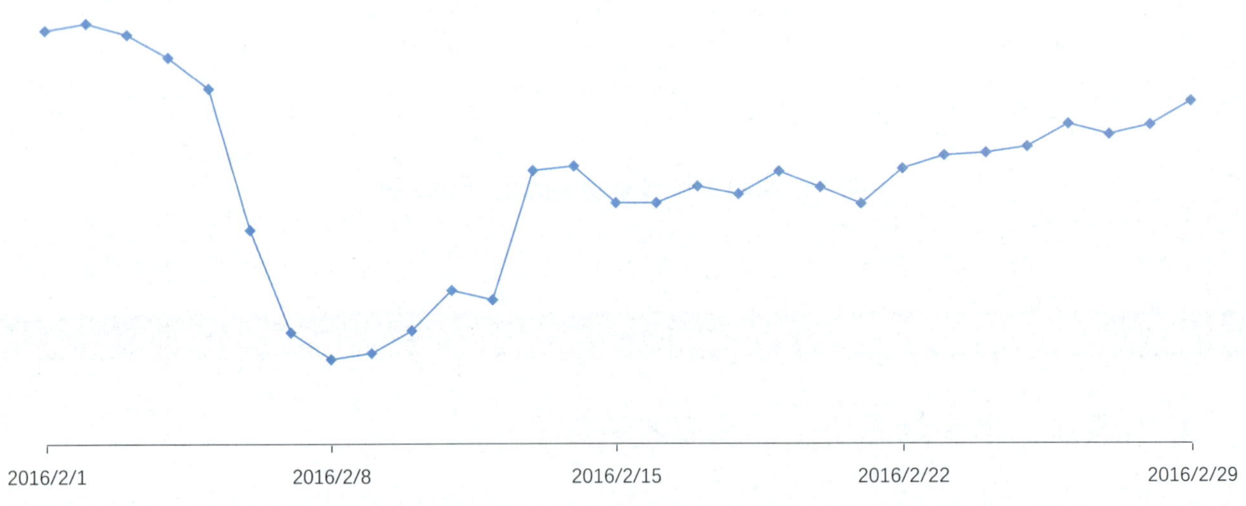

图 17 沈阳 2016 年 2 月出行量变化趋势图

如果将数据细化，选取 2016 年 2 月 7 日 -13 日时间段，并与上周同比进行比较分析，以区域为单位看出行量密度变化可以发现，春节订单量下降最大的区域如下：北方国际传媒大厦附近出行量下降 72%、沈阳北站下降 71%、铁西区艳璐街 22 号附近（近铁西区家乐福超市）下降 70%、铁西区保工北街（富海铭尊楼盘）下降 69%、东陵区东陵西路 32 号（快驰轮胎商行）下降 60%。

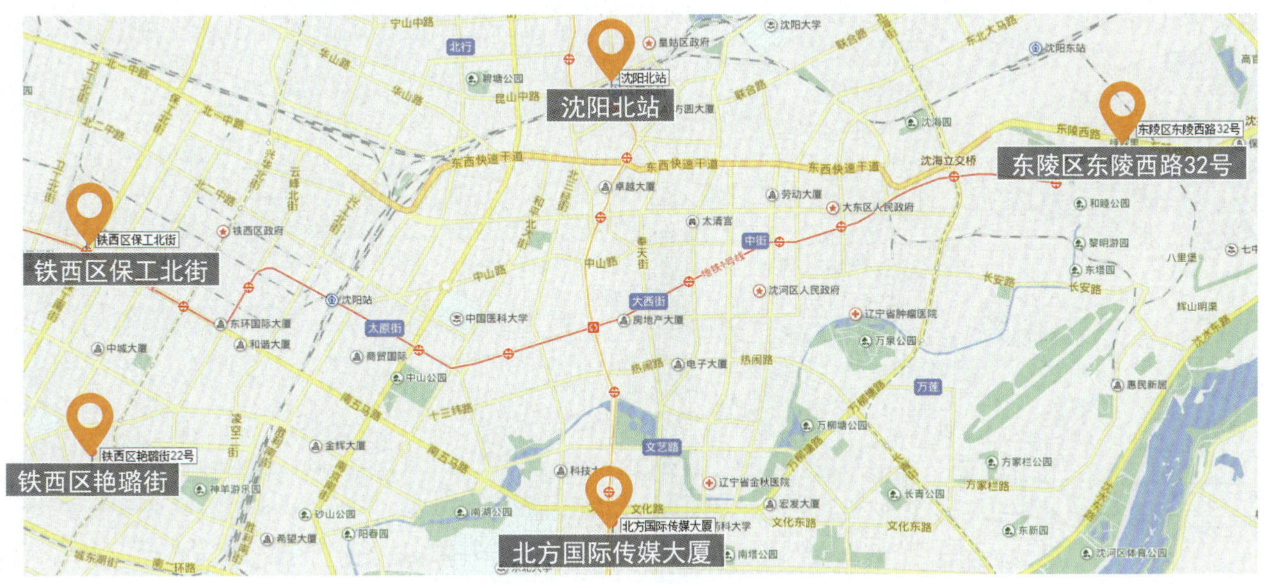

图 18 沈阳春节期间出行量下降最大的区域分布

北方国际传媒中心位于金廊青年大街文化路立交桥南口，该地区汇集三好 IT 科技商圈及五里河文化贸易商圈于一体；沈阳北站为辽宁总站，是目前沈阳最主要的铁路客运站之一。由此可见，春节期间文化商贸商圈打工族返乡现象明显。铁西区保工北街为沈阳市民居住地集中区域，春节期间本市市民购物、出行均有减少。

整体来看，沈阳市道路本身环形加放射的路网格局、高速路少、汽车保有量持续升高等因素对各种交通问题产生不小影响，然而现今的沈阳市已逐步步入轨道交通时代，用地铁改变城市格局，影响着人们的生活方式。2016 年沈阳城市轨道交通建设规划（2016-2023）发布，沈阳将在 2016-2023 年新建 9 条轨道交通线路，总长 208.07 公里，全面覆盖沈阳各大区域，实现多网合一。相信随着智能出行的发展、轨道交通的完善，沈阳的交通出行水平将不断提升。

五、舆论中的城市出行

人民网舆情监测室借助大数据平台，采集、抓取、统计 2016 年 1 月 1 日至 2016 年 6 月 30 日期间与“沈阳交通”有关的网络新闻、博客、贴文等，试图进一步分析。在报刊、网站、微信、微博、客户端、视频网站、论坛、博客等媒介平台上，有关“沈阳交通”的报道和文章计 90224 篇，文章来源以网站、微博、微信为主，其中各渠道的文章数如下图：

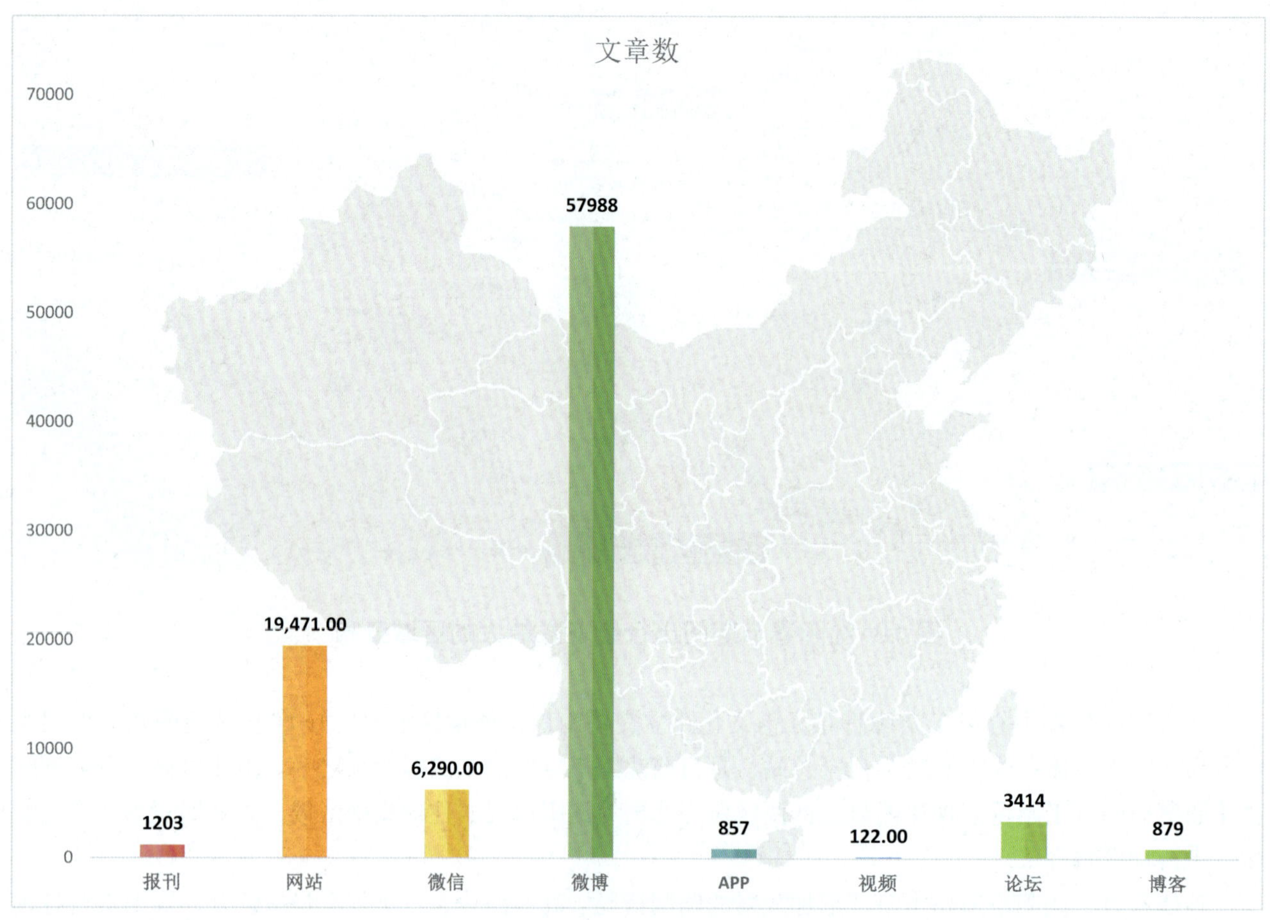

图 19 各媒介平台相关文章数量

进一步对这些文章的标题进行词频统计，去除干扰词发现：在相关报道中，出现频次最高的 10 个名词分别为沈阳、地铁、交通、高铁、机场、公交（车）、一期、项目、二号线、航班；频次最高的 10 个动词分别为建设、开启、自驾、规划、开工、新增、通航、招标、改革、生产。其中，“公交车”和“一期”出现在频次最高的 10 个名词前列。对应分析，自 2015 年开始沈阳积极推进“智慧交通”一期工程，上线智慧交通系统“沈阳易行”APP，为市民实时查找最快速的出行路线、最近的停车泊位，提供最便捷的交管服务。为减少小事故引发的“小碰大堵”，沈阳公安交警部门对“沈阳易行”APP 进行改版升级，上线“快处快赔”功能——三环内用手机 APP 就可处理轻微交通事故，市内快赔不再等交警到场定责。据悉，沈阳市还将推进“智慧交通”二期工程，实现对公共交通运营服务的智能化、科学化管理。2016 年，沈阳计划新增更新公交车 1000 台，三环内早晚高峰 5 分钟车隔的公交线路由 2015 年底的 51.3% 提升至 77.5%，具体指向浑南区、沈北新区等围绕产业集聚和人口聚居区。为缓解城市出行压力、提升城市公交服务，沈阳将不断扩大公交服务网络，优化线网结构，做到城市建设扩展到哪里，公交服务就延伸跟进到哪里。

图 20 相关文章标题的高频词云

六、总结

整体来看，沈阳市道路本身环形加放射的路网格局、高速路少、汽车保有量持续升高等因素对城市交通产生不小影响，然而现今的沈阳市已逐步步入轨道交通时代，用地铁改变城市格局，影响人们生活方式。

在智能出行方面，2016 年 9 月，沈阳市与滴滴出行宣布将共同推动“互联网 + 交通”在沈阳创新发展，以促进沈阳市智慧城市建设。根据协议，双方将依托滴滴智能交通云计算平台，协作设计高效的智能交通管控方案，提高道路利用率，改善城市交通状况 。[vii]

vii 《网约车地方细则不当将致市场萎缩 专家提醒谨防政策衰变》，中国证券报官方网站，http://www.cs.com.cn/xwzx/cj/201609/t20160921_5058760.html

哈尔滨市
HAERBINSHI

哈尔滨城市出行大数据分析

一、城市概况

哈尔滨，黑龙江省省会、副省级城市。地处中国东北平原北部地区，黑龙江省南部，是东北亚中心地带，被誉为欧亚大陆桥的明珠，是第一条欧亚大陆桥和空中走廊的重要枢纽，也是中国著名的历史文化名城、热点旅游城市和国际冰雪文化名城。

近年来，哈尔滨市基础设施条件得到改善，重点民生问题逐步解决，城乡面貌发生很大变化。随之而来的是城市交通拥堵问题逐步凸显，拥堵节点增加，重点地区拥堵加剧，滴滴媒体研究院发布的《2016上半年中国城市交通出行报告》显示，哈尔滨2016年上半年整体拥堵延时指数1.71，在全国城市中排名第五。

至2015年，哈尔滨全市总面积约5.31万平方公里，辖9个市辖区、7个县，代管2个县级市，其中市辖区面积10198平方公里，户籍总人口961.4万人。2015年，哈尔滨实现地区生产总值5751.2亿元，比上年增长7.1%；人均地区生产总值59027元，增长8.9%；三次产业结构由上年的11.7 ∶ 33.4 ∶ 54.9调整为11.7 ∶ 32.4 ∶ 55.9[i]。

再看近年来哈尔滨公共交通建设情况。哈尔滨地铁工程2008年3月31日启动，规划有"九线一环"，总里程340公里，其中部分路段利用原有的"7381"人防地道工程改造。目前，哈尔滨地铁2号线与3号线一期工程正在建设中。

哈尔滨车辆保有量与使用情况：至2015年6月底，黑龙江省机动车保有量449万辆，哈尔滨的机动车保有量129.9万辆。哈尔滨每年机动车保有量的增长速度都在10万辆左右。

二、整体交通概况

1. 全年平均车速

过去一年（2015年7月1日至2016年7月1日，下同），哈尔滨主城区主要街道的行驶车速起伏相对较大，平均车速20.8km/h，在所有城市中属于下游水平。春节期间车速最高，平均31.3km/h，2015年"十一"假期出现车速峰值，平均车速24.8km/h。

i 《2015年哈尔滨市国民经济和社会发展统计公报》，哈尔滨市人民政府门户网站 http://www.harbin.gov.cn/info/news/index/detail/427195.html

单位：km/h

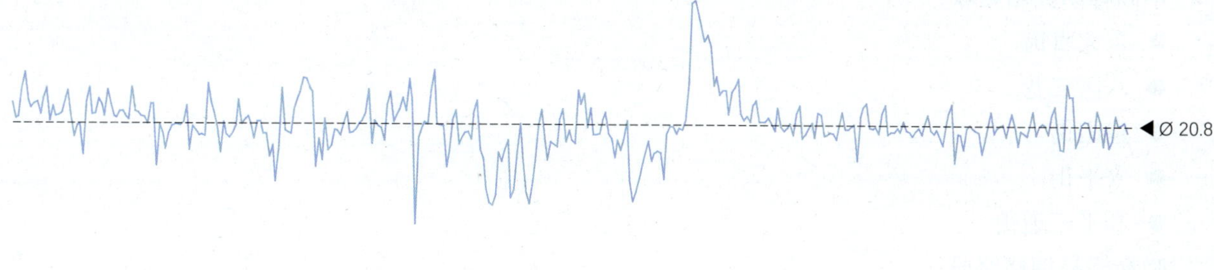

图 1 哈尔滨日均车速变化趋势图（2015 年 7 月 1 日至 2016 年 7 月 1 日）

工作日早高峰（7:00 ~ 9:00），晚高峰（16:00 ~ 17:00）车速最低，节假日车速相对稳定，没有明显的低谷时段，17:00 之后车速明显回升。节假日整体车速高于工作日，说明节假日出行量较少。

从“分小时车速分布图”上看，哈尔滨工作日车速呈“W”型走势，早晚高峰车速最低，路段拥堵严重。主要是因地铁、地下综合管廊施工，地铁建设在主要干道上，地下综合管廊与地铁并行，使得车辆分流拥挤在几个城区的重点路段。哈尔滨各城区道路畅行进出口屈指可数，个别环桥呈半封闭状态，加之城区违规占道情况突出，给早晚高峰的通行带来巨大压力。

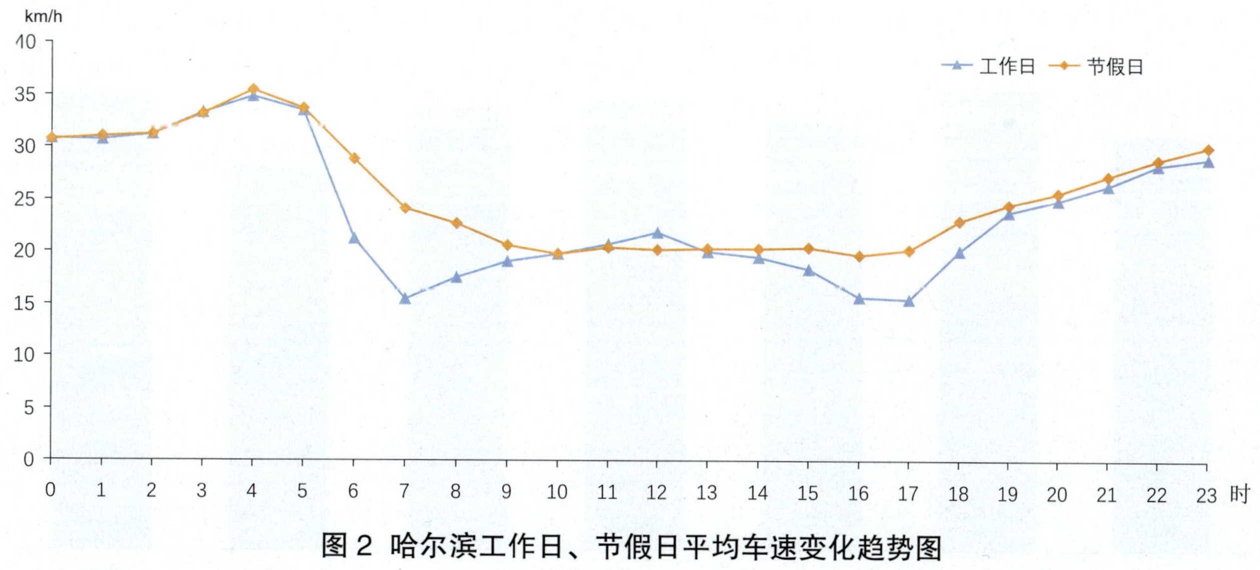

图 2 哈尔滨工作日、节假日平均车速变化趋势图

2. 拥堵路段

滴滴出行的大数据显示，早高峰期间，哈尔滨城区拥堵路段主要集中在南岗区和道里区的东大直街、八区二巷、建国街、安平街、和平三道街、花园街、经纬四道街上，晚高峰的拥堵路段主要集中在南岗区的嵩山路、长江路、一曼街、果戈里大街、联部街等。早晚高峰的拥堵路段与哈尔滨市民的居住地集中区域和工作地集中区域相吻合。

市民应该视自身的实际情况自主选择出行方式和时间。驾车族和打车族可以错峰出行，而乘坐公共交通工具出行的市民，可以选择“公交＋地铁”的方式换乘，从而避开拥堵路段，尽快到达想去的地点。

早高峰易拥堵路段：

- 东大直街
- 八区二巷
- 建国街
- 安平街
- 和平三道街

晚高峰易拥堵路段：

- 嵩山路
- 长江路
- 一曼街
- 果戈里大街
- 联部街

3. 交通可靠性

过去一年，哈尔滨一周内周二、周四、周五和周日的道路可靠性都比较差，为了保证能按时到达目的地，哈尔滨市民需要在正常耗时基础上，每公里预留出 1.8 分钟的出行缓冲时间。

（交通可靠性指标的定义和解读参见“北京篇”P32 对应部分。）

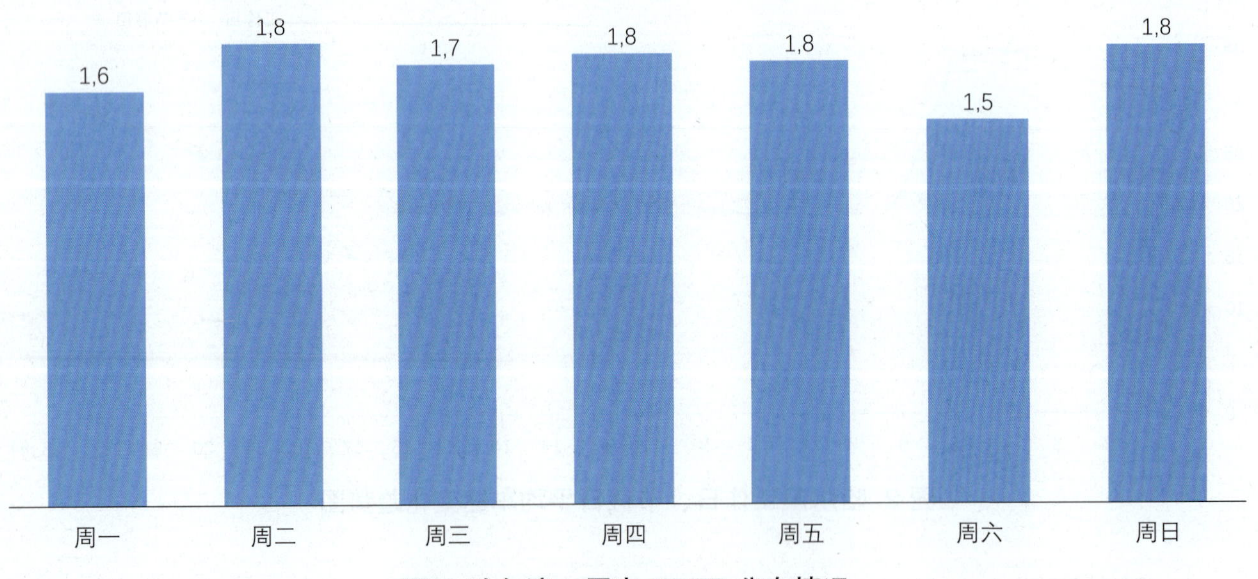

图 3 哈尔滨一周内 NBTR 分布情况

从一天分小时的 NBTRI 分布数据来看，凌晨的 NBTRI 数值最小，而早高峰（7:00 ~ 9:00），晚高峰（16:00 ~ 18:00）的 NBTRI 数值较大，道路路况较差，这和我们理解的早高峰、晚高峰相符合，即在这个时间段，需要预留更多时间预防影响交通的不可靠因素的发生。

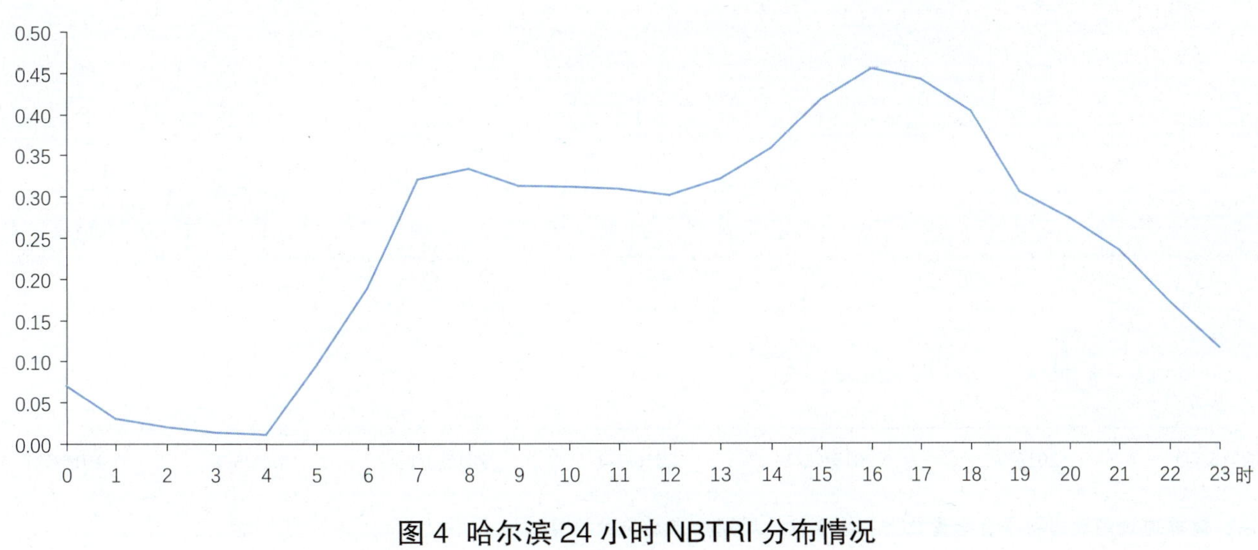

图 4 哈尔滨 24 小时 NBTRI 分布情况

三、出行规律

1. 年度出行量分布及规律

过去一年，除 2016 年 2 月外，其他月份以滴滴为代表的网约车订单整体呈稳定上升趋势。1 月，出行人数达到峰值，2 月受春节假期影响，城市整体出行量均环比下降 48.7%。整体上，从 2015 年 12 月开始，出行人数显著走高并趋于稳定，可以看出哈尔滨市民已经逐渐培养起了稳定的智能出行习惯。

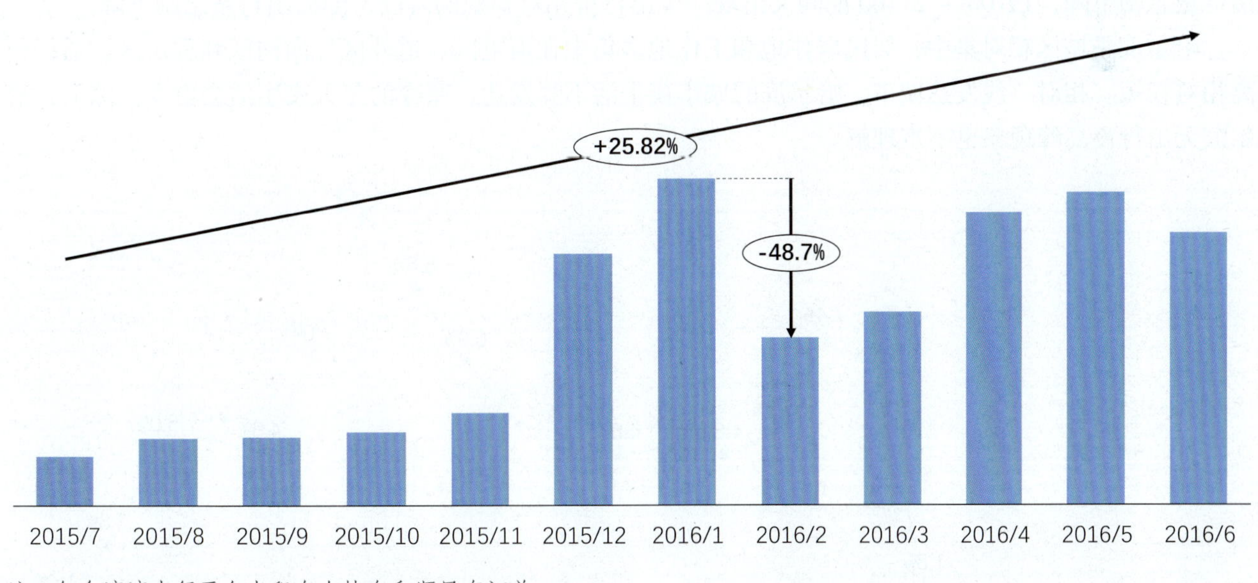

注：包含滴滴出行平台出租车专快车和顺风车订单

图 5 哈尔滨智能出行量变化月趋势图（2015 年 7 月至 2016 年 6 月）

过去一年，哈尔滨市整体出行呈现“工作日—周末”的交替波动情况。重大节日对出行量有较大影响，观察发现，过去一年内春节的出行量最低。2 月整体出行量较低，其中 2 月 8 日（正月初一）出行量最低。

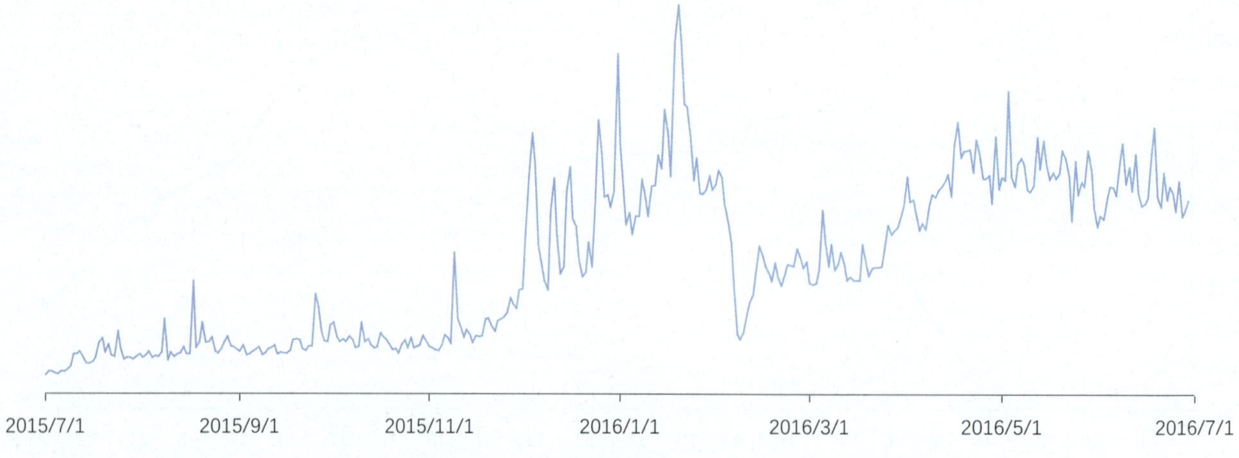

注：数据通过滴滴出行平台全量数据，结合统计周期内市场份额推算。

图 6 哈尔滨全年智能出行量变化日趋势图（2015 年 7 月 1 日至 2016 年 7 月 1 日）

2. 工作日出行量分布及规律

工作日，哈尔滨市民出行有明显的早晚高峰，其中早高峰在 7:00 ~ 8:00，晚高峰在 16:00 ~ 17:00，与其他一线城市相比，哈尔滨没有夜高峰。可以看出，哈尔滨市民的工作下班时间相对较早，这可能和冬季当地日落时间较早有关。

具体看不同时段：早高峰从 6:00 开始，到 8:00 达到峰值；9:00~14:00 出行量相对平稳，随后迎来晚高峰，17:00 达到峰值，超出早高峰约 2.8 个百分点，几乎是白天平均出行量的 2 倍。17:00 以后出行量急剧下降，19:00 ~ 21:00 期间又出现一个出行量相对平稳的阶段，随后出行量急剧下降。

哈尔滨主城区相对集中，居民居住地和工作地多集中在道里区、道外区、南岗区和香坊区，通行距离相对较短。相对一线发达城市，哈尔滨的城市夜生活不算发达，寒冷的冬天夜生活会更少。综上，哈尔滨无出行夜高峰现象也不难理解。

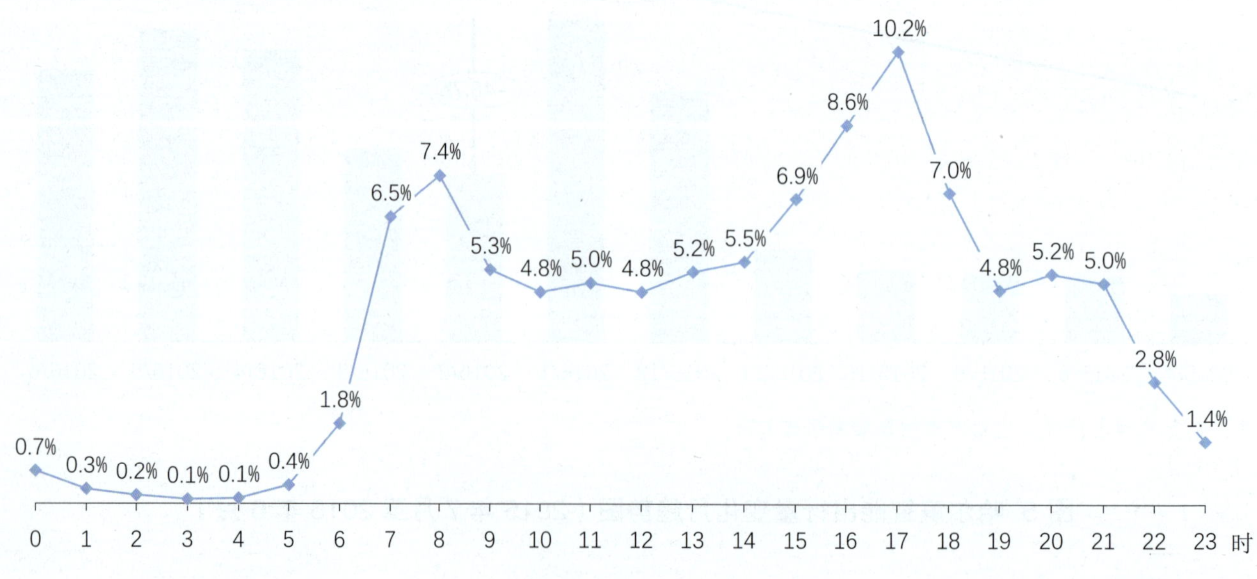

图 7 哈尔滨工作日出行时间分布

3. 打车成功率

根据滴滴媒体研究院发布的《2016 上半年中国城市交通出行报告》数据显示，上半年打车最难城市排行中，哈尔滨位列贵阳、莆田、呼和浩特之后，排名第四；且高峰拥堵延时指数排行中，哈尔滨紧随石家庄、重庆、西安、济南之后，与北京并列第五，高峰拥堵延时指数为 1.71。

过去一年，哈尔滨智能出行整体打车成功率在冬季呈下降趋势。推测受到气候和当期路况、施工环境的影响。

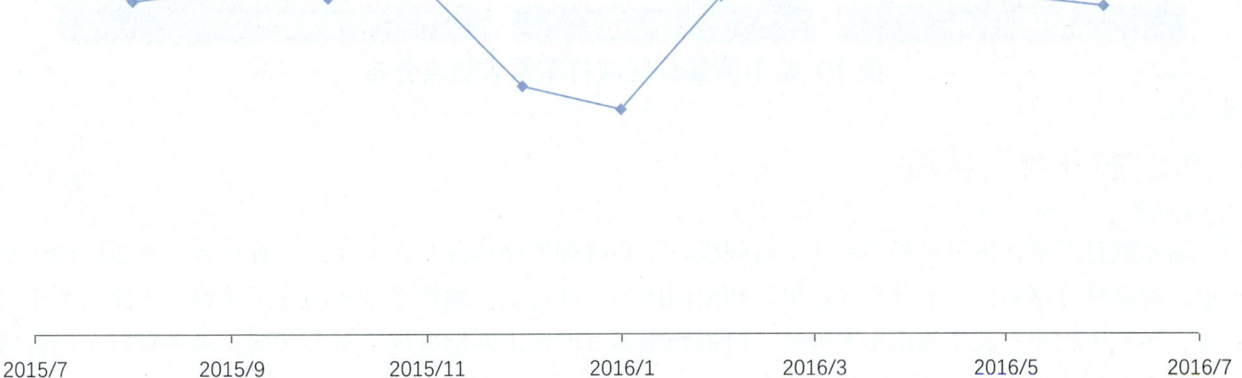

图 8 哈尔滨打车成功率分布（2015 年 7 月至 2016 年 6 月）

全天来看，凌晨 3:00 打车成功率最低，工作日打车成功率早晚高峰时较低，节假日晚高峰时较低，其余时间比较稳定。

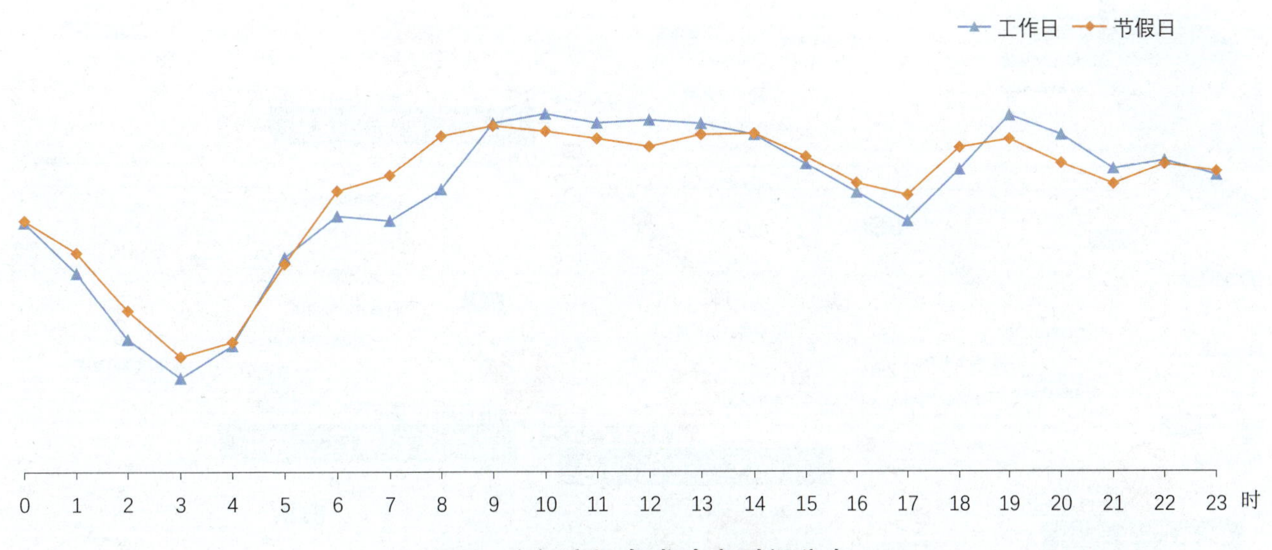

图 9 哈尔滨打车成功率时间分布

4. 出行量集中区域

总体来看，火车站、公路大桥、延福街、道里区政府、西大桥附近、省政府综合楼附近出行量最多。

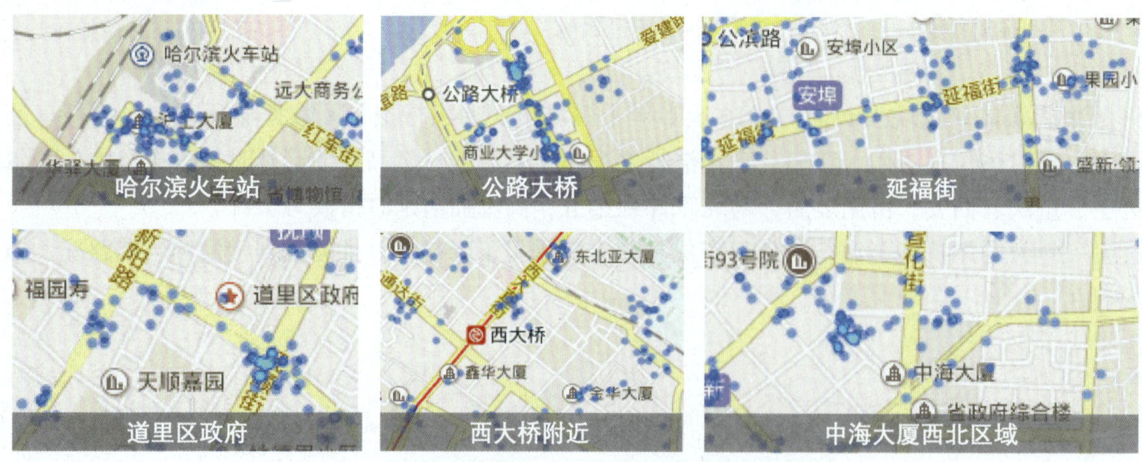

图 10 哈尔滨部分区域打车需求热点分布

5.“打车难”区域

哈尔滨打车难区域分早晚高峰 2 个时间段，早高峰拥堵路段分布在南岗区、香坊区、道里区的一些街道；晚高峰拥堵路段主要分布在道里区和南岗区的一些街道。地铁 2 号线的施工建设，道路资源相对紧张，导致出租车空驶率和堵车率提高，司机和乘客双向需求匹配呈现不对等状况，乘坐顺风车出行成为很多市民的选择。

以南岗区鼎新三道街打车难为例，纵向贯穿宽桥街和大成街，使 2 条街相连。宽桥街和大成街的车辆非常大，且鼎新三道街有一半是单行道，车流量大，红绿灯时间比较短，导致打车难。香坊区文昌街附近呈双向堵车状态，早高峰上桥口（从哈西方向至黄河路方向）堵车时间和路程均较长，晚高峰反之亦然；文昌街通至二环方向则逐渐由 5 车道变至 3 车道，二环车流量很大且早晚高峰时存在堵车状况，因此香坊区文昌街 277 号附近打车难是情理之中。

图 11 哈尔滨早高峰打车难区域分布

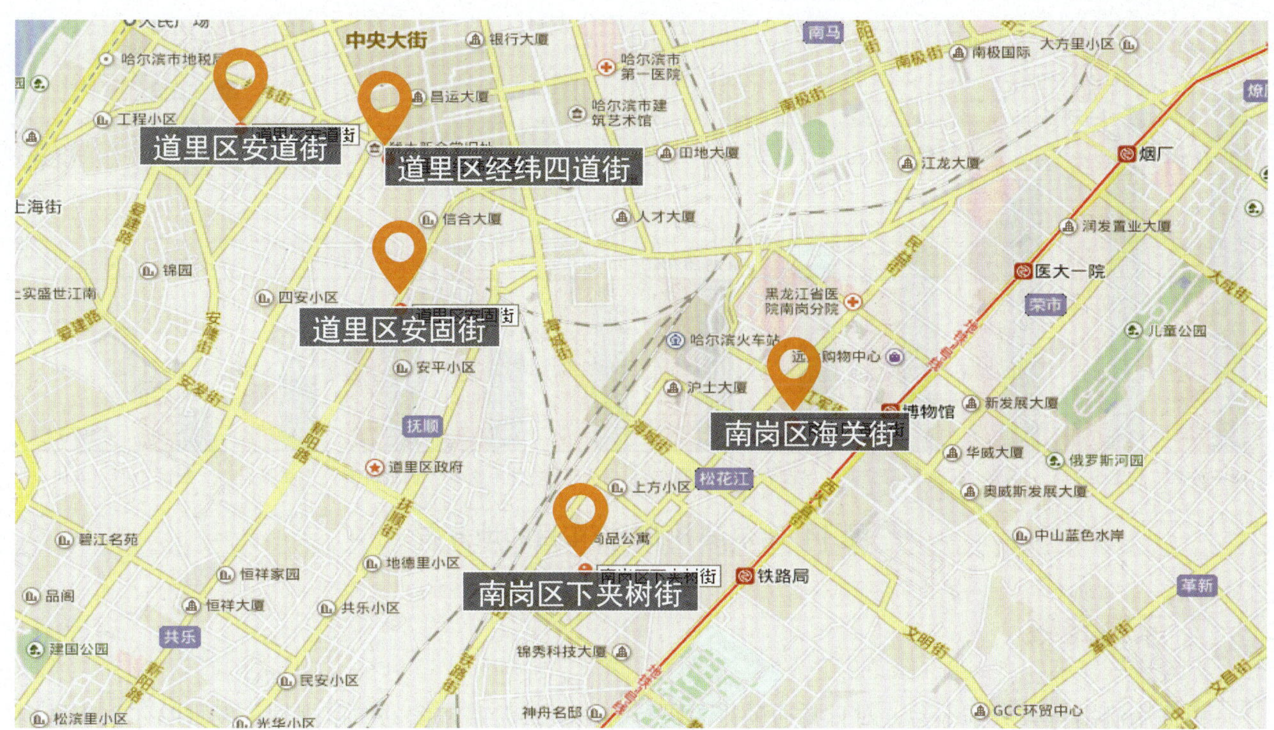

图 12 哈尔滨晚高峰打车难区域分布

6. 不同时间的出行目的地

整体来看，智能出行目的地集中在住宅小区和购物中心。节假日和工作日相比，去往商务楼宇的人数下降 33.5%，去往购物中心和休闲娱乐场所的人数分别上升 12.9% 和 24.1%。哈尔滨的传统商圈包括中央大街商圈、秋林商圈、靖宇商圈等。其中，中央大街商圈是哈尔滨市发展最早、市场最成熟、人气最旺的商圈。哈尔滨的新兴商圈包括爱建商圈、顾乡商圈、会展商圈和哈西商圈等。传统商圈和新兴商圈配套设施完善，为市民出行目的地提供了更多选择。

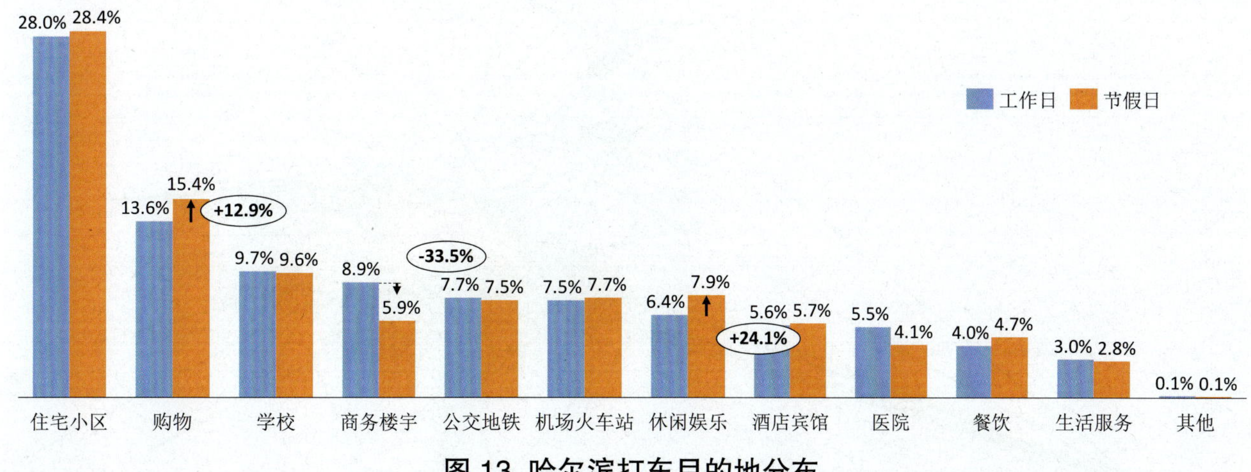

图 13 哈尔滨打车目的地分布

从哈尔滨 8:00 的打车目的地分布图可以看出，工作日去往商务楼宇的人占比最多，节假日少了 47.4%，节假日去往住宅小区的人占比最多，比工作日多 14.5%。此外，节假日去往休闲娱乐场所、购物中心和机场火车站的人也相对较多，分别比工作日多 45.9%、23.0% 和 20.3%。

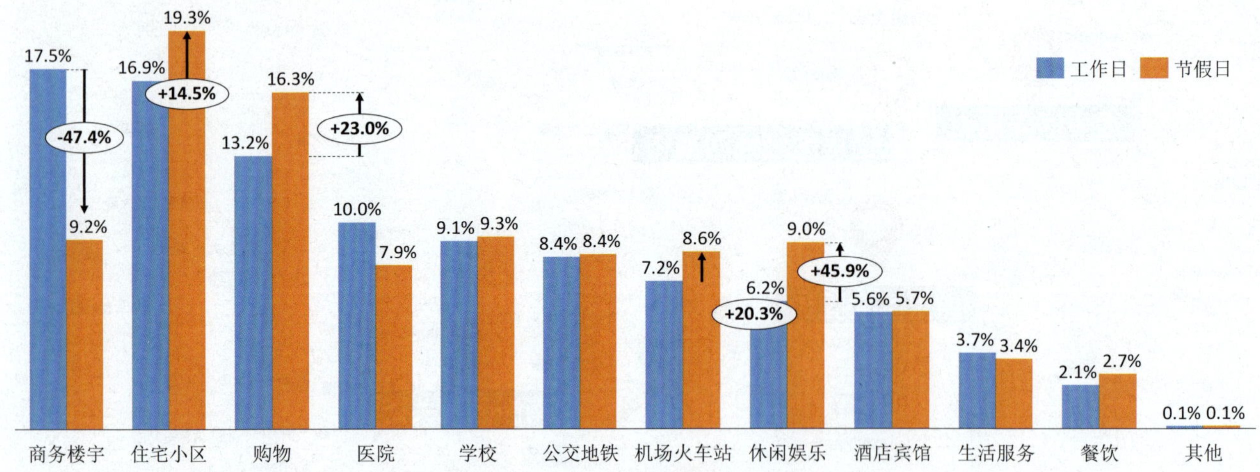

图 14 哈尔滨 8:00 打车目的地分布

7. 通勤路线

根据滴滴出行大数据平台，对日常通勤订单进行分析，结合哈尔滨的城市规划，发现哈尔滨市区内主要通勤路线集中在松花江南岸，以哈尔滨火车站为中心的三向火车轨道所覆盖的区域。

打车人数较多的通勤线路有：

- 教化小区区域—博物馆地铁站周围办公区域（大世界写字楼等）
- 麦凯乐国际公寓区域—医大一院
- 宣西校区周围区域—博物馆地铁站周围办公区域（大世界写字楼等）

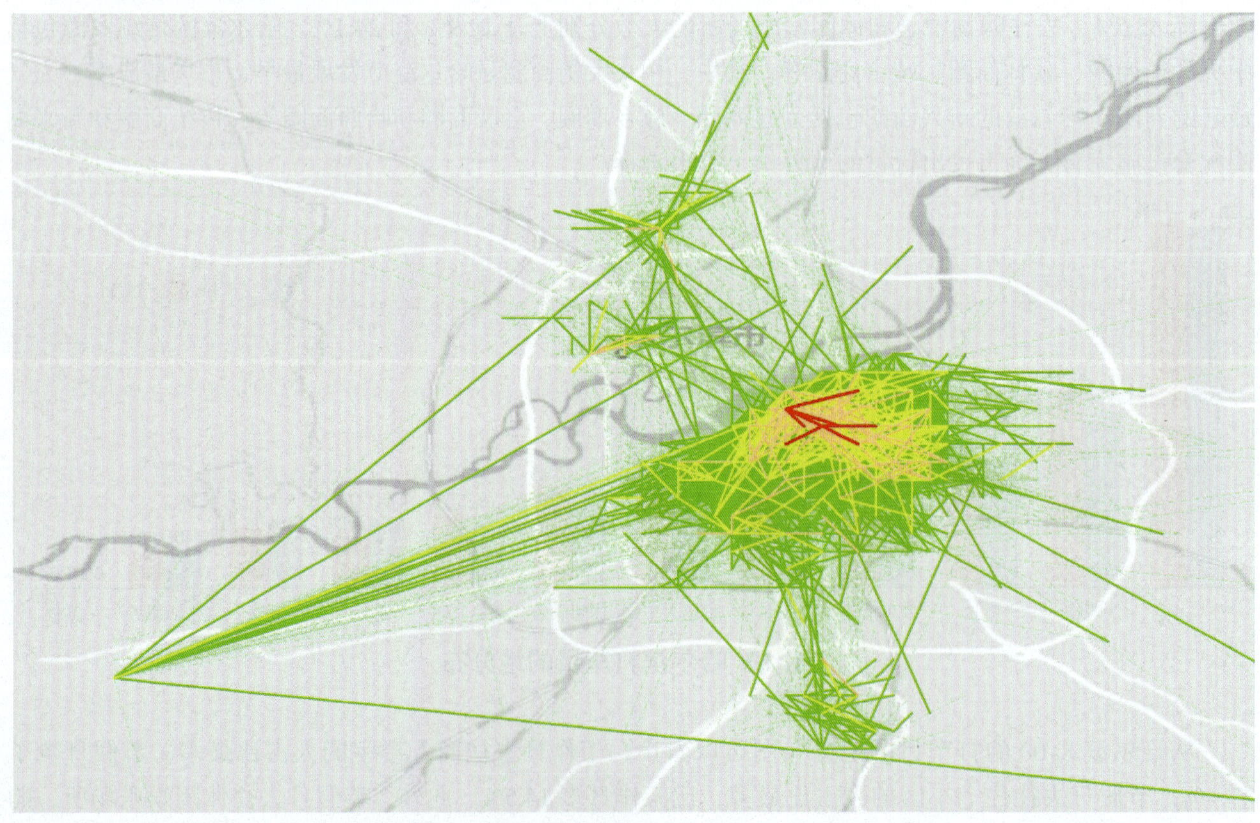

注：上图通过打车订单的起点终点连线绘制，颜色从绿色到黄色，再到红色，越趋向红色表示该通勤线路的人数越多。

图 15 哈尔滨工作日早晚高峰出行 OD 图

四、特殊时间出行

1. 节假日：整体出行量小幅增加，仅剩晚高峰

节假日，哈尔滨市民出行没有早高峰，全天只有 16:00 ~ 17:00 的晚高峰，晚上 20:00 之后出行量迅速下降。

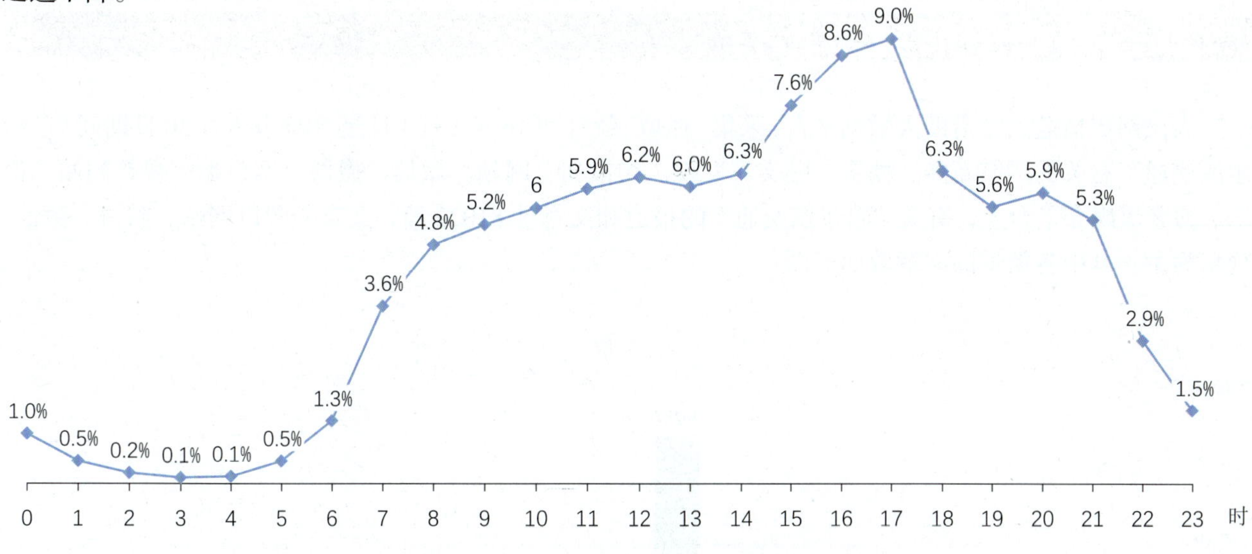

图 16 哈尔滨节假日出行时间分布

2. 春节：本地居民南下加剧“空城”

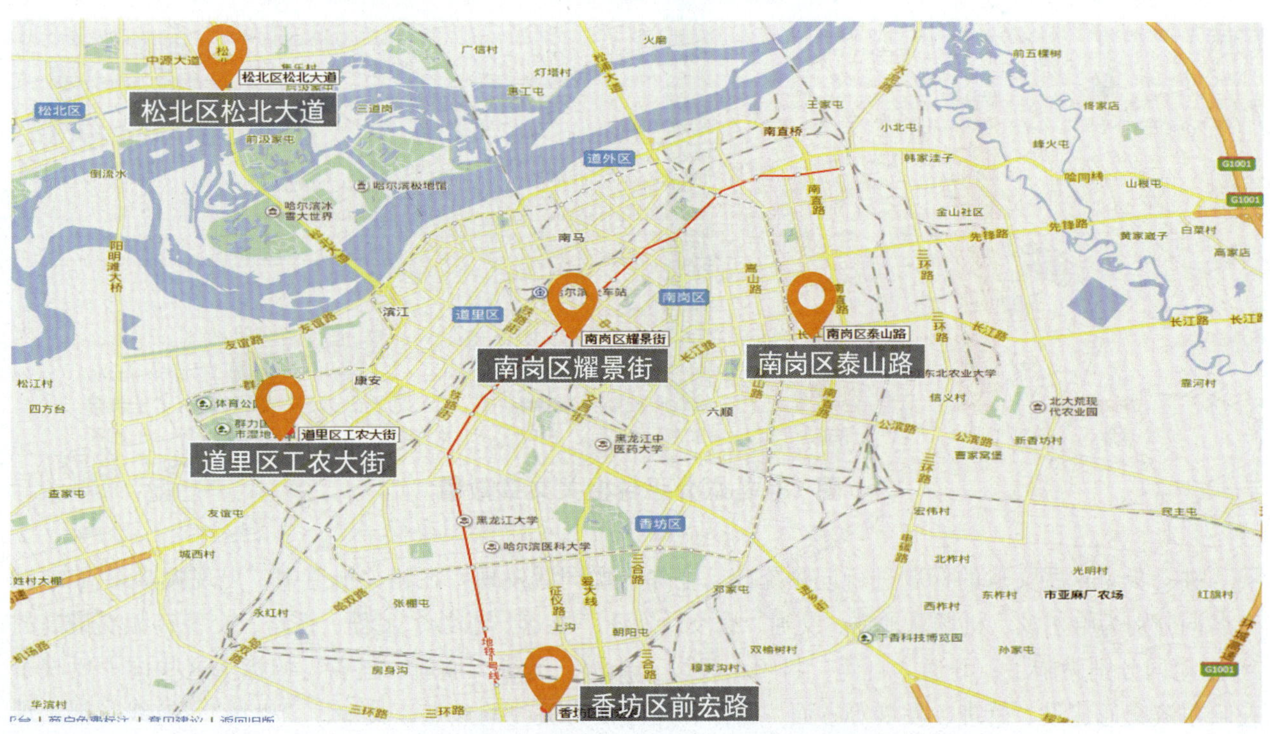

图 17 哈尔滨春节期间出行量下降最大的区域分布

与北京、上海、广州等城市因人口回乡形成“空城”不同，北国冰城哈尔滨形成“本地人南下、外地人北上”的旅游热潮。但整体上流动人口的大幅减少和本地居民的南下，均是哈市“空城”的前提条件。

2016年2月7日-13日期间，部分区域的出行量与上一周比均明显下降，其中出行量降幅最大的区域包括松北区松北大道、南岗区耀景街、南岗区泰山路、道里区工农大街和香坊区前宏路等路段。

五、舆论中的城市出行

人民网舆情监测室借助大数据平台，采集、抓取、统计2016年1月1日至2016年6月30日期间与“哈尔滨交通”有关的网络新闻、博客、贴文等发现：在报刊、网站、微信、微博、客户端、视频网站、论坛、博客等媒介平台上，有关“哈尔滨交通”的报道和文章计81022篇，文章来源以网站、微博、微信、论坛为主，其中各渠道的文章数如下图：

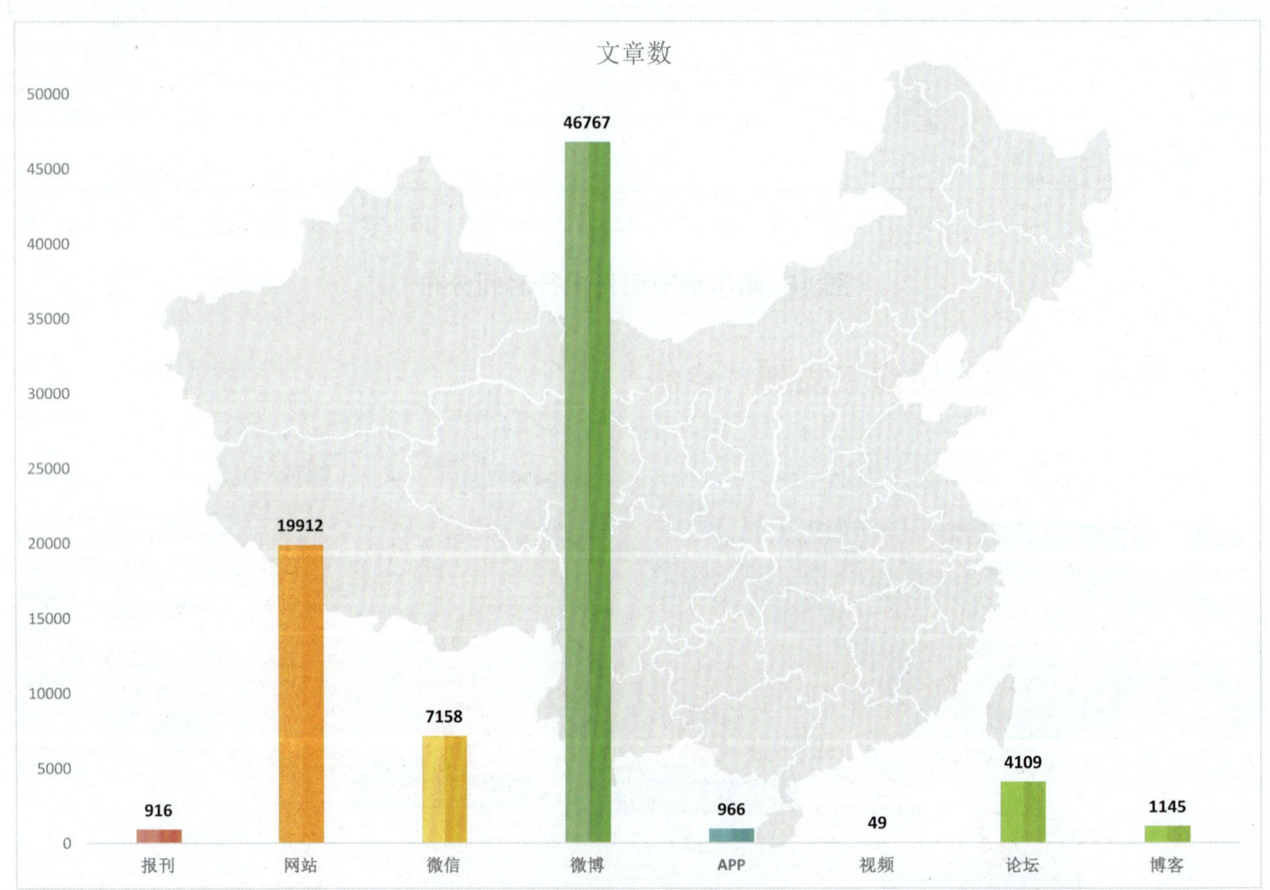

图18 各媒介平台相关文章数量

进一步对这些文章的标题进行词频统计，去除干扰词后发现：在相关报道中，出现频次最高的10个名词分别为哈尔滨、机场、地铁、交通、公交（车）、旅客、航线、工程、铁路、交警；频次最高的10个动词分别为施工、开通、自驾、封闭、建设、新增、运送、通航、运营、招标。这些词汇反映了在哈尔滨交通建设、管理、发展等方面，媒体和网民最为关注的焦点，其中，“机场”“航线”都出现在频次最高的10个名词中，在一定程度上体现出航空交通对于哈尔滨的重要性。此外，很多北方城市名也成为与哈尔滨相关的高频词，如“石家庄”“青岛”“日照”“北戴河”（隶属秦皇岛市）等，这些城市的入榜与航空息息相关。搜索相关新闻可以发现，石家庄、秦皇岛、青岛均在 2016 年 3 月增开了前往哈尔滨的相关航线。2015 年《哈尔滨市国民经济和社会发展统计公报》显示，哈尔滨市当年交通运输总量 13158.1 万人次，较 2014 年下降 5.4%，但航空业持续发展，民航旅客运输总量 710.2 万人次，较 2014 年增长 14.5%，印证了哈尔滨航空业发展迅速，已成为国内重要的航空枢纽。

图 19 相关文章标题的高频词云

六、总结

从数据来看，哈尔滨市较拥堵：市区平均车速 20.8km/h，在大城市中位居下游。究其原因，地铁、地下综合管廊施工，客观上给公路交通造成压力。工作日出行只存在早晚 2 个高峰，可能是气候原因阻碍了人们的出行，并没有夜高峰；节假日车速明显高于工作日，市民节假日的出行量相对较少，市内商圈是节假日市民最为青睐的地区；近一年来，哈尔滨市的打车成功率整体较低，尤其在冬季；过去一年选择智能出行的市民人数上升 25.82%，2015 年 12 月至 2016 年 1 月智能出行人数和订单数有显著增长。

面对拥堵，地方政府也进行着相应的努力：2016 年年初，哈尔滨市智能交通管理系统搭建初具规模，形成 6 大平台 18 个子系统的整体构架。集合千余个路面交通信息采集点的智能交通管理系统，实现主城区重要节点全覆盖，实现对全市 728 处路口 220 个路段交通数据信息的实时采集，对 46 种交通违法行为可实时抓拍。交管部门还开通交管服务 APP 手机客户端，市民通过手机就可调取全市各路口、路段实时图片或视频图像，获取交管部门提供的服务信息，还能办理各项交管业务[ii]。

在智能出行方面，从 2015 年 1 月至 2016 年 6 月，滴滴专快车在哈尔滨约有 10 万名司机，总服务达 1100 万人次，处于快速发展中。

ii 《哈尔滨智能交通管理系统投用》，东北网黑龙江，原文来于《黑龙江日报》http://heilongjiang.dbw.cn/system/2016/01/15/057041635.shtml

南京市

NANJINGSHI

南京城市出行大数据分析

一、城市概况

南京，江苏省省会、副省级城市、南京都市圈核心城市，是国务院批复确定的东部地区重要的中心城市、全国重要的科研教育基地和综合交通枢纽。南京地处中国东部地区、长江下游、濒江近海。全市下辖 11 个区，总面积 6597 平方公里，2015 年建成区面积 923.8 平方公里，常住人口 823.6 万，城镇人口 670.4 万人，城镇化率 81.4%。

南京 2015 年地区生产总值 9720.77 亿元，列全国第 11 位，增长 9.3%；人均地区生产总值 11.8 万元，在中国直辖市、副省级市及省会城市中排名第二。

南京主要火车站有南京站、南京南站、六合站、江浦站、仙林站、紫金山站、江宁站、江宁西站、溧水站、南京东站、南京客技站，另有新南京北站规划中。南京禄口国际机场是江苏省和南京市的门户机场。主要港口有南京港和浦口港。

市内出行方面，至 2015 年末，南京拥有公交运营线路 592 条、城市公共汽车运营线路网 9654 公里；轨道交通运营车辆 1090 辆 2746 标台，运营里程 225.4 公里。南京有 6 条地铁线路 121 座车站，线路总长 225.4 公里，仅次于北京、上海、广州，日均客流量 240 万人次。出租车总数 14239 辆。全年城市公共交通完成客运总量 20.57 亿人次，比上年增长 9.5%，其中地铁承担客运人数占 34.8%。[i]

至 2015 年底，南京机动车拥有量 224.06 万辆，其中汽车拥有量 197.93 万辆，私家车 172.07 万辆。南京持有汽车驾驶执照的人员 275.82 万人，1/3 的常住人口有汽车驾驶执照。[ii]

南京市古城墙内道路继承了唐代“棋盘式”路网布局结构，明城墙外的道路网结构以环状加放射状为主要形式，形成“两轴、三环、八辐射”的城市道路网主骨架。南京城市道路总长 2473 公里，平面交叉口多，受古城墙等因素影响，立体交通不够发达。

二、整体交通概况

1. 全年平均车速

过去一年（2015 年 7 月 1 日至 2016 年 7 月 1 日，下同），南京市车速相对稳定，平均车速 24.8km/h，春节期间日均车速达到峰值，超过 31.9km/h。

i 《南京市 2015 年国民经济和社会发展统计公报》

中国江苏网 http://jsnews.jschina.com.cn/system/2016/03/24/028184065.shtml

ii 《南京汽车拥有量直逼 200 万 年新增汽车驾驶人突破 30 万》，中国江苏网 http://news.jschina.com.cn/system/2016/02/03/027799588.shtml. 原始数据来源：南京市统计局官方微博，@ 南京统计

单位：km/h

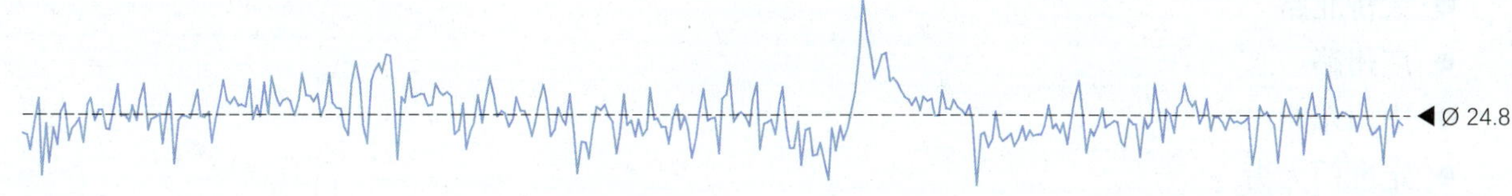

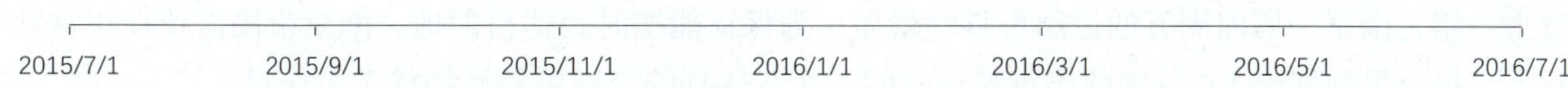

图 1 南京日均车速变化趋势图（2015 年 7 月 1 日至 2016 年 7 月 1 日）

从具体的时段来看，在工作日，早高峰 7:00 ~ 8:00 和晚上 17:00 车速最低，中午 12:00 车速较高；节假日白天平均车速稳定，17:00 车速略低，但并不明显，18:00 以后车速逐渐走高。没有夜高峰。

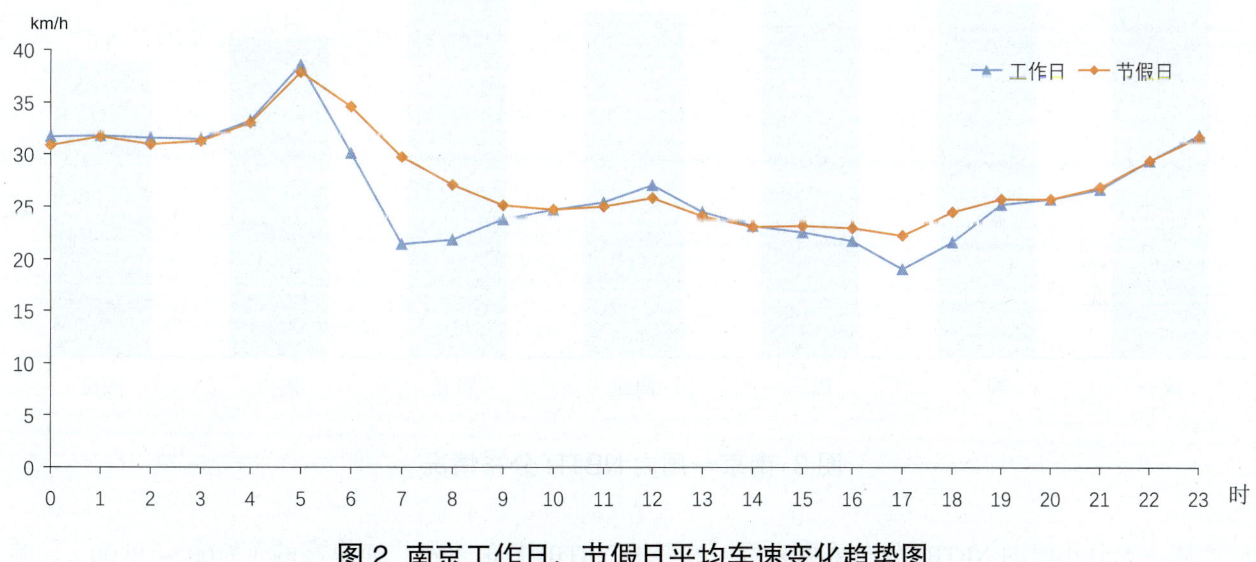

图 2 南京工作日、节假日平均车速变化趋势图

2. 拥堵路段

通过滴滴出行大数据测算，过去一年，南京市易拥堵路段。

早高峰易拥堵路段：

- 大桥北路
- 北京西路
- 汉中路
- 东门街
- 长江大桥

晚高峰易拥堵路段：

- 大桥北路
- 广州路
- 中山东路
- 定淮门大街
- 内环线

3. 交通可靠性

过去一年，南京一周内周五的道路可靠性最差，为保证能按时到达目的地，南京市民需要在正常耗时基础上，每公里预留出 1.6 分钟的出行缓冲时间。而双休日的交通可靠性稍优于工作日。

（交通可靠性指标的定义和解读参见“北京篇”P32 对应部分。）

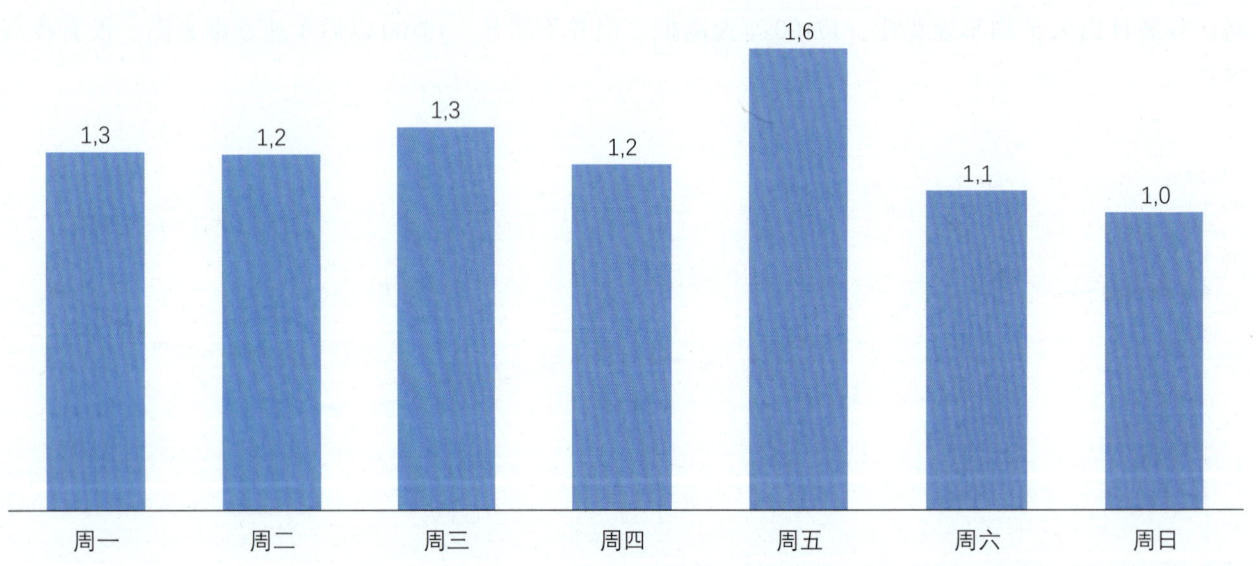

图 3 南京一周内 NBTR 分布情况

从一天分小时的 NBTRI 分布数据来看，凌晨的 NBTRI 数值最小，而早高峰（7:00 ~ 8:00），晚高峰（17:00 ~ 18:00）的 NBTRI 数值较大，道路路况较差，这和我们理解的早高峰、晚高峰相符合，即在这个时间段，需要预留更多时间预防影响交通的不可靠因素的发生。

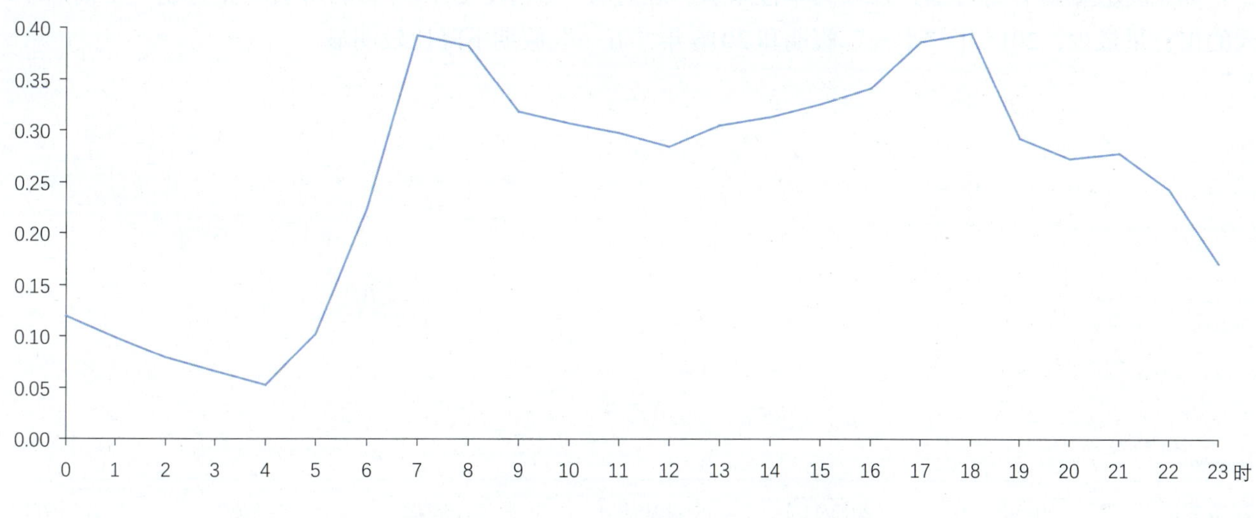

图 4 南京 24 小时 NBTRI 分布情况

三、出行规律

1. 年度出行量分布及规律

过去一年，除 2016 年 2 月，其他月份的出行人数总体呈前期稳定、后期爆发上涨趋势：2015 年 7 月至 12 月，智能出行量比较稳定；2016 年 2 月由于适逢春节，出行量下降 35.2%，降幅低于北京、上海等一线城市；3 月以来，从滴滴平台上反映的出行量迅速增长，原因可能是春节后返回南京的人数逐渐增多，还有，以滴滴出行为代表的网约车平台的市场拓展加大有关。

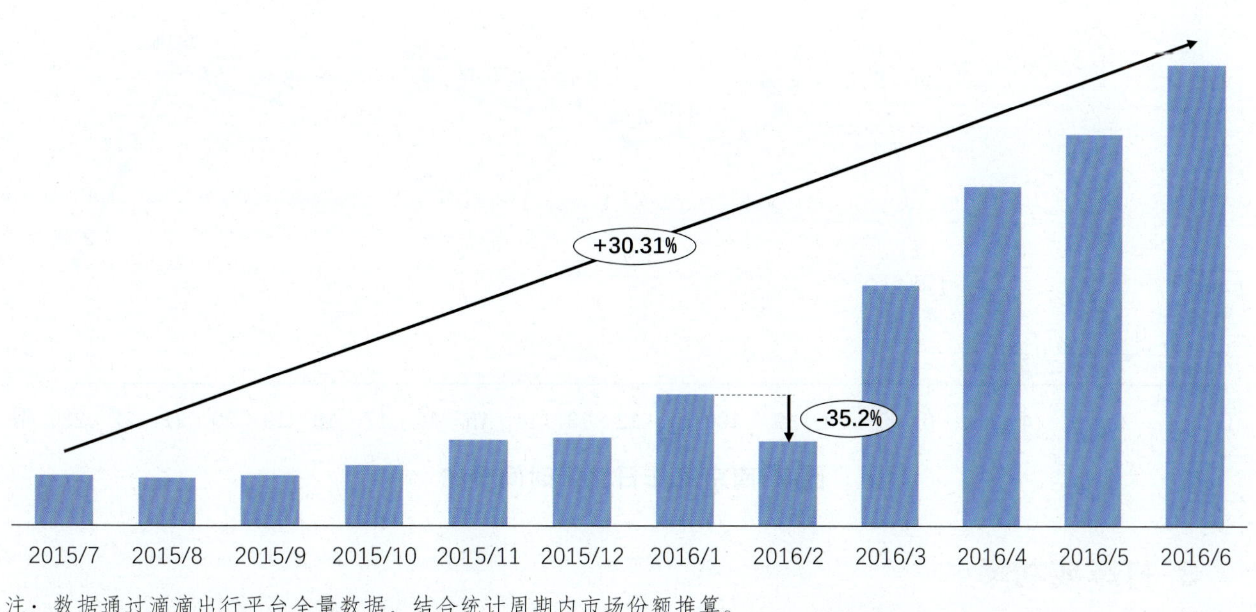

注：数据通过滴滴出行平台全量数据，结合统计周期内市场份额推算。

图 5 南京智能出行量变化月趋势图（2015 年 7 月至 2016 年 6 月）

如果将数据拆分得再细，以天为单位来看，在过去一年里，2016 年 2 月 8 日（正月初一）前后 10 天的出行量最少，2015 年“十一”假期和 2016 年“五一”假期下降比较明显。

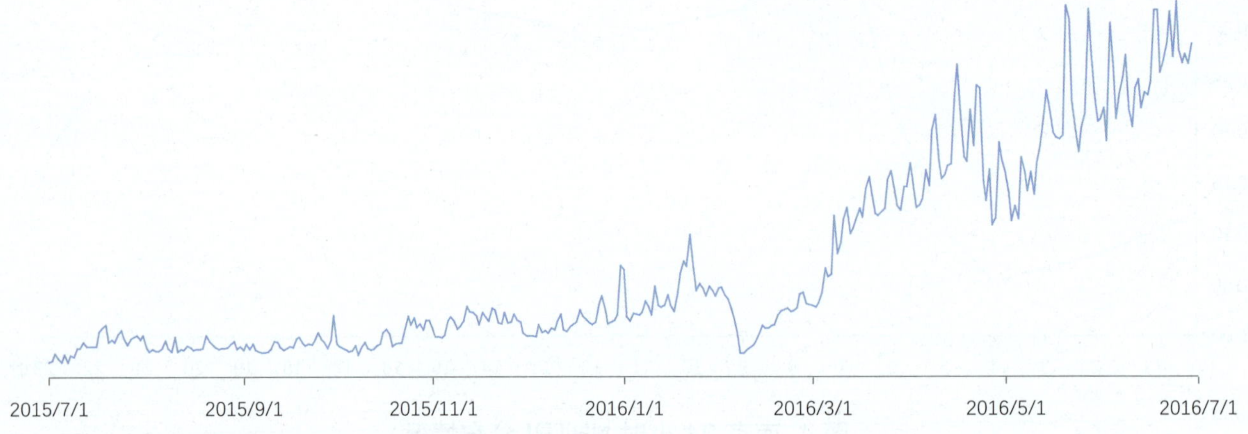

注：数据通过滴滴出行平台全量数据，结合统计周期内市场份额推算。

图 6 南京全年智能出行量变化的日趋势图（2015 年 7 月 1 日至 2016 年 7 月 1 日）

2. 工作日出行量分布及规律

在周一至周五的工作日，整体上，南京每天有 3 个出行峰值，即早高峰（7:00 ~ 9:00，8:00 达到最高峰），晚高峰（17:00 ~ 18:00，17:00 达到最高峰），以及夜高峰（20:00 ~ 21:00），与北京、上海、杭州类似。

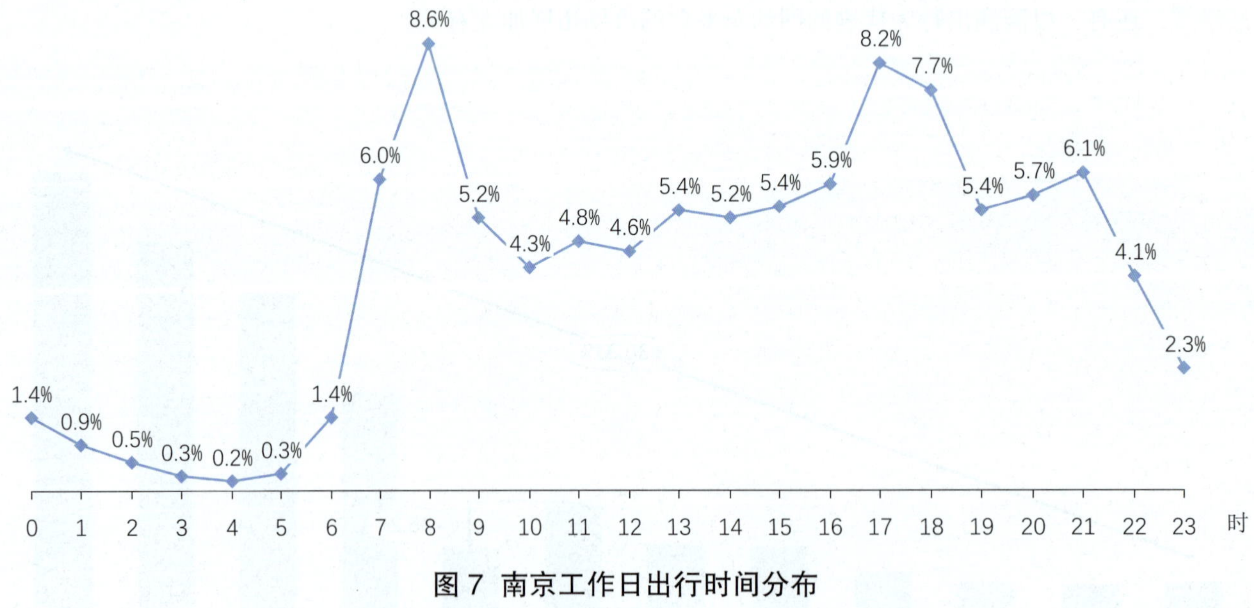

图 7 南京工作日出行时间分布

3. 打车成功率

过去一年，南京智能出行整体打车成功率呈缓中略有上升；2016 年 2 月以后，打车成功率稳定中呈小幅上升趋势。可见南京智能出行的供给和需求相对稳定。打车成功率的上升，和网约车平台的渗透率密切相关，2016年以来，滴滴出行等网约车平台、优步中国等，都加大了市场开拓力度，增加了市场供应量，相当程度地缓解了民众“打车难”“出行难”。

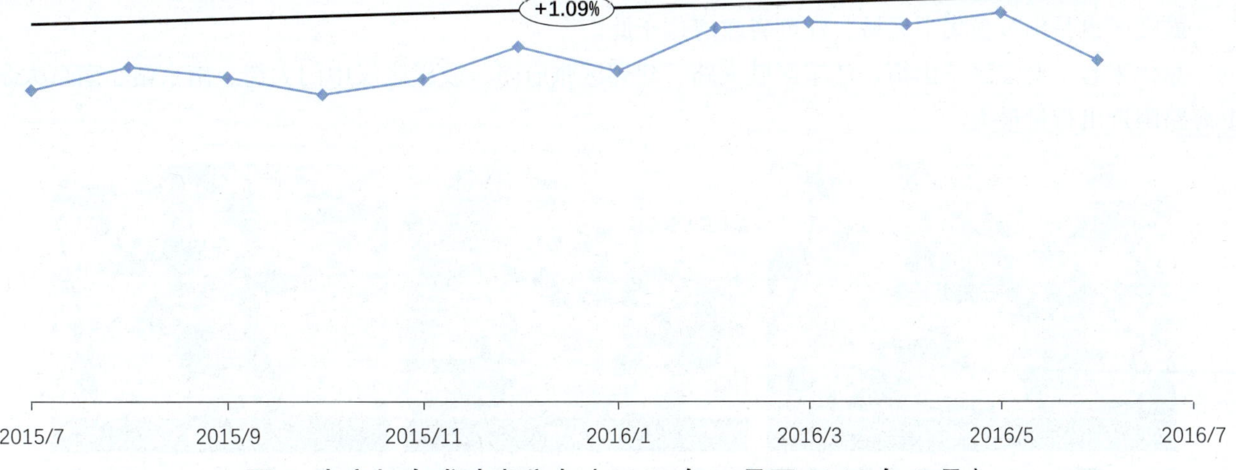

图 8 南京打车成功率分布（2015 年 7 月至 2016 年 6 月）

全天来看，不管是工作日还是节假日，南京在凌晨 4:00 ~ 5:00 打车成功率最低，这几乎是所有城市的共同特点。在工作日，早晚高峰打车成功率最低，早高峰 8:00 左右尤甚；节假日，晚高峰 17:00 ~ 18:00 打车成功率较低。节假日白天打车难度均匀分布，在晚高峰 17:00 和晚上 21:00 打车成功率较低。整体上，节假日白天比工作日更容易打车，晚上则不容易打到车。

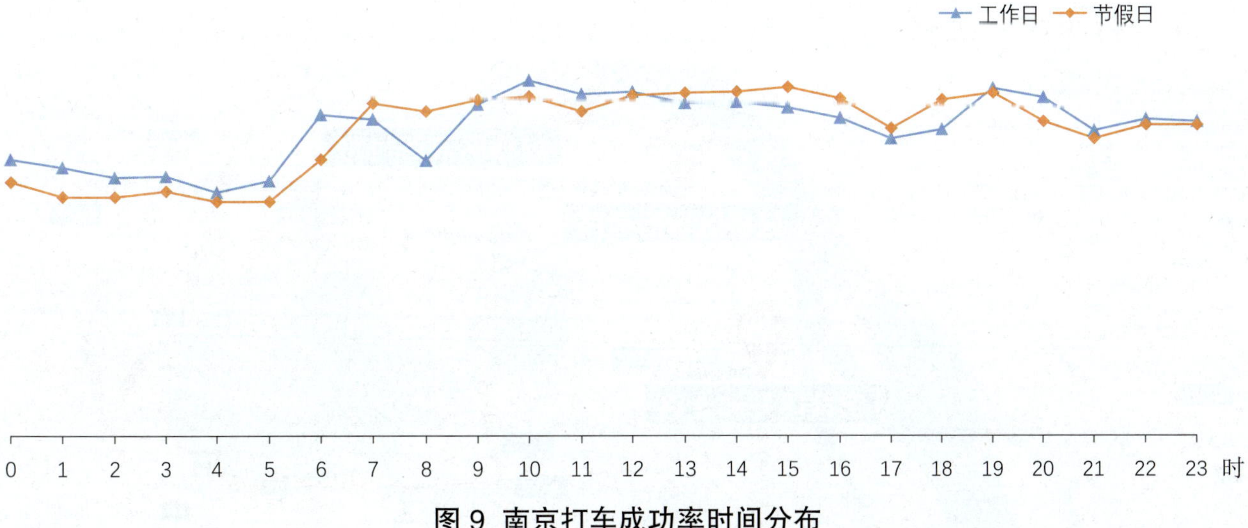

图 9 南京打车成功率时间分布

4. 出行量集中区域

从数据上看，出行量高峰主要集中在秦淮区，北至汉中路，南至集庆路，西至内环西线，东至王府大街，围绕朝天宫景区。秦淮区是南京的中心城区，秦淮河贯穿全境，涵盖夫子庙、瞻园、白鹭洲、中华门等景点，目前该区域规划通过地铁 5 号线，可以缓解部分出行。

江宁区金阳西街有南京南站。南京南站是全国铁路客运特等站，连接 8 条高等级铁路的国家铁道枢纽站，南京南站占地近 70 万平方米，是亚洲第一大火车站和亚洲第一大高铁站。南京南站为京沪高速铁路五大始发站之一，是中国华东地区最大的交通枢纽和客运枢纽站。南京南站与南京地铁 1 号线、3 号线、S1 号线相连，紧靠南京汽车客运南站，10 分钟之内步行可实现普铁、动车、高铁、长途汽车与公交车、出租车、地铁、机场大巴的无缝换乘，使其成为热门打车地点。

鼓楼区也是出行量集中区域，江苏省政府位于此。

总体来看，秦淮区三山街、江宁区胜太路、建邺区张府园、鼓楼区汉中门大街、南京站、南京大学上海路附近出行量最大。

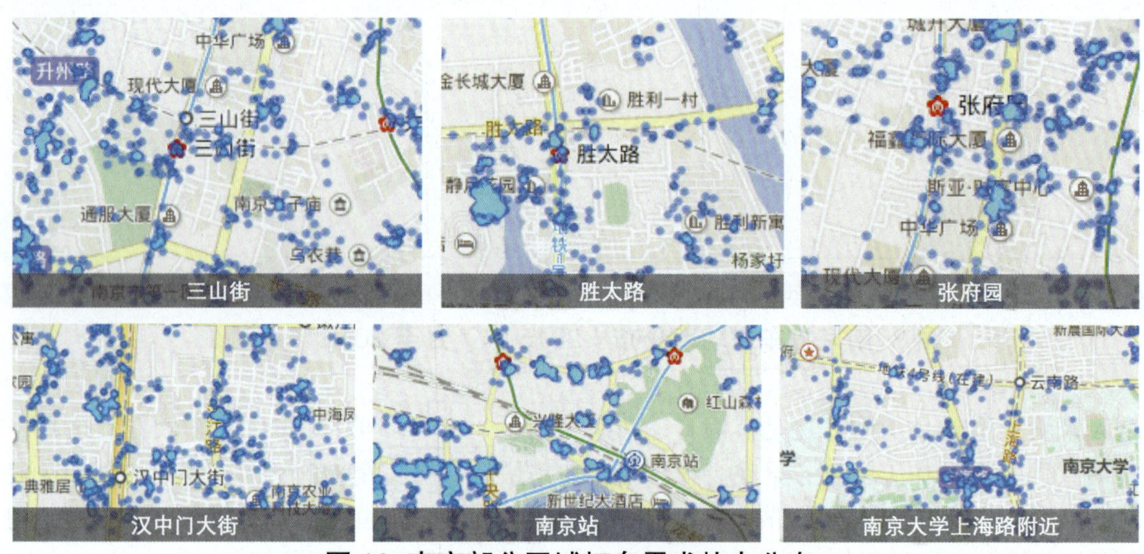

图 10 南京部分区域打车需求热点分布

5. “打车难”区域

图 11 南京早高峰打车难区域分布

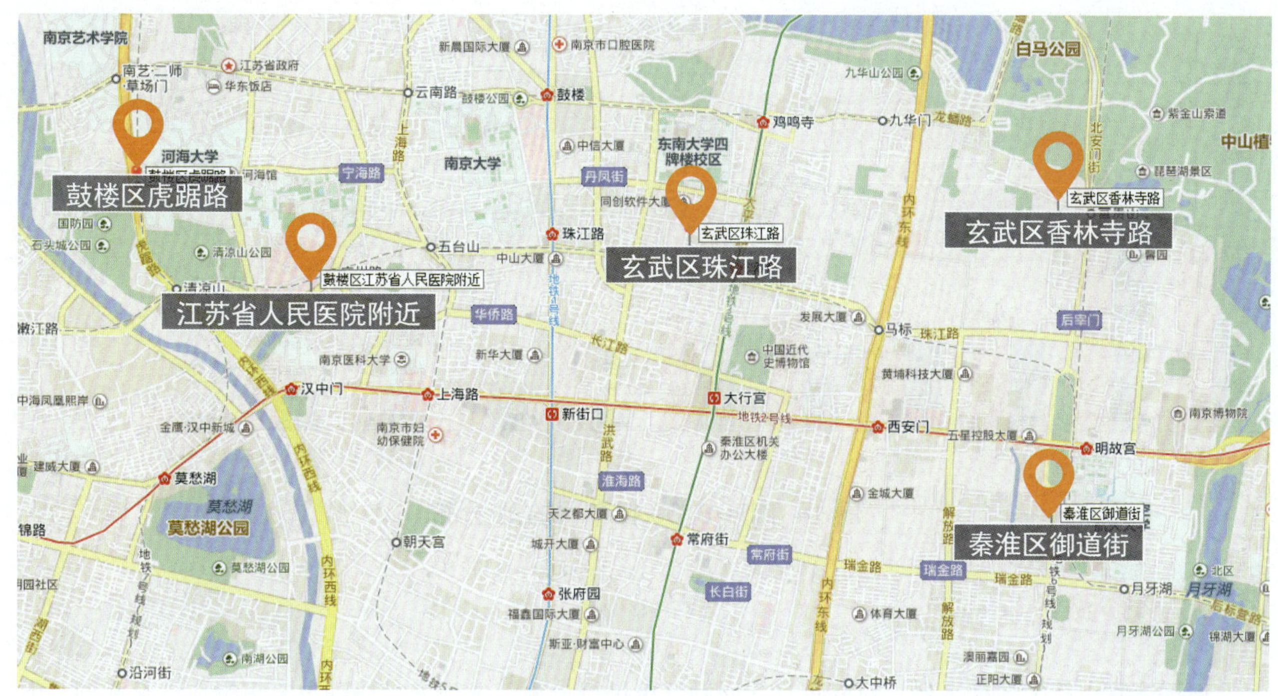

图 12 南京晚高峰打车难区域分布

可以发现，打车最难的地点并不仅仅是出行量集中的秦淮区、鼓楼区，建邺区、雨花台区、玄武区都可能存在。全天，南京市打车难的地点比较分散，各区均有涉及。

6. 不同时间的出行目的地

对比工作日和节假日，我们发现去往商务楼宇的人数下降最多，而去往购物中心、休闲娱乐场所的人数明显增加，可见南京人生活的悠闲与安逸。

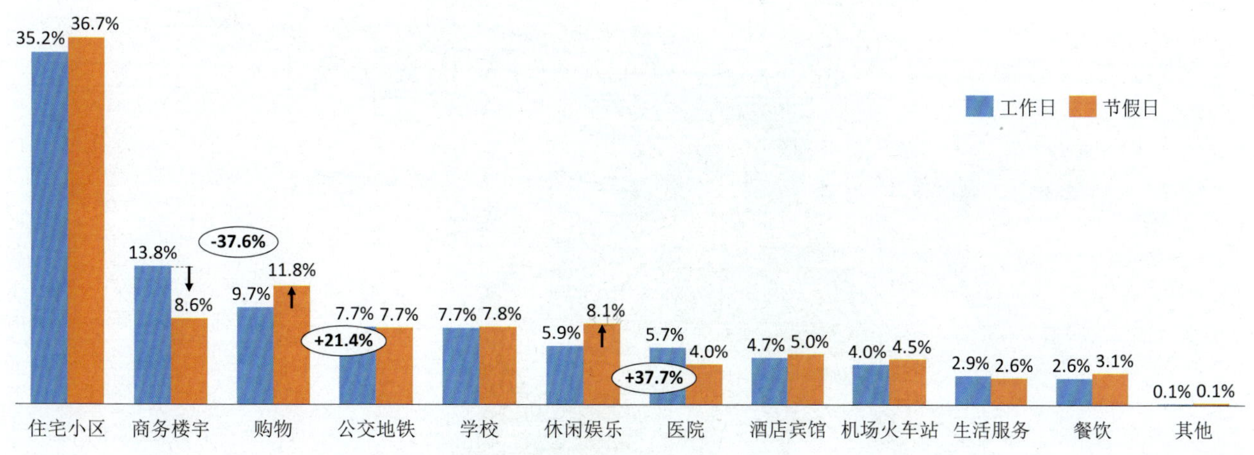

图 13 南京打车目的地分布

工作日 8:00 打车去商务楼宇的人最多，节假日这个时间段打车去住宅小区、购物中心、休闲娱乐场所和机场火车站的人数最多。

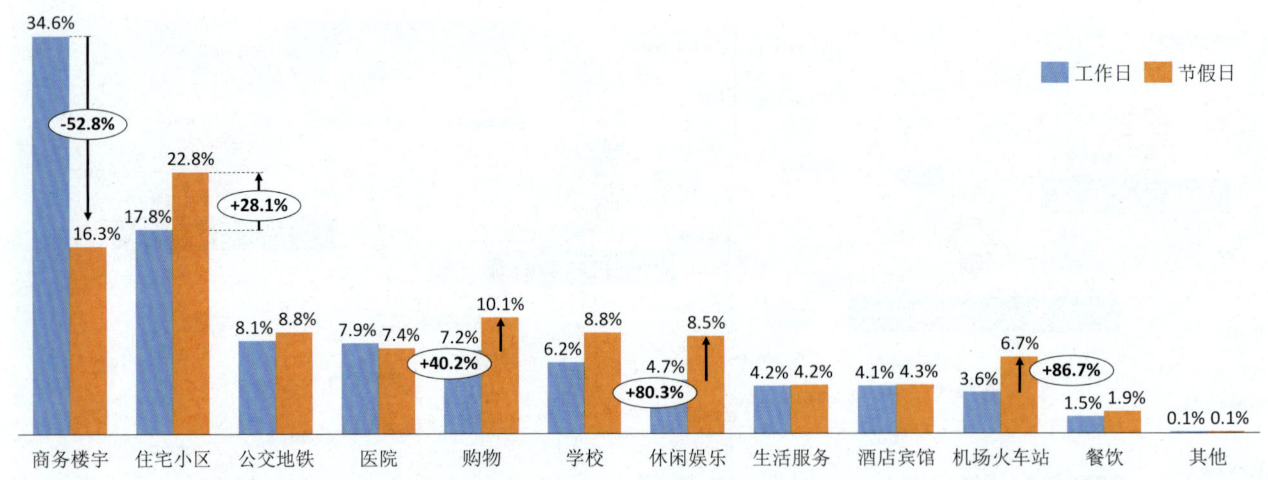

图 14 南京 8:00 打车目的地 分布

7. 通勤路线

根据滴滴出行大数据平台，对南京日常通勤订单进行分析，发现南京通勤主要集中在以玄武湖、鼓楼区河海大学为中心的通勤，同时也包含上述中心周围的几个小中心的紧密通勤，南京的城市布局规划使得城市交通相对均匀。

除了市中心的密集通勤外，还在长江北岸的江北大道向周边、南边的机场路向市内的通勤线路。其中观江路住宅区—中国工商银行附近，翠岭银河住宅区—华为南京研究院附近都是比较典型的打车通勤线路。

注：上图通过打车订单的起点终点连线绘制，颜色从绿色到黄色，再到红色，越趋向红色表示该通勤线路的人数越多。

图 15 南京工作日早晚高峰出行 OD 图

四、特殊时间出行

1. 节假日：只有晚高峰

对比工作日的出行，南京市民在节假日没有明显的早高峰，但有晚高峰（16:00 ~ 18:00，峰值为 17:00）和夜高峰（20:00 ~ 21:00），且晚高峰和夜高峰的时间波段和工作日的几乎一致。节假日 8:00 ~ 10:00 订单量稳定，从 11:00 后订单量小幅增加，相比其他城市，南京人似乎并不喜欢睡懒觉。

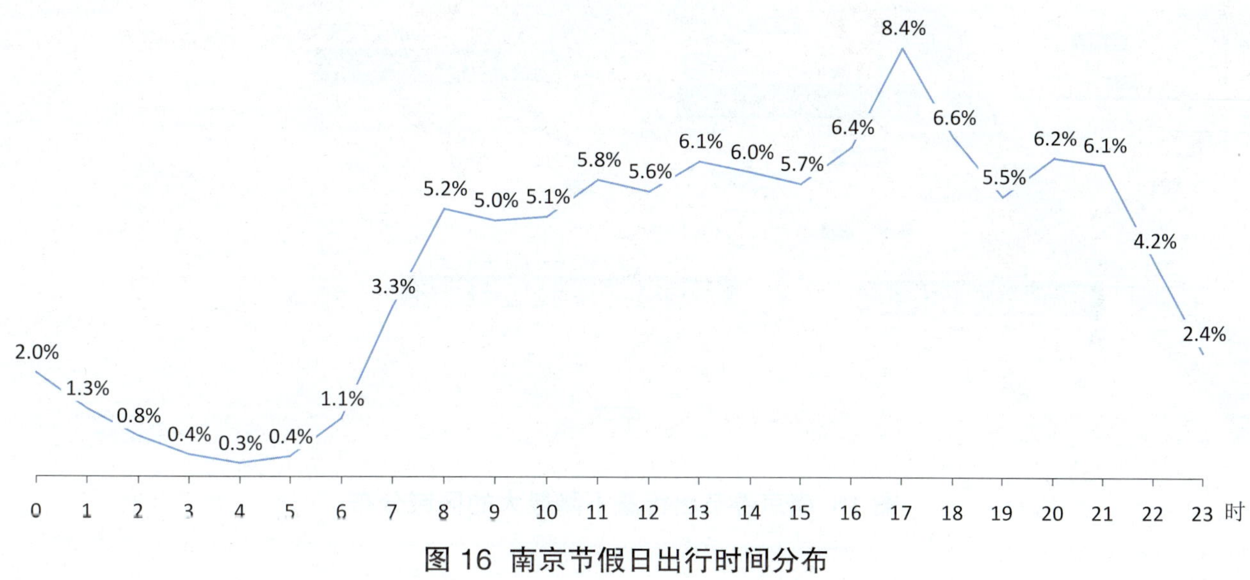

图 16 南京节假日出行时间分布

2. 春节：空城现象明显

具体看 2016 年 2 月南京出行量，从 2 月 1 日开始，出行量明显下降，2 月 8 日（正月初一）为一年中的最低位。直到正月十五，出行量才恢复到 2 月初的水平。

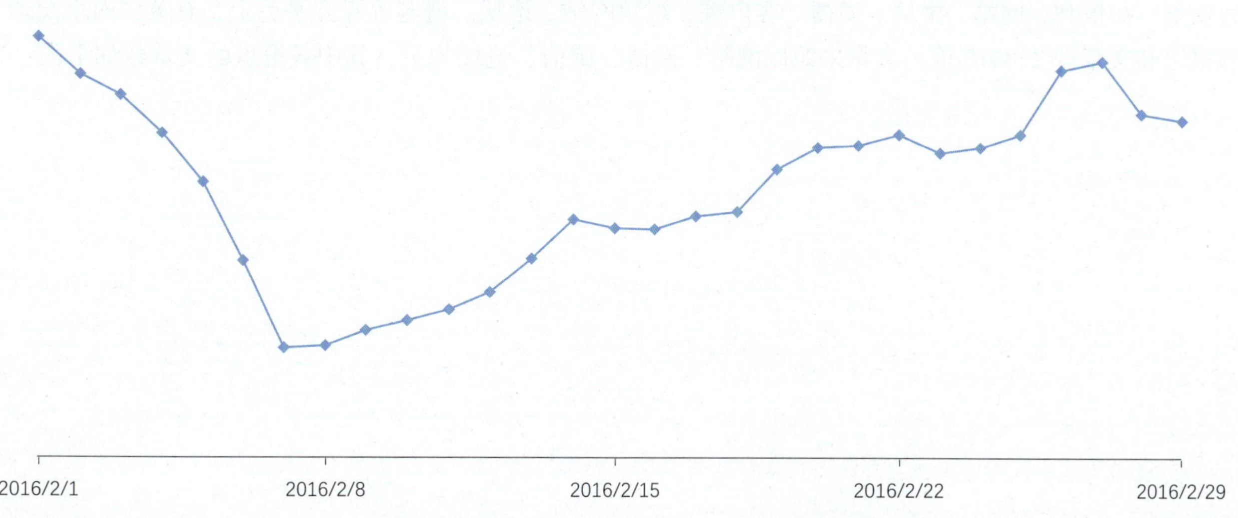

图 17 南京 2016 年 2 月出行变化趋势图

对比春节期间和上一周内各区域出行量的变化，可以发现：下降比例最大的区域为江宁区胜太东路明月花园附近，下降 80%。其他出行量下降幅度较大的区域见图 18。

图 18 南京春节出行量下降最大的区域分布

五、舆论中的城市出行

人民网舆情监测室借助大数据平台，采集、抓取、统计 2016 年 1 月 1 日至 2016 年 6 月 30 日期间与“南京交通”有关的网络新闻、博客、贴文等，试图进一步分析。通过关键词检索、大数据抓取和统计研究后发现：在报刊、网站、微信、微博、客户端、视频网站、论坛、博客等媒介平台上，有关“南京交通”的报道和文章计 258913 篇，文章来源以网站、微博、微信、论坛为主，其中各渠道的文章数如下图：

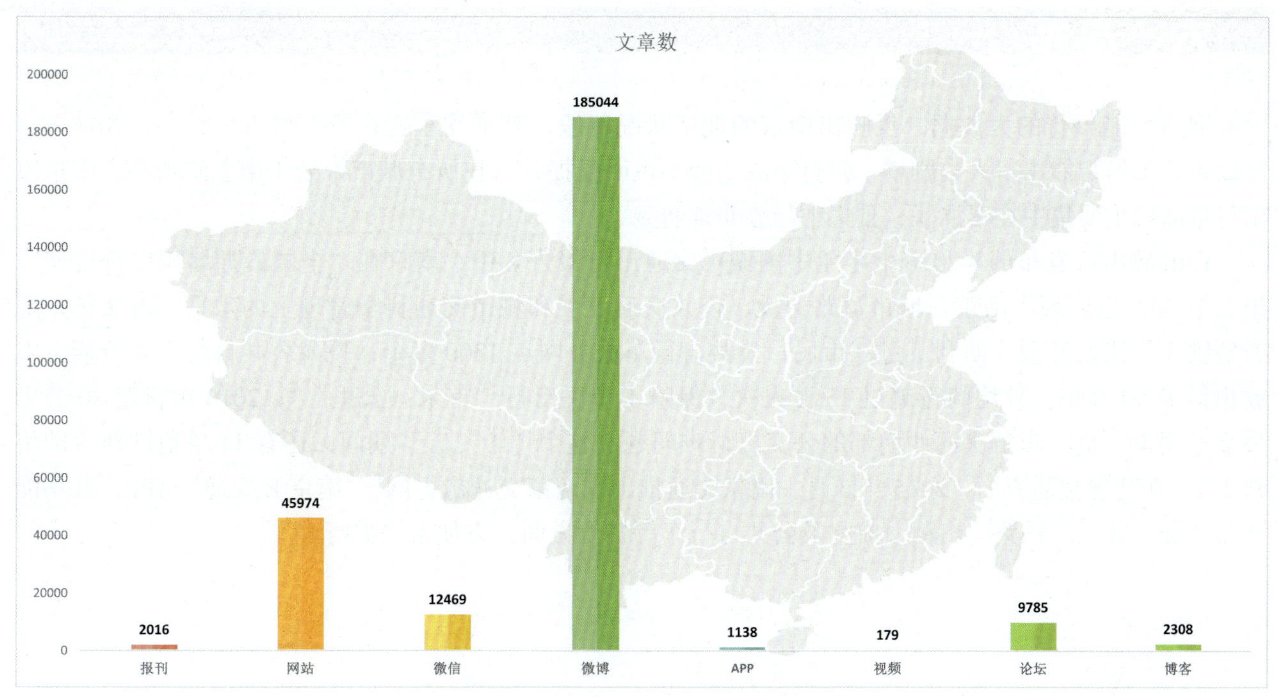

图 19 各媒介平台相关文章数量

进一步对这些文章的标题进行词频统计，去除干扰词后发现：在相关报道中，出现频次最高的 10 个名词分别为南京、地铁、交通、公交（车）、机场、江苏、清明、城市、安全、高峰；频次最高的 10 个动词分别为自驾、开通、建设、封闭、开间、扫墓、招标、运营、亮相、施工。这些词汇反映了在媒体和网民对本地交通最为关注的焦点，其中“清明”“扫墓”“五一”“自驾”“路线”等出行相关的词出现频率较高，表明南京人在节假日非常喜爱出游，而临近的上海、苏州、扬州、安徽、浙江等地，则由于交通的便利性，成为南京人最爱出游，或是在网上查询最多的地方。

图 20 相关文章标题的高频词云

六、总结

通过智能出行的大数据，反映出南京的拥堵状况一般，其平均车速在所有城市中较高；2016年1月以来，虽然智能出行人数剧增，但打车成功能率也明显提升，在所有城市中处于中上游水平；南京市出行量高峰主要集中在秦淮区，且集中趋势非常明显。

在滴滴出行发布的《2016上半年中国城市交通出行报告》中，南京在“全国最拥堵城市排行榜”排名第30，也体现出南京在城市道路建设、公共交通发展和城市交通科学管理上的水平。近2年，随着地铁3号线的开通，便利了过江市民；公共自行车服务网点1300多个，投入公共自行车4万辆，发放租借卡50万张，日均骑行超过15万人次，保障了市民出行“首末一公里”[iii]；2016年新建30公里公交专用道，进一步解决河西南部的公交出行难问题；整个“十三五”期间，还有11条地铁新线即将开工[iv]；在智慧交通方面，2015年3月，南京交通推出“南京交通出行网”“南京E交通”APP，其功能涵盖公交、客运、铁路、出租、航空及公共自行车等各个方面，方便市民出行。

iii 《南京打造“互联网+”智慧交通 实时信息可查询全覆盖》，凤凰网江苏频道 http://js.ifeng.com/a/20160527/4594256_0.shtml

iv 《南京“十三五”将建11条地铁新线 迎建设高峰》，新华网长三角频道 http://csj.xinhuanet.com/2016-07/21/c_135530017.htm

杭州市
HANGZHOUSHI

杭州城市出行大数据分析

一、城市概况

杭州，浙江省省会，经济发达。2015年杭州实现地区生产总值10053.58亿元，比上年增长10.2%，成为中国第十个GDP总量跨越万亿元的城市。人均生产总值112268元，比上年增长9.1%，按国家公布的2015年平均汇率折算，为18025美元。从世界银行划分的贫富程度看，已达到富裕国家水平。[i]

杭州也是著名的旅游城市，2014年，接待国内游客10606.43万人次，比2002年增长252.4%；实现旅游总收入1886.33亿元，比2002年增长483.6%。杭州靠近上海，也使其成为长三角重要的交通枢纽[ii]。2016年9月G20的召开，再次成为杭州的"旅游推荐会"，将原本是传统旅游淡季的9月变成了旺季。

作为阿里巴巴总部所在地，杭州集聚了网易、腾讯杭州分公司、百度杭州分公司等互联网巨头和一大批新兴企业。近年来，杭州互联网产业飞速发展，逐渐成为年轻人除了"北上广深"之外的首选发展城市。

与之相对应的是杭州市区常住人口和机动车保有量的增长，根据2015年全国1%人口抽样调查结果，杭州市2015年末常住人口901.8万人，比2014年末增加12.6万人，其中市区常住人口721.3万人。全市民用机动车拥有量273.35万辆，其中私人汽车184.91万辆，比2014年末分别增长1.4%和2.8%。[iii]

自身的区位优势、旅游资源、经济基础，以及外地游客和资本的追逐，使杭州在获得巨大发展的同时，交通拥堵问题也越来越突出。滴滴媒体研究院发布的《2016上半年中国城市交通出行报告》显示，杭州2016年上半年因道路拥堵带来的人均损失全国排名第六，为3736元人民币。

在出行方面，杭州的智能出行快速发展，通过滴滴出行的数据测算，杭州智能出行渗透率（城市智能出行用户数与城市常住居民的比值）在全国城市排行中稳居第一。

二、整体交通概况

1. 全年平均车速

过去一年（2015年7月1日至2016年7月1日，下同），杭州市车速相对稳定，平均车速23km/h，低于北京的25.7km/h，春节期间日均车速达到峰值，超过32km/h。

i 《北京市2014年国民经济和社会发展统计公报》，北京市统计局 国家统计局北京调查总队网站，http://www.bjstats.gov.cn/

ii 《杭州西湖免门票多年换来旅游总收入提高》，《人民日报》，2015年11月09日23版

iii 同上

单位：km/h

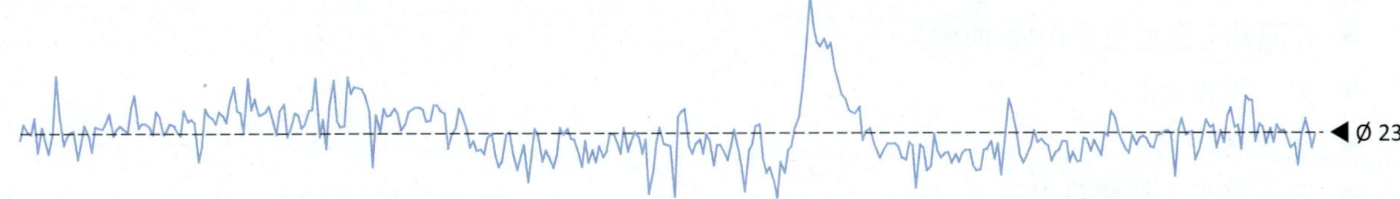

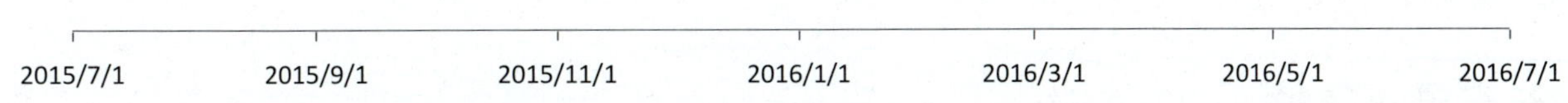

图 1 杭州日均车速变化趋势图（2015 年 7 月 1 日至 2016 年 7 月 1 日）

其中工作日的平均车速 22km/h，节假日平均车速 24km/h，两者均低于北京的 24.7km/h 和 27.5km/h。与北京类似的是，杭州节假日车速较高，且一般在放假前一天城市整体的平均车速就开始提高，上班族提前一天“翘班”的现象非常普遍。

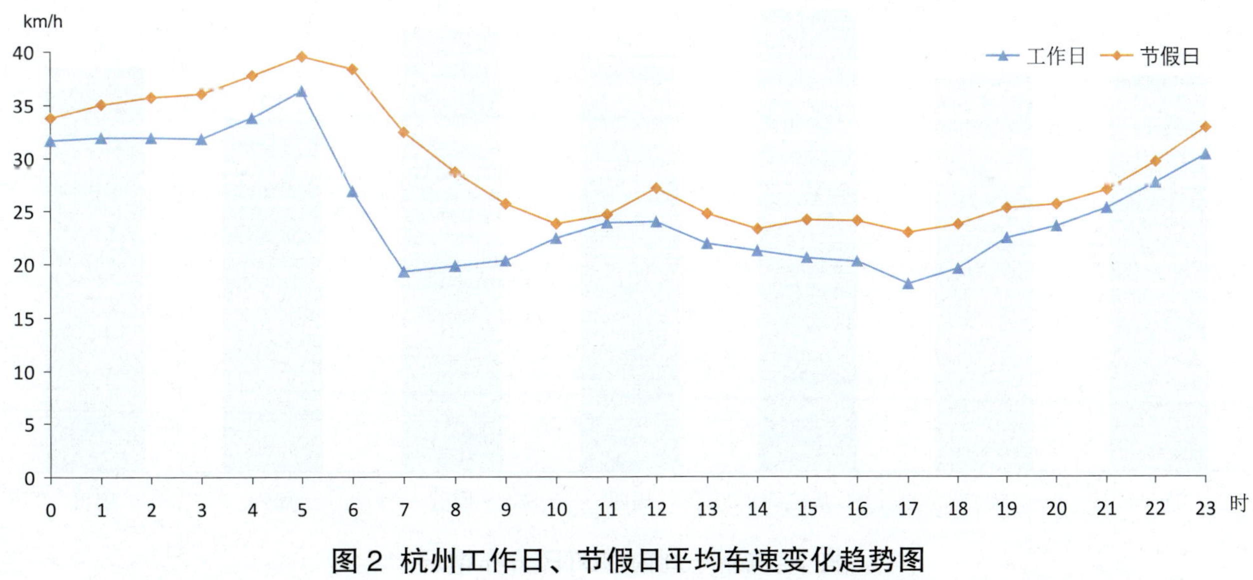

图 2 杭州工作日、节假日平均车速变化趋势图

从具体时刻看，在节假日，7:00 ~ 9:00 的早高峰不存在，但 16:00 ~ 18:00 的晚高峰明显；节假日 14:00 ~ 17:00 间，平均车速最低，是人们出行高峰；并且节假日 10:00 ~ 16:00 的平均车速低于工作日，说明节假日的车流更加密集，可能是杭州本地人更爱在节假日出门休闲娱乐，也可能是节假日游客更多。

2. 拥堵路段

根据滴滴媒体研究院发布的《2016 年上半年中国城市交通出行报告》，杭州市区最拥堵的路段如下：

- 时代大道高架
- 同协路辅（靠近机场段 东南向）
- 祥园路(靠近莫干山路 西向)
- 文二西路 东向
- 紫金港路 北向
- 艮山西路（新塘路附近）
- 西向滨安路（靠近江陵路 ）西向
- 航海路（九横路附近）东北
- 杭行路 靠近石祥路辅段）南北双向
- 西园路（西园三路附近）南北双向

3. 交通可靠性

过去一年，杭州一周内周三和周五的道路可靠性最差，为了保证能按时到达目的地，杭州市民需要在正常耗时基础上，每公里预留出 1.4 分钟的出行缓冲时间。而双休日的交通可靠性稍优于工作日。

（交通可靠性指标的定义和解读参见“北京篇”P32 对应部分。）

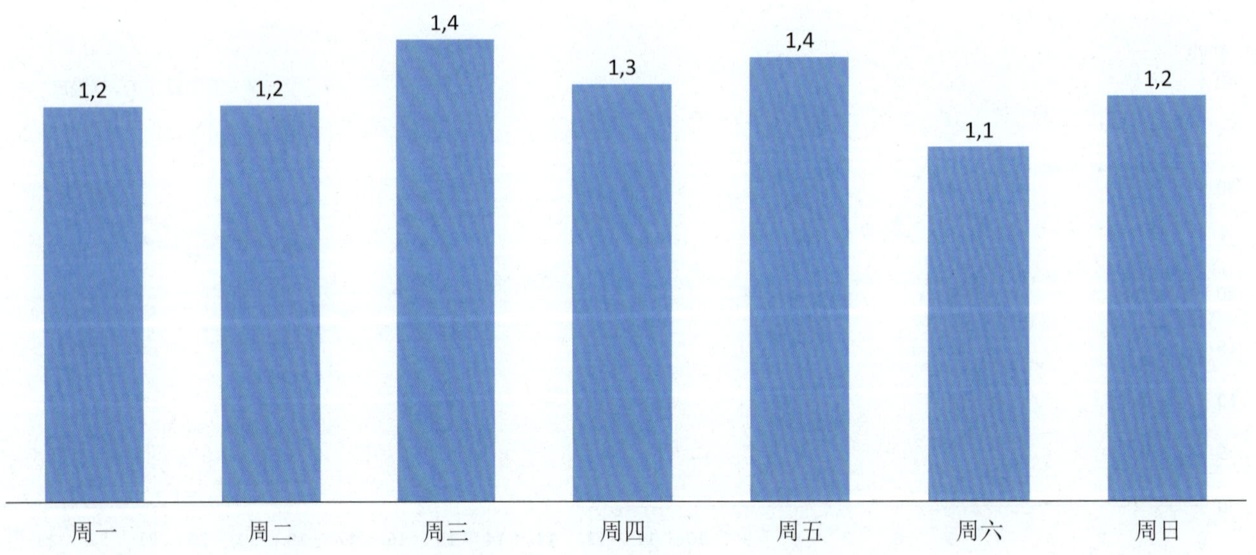

图 3 杭州一周内 NBTR 分布情况

从一天分小时的 NBTRI 分布数据来看，凌晨的 NBTRI 数值最小，而早高峰（7:00 ~ 9:00），晚高峰（17:00 ~ 18:00）的 NBTRI 数值较大，道路路况较差，这和我们理解的早高峰、晚高峰相符合，即在这个时间段，需要预留更多时间预防影响交通的不可靠因素的发生。

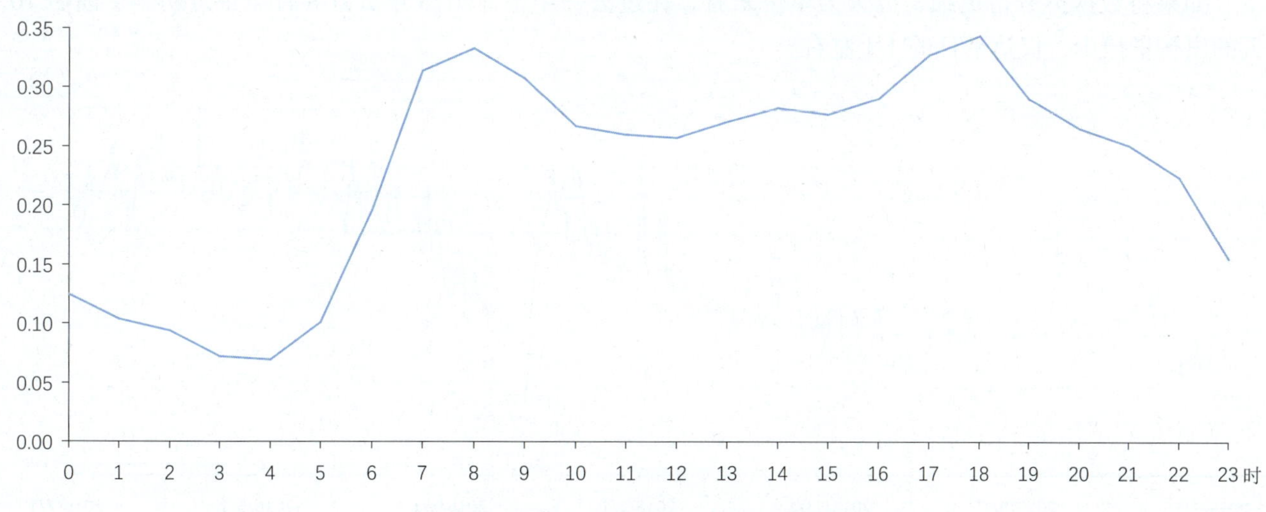

图 4 杭州 24 小时 NBTRI 分布情况

三、出行规律

1. 年度出行量分布及规律

节假日对杭州的出行量有较大影响，在 2015 年“十一”假期和 2016 年“春节”期间，城市整体出行量明显下降。虽然作为旅游城市，杭州在“十一”假期接待的外地游客更多，但似乎外地游客带来的城市出行增长，无法抵消本地市民在节假日出行量的降低。此外，2016 年上半年，滴滴出行的订单量比起 2015 年下半年有显著增长，说明自 2016 年 1 月起，滴滴出行在杭州的整体市场迅速扩大。

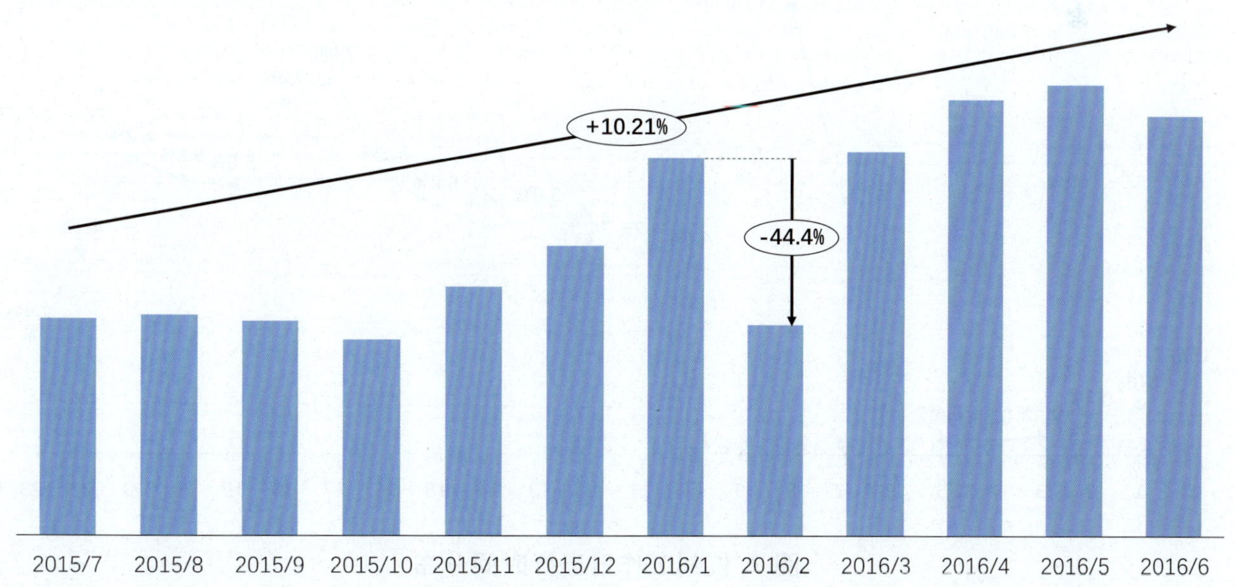

注：数据通过滴滴出行平台全量数据，结合统计周期内市场份额推算。

图 5 杭州智能出行量变化月趋势图（2015 年 7 月至 2016 年 6 月）

如果将数据拆分得更细，以天为单位来看，在过去一年里，2015 年 2 月 8 日（正月初一）前后 10 天的出行量最少，仅达平日的 1/4 左右。

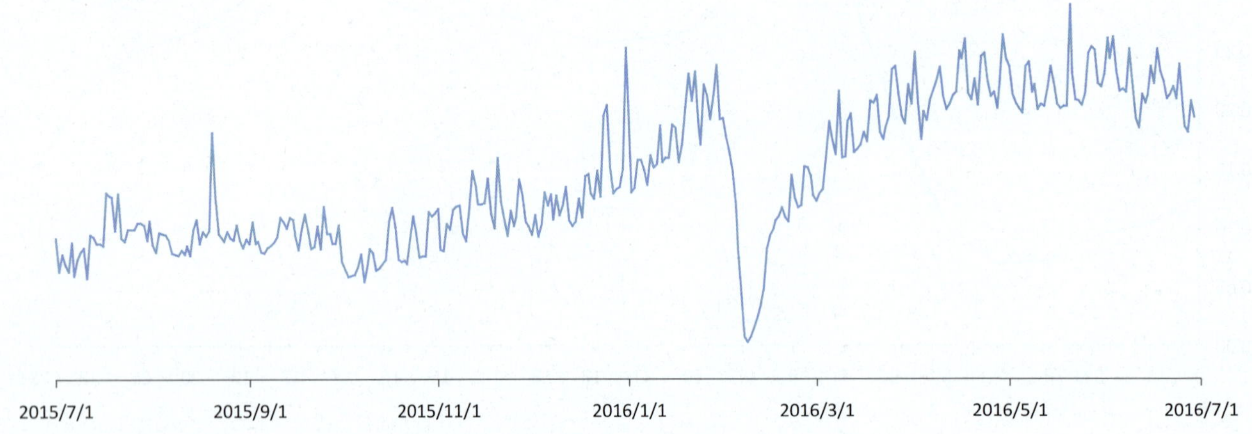

注：数据通过滴滴出行平台全量数据，结合统计周期内市场份额推算。

图 6 杭州全年智能出行量变化日趋势图（2015 年 7 月 1 日至 2016 年 7 月 1 日）

2. 工作日出行量分布及规律

在周一至周五的工作日，整体上，杭州每天有 3 个出行峰值，即早高峰（7:00 ~ 9:00，8:00 达到最高峰），晚高峰（17:00 ~ 18:00，17:00 达到最高峰），以及夜高峰（20:00 ~ 21:00），与北京类似。

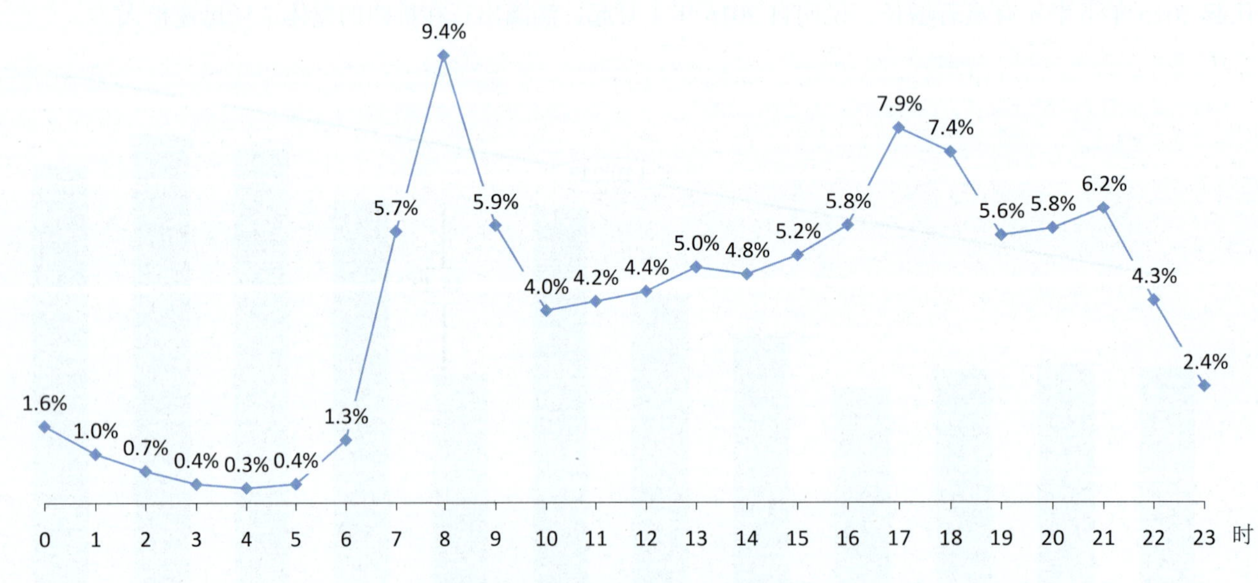

图 7 杭州工作日出行时间分布

3. 打车成功率

整体来看，不管是工作日还是节假日，杭州在凌晨 4:00 ~ 5:00 的打车成功率最低。工作日，早晚高峰打车成功率最低，早高峰 8:00 左右最低；节假日，晚高峰 21:00 ~ 22:00 的打车成功率较低，与工作日晚高峰的打车成功率相当，而节假日白天的打车难度则均匀分布，但整体比工作日更难打车。

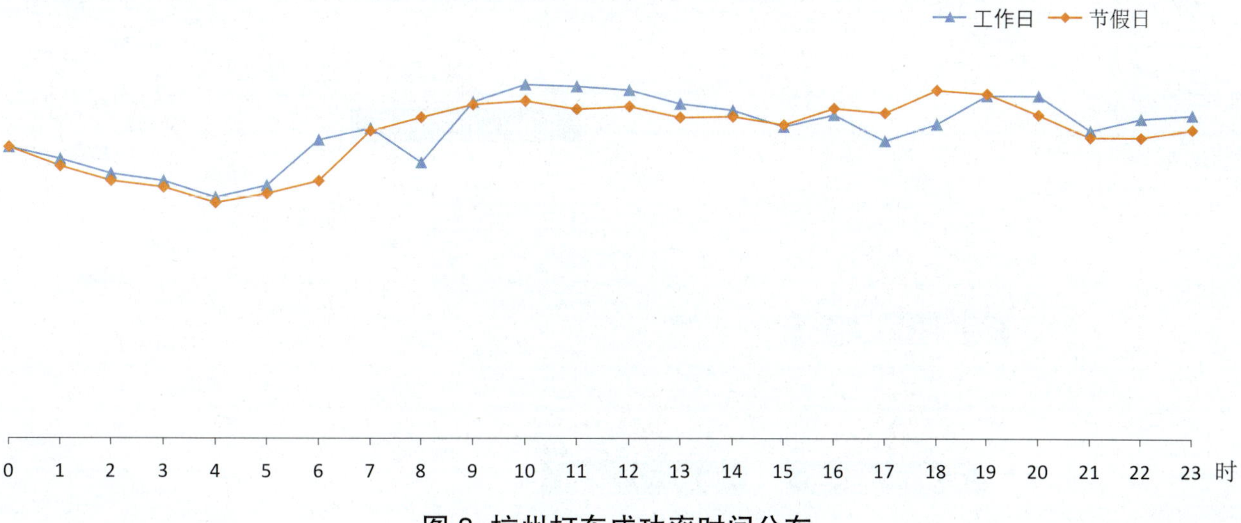

图 8 杭州打车成功率时间分布

4. 出行量集中区域

总体来看，街道口、新华大道与建设大道交叉口附近、航空路与青年路交叉口附近、汉口火车站、中南路中南广场附近、楚河汉街出行量最多。

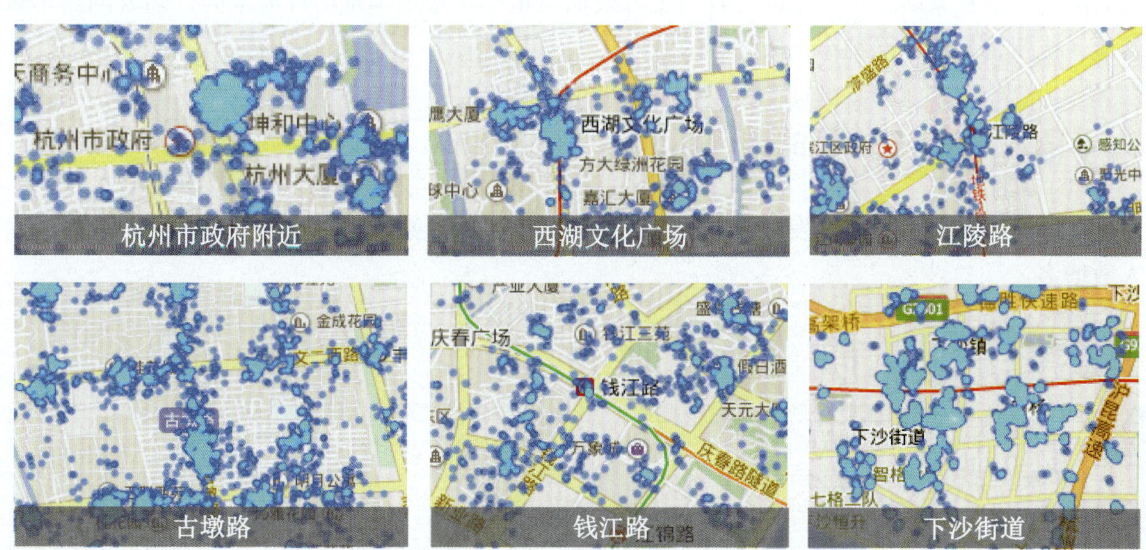

图 9 杭州部分区域打车需求热点分布

5. “打车难” 区域

过去一年，杭州市打车难地点主要集中在如下区域：

图 10 杭州打车难区域分布

可以发现，打车最难的地点并不是出行量集中的区域，而是西湖周边和西部下辖的临安市。至 2015 年 9 月，杭州市主城区有出租汽车 9910 辆，另有萧山 878 辆、余杭 723 辆、富阳 269 辆[iv]，但作为旅游城市，杭州 2015 年接待游客 1.23 亿，也即平均每天接待 33.8 万游客，而西湖又是游客必去景区，出行压力巨大。现在来看，加上郊区仅有的 1 万余辆出租车是很难满足出行需求的，随着网约车新政的逐步落地，杭州将是未来网约车大放光彩的城市。

6. 不同时间的出行目的地

对比工作日和节假日，我们发现，节假日去往商务楼宇的人数下降，而去往购物中心和休闲娱乐场所的人数增多。

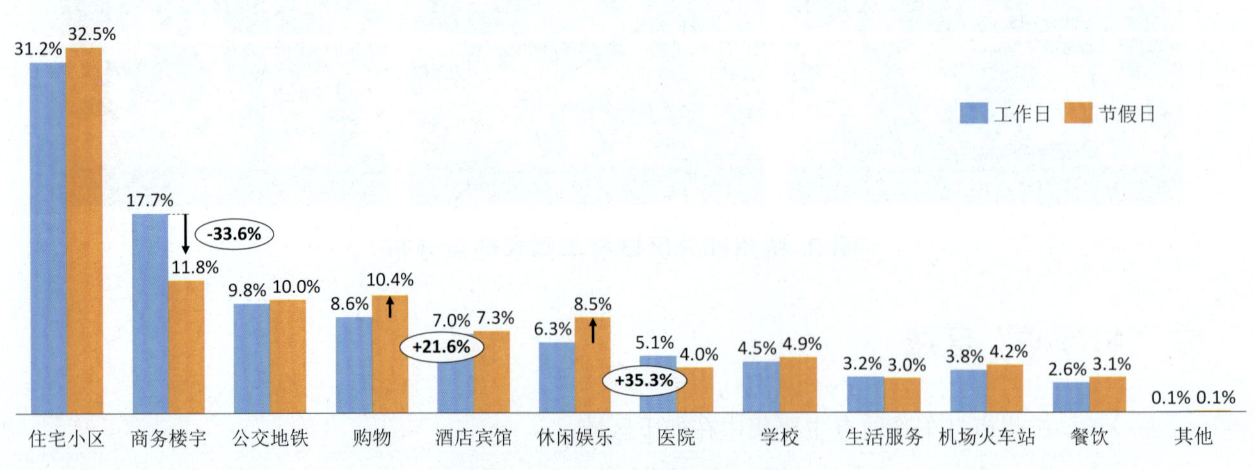

图 11 杭州打车目的地分布

iv 《杭州近万辆出租车即将面临改革 专家点赞新模式》，浙江在线 http://zjnews.zjol.com.cn/system/2015/09/14/020832004.shtml

工作日 8:00，打车去往商务楼宇的人最多，节假日这个时间段，打车去往商务楼宇的降幅最大，而打车去往休闲娱乐场所、机场火车站和购物中心的人数增加最多。

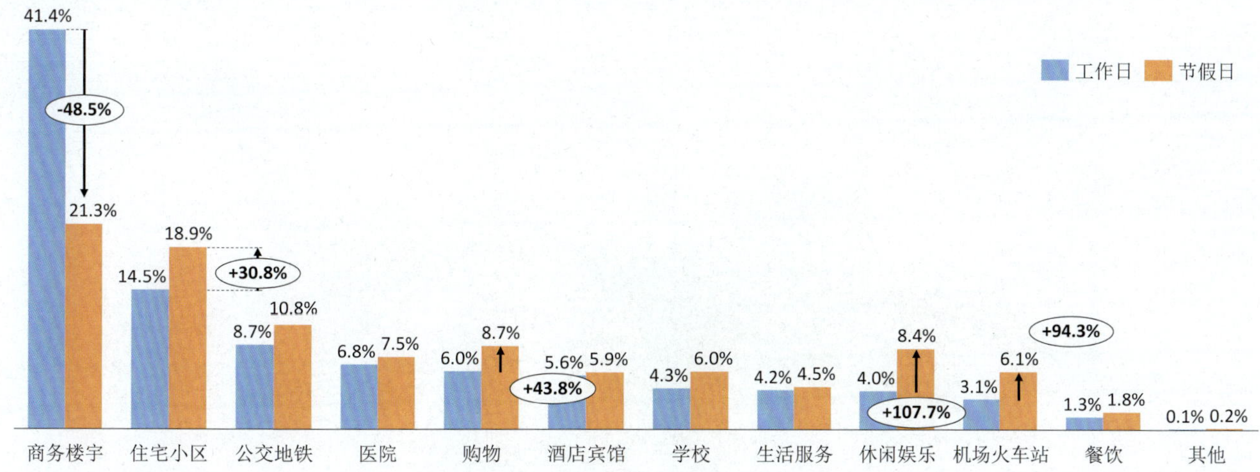

图 12 杭州 8:00 打车目的地 分布

在 18:00，不论是工作日还是节假日，打车到住宅小区的人数最多。具体来说，节假日晚上去购物中心、休闲娱乐场所和餐饮等地的人数比工作日多，而选择去住宅小区的人数比工作日少。虽然都是晚高峰，但目的地明显不同：工作日里忙碌了一天的杭州人更多选择下班回家，而在节假日，不少人则是刚开始夜生活。

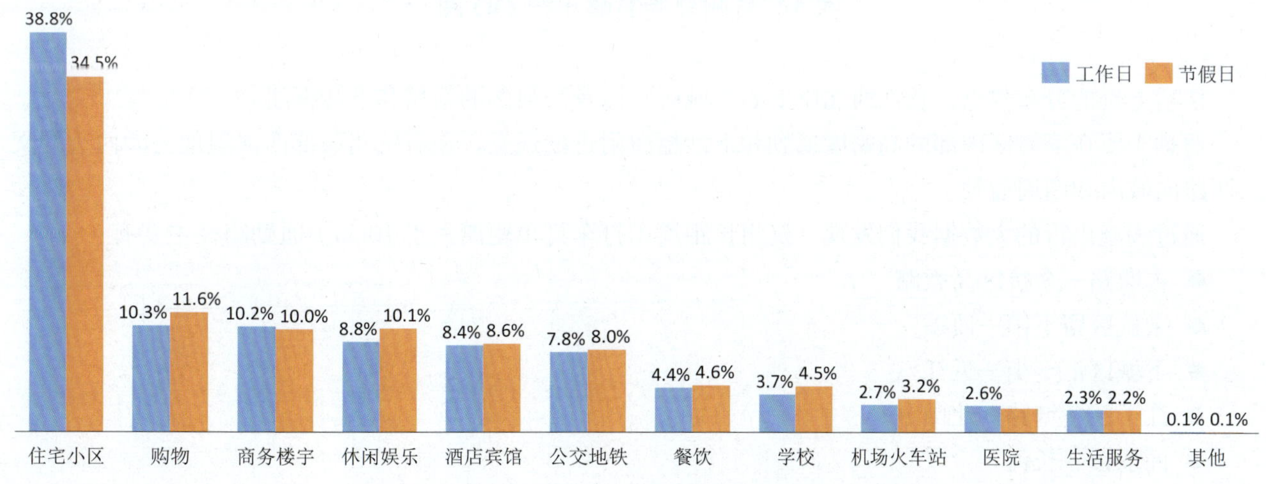

图 13 杭州 18:00 打车目的地 分布

7. 通勤路线

根据滴滴出行大数据平台，对杭州日常通勤订单进行分析发现：

注：上图通过打车订单的起点终点连线绘制，颜色从绿色到黄色，再到红色，越趋向红色表示该通勤线路的人数越多。

图 14 杭州早晚高峰出行 OD 图

住宿上班的分布热点，长江西北岸上的主城区，以及滨河区的新城和下沙枢纽。

通勤主要在滨海区内部的高密度通勤和下沙枢纽附近的通勤，还有杭州西部西溪湿地公园西边的文二西路向城内和四周通勤。

通过滴滴出行的大数据我们发现，杭州长距离（打车订单距离大于 10km）通勤路径主要有：

- 古墩路—余杭区高教路
- 余杭区留下镇—西溪
- 下城区汇丰街—近江
- 江干区备塘路—北山
- 闻堰镇—长河

四、特殊时间出行

1. 节假日：晚高峰和夜高峰

对比工作日的出行，杭州市民在节假日没有明显的早高峰，但晚高峰（16:00 ~ 18:00，峰值为 17:00）和夜高峰（20:00 ~ 21:00）则依然存在，并且晚高峰和夜高峰的时间波段和工作日的几乎一致。

另外，节假日上午的订单明显低于下午，从 10:00 开始，订单开始活跃，说明杭州人在节假日出门更晚，或许是因为更爱“睡到自然醒”。

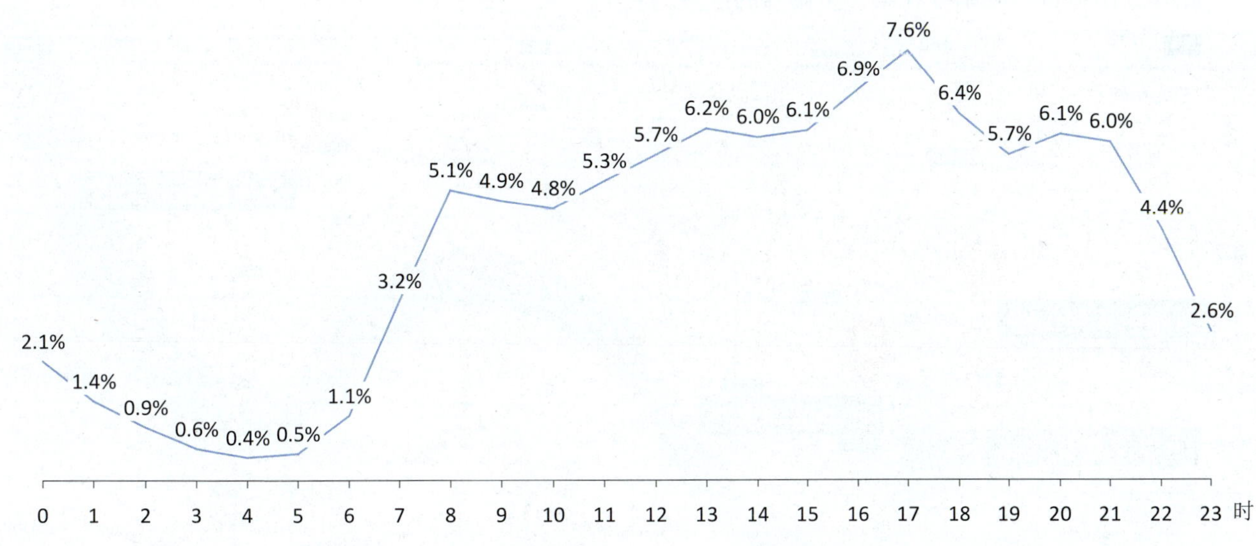

图 15 杭州节假日出行时间分布

2. 春节：空城现象明显

具体看 2016 年 2 月杭州出行量，从 2 月 1 日开始，出行量明显下降，2 月 8 日（正月初一）为一年中的最低位，仅达平日的 1/4 左右。春节期间，杭州常住人口中的大部分已经离开杭州，要么回到故乡与家人团聚，要么开启旅游模式，杭州成为“空城”。

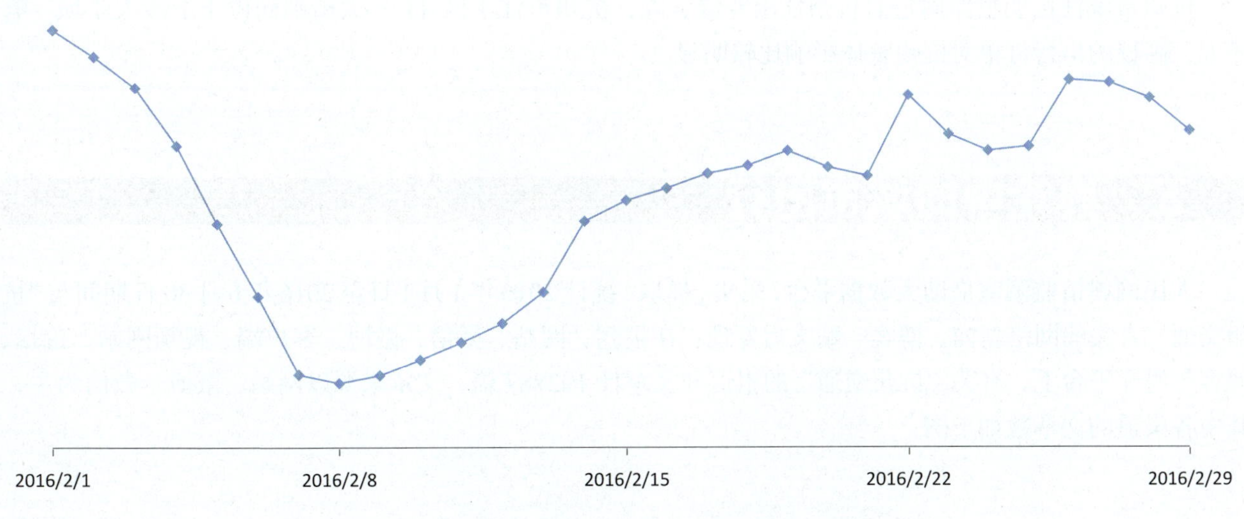

图 16 杭州 2016 年 2 月出行量变化趋势图

对比 2016 年 1 月 31 日和 2 月 7 日杭州市内各区域出行量的变化，可以发现：下降比例最大的区域为杭州市江干区金沙大道，下降 92 %。该区域拥有下沙大学城（浙江省最大规模的高教园区），集中了中国计量大学、浙江理工大学、杭州电子科技大学、浙江工商大学、杭州师范大学、浙江财经大学、浙江传媒学院、浙江水利水电学院等 15 所高校，在校师生 30 万人。由于春节期间学校放假，出行量大幅下降。

此外，出行量下降幅度在第二至第六的区域为：

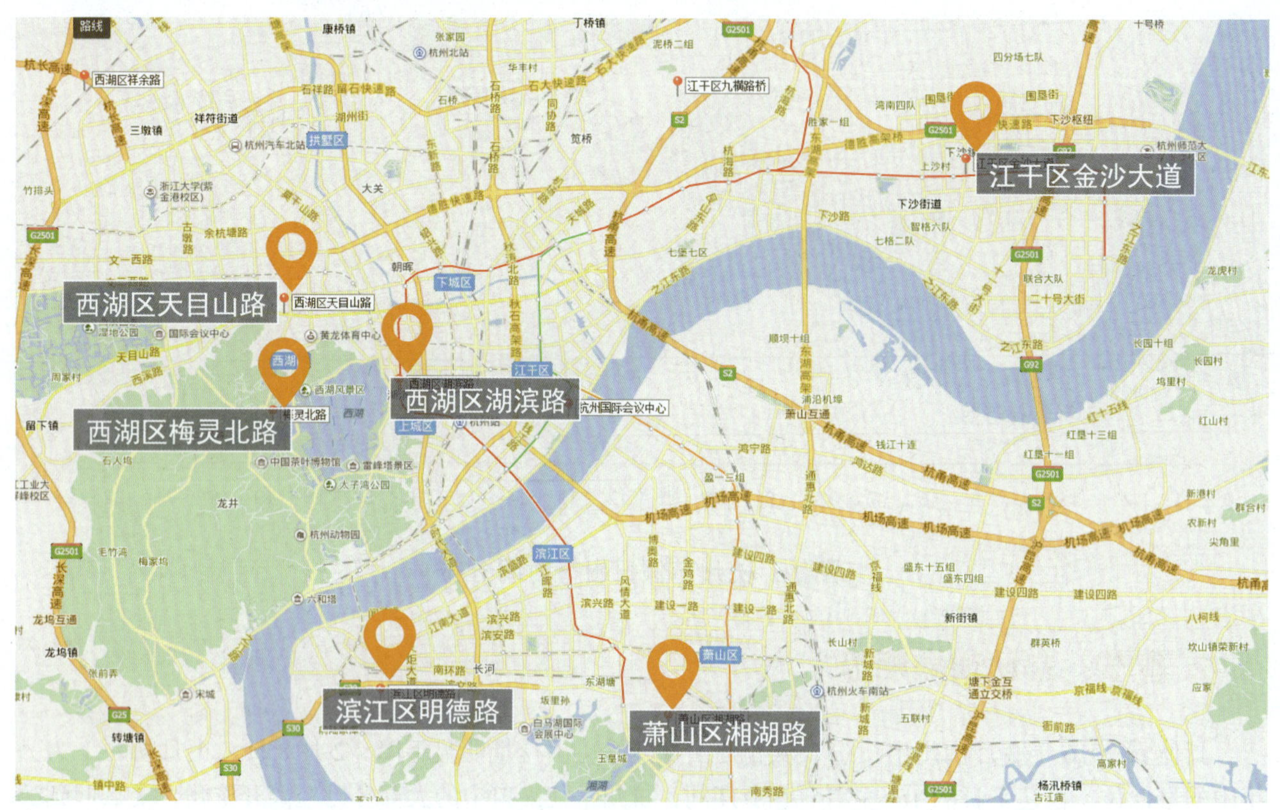

图 17 杭州春节期间出行下降最大的区域分布

杭州市滨江区明德路附近有杭州江南专修学院，杭州市江干区 11 号大街则同位于下沙大学城。整体上，高校的出行订单对杭州整体影响比较明显。

五、舆论中的城市出行

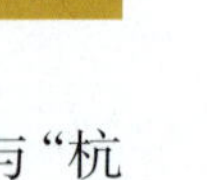

人民网舆情监测室借助大数据平台，采集、抓取、统计 2016 年 1 月 1 日至 2016 年 6 月 30 日期间与“杭州交通”有关的网络新闻、博客、贴文后发现：在报刊、网站、微信、微博、客户端、视频网站、论坛、博客等媒介平台上，有关“杭州交通”的报道和文章计 192887 篇，文章来源以网站、微博、微信为主，其中各渠道的文章数如下图：

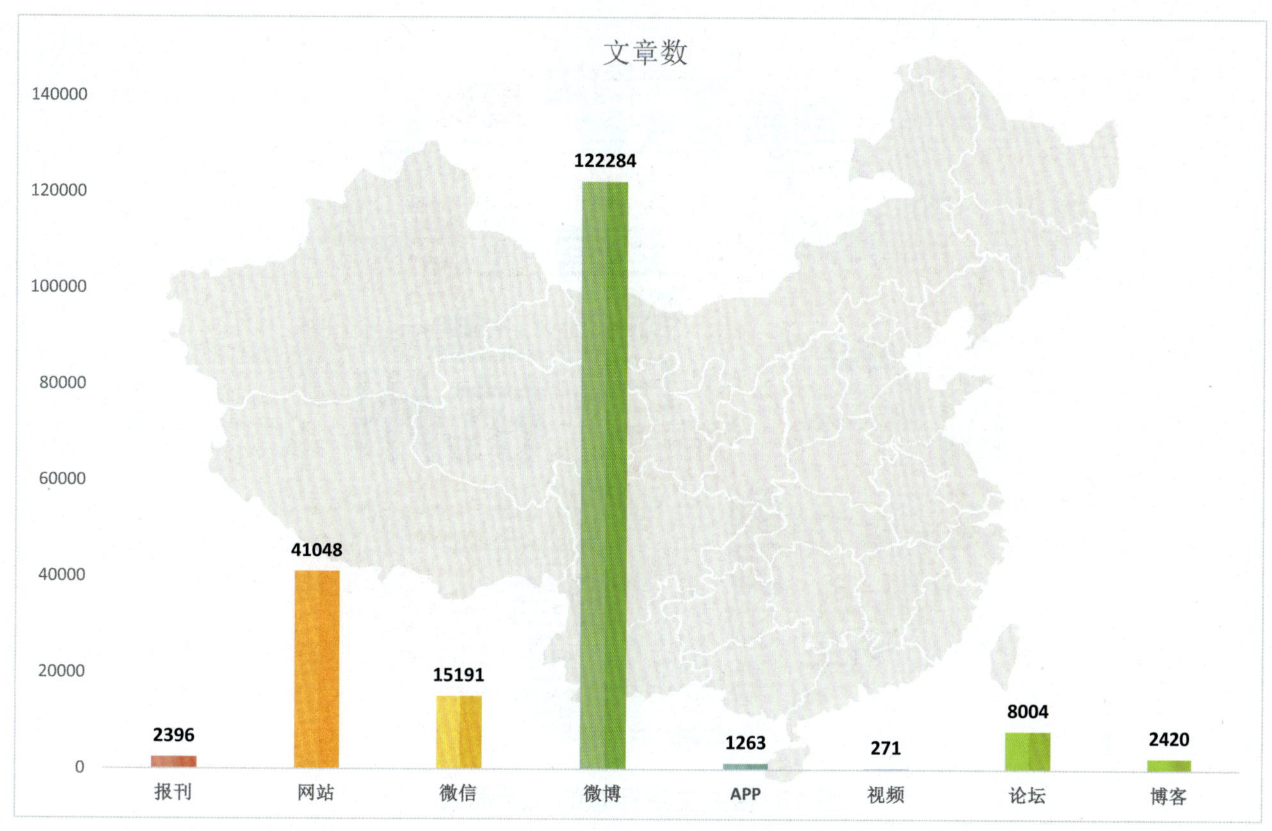

图 18 媒介平台相关文章数量

进一步对这些文章的标题进行词频统计，去除干扰词后，出现频次最高的 10 个名词分别为杭州、机场、地铁、萧山、公交（车）、浙江、春节、项目、航班、司机；频次最高的 10 个动词分别为建设、自驾、开通、规划、招标、投资、新增、施工、整治、开工。2016 年 9 月 4 日，20 国集团领导人第十一次峰会在杭州国际博览中心举行。为保障 G20 峰会的有序进行，并向世人呈现一个更美的杭州，过去一年，杭州进行了大量的交通基础设施建设，对各桥梁、码头、港口加以排查，增加公交、地铁的安检，总之，建设、施工、整治成为杭州交通的关键动作。得益于 G20，杭州全市的骨干路网更加通畅，路域环境明显提升，城市交通环境发生了巨大变化。

图 19 相关文章标题的高频词云

六、总结

整体上看，杭州拥堵较严重，在本书所涉及的城市中属中游水平。作为旅游城市，杭州交通受旅游客流的影响较大，特别是在节假日，平均车速和打车成功率比工作日更低。另外，杭州打车最难的地点并不是出行量集中的区域，而是西湖周边和临安。

2016 年 9 月，借 G20 东风，杭州在全世界人的面前展示了自己的柔美、创新、奋进，也正因此，吸引着越来越多的人前往旅游甚至定居。而交通出行是外地游客在城市生活的第一印象。其实，杭州智能出行起步早、规模大，在全国各大城市的专车发展中居于前列，杭州交通管理部门也提前介入，对网约车发展提出了行业指导。2015 年，杭州在全国率先启动出租车市场的深化改革，计划对出租车、网约车改革分两步走；2016 年 4 月，杭州运管联合公安、交警等多部门，成立网约车管理专班，要求各大平台上传人、车信息，进行司机背景筛查等。

来过杭州的朋友可能会发现，在杭州使用滴滴出行时，除了一般的车辆外，还有一种 2 人座微型乘用车“小滴”，2015 年 8 月 18 日，“滴滴快车 · 小滴”首次在杭州正式上线，800 辆电动车陆续出现在杭州街头，成为一种新的出行方式。2016 年 9 月 13 日，滴滴联合优步中国与快步租车签署战略合作协议，快步将在 3 年内陆续投放 2 万辆新能源电动车在滴滴优步平台上运营，首批 1000 辆车在杭州上线，滴滴方面表示，杭州将率先建设 500 个充电桩为车主提供充电服务 。[v]

---

v 《首批 1000 辆车在杭州上线 滴滴优步 3 年内新增 2 万辆新能源专车》，杭州网 http://hznews.hangzhou.com.cn/chengshi/content/2016-09/13/content_6293633.htm

合肥市

HEFEISHI

合肥城市出行大数据分析

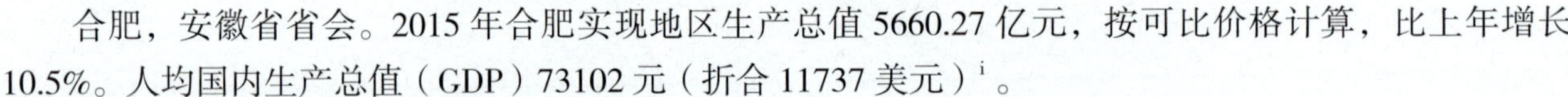

一、城市概况

合肥，安徽省省会。2015 年合肥实现地区生产总值 5660.27 亿元，按可比价格计算，比上年增长 10.5%。人均国内生产总值（GDP）73102 元（折合 11737 美元）[i]。

合肥也是全国重要的科研教育基地、现代制造业基地和区域性交通枢纽，长江中下游重要的中心城市之一。据国际在线介绍，合肥作为国家重要的科教中心、全国首座国家科技创新型试点城市已经加盟到长三角城市群协同发展的建设中来。合肥致力于打造“创新高地”，强力推进创新驱动发展战略，一批战略性新兴产业应运而生，成为当地经济发展的“强引擎”[ii]。

交通运输方面，2015 年，交通运输、仓储和邮政业增加值 206.28 亿元，比上年增长 3.4%。旅客运输量 1.46 亿人，货物运输量 3.26 亿吨。全年港口货物吞吐量 3006.47 万吨，增长 24.6%，其中外贸货物吞吐量 16.48 万吨，增长 1.02 倍。合肥新桥机场旅客吞吐量 661.3 万人次，增长 10.7%。与之相应的是合肥市区常住人口和机动车保有量的增长，根据 2015 年全国 1% 人口抽样调查结果，合肥市 2015 年末常住人口 779 万人，比上年增加 9.4 万人，其中市区户籍人口 251.04 万人，增加 5.67 万人。全市民用汽车拥有量 116.88 万辆，比上年增长 19.8%，其中私人汽车 96.43 万辆，增长 25.1%。民用轿车拥有量 75.59 万辆，增长 23.1%，其中私人轿车 69.32 万辆，增长 25.0%。另外，合肥地铁 1 号线 2016 年 8 月 1 日模拟试运行，12 月 31 日正式开通运营。可以说合肥的地铁刚刚起步，还没有为公共交通分流。

二、整体交通概况

1. 全年平均车速

过去一年（2015 年 7 月 1 日至 2016 年 7 月 1 日，下同），合肥市车速相对稳定，平均车速 25.3 km/h。春节期间日均车速达到峰值，超过 34.1km/h。

i 《合肥市 2015 年国民经济和社会发展统计公报》，“中国合肥”政府门户网站

ii 新兴产业激发创新发展 “合肥智造”撬动经济发展新动力，国际在线，2016 年 7 月 22 日

单位：km/h

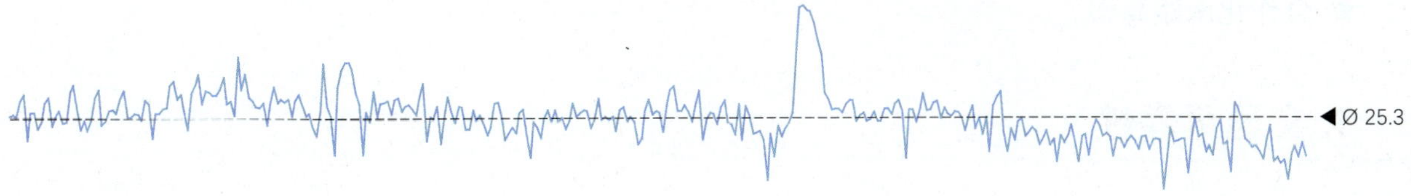

图 1 合肥日均车速变化趋势图（2015 年 7 月 1 日至 2016 年 7 月 1 日）

其中工作日平均车速 25 km/h，节假日平均车速 25. km/h，两者均低于北京的 24.7 km/h 和 27.5 km/h。

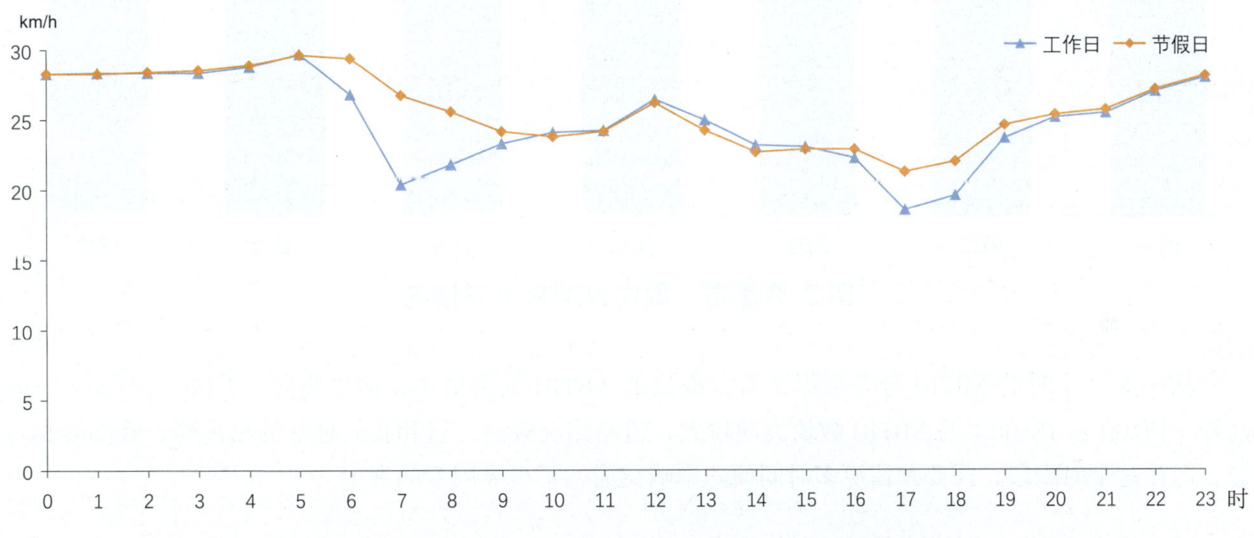

图 2 合肥工作日、节假日日平均车速变化趋势图

从具体时刻来看，工作日早高峰（7:00 ~ 8:00），晚高峰（17:00 ~ 18:00）车速最低；节假日日间车速相对稳定，没有明显低谷时段，说明节假日合肥地区的车流量基本保持稳定状态，本地人出行或外来游客的旅游并未给合肥的交通带来太大波动。

2. 拥堵路段

根据滴滴媒体研究院发布的《2016 上半年中国城市交通出行报告》，2016 年上半年，合肥市区最拥堵的路段如下：

- 瑶海区明光路
- 庐阳区红星路

- 包河区芜湖路
- 西一环路
- 合作化南路高架

3. 交通可靠性

过去一年，合肥一周内周三的道路可靠性最差，为了保证能按时到达目的地，合肥市民需要在正常耗时基础上，每公里预留出 1.6 分钟的出行缓冲时间。而双休日的交通可靠性稍优于工作日。

（交通可靠性指标的定义和解读参见“北京篇”P32 对应部分。）

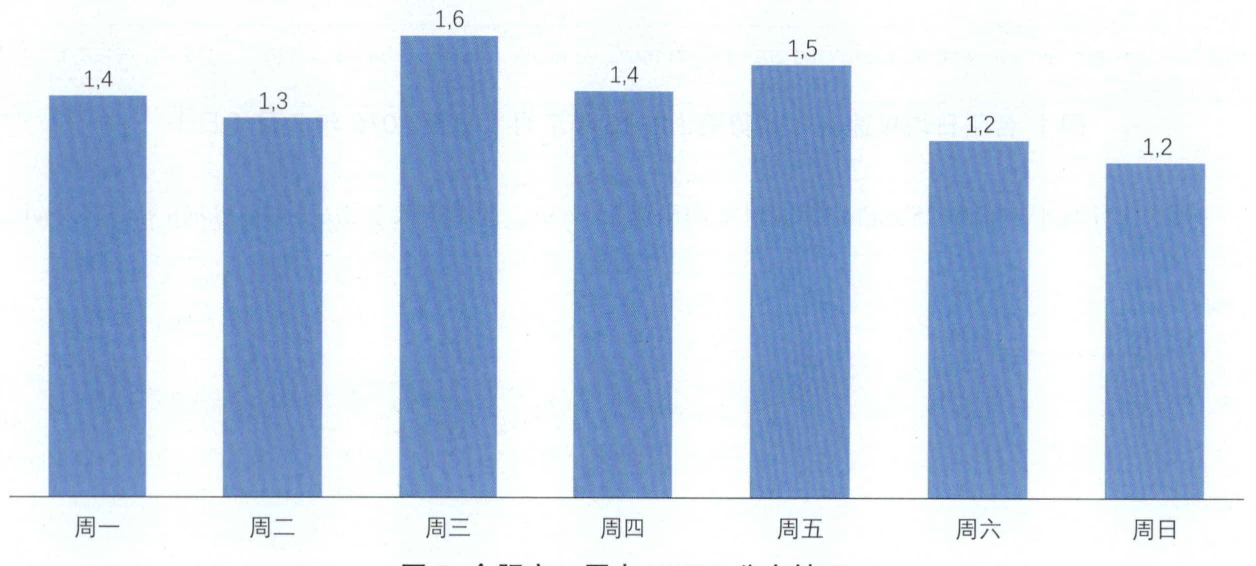

图 3 合肥市一周内 NBTR 分布情况

从一天分小时的 NBTRI 分布数据来看，凌晨的 NBTRI 数值最小，而早高峰（7:00 ~ 8:00），晚高峰（17:00 ~ 18:00）的 NBTRI 数值波动较大，道路路况较差，这和我们理解的早高峰、晚高峰相符合，即在这个时间段，需要预留更多时间预防影响交通的不可靠因素的发生。

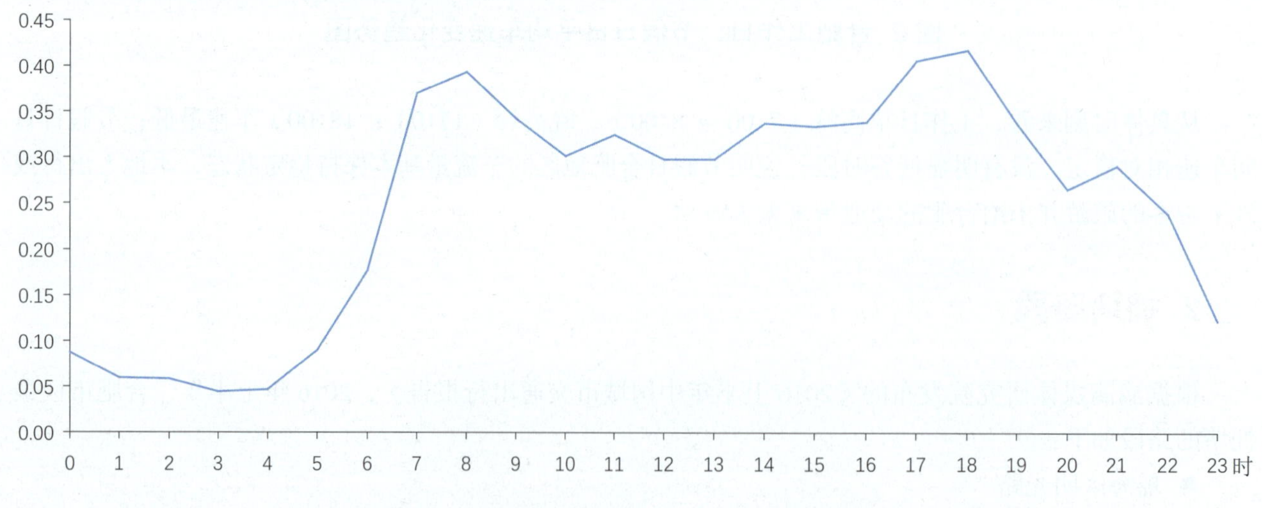

图 4 合肥市 24 小时 NBTRI 分布情况

三、出行规律

1. 年度出行量分布及规律

过去一年，除 2 月外，其他月份的智能出行人数总体呈前期稳定、后期爆发上涨趋势：从 2015 年 7 月至 2016 年 3 月，城市智能出行量比较稳定；2 月受春节假期影响，城市整体出行量均环比下降 28.5%。但整体降幅远小于北京、上海等一线城市；4 月后，出行量翻倍增长。

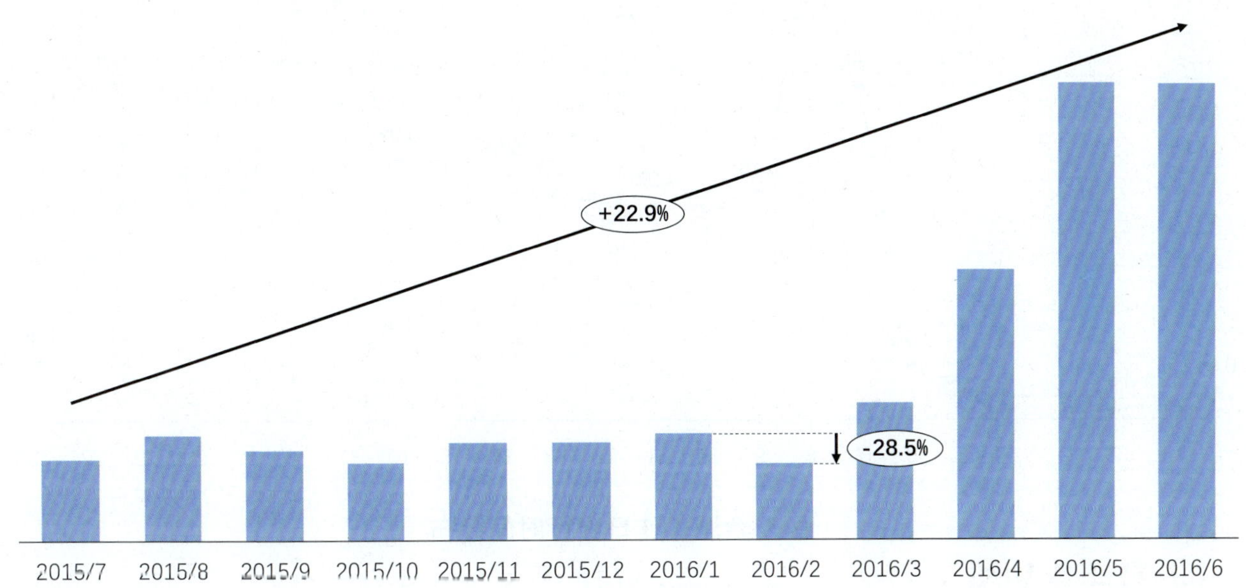

注：数据通过滴滴出行平台全量数据，结合统计周期内市场份额推算。

图 5 合肥智能出行量变化月趋势图（2015 年 7 月至 2016 年 6 月）

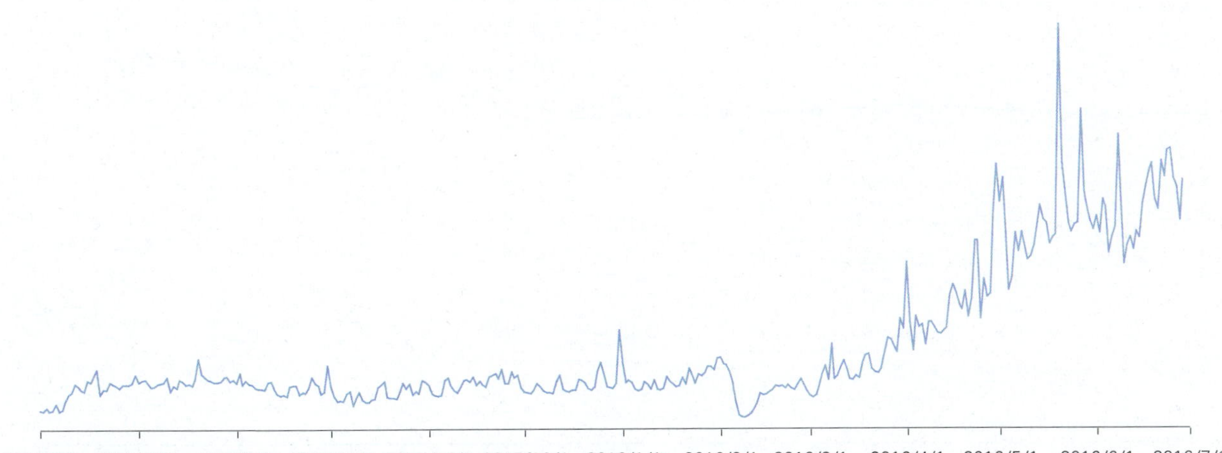

注：数据通过滴滴出行平台全量数据，结合统计周期内市场份额推算。

图 6 合肥全年智能出行量变化日趋势图（2015 年 7 月 1 日至 2016 年 7 月 1 日）

2. 工作日出行量分布及规律

在周一至周五的工作日，整体上，合肥每天有 3 个出行峰值，即早高峰（7:00 ~ 8:00，8:00 达到最高峰），晚高峰（17:00 ~ 18:00，18:00 达到最高峰），以及夜高峰（20:00 ~ 21:00，21:00 达到最高峰），21:00 之后出行量迅速下降。早晚高峰出行量增加明显，达到白天日间的 2 倍，夜高峰出行量增加则不突出，说明合肥人似乎并不热衷过夜生活。

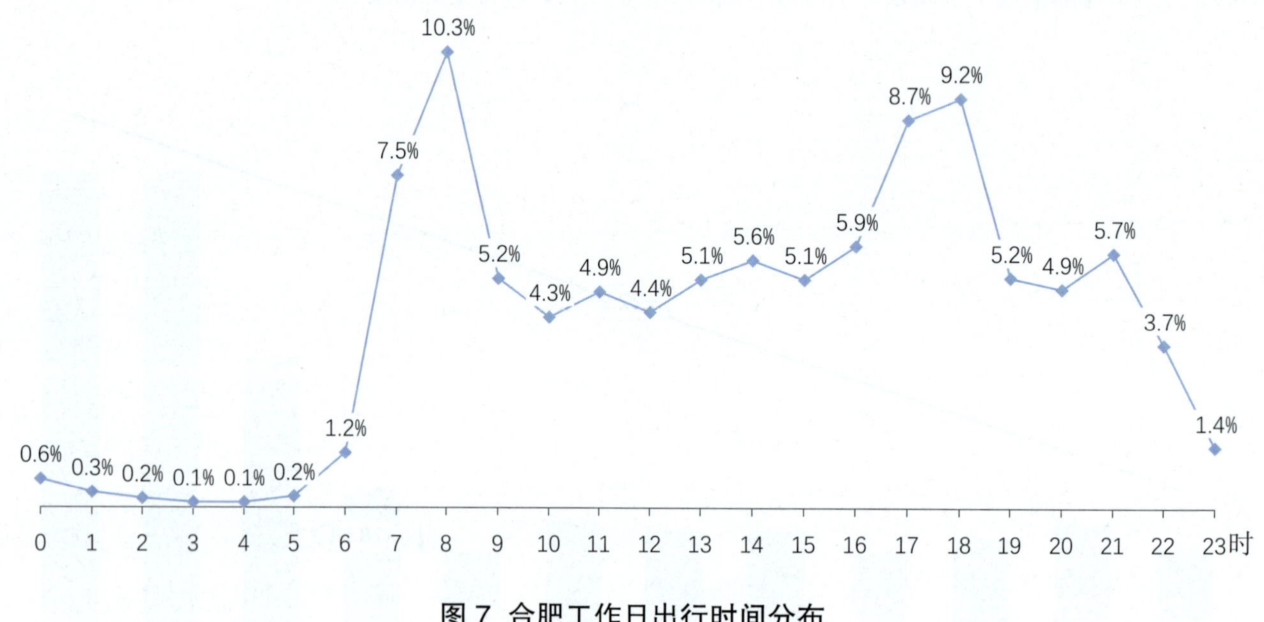

图 7 合肥工作日出行时间分布

3. 打车成功率

过去一年，合肥智能出行整体打车成功率缓中略有上升；2016 年 3 月以后，打车成功率有明显上升。这在一定程度上证明，随着智能出行在合肥的发展，为合肥市民的出行提供了有效供给，提升了市民出行质量。

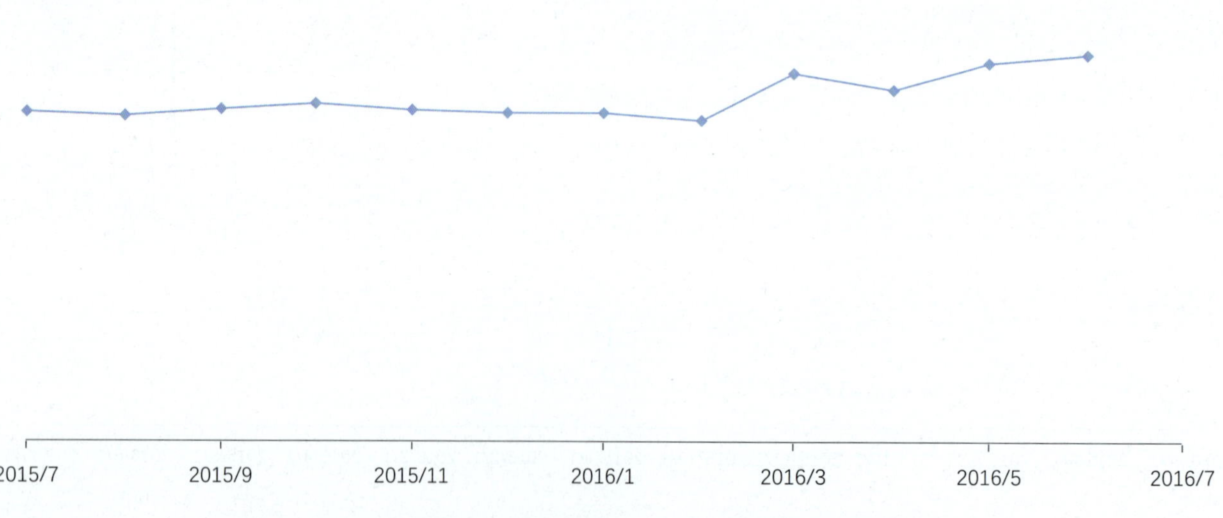

图 8 合肥打车成功率分布（2015 年 7 月至 2016 年 6 月）

全天来看，不管是工作日还是节假日，合肥在凌晨 4:00 ~ 5:00 的打车成功率最低。在工作日，早晚高峰时打车成功率较低，早高峰 8:00 左右最低；节假日整体比较稳定，打车成功率基本比工作日略低。

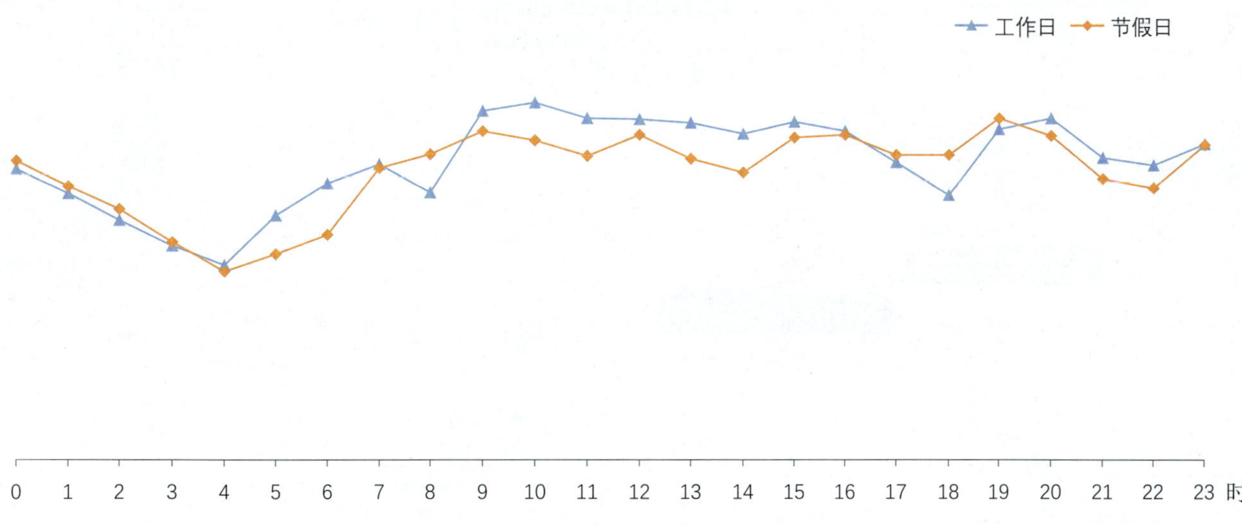

图 9　合肥打车成功率时间分布

4. 出行量集中区域

总体来看，万欢购物广场附近、繁华大道与翡翠路交叉口、繁华大道国际会议中心、瑶海区华阳路、瑶海区政府（芜湖路）、合作化南路出行量最多。

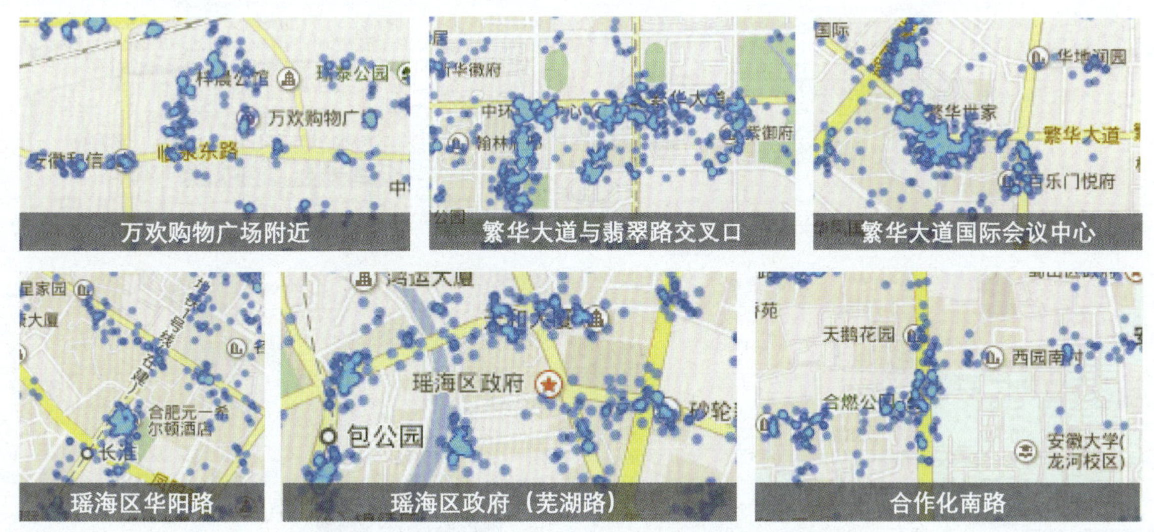

图 10　合肥部分区域打车需求热点分布

5. “打车难”区域

图 11 合肥早高峰打车难区域分布

图 12 合肥晚高峰打车难区域分布

6. 不同时间的出行目的地

整体来看，智能出行目的地集中在住宅小区和商务楼宇，节假日和工作日相比，去往商务楼宇的人数下降 34.2%，去往休闲娱乐场所、购物中心的人数分别上升 24.6% 和 15.9%。

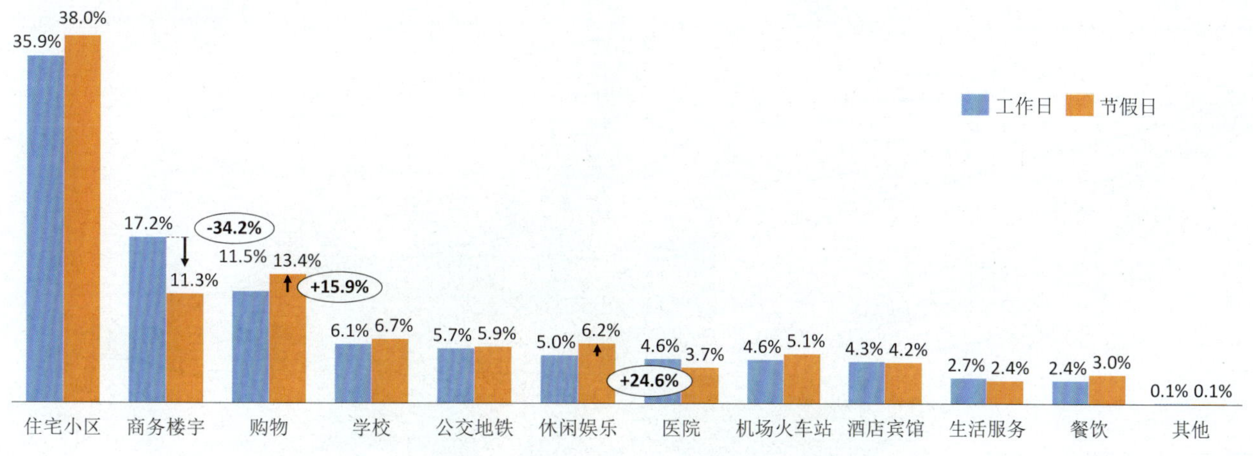

图 13 合肥打车目的地分布

从合肥 8:00 打车目的地分布图可以看出，工作日去往商务楼宇的人占比最多，节假日比工作日减少 44.4%；节假日去往住宅小区的人占比最多，比工作日多 24.4%，其次相比工作日增幅较大的目的地是休闲娱乐场所和机场火车站。与上海等地不同，合肥人周末出行反而更愿意选择公交地铁，并且数据说明，火车也是本地对外运输的重要工具。

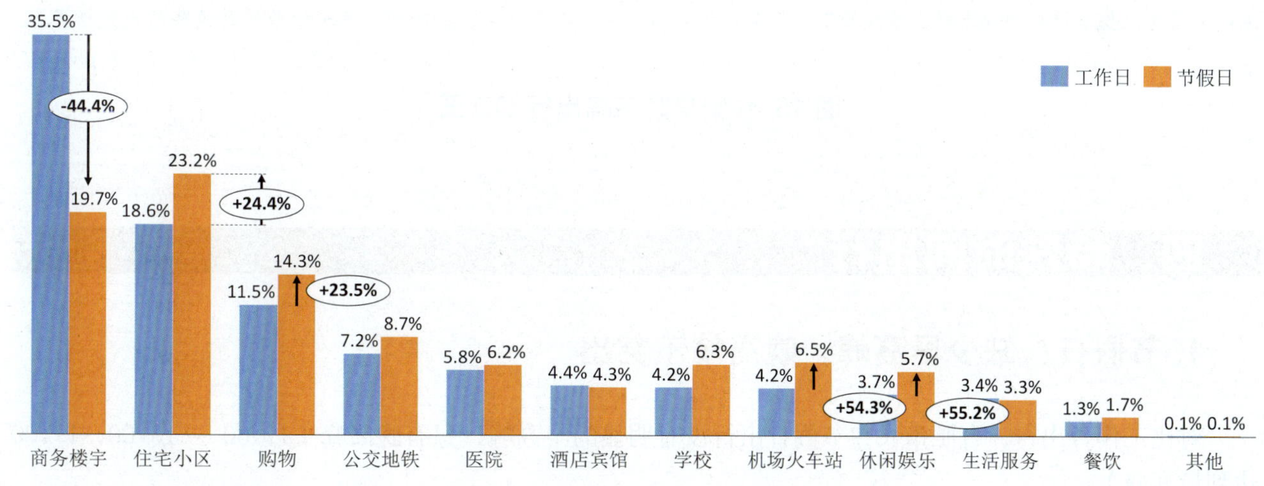

图 14 合肥 8:00 打车目的地分布

7. 通勤路线

根据滴滴出行大数据平台，对合肥日常通勤订单进行分析，结合合肥的城市规划，主要通勤区域分布在合肥的西北部靠近合肥两大水库周围。

通勤主要集中在合肥东北部合肥火车站周围的高密度通勤、合肥西站向偏西北方向的通勤，以及合肥南站向市内的通勤和向南的长距离通勤。其中南京路酒店住宅区—滨湖时代广场及洪石公园住宅区—新地中心办公区，是打车人数较多的通勤路线。

注：上图通过打车订单的起点终点连线绘制，颜色从绿色到黄色，再到红色，越趋向红色表示该通勤线路的人数越多。

图 15 合肥早晚高峰出行 OD 图

四、特殊时间出行

1. 节假日：缺少早高峰，晚高峰不突出

对比工作日出行，合肥市民在节假日出行没有明显的早高峰，只有晚高峰（17:00 ~ 18:00，17:00 达到最高峰）。

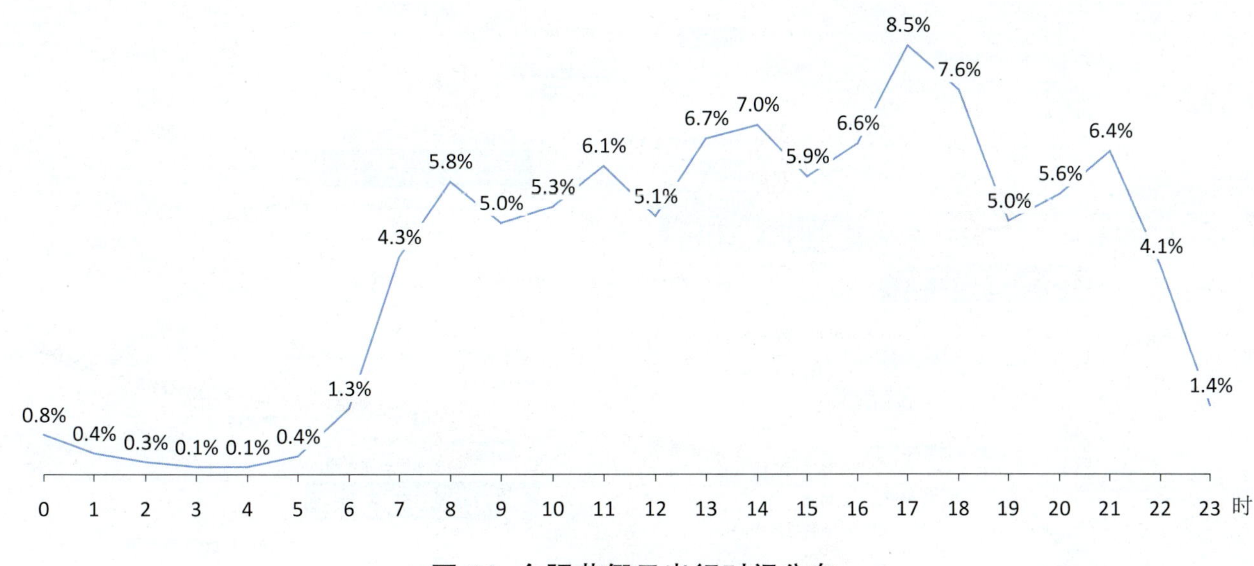

图 16 合肥节假日出行时间分布

2. 春节：空城现象明显，返乡和学校放假是主要原因

具体看 2016 年 2 月合肥出行量，从 2 月 1 日开始，出行量明显下降，2 月 8 日（正月初一）为一年中的最低位。春节期间，合肥不少常住人口，已经离开合肥，特别是打工族，回到故乡与家人团聚，直到 2 月底，出行量也没有回归到 2 月初的水平。可以想见的是，合肥作为承接长三角产业转移的重点城市，近年来工业经济有很大发展，新产业的布局吸引了新的劳动力，也为这座城市带来新的活力。

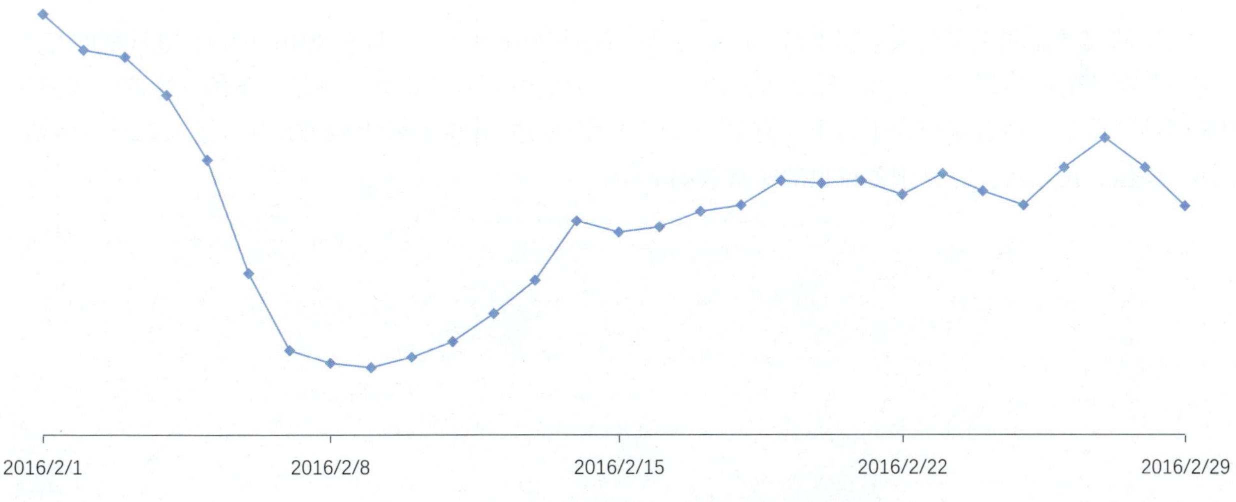

图 17 合肥 2016 年 2 月出行量变化趋势

对比 2016 年 1 月 31 日至 2 月 7 日合肥市内各区域出行量的变化，可以发现：下降比例最大的区域为合肥市蜀山区天都路，下降 87%。该区域拥有安徽省合肥学院、安徽省建筑大学和安徽三联学院、安徽省建设工程测试研究院等高校和科研院所。由于春节放假，师生离校，导致出行量大幅下降。蜀山区黄山路春节出行量下降也与师生放假密切相关。蜀山区望江西路、包河区包河大道和瑶海区和平路的春节出行量下降与大量上班族回家探亲或外出旅游相关。

图 18 合肥春节期间出行量下降最大的区域分布

五、舆论中的城市出行

人民网舆情监测室借助大数据平台，采集、抓取、统计2016年1月1日至2016年6月30日期间与“合肥交通”有关的网络新闻、博客、贴文等，通过统计研究后发现：在报刊、网站、微信、微博、客户端、视频网站、论坛、博客等媒介平台上，有关“合肥交通”的报道和文章计84051篇，文章来源以网站、微博、微信、论坛为主，其中各渠道的文章数如下图：

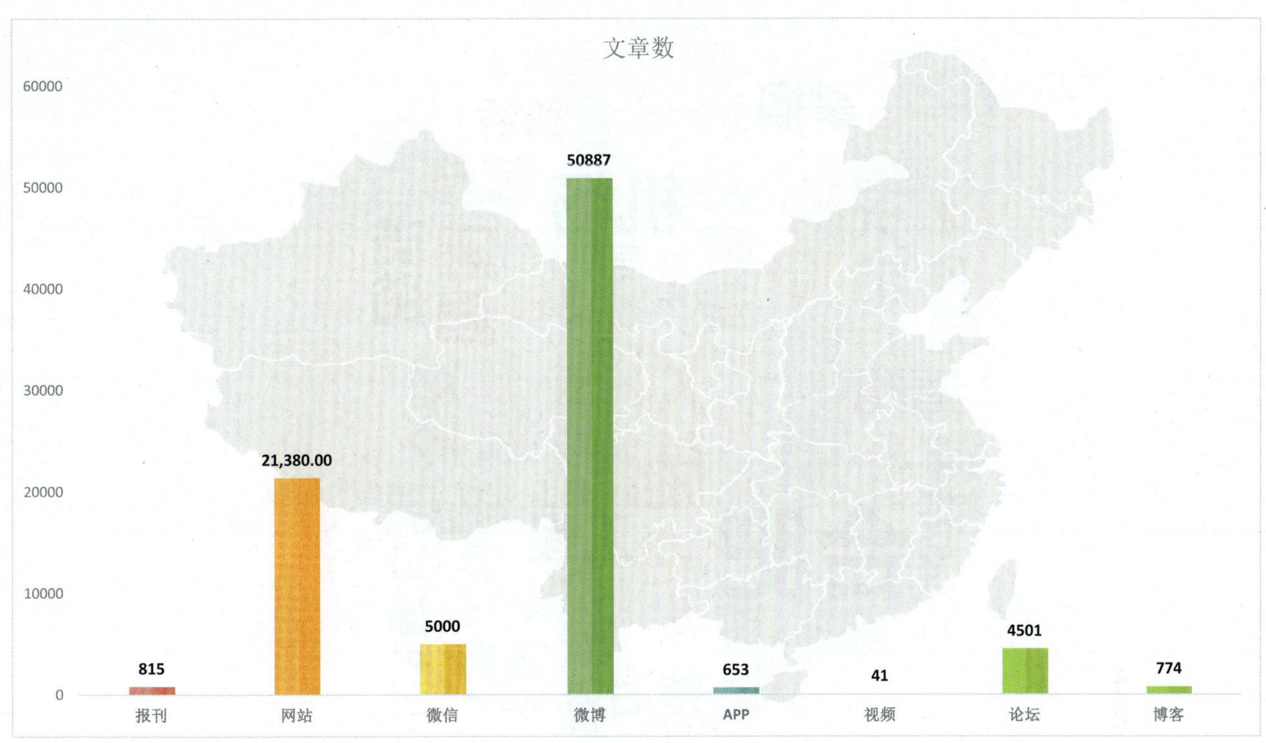

图 19 媒介平台相关文章数量

进一步对这些文章的标题进行词频统计，去除干扰词后发现：在相关报道中，出现频次最高的 10 个名词分别为合肥、地铁、交通、公交（车）、机场、轨道、环境、长假、新桥、项目；频次最高的 10 个动词分别为建设、开建、运营、规划、开工、施工、连线、通车、改造、生产。其中，“地铁”“机场”“轨道”和“新桥”等词出现频次较高，作为二线城市崛起的代表，合肥近年来统筹全市交通规划，在“十三五”总体规划中，“以完善合肥经济圈、皖江城市带骨干路网、对接长三角、连通中四角为重点，加快建设内外畅通、布局合理、功能完善、绿色便捷的现代综合交通运输体系，到 2020 年初步建成全国重要的综合性交通枢纽。”大力推进合肥轨道交通建设，5 年内投运 5 条地铁线，强化和改善了城市路网建设，缓解市区交通拥堵状况。据悉，为了更好地对接地铁，方便市民上下班，合肥市还计划开建多个“P+R”公共停车场，为市民提供更加周到的城市停车换乘体验。空中交通方面，按照《关于加快开放平台建设发展的实施意见》，2017 年，将启动新桥国际机场二期建设，把新桥国际机场建设成为全国性综合航空枢纽港。《“十三五”规划纲要》指出，“到 2020 年，合肥市计划开通一批民航运输机场，建成若干通用机场，形成以合肥新桥国际机场为中心，支线机场为节点，通用机场为补充，覆盖全省、辐射周边、通达全国及部分国家的民用航空网络，合肥成为区域性航空货运枢纽。”

图 20 相关文章标题的高频词云

六、总结

从数据来看，合肥的交通状况相对于其他大城市来说较为良好：全年平均车速为 25.3 km/h，在所有城市中位居上游水平；合肥市工作日出行早晚高峰明显，夜高峰则并不突出；节假日期间，合肥的车流量基本维持稳定状态，本地人出行或外来游客的旅游并未给合肥的交通带来太大影响。一个有趣的现象是，其他城市出行量最大的地区往往集中于商圈或居民区，而合肥市出行量最大的地区则与高校及科研院所关联度较高，作为重要的科教中心，合肥市在交通热点上也体现出一定的“学术范儿”。

2016 年，合肥市的智能出行人数和订单数量明显增长，打车成功率也随之提高。以滴滴打车为代表的智能出行模式成为市民又一种出行方式。

值得注意的是，合肥市承担了国家智能交通项目，是智能交通的试点城市。在《中国智能出行 2015 大数据报告》中，合肥作为省会城市在多项榜单中名列前茅：在全国诚信度最高的十大城市中，合肥排名第六；在全国最守时的城市排名中，合肥排名第三。

青岛市

QINGDAOSHI

青岛城市出行大数据分析

一、城市概况

青岛，山东省省辖市、计划单列市、副省级城市。同时，是山东省经济中心城市、全国首批沿海开放城市、全国文明城市、国家卫生城市、国家园林城市、国家森林城市，常被媒体评为中国最具幸福感的城市、宜居城市和休闲城市。青岛还有“世界啤酒之城”“世界帆船之都”的美誉，是国务院批准的山东半岛蓝色经济区规划核心区域龙头城市。

青岛下辖6个市辖区、4个县级市，有一个国家级新区（青岛西海岸新区）。据《青岛市2015年国民经济和社会发展统计公报》，2015年末全市常住总人口909.70万人，其中市区常住人口490.22万人。全市建成区面积570平方公里。初步核算，2015年全市生产总值9300.07亿元，按可比价格计算，比上年增长8.1%。

说到青岛，不得不提青岛的旅游属性，青岛是国家历史文化名城、重点历史风貌保护城市、首批中国优秀旅游城市，拥有崂山风景名胜区、青岛海滨风景区等国家级风景名胜区。

2015年，青岛接待游客总人数7455.8万人次，比上年增长8.9%；实现旅游消费总额1270.0亿元，比上年增长14.1%。

青岛拥有青岛站、青岛北站、胶州站、胶州北站、莱西站等火车站；高速公路里程818.4公里、全市公路通车里程16301公里，公路密度每百平方公里146.8公里[i]；青岛流亭国际机场是山东省规模最大、吞吐量最高的机场；航运上，2016年上半年，青岛港货物总吞吐量2.21亿吨。青岛市机动车保有量以每年10%左右的速度递增，至2016年2月底，全市机动车223.6万辆[ii]；至5月底，青岛驾驶人超过292万人，按照青岛市900万的人口来计算，每3个人中就有1名驾驶人[iii]，因此，在青岛市内，道路交通供需矛盾突出。

二、整体交通概况

1. 全年平均车速

i　山东公路官网 http://www.sdgl.gov.cn/tabid/110/ctl/InfoDetail/InfoID/256/mid/460/Default.aspx?ContainerSrc=[G]Containers%2f_default%2fNo+Container

ii　《智能交通一期获点赞 二期今年拟完成设计招标》，中国网山东 http://sd.china.com.cn/a/2016/xjoe_0907/695783.html

iii　《青岛司机即将突破300万 每3人中就有1名司机》，中国网山东 http://sd.china.com.cn/a/2016/renshirenmian_0630/574956.html

过去一年（2015 年 7 月 1 日至 2016 年 7 月 1 日，下同），青岛车速整体稳定、节假日波动明显：平均车速 22.7km/h，处于下游水平；春节期间，受“空城”影响，日均车速 29.9km/h；2015 年“十一”假期，2016 年清明、“五一”假期出现车速小高峰，平均车速分别为 25km/h、24.8km/h、24.3km/h；整体来看，2015 年下半年平均车速较低，特别是 7、8 月旅游旺季，车速均在平均水平以下，而 1 月至 9 月初车速显著上升，可见外地游客也对当地交通造成一定压力。在“十一”、春节、“五一”前几天，车速降低明显，与其他城市一样，说明本地居民“提前放假”的情况比较普遍。

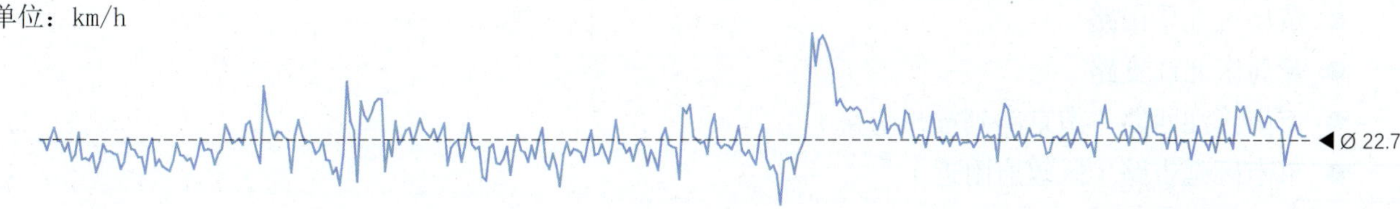

图 1 青岛日均车速变化趋势图（2015 年 7 月 1 日至 2016 年 7 月 1 日）

从具体时刻看，在工作日 7:00 ~ 8:00 是早高峰，17:00 ~ 18:00 形成晚高峰；在节假日，白天平均车速起伏不大，其中 10:00 ~ 11:00 略低，可见人们在睡懒觉后推迟了出行时间，17:00 车速略低，是由于回家高峰，到 18:00 后，车速直线上升，甚至高于工作日。可见青岛常住居民即使在节假日，晚上的“夜生活”似乎并没有比工作日更丰富。

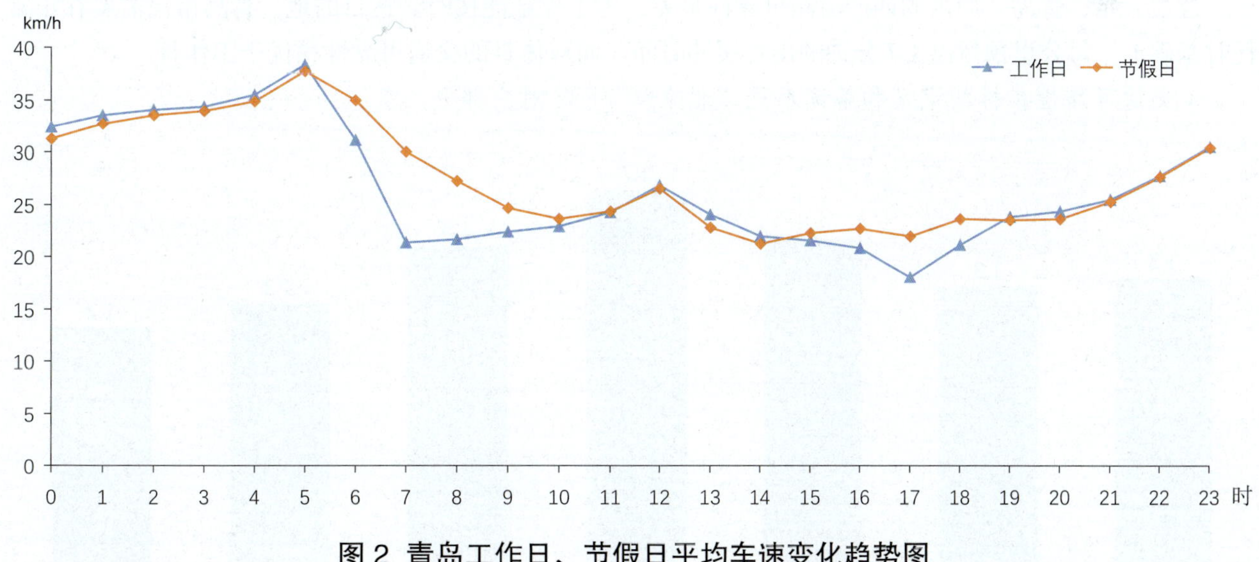

图 2 青岛工作日、节假日平均车速变化趋势图

2. 拥堵路段

根据滴滴出行、第一财经商业数据中心在 2016 年 1 月发布的《中国智能出行 2015 大数据报告》，青岛市区最易发生拥堵的路段。

早高峰易拥堵路段：

- 黄岛区北江支路
- 黄岛区九华山路
- 黄岛区井岗山路（长江中路到漓江西路）
- 市南区登州路（登州路体育场附近）
- 市北区人民路（杭鞍高架路）

晚高峰易拥堵路段：

- 黄岛区九华山路
- 黄岛区北江支路
- 市南区江西路（南京路到福州南路）
- 市南区延吉路（区政府附近）
- 市北区鞍山路

整体上看，青岛市拥堵路段集中在黄岛区、市南区和市北区，且不少路段的拥堵情况在早晚高峰时都出现。这些路段大都是CBD、商圈附近，办公场地和娱乐设施集中，故拥堵情况不会随时间而有变化。黄岛区是青岛市第一大行政区，青岛国际啤酒节举办地。黄岛区北江支路、井冈山路、九华山路3条路相互靠近，且均为南北走向，周边集中有住宅小区、青岛开发区高校毕业生创业孵化基地、学校等等，出行量较大。市南区东部商圈则分布着青岛市政府等市级职能单位，城市功能过度集中，多条道路施工及旅游旺季等因素加剧了拥堵。香港中路是青岛最繁华、最具有国际“范儿”的道路，大商圈、政治经济中心、财政金融中心，办公楼林立，又是城市东西主干道。希望目前在建的地铁2号线和3号线有助于缓解该区域出行。市北区则是商业繁荣的老城区。

3. 交通可靠性

过去一年，青岛一周内周四的道路可靠性最差，为了保证能按时到达目的地，青岛市民需要在正常耗时基础上，每公里预留出1.7分钟的出行缓冲时间。而双休日的交通可靠性稍优于工作日。

（交通可靠性指标的定义和解读参见“北京篇”P32对应部分。）

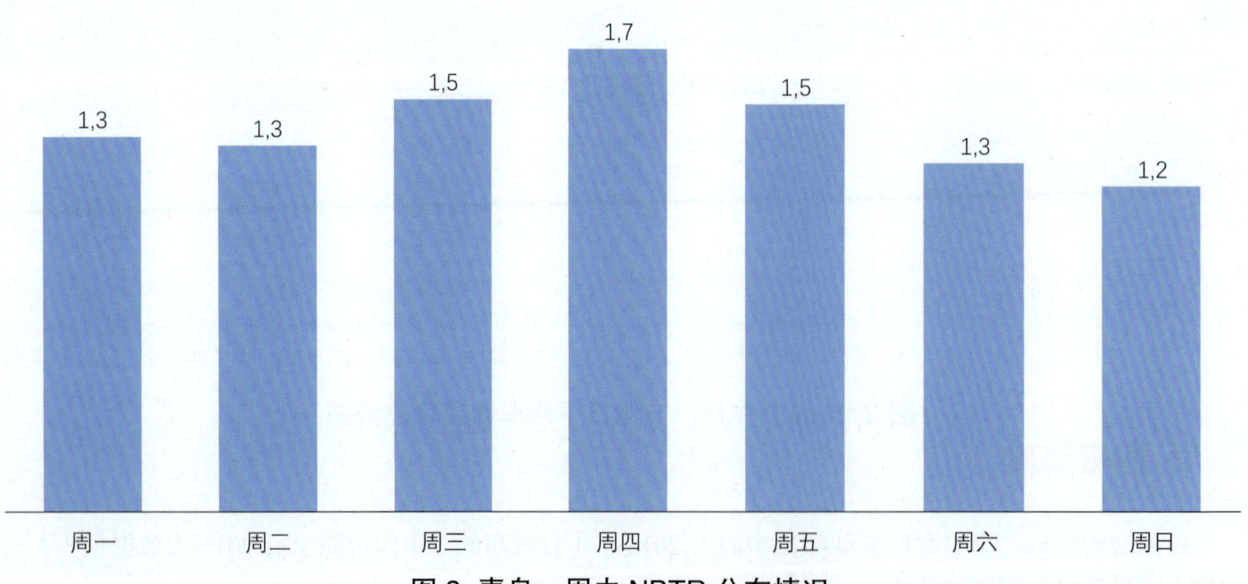

图3 青岛一周内NBTR分布情况

从一天分小时的 NBTRI 分布数据来看，凌晨的 NBTRI 数值最小，而早高峰（7:00 ~ 8:00），晚高峰（17:00 ~ 18:00）的 NBTRI 数值较大，道路路况较差，这和我们理解的早高峰、晚高峰相符合，即在这个时间段，需要预留更多时间预防影响交通的不可靠因素的发生。

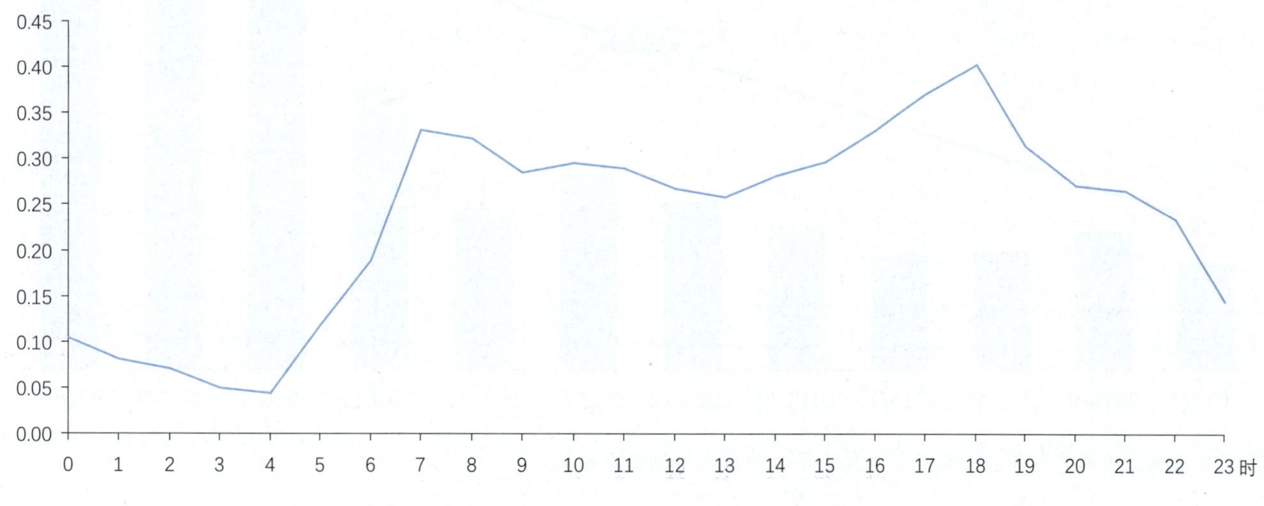

图 4 青岛 24 小时 NBTRI 分布情况

三、出行规律

1. 年度出行量分布及规律

与所有城市一样，节假日对青岛市的出行量有较大影响，在 2016 年“春节”期间，滴滴平台的出行量明显下降。其实 2015 年“十一”假期期间，青岛接待游客 400.5 万人次[iv]，也就是说，青岛接待的游客数量，几乎占了全市人口的一半，可是，市内的出行量却在降低。推测当地对智能出行的重要需求还是上下班通勤，还有一个因素是，黄金周期间的出游，多以短途自驾为主，也有部分团体旅游，真正选择公共交通“自由行”的并不多。2016 年 4 月起，智能出行量比前月有显著增长。

iv 《十一长假青岛接待游客超 400 万 收入 46.7 亿元》，中国山东网青岛频道 http://qingdao.sdchina.com/show/3531025.html

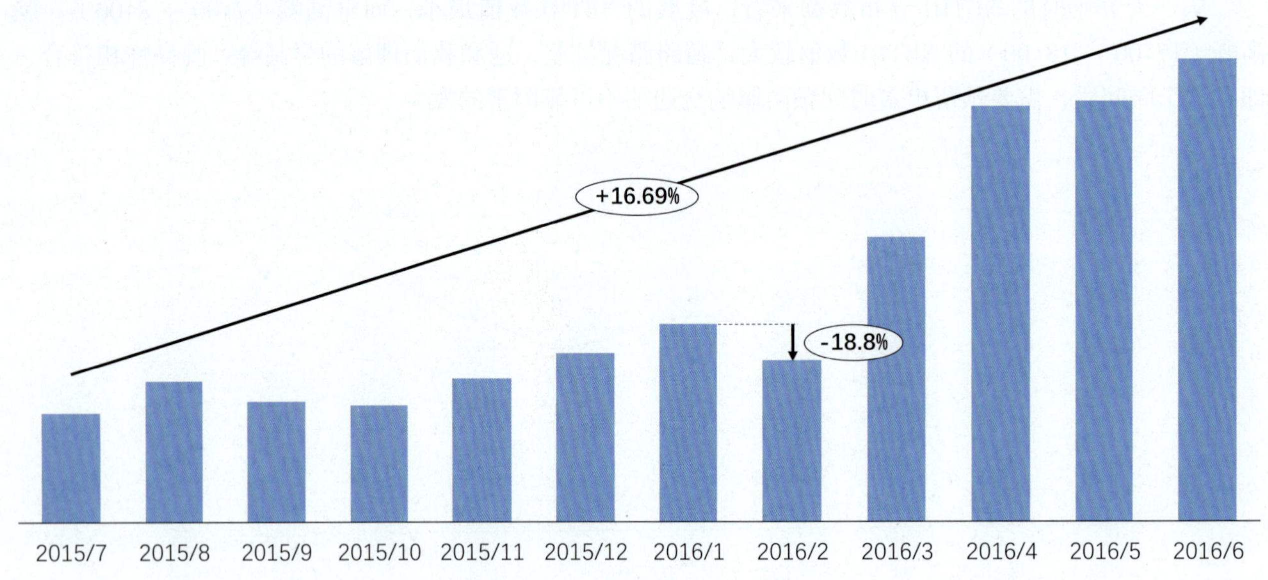

注：数据通过滴滴出行平台全量数据，结合统计周期内市场份额推算。

图 5 青岛智能出行量变化月趋势图（2015 年 7 月至 2016 年 6 月）

如果将数据拆分得更细，以天为单位来看，在过去一年里，2015 年 2 月 8 日（正月初一）前后 10 天的出行量最少，仅为 1 月平日的 1/2。

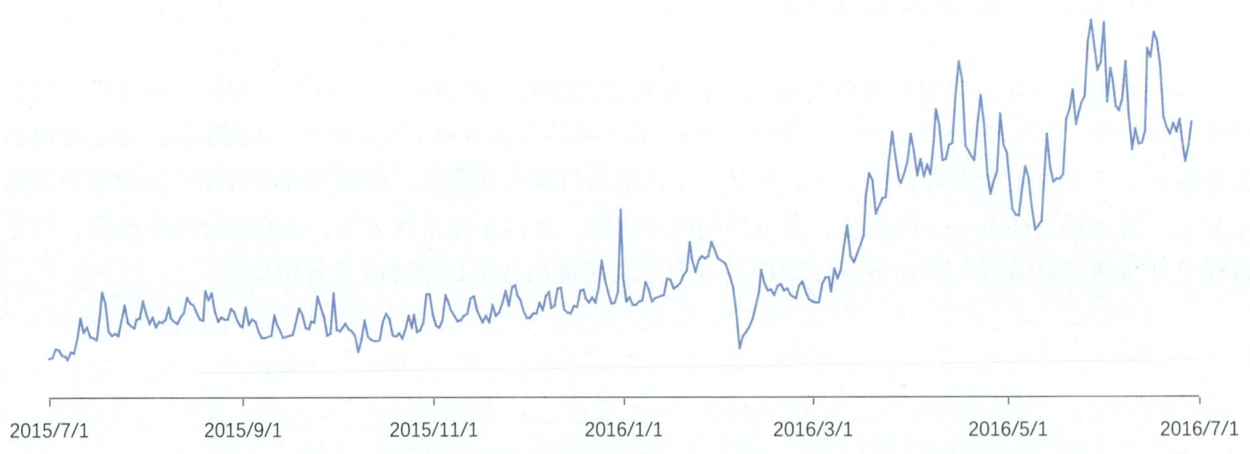

图 6 青岛全年智能出行量变化日趋势图（2015 年 7 月 1 日至 2016 年 6 月 29 日）

2. 工作日出行量分布及规律

在周一至周五的工作日，整体上，青岛每天有 3 个出行峰值，即早高峰（7:00 ~ 8:00），晚高峰（17:00 ~ 18:00，17:00 达到最高峰），以及夜高峰（21:00），与大部分城市类似。其中晚高峰的出行量最高，达 8.5%，高于早高峰，夜高峰则相对不明显。

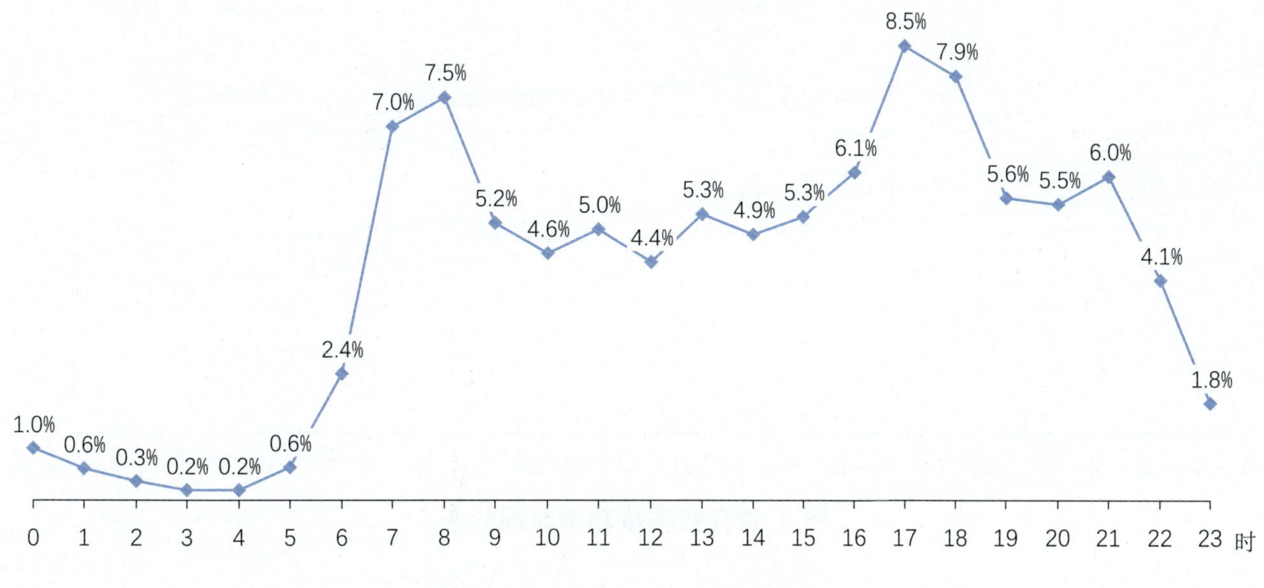

图 7 青岛工作日出行时间分布

3. 打车成功率

过去一年，青岛打车成功率整体呈上升趋势，2016 年 3 月、5 月达到 2 个峰值，属于较高水平。

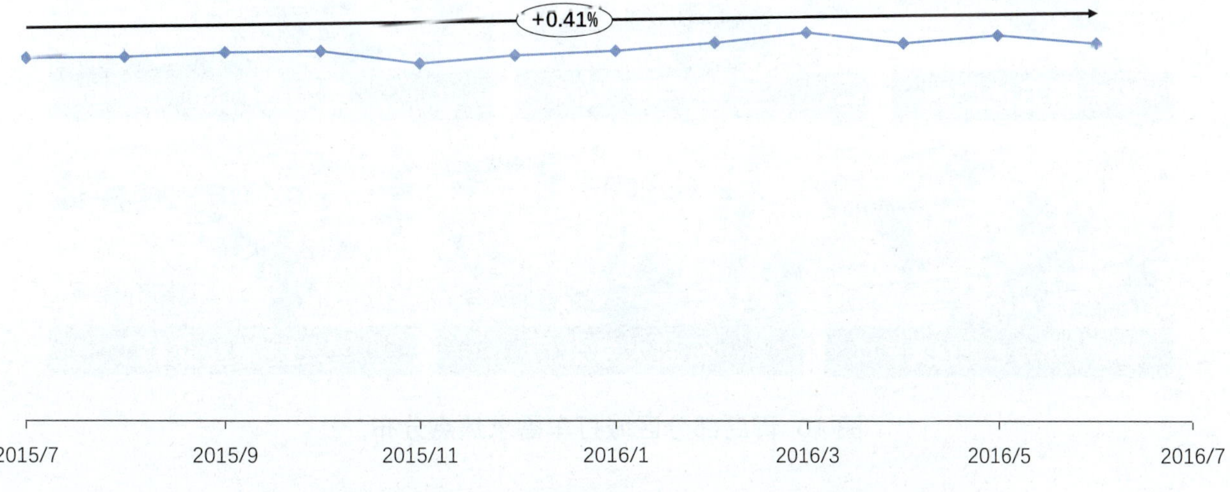

图 8 青岛打车成功率分布（2015 年 7 月至 2016 年 6 月）

与其他城市一致，不管是工作日还是节假日，青岛在凌晨 4:00 ~ 5:00 的打车成功率最低。在工作日，早高峰 8:00、晚高峰 17:00 打车成功率最低；节假日，晚高峰 17:00、夜高峰 21:00 打车成功率较低，白天打车难度则均匀分布，但整体比工作日更难打车。

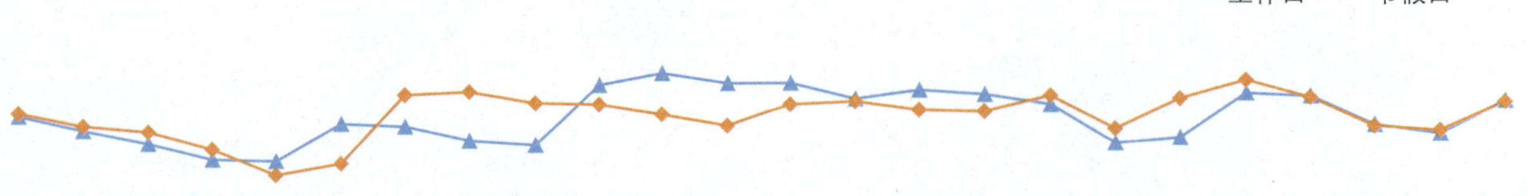

图 9 青岛打车成功率时间分布

4. 出行量集中区域

总体来看，安吉路万达广场附近、五四广场附近、威海路附近、劲松七路与合肥路交叉口附近、石油大学北门附近及人民路立交桥等区域出行量最大。

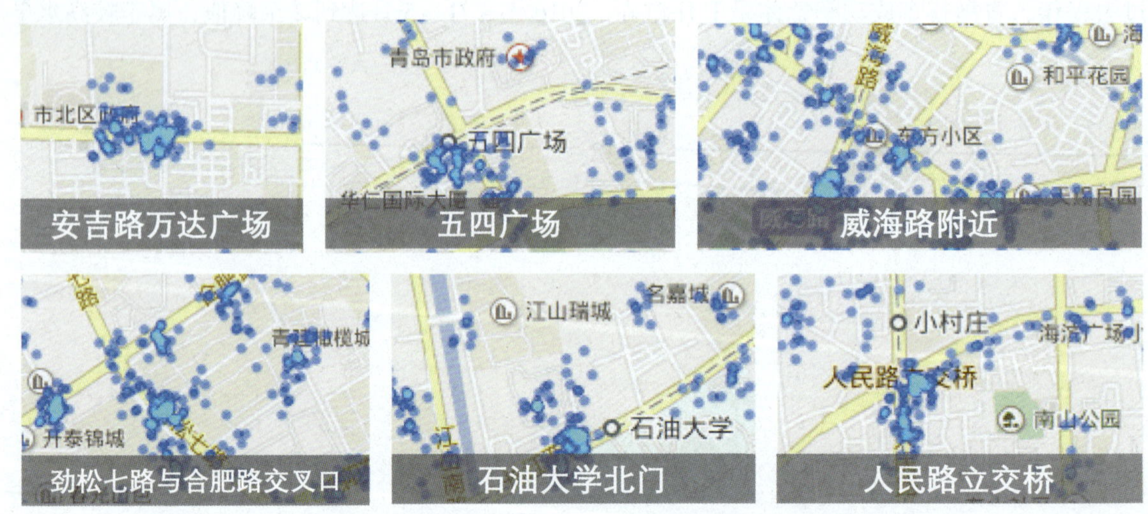

图 10 青岛部分区域打车需求热点分布

5. “打车难”区域

早高峰，打车难区域集中在市北区，晚高峰，则集中在市南区，且均靠近海边，具体的路段与出行量集中区域并不相一致。究其原因，一是由于出行量集中路段多为热门商圈，反而车辆供给多，不一定难打车；二是青岛人下班后喜欢去海边休闲玩乐，出行量大导致车辆不足。

图 11 青岛早高峰打车难区域分布

图 12 青岛晚高峰打车难区域分布

6. 不同时间的出行目的地

整体来看，青岛智能出行目的地集中在住宅小区和商务楼宇，节假日和工作日相比，去往商务楼宇的人数下降 28.9%，去往休闲娱乐场所和购物中心的人数分别上升 29.4% 和 15.0%，去往餐饮、机场火车站的人数有所增加。

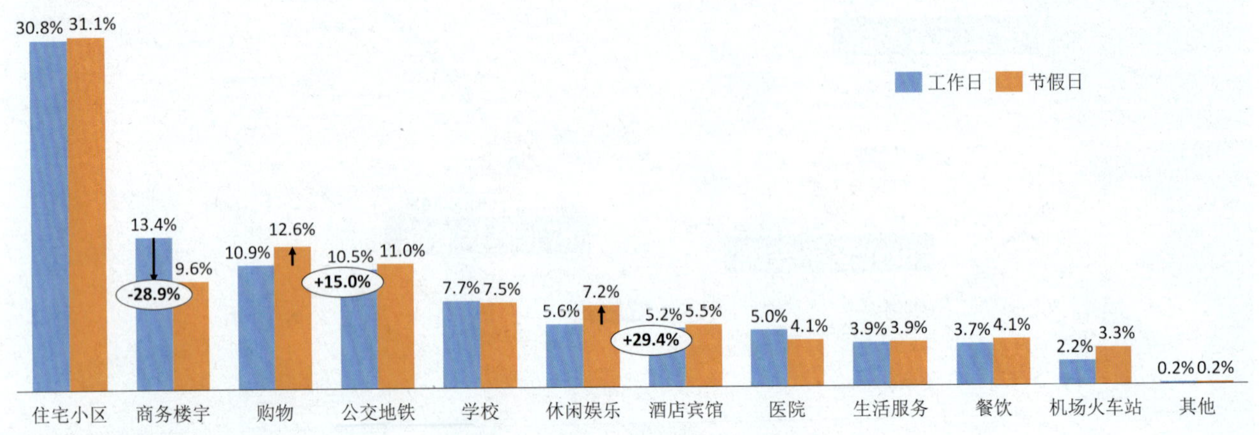

图 13 青岛打车目的地分布

工作日 8:00，打车去商务楼宇的人最多；节假日这个时间段，打车去公交地铁、住宅小区、休闲娱乐、购物场所的人最多。去往酒店宾馆、医院、生活服务等地点的订单，则不受工作日和节假日的影响。

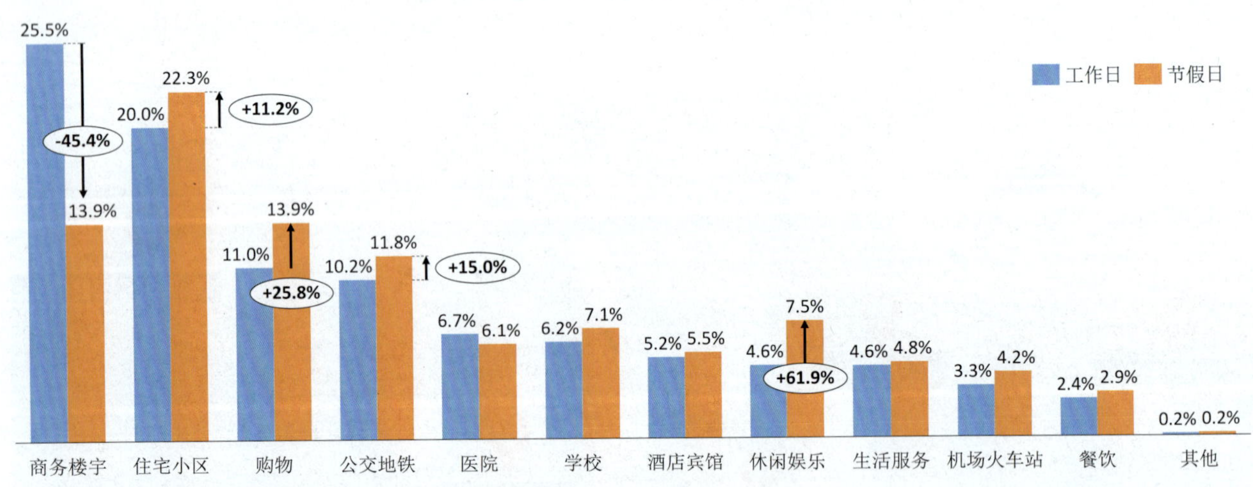

图 14 青岛 8:00 打车目的地 分布

7. 通勤路线

根据滴滴出行平台大数据，对青岛日常通勤订单进行分析，结合青岛的城市规划，发现青岛通勤路线主要分布在市北区和黄岛区 2 个主城里面。

通勤主要集中在青岛市黄岛区内部通勤，江北区、崂山区的内部通勤，还有青岛机场周围及到青岛市内的通勤。

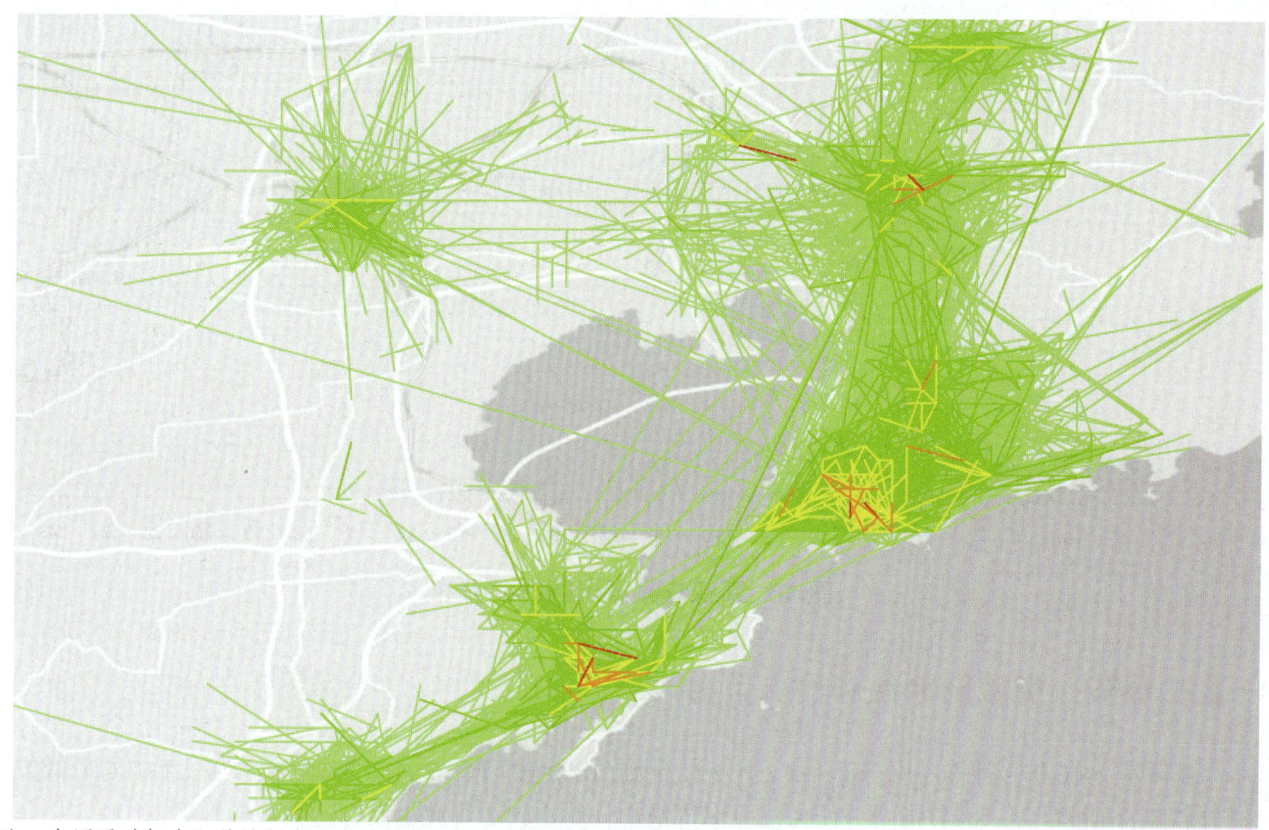

注：上图通过打车订单的起点终点连线绘制，颜色从绿色到黄色，再到红色，越趋向红色表示该通勤线路的人数越多。

图 15 青岛工作日早晚高峰出行 OD 图

四、特殊时间出行

1. 节假日：整体出行量稳定，仅有晚高峰

对比工作日出行，青岛市民在节假日没有早高峰，只有晚高峰（16:00 ~ 18:00，峰值为 17:00），21:00 之后出行量快速下降。与大部分城市不一样，整体上，青岛节假日出行量稳定，上午、中午、下午，甚至 18:00 ~ 21:00 的出行量与白天相比没有明显变化。青岛人似乎并没有表现出爱睡“懒觉”从而将出行推迟至中午甚至下午的情况。

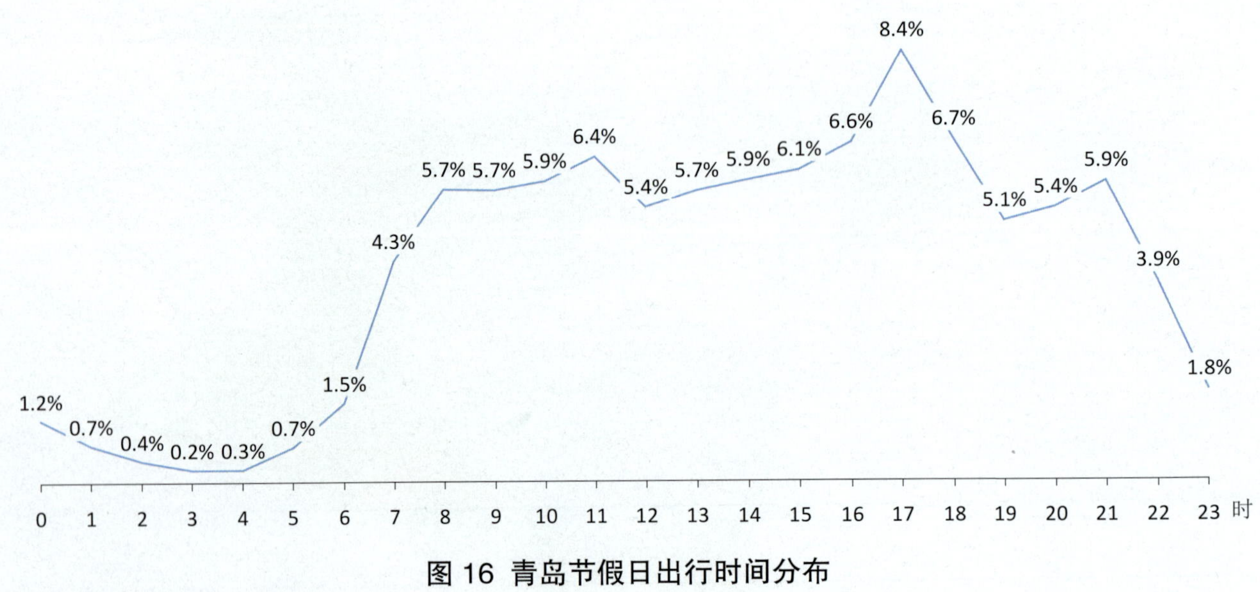

图 16 青岛节假日出行时间分布

2. 春节：空城现象温和

具体看 2016 年 2 月青岛出行量，从 2 月 1 日开始，出行量下降，2 月 7 日（除夕）为一年中的最低位，仅为平日的 1/3 左右，2 月 14 日开始恢复并保持稳定，但直到 2 月底也没有达到月初水平。

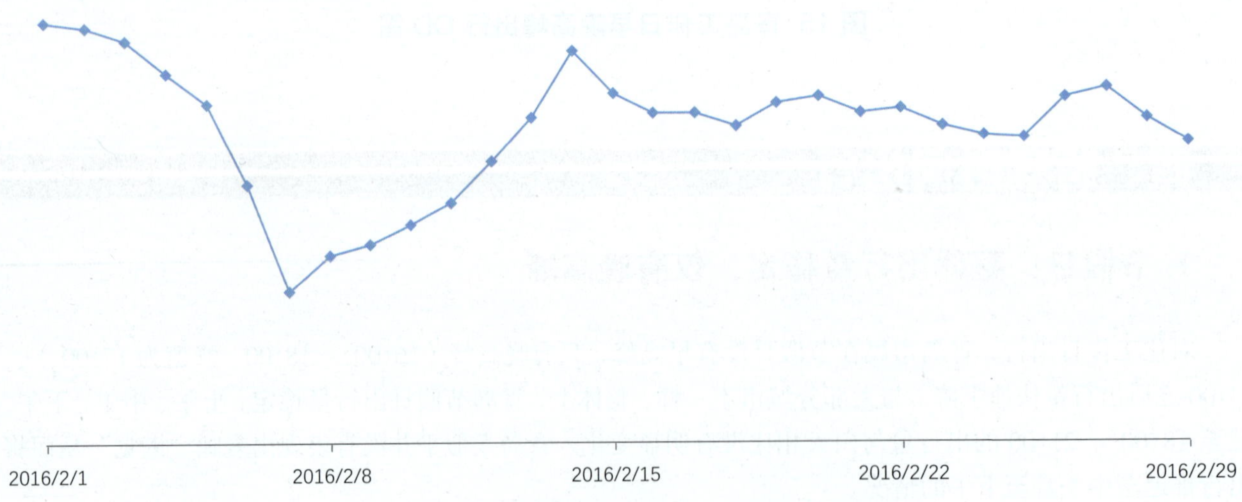

图 17 青岛 2016 年 2 月出行量变化趋势图

具体对比春节和前一周青岛市各区域出行量的变化可以发现：相比北京、上海等一线城市不少区域春节期间的订单降幅超 90%，青岛仅有城阳区 G204 区域订单量降幅超 80%，“空城”现象比较温和。G204 南接青岛流亭国际机场，经过国内最大的公路立交桥——流亭立交桥、汽车城阳站、火车站、商业区等，是青岛连接内外的交通要道，春节期间，本地人返乡导致青岛整体出行量降低，在交通要道上的反映也最明显。

其他出行量下降幅度较大的区域见图 18。

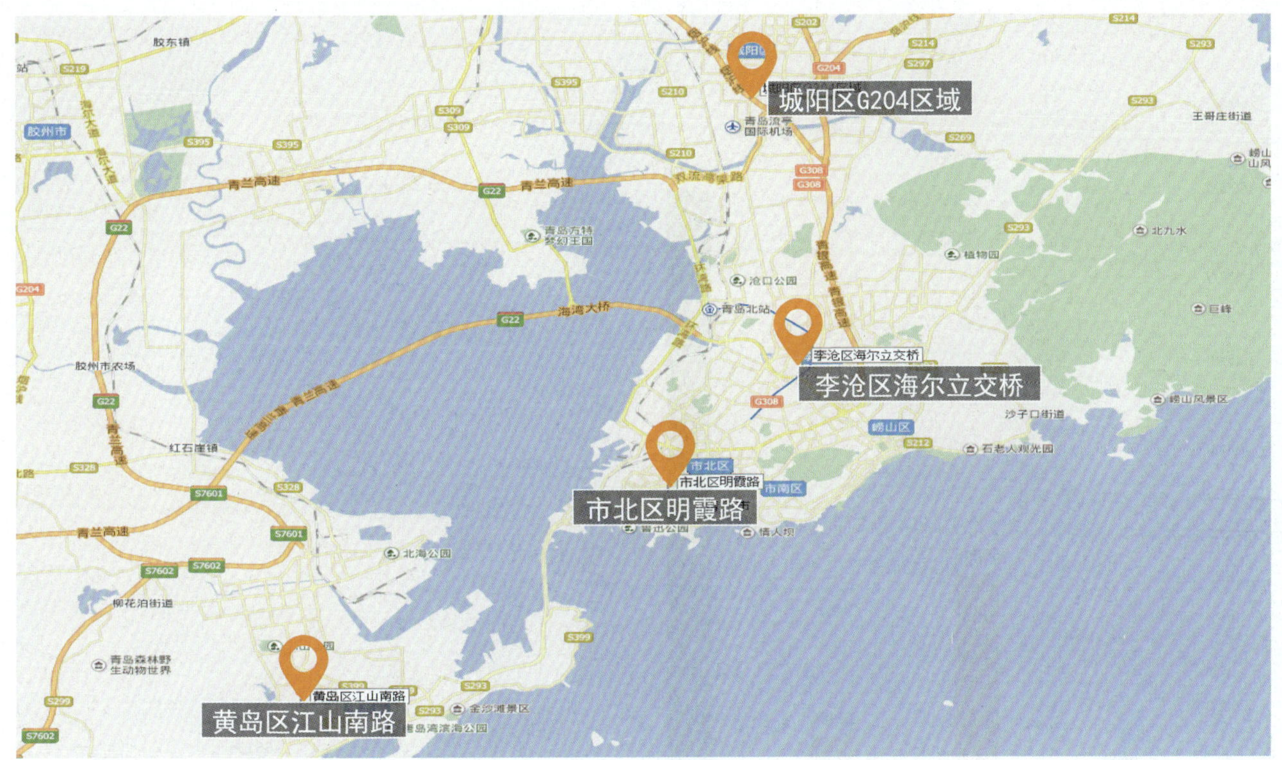

图 18 青岛春节出行量下降最大的区域分布

黄岛区江山南路集合了中国石油大学(华东)、滨海学院、青岛职业技术学院等,春节高校学生的回家,降低出行人数;市北区明霞路 37 号附近则有中联运动公园、青岛动物园、青岛植物园等。由此可见,在青岛,过春节时家人团聚才是最重要的。

五、舆论中的城市出行

人民网舆情监测室借助大数据平台,采集、抓取、统计 2016 年 1 月 1 日至 2016 年 6 月 30 日期间与“青岛交通”有关的网络新闻、博客、贴文等进行汇总统计后发现:在报刊、网站、微信、微博、客户端、视频网站、论坛、博客等媒介平台上,有关“青岛交通”的报道和文章计 217099 篇,文章来源以网站、微博、微信为主,其中各渠道的文章数如下图:

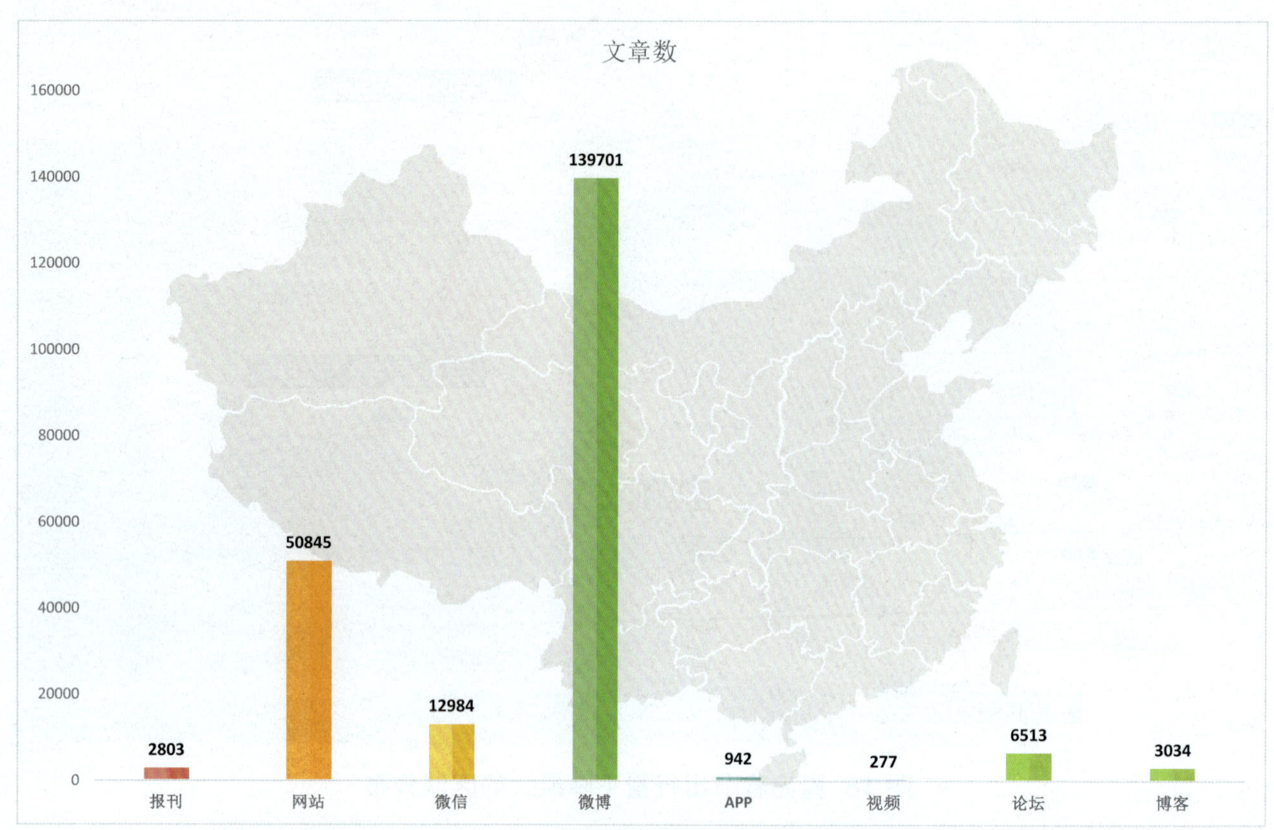

图 19 各媒介平台相关文章数量

进一步对这些文章的标题进行词频统计，去除干扰词后发现：在相关报道中，出现频次最高的 10 个名词分别为青岛、地铁、机场、交通、公交（车）、中国、渔船、航线、克利伯、大数据；频次最高的 10 个动词分别为换乘、遇险、开通、科考、入列、建设、碰撞、新增、自驾、招标。这些词汇，一定程度上体现出青岛作为沿海城市的特色。除“渔船”“航线”“克利伯”外，“海域”“帆船”“船员”等词语频频出现在相关报道中。其中，克利伯环球帆船赛作为全球规模最大的业余环球航海赛事，每 2 年举办一次，青岛站作为其赛段之一，是该赛事停靠次数最多的城市，借助这一赛事，青岛“帆船之都”城市品牌建设不断深化，“克利伯”“帆船”成为青岛交通独有的热点词汇。

图 20 相关文章标题的高频词云

六、总结

整体而言，青岛这座拥有温和气候、温暖海水和温柔沙滩的旅游城市，交通状况并不如它的气候那么“宜人”。青岛市北区由于是商业繁荣的老城区，热门商圈云集、出行量集中、人流量较大，“打车难”现象明显，而青岛市南区东部除了有众多商圈还有较为集中的市政府等市级职能单位，再加上多条道路施工和旅游旺季等因素，“打车难”问题更为凸显。此外，就节假日和工作日打车情况对比而言，节假日整体比工作日期间更难到打车。

为缓解“打车难”，青岛市成立深化出租汽车行业改革工作领导小组，着力深化出租汽车行业改革，统筹推进传统出租车新兴网约车融合发展。滴滴方面，2016 年 9 月 9 日推出其第九个出行业务——租车业务。宣布旗下租车业务在上海、成都、武汉和青岛启动试运营。上线初期，滴滴租车推出如“免收加油服务费”“免费上门送取车”等多项活动，鼓励更多用户加入，体验便捷、优质的租车服务。

山东省交通运输厅表示将通过多项措施，积极缓解青岛城市交通拥堵[v]。除按照“东城提速、西城优化、北城加密”的发展策略，编制全市公交线网优化调整方案外，还将积极融入“互联网 + 公共交通”，不断提升青岛交通规划的科学度、智能度与畅达度。在“城市公共交通智能化应用示范工程”开启后，青岛交通运输服务将更加优化，青岛市民出行将更加便利，青岛城市整体交通状况将更加合理。

v 《青岛交通多项措施积极缓解城市交通拥堵》，中华人民共和国交通运输部官方网站 http://www.moc.gov.cn/difangxinwen/xxlb_fabu/fbpd_shandong/201609/t20160913_2087072.html

郑州市

ZHENGZHOUSHI

郑州城市出行大数据分析

一、城市概况

郑州，河南省省会。2015年，郑州在18省辖市中卫冕GDP总量与增速的“双冠王”：生产总值7315.19亿元，比上年增长10.2%，远超省内其他地区[i]；人均GDP 78003.73元，位居全省首位。[ii]

据2015年全省人口抽样调查统计，河南省2015年末总人口10722万人，比2010年增加285万人，具有河南籍的人口总量，仍是全国第一。[iii]河南流出省外人口增速明显放缓，与之相对应的，是省内人口流动的不断增加，据河南人口发展报告，“十二五”时期，河南省只有郑州是人口净流入地区，较省内其他地区，郑州常住人口增长最多，增量91万。

郑州是河南省经济发展的龙头，除了省内流动人口的60%均流入到郑州外，郑州的对外吸引力也不断增强，外省流入河南的人口中，37%流入郑州。日益增加的常住人口给交通出行带来压力，一是市内车辆不断增加，至2015年8月15日，郑州市机动车保有量达300万辆，中心城区154万辆；[iv]二是公共交通还不完善，目前郑州有2条地铁线路，2号线2016年8月19日开通。人车激增现状导致交通拥堵，据滴滴媒体研究院发布的《2016上半年中国城市交通出行报告》，郑州上半年拥堵情况全国排名第七，堪比“北上广”。

二、整体交通概况

1. 全年平均车速

过去一年（2015年7月1日至2016年7月1日，下同），郑州平均车速22.8km/h，低于北京的25.7km/h。与一线城市相似的是，平均车速受节日影响较大，2015年国庆，2016年春节、清明节、劳动节、端午节期间出现峰值。并且，假期越长，市内出行越少，平均车速越高，国庆、春节的车速峰值十分明显，最高平均车速31.4km/h。

i 《“十二五”时期河南人口发展报告出炉 出省人口比重下降》，《河南日报》，2016年8月23日 06版，转载于人民网 http://henan.people.com.cn/n2/2016/0823/c351638-28876396.html

ii 《河南各地市有钱程度排名出炉 人均GDP郑州第一》，新浪网，2016年8月15日 http://henan.sina.com.cn/news/m/2016-08-15/detail-ifxuxnak0252940.shtml

iii 《河南人口发展报告公布 一纸读懂“河南人”》，网易，2016年8月25日 http://news.163.com/16/0825/07/BVA2S1M000014AEE.html

iv 《郑州三环快速路拥堵严重 交警提前绕行或错峰》，《东方今报》，2016年3月4日 http://henan.qq.com/a/20160304/020896.htm

单位：km/h

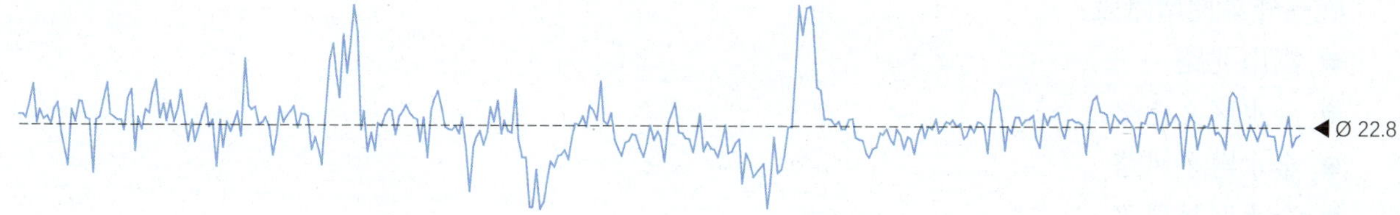

图 1 郑州日均车速变化趋势图（2015 年 7 月 1 日至 2016 年 7 月 1 日）

在工作日，7:00 ~ 8:00 和 17:00 ~ 18:00 平均车速较低，形成早、晚高峰，白天时段的 12:00 路况最好；在节假日，7:00 ~ 8:00 早高峰不存在，延迟到 10:00 ~ 11:00，17:00 ~ 18:00 虽然有晚高峰，但车速下降不明显，较工作日大为改善。整体看，节假日白天的平均车速较为均衡，路况变动不大。

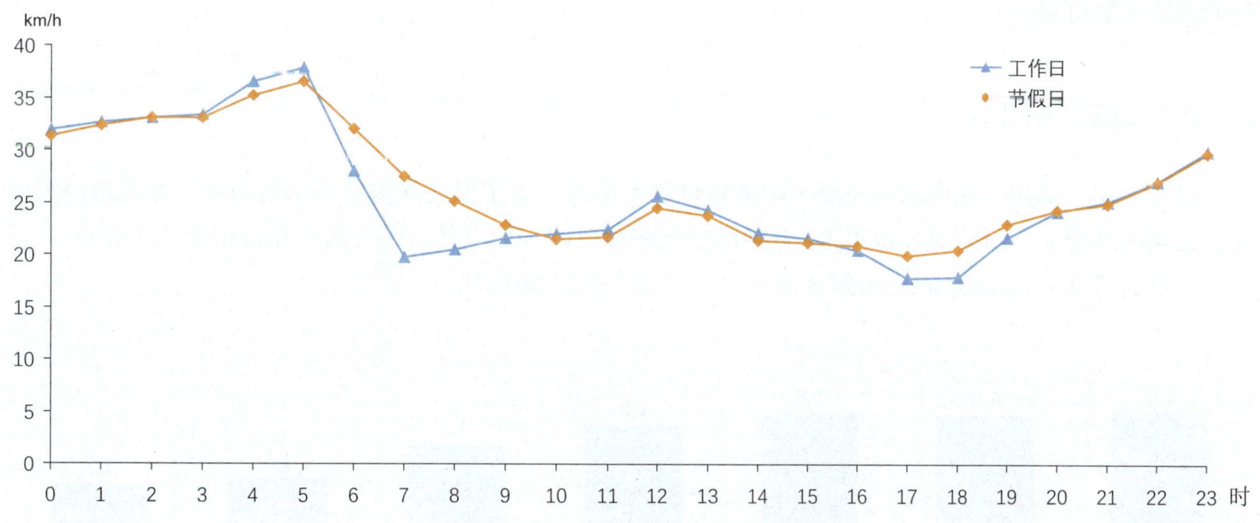

图 2 郑州工作日、节假日平均车速变化趋势图

2. 拥堵路段

根据滴滴出行大数据测算，郑州市区工作日早高峰和晚高峰最易拥堵的路段。

早高峰易拥堵路段：

- 二七区陇海中路
- 金水区经四路
- 建设西路

- 南三环高架

晚高峰易拥堵路段：

- 嵩山北路
- 金水区文化路
- 金水区东风路
- 金水区林科路
- 金水区花园路

早晚高峰的拥堵路段集中在二七区和金水区。二七区多分布在陇海中路沿线，金水区分布较为分散。陇海中路沿线集中了陇海中路幼儿园、郑州市一零二中学、郑州市骨科医院、河南省科学院地理研究所、郑州铁路卫生监督所、郑州铁路局郑州工程指挥部、测绘学院、鑫苑商务大厦、郑州豫茂服装有限公司等众多学校、医院、企事业单位。

早高峰时，金水区居民楼集中路段较为拥堵。经四路附近分别有药材公司家属楼、政六街小区、省水利厅家属院等。

晚高峰主要集中在金水区，文化路沿线聚集了河南农业大学、郑州大学工学院、河南省实验中学、郑州九中、河南财经政法大学、SOHO 世纪城、聚合大厦、创新大厦等学校、医院、企业、娱乐场所；东风路段分布有金水区政府、河南省第二中医院、金水区金沙小学等；林科路附近分布林科院小区、河南省林业科学研究所、国家林业局林业产品质量检验检测中心；花园路段分布有同济医院、嘉辰时代广场等。地铁 2 号线经过花园路段，地铁施工可能加剧了拥堵状况，8 月 19 日地铁 2 号线开通后，此路段的拥堵情况得到缓和。

3. 交通可靠性

过去一年，郑州一周内周一至周三的道路可靠性最差，为了保证能按时到达目的地，郑州市民需要在正常耗时基础上，每公里预留出 1.6 分钟的出行缓冲时间。而双休日的交通可靠性稍优于工作日。

（交通可靠性指标的定义和解读参见“北京篇”P32 对应部分。）

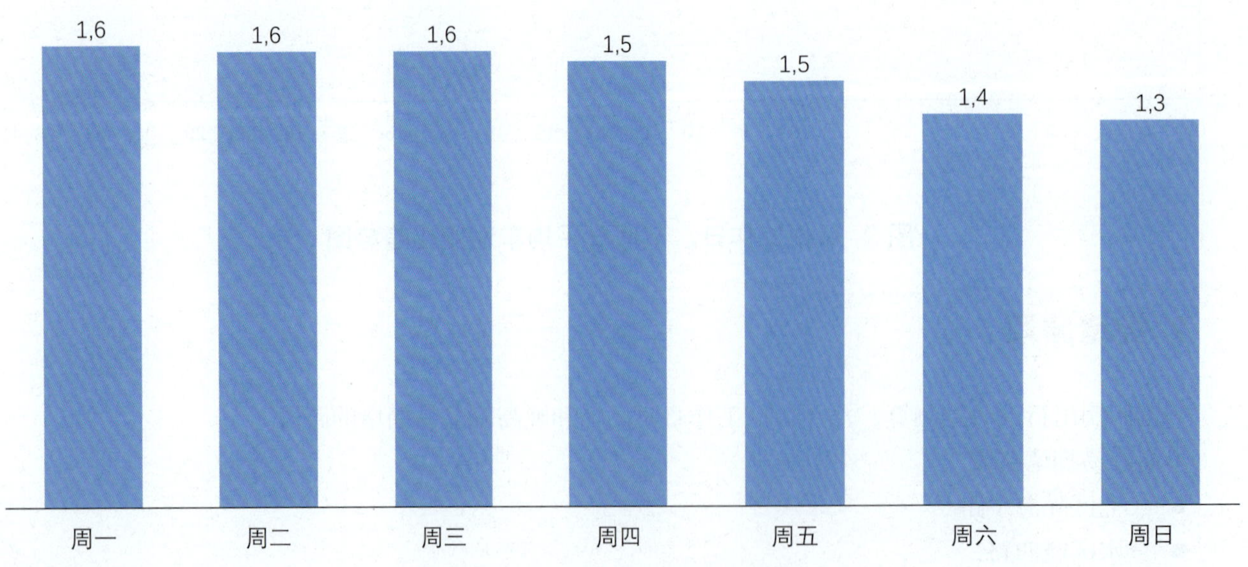

图 3 郑州一周内 NBTR 分布情况

从一天分小时的 NBTRI 分布数据来看，凌晨的 NBTRI 数值最小，而早高峰（7:00 ~ 8:00），晚高峰（17:00 ~ 18:00）的 NBTRI 数值较大，道路路况较差，这和我们理解的早高峰、晚高峰相符合，即在这个时间段，需要预留更多时间预防影响交通的不可靠因素的发生。

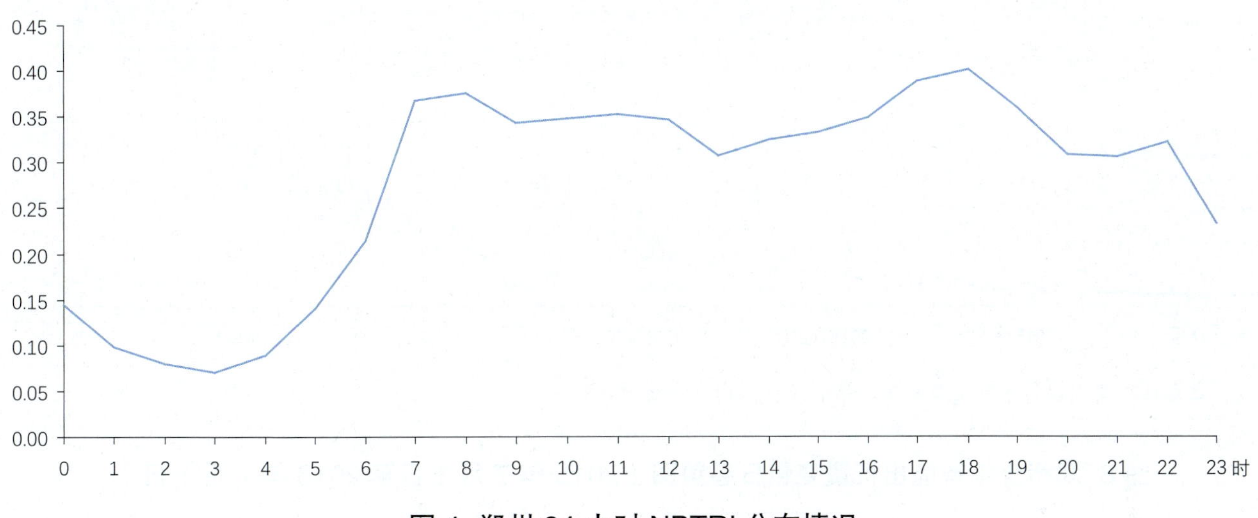

图 4 郑州 24 小时 NBTRI 分布情况

三、出行规律

1. 年度出行量分布及规律

过去一年，除 2 月，郑州的智能出行量呈上升趋势，特别是 2016 年 5 月后增长显著。重大节日对郑州的出行量有较大影响，春节的出行量最低，其次是 2015 年“十一”假期。可能受外来人口返乡、本地市民市外出游等因素影响较大。

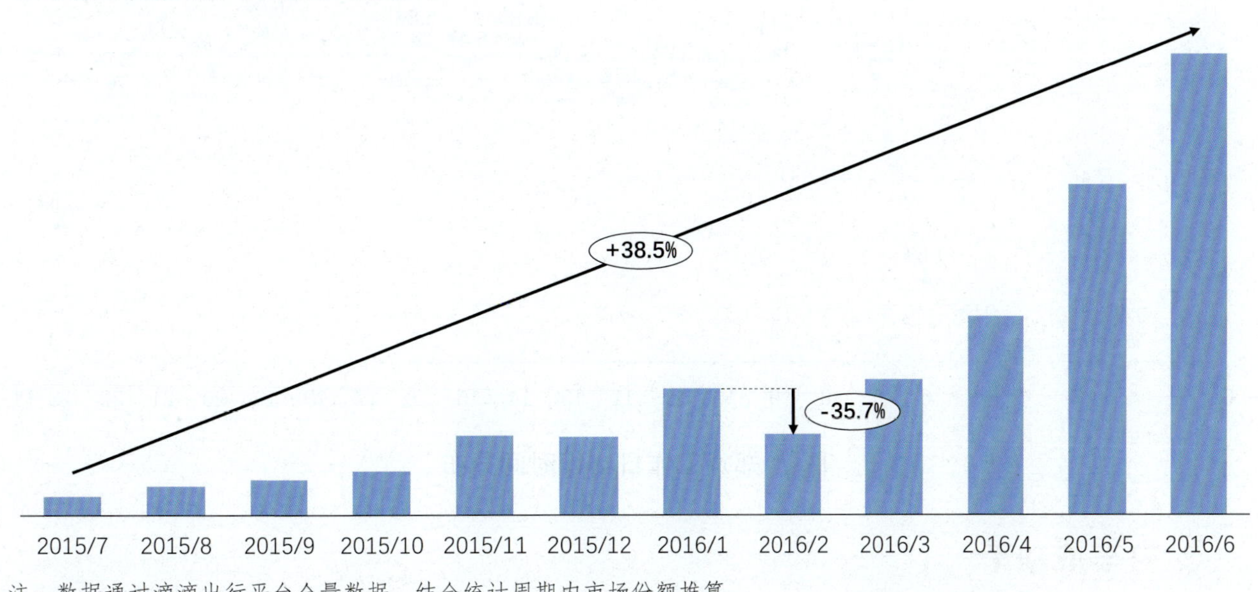

注：数据通过滴滴出行平台全量数据，结合统计周期内市场份额推算。

图 5 郑州智能出行量变化月趋势图（2015 年 7 月至 2016 年 6 月）

2月整体出行量较低，如果将数据拆分得更细，以天为单位来看，在过去一年里，2015年2月8日（正月初一）出行量最低。

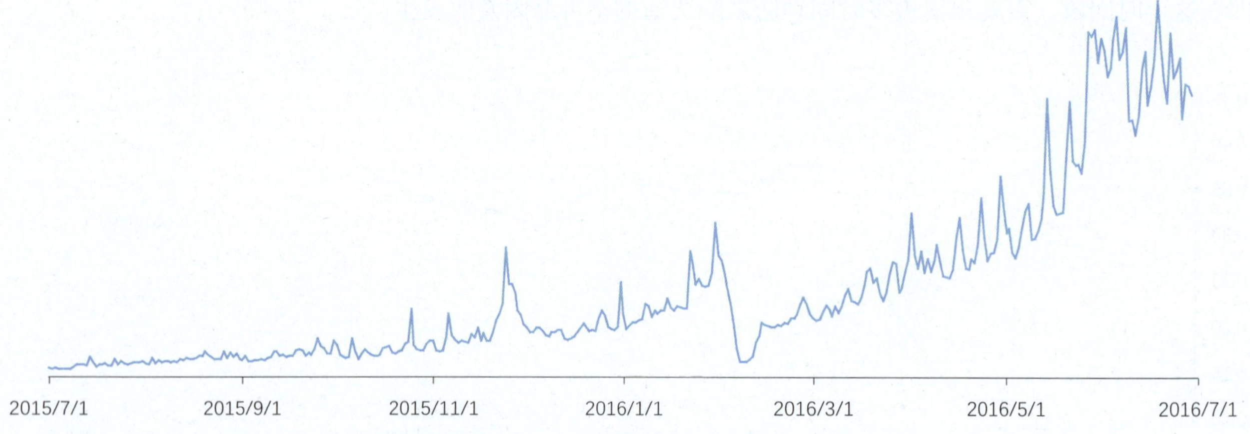

注：数据通过滴滴出行平台全量数据，结合统计周期内市场份额推算。

图6 郑州全年智能出行量变化日趋势图（2015年7月1日至2016年7月1日）

2. 工作日出行量分布及规律

在周一至周五的工作日内，郑州有3个明显的出行峰值，即早高峰（7:00 ~ 9:00，8:00达到最高峰），晚高峰（17:00 ~ 19:00，18:00达到最高峰），以及夜高峰（20:00 ~ 22:00），与北京类似。晚高峰出行量最大，早高峰次之，夜高峰最少。

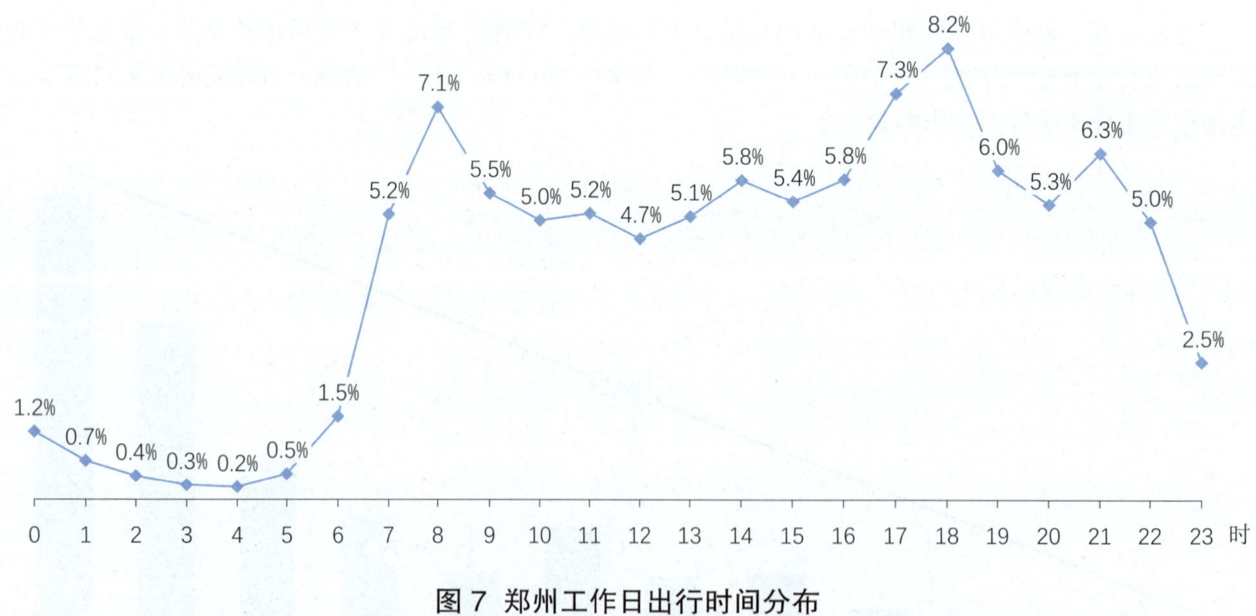

图7 郑州工作日出行时间分布

3. 打车成功率

不管是工作日还是节假日，郑州在凌晨4:00 ~ 5:00打车成功率最低，与大部分城市类似。工作日早晚高峰打车成功率较低的时值是 8:00 和 18:00；节假日则是在晚高峰、夜高峰打车成功率较低，18:00 和 22:00 出现低谷。可能由于这段时间是市民的“离巢期”和“归巢期”，需求过大导致打车难。

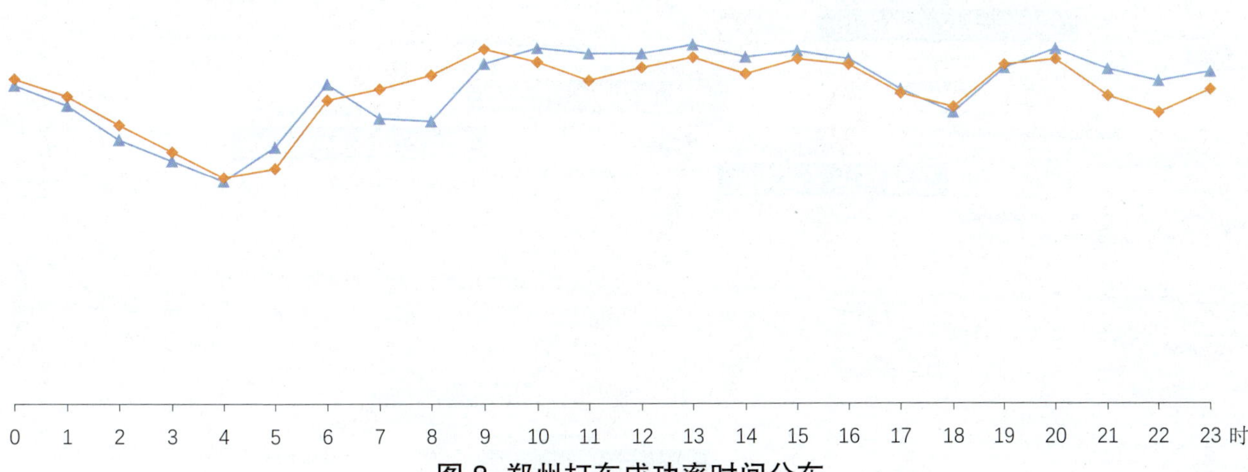

图 8 郑州打车成功率时间分布

4. 出行量集中区域

郑州市打车需求旺盛的地区主要分布在金水区和二七区，与拥堵路段相近。金水区是河南省委省政府所在地，区内重点中学云集，经济 GDP 全市最高，人口全市最多。二七区是全市商业中心，拥有著名二七商圈及地标性建筑二七纪念塔，人流量大，经济仅次于金水区。此外，郑州火车站、汽车站位于二七区，郑州火车站是连接京广、陇海两大铁路干线大动脉的核心十字枢纽，是原铁道部确定的国家八大综合交通枢纽之一，接送往返火车站的人流加剧了用车需求。购物中心、交通中转站等特殊身份使其成为出行热门区域。

总体来看，郑汴路立交桥附近、名门城市广场附近、黄河南路与商鼎路交叉口附近、远大理想城、农业南路与商鼎路交叉口附近以及玉凤路等区域出行量最大。

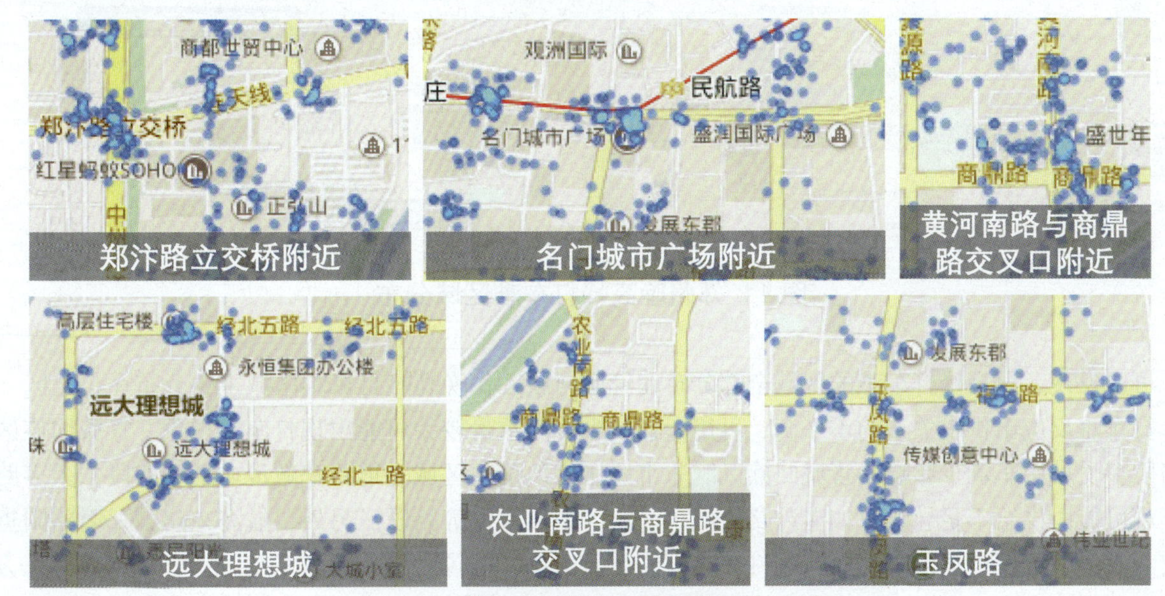

图 9 郑州部分区域打车需求热点分布

5.“打车难”区域

图 10 郑州早高峰打车难区域分布

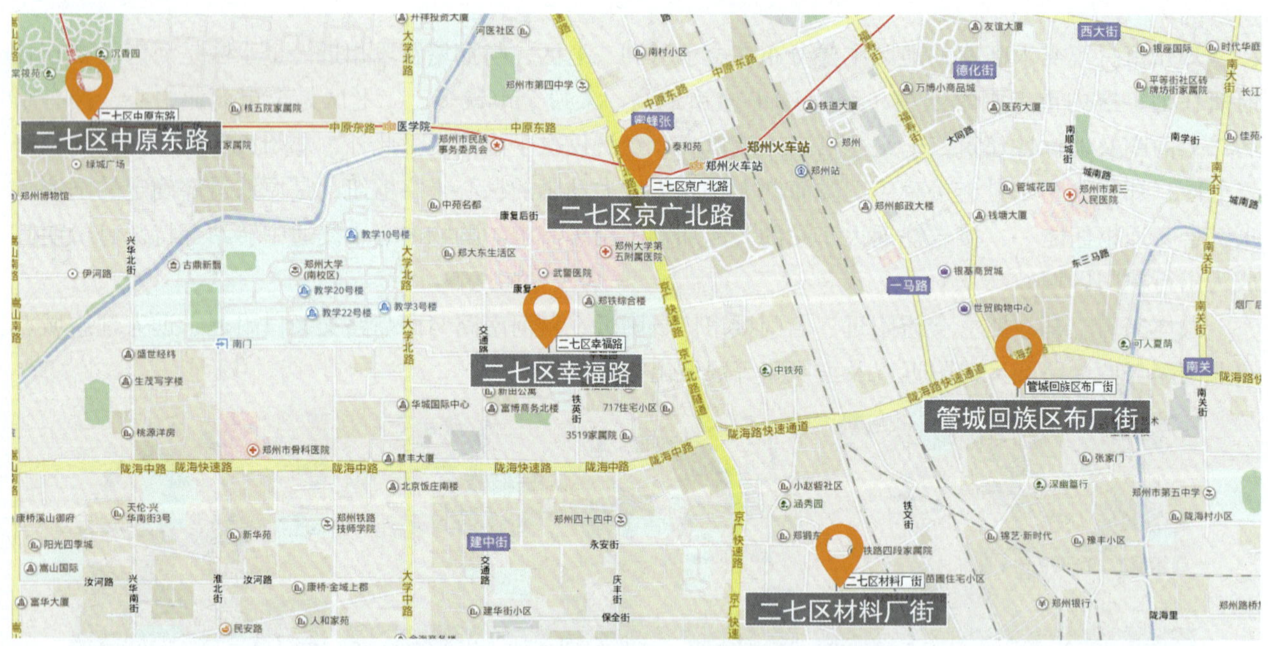

图 11 郑州晚高峰打车难区域分布

可以发现，早高峰打车难的区域全部分布在管城回族区，晚高峰打车难区域主要分布在二七区。

打车难反应出供求关系的不平衡，可用车辆较少、需求量较大可能出现打车难现象。管城回族区相关路段多受可用车辆少影响。管城回族区既非市民居住地集中区域，道路宽敞也非拥堵路段，大多路段打车难可能由供给不足导致，如港湾路、城东南路、中州大道等路段。另外，航海东路、郑尉路附近，学校、商场、批发市场云集，此路段打车难可能受需求量影响较大。如航海东路附近分布有富力东方广场、郑州市第六十三中学、航海广场、福都购物中心等学校、商场；郑尉路附近分布有姚庄五金机电水暖市场、宽广洁具批发市场、南曹乡教师家属院、郑州市十一中分校等。管城回族区位于郑州东南区，2016 年 6 月，中州大道十八里河立交桥所有工程建成投入试通车，有效解决市区东南地区的打车难状况。

二七区相应路段多受需求量大影响。京广北路沿线附近聚集了郑州市第四中学、郑州大学第五附属医院、郑州铁路局、天润花园小区等学校、事业单位、住宅区；材料厂街附近，郑铁材料厂小区、苗圃住宅小区等住宅区聚集；中原东路段分布有郑州市政府、医学院、绿城广场、市直机关家属院、郑州市一零一医院、郑州民生耳鼻喉医院等；幸福路附近分布有幸福路小学、郑州铁路技术学院幸福路校区、郑州铁路局住宅区等，人流量和用车量大，导致打车难。

6. 不同时间的出行目的地

把郑州工作日、节假日 2 个时间段的出行量进行比较后发现，节假日去往商务楼宇的人数减少幅度最大，去往购物中心、休闲娱乐场所的人数增多。与北京、杭州不同的是，节假日去往公交地铁站的人数有所减少。可见，公交地铁更多是被郑州人作为上下班通勤使用。

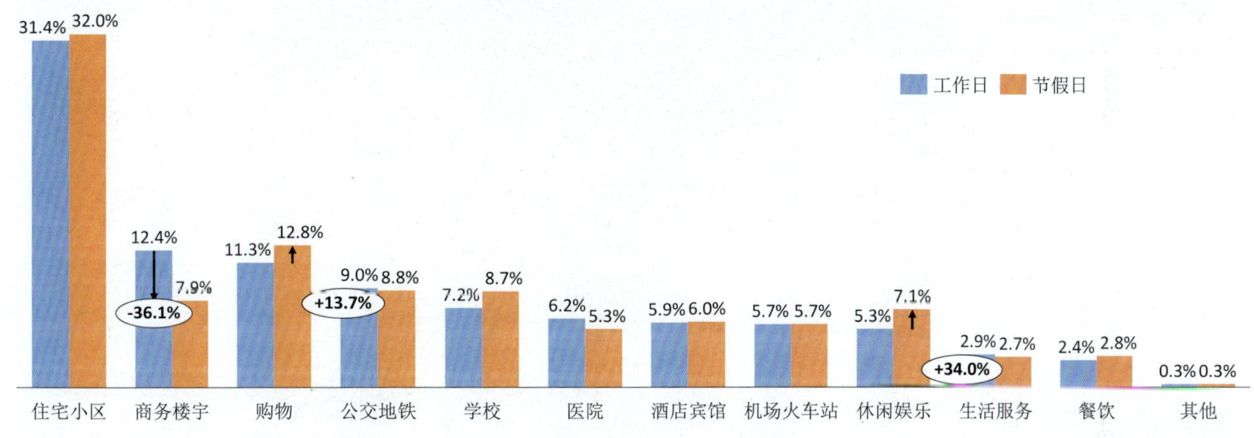

图 12 郑州打车目的地分布

具体看 8:00，工作日打车去商务楼宇的人数最多，其次是去往住宅小区的人数。节假日同一时段去往机场火车站、休闲娱乐场所和购物中心的人数增多，可能与外来人口返乡，或本地市民外出游玩有关。

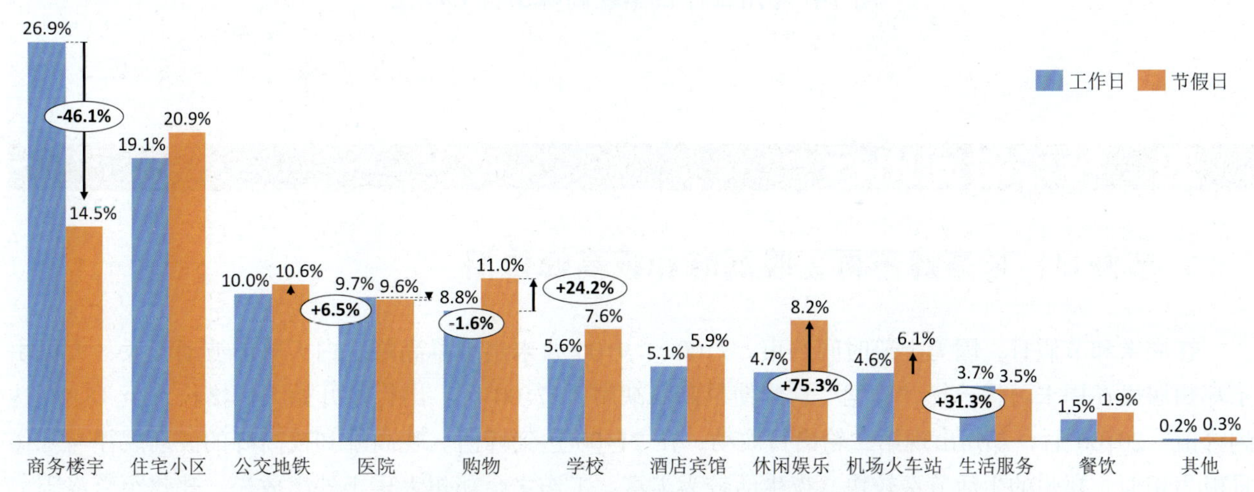

图 13 郑州 8:00 打车目的地 地分布

7. 通勤路线

根据滴滴出行大数据平台，对郑州日常通勤订单进行分析，结合郑州的城市规划，发现郑州主要通勤路线分布在西二环的沿路周围，以及郑州东部的绿地中心千玺广场周围，表现为西二环沿路周围的内部通勤，以及环绕郑州东部的绿地中心千玺广场周围的高密度通勤。还有青屏山公园附近的内部通勤。其中福禄东路住宅区—郑州风神物流公司及龙岗新城住宅区—升龙广场是比较典型的打车通勤路线。

注：上图通过打车订单的起点终点连线绘制，颜色从绿色到黄色，再到红色，越趋向红色表示该通勤线路的人数越多。

图 14 郑州工作日早晚高峰出行 OD 图

四、特殊时间出行

1. 节假日：早高峰不再，晚高峰和夜高峰依旧

在周末和节假日，因无上班时间约束，7:00 ~ 9:00 并未出现早高峰。白天整体波动不大，大概由于郑州居民在周末习惯选择“补觉”，致使早高峰缺席。17:00 后，出行量开始大幅增长，至 18:00 达到峰值。20:00 后，郑州出现第二轮出行波动，在 21:00 达到峰值。晚高峰和夜高峰的波动规律与工作日极为相似。郑州的生活节奏较快，夜生活较为丰富，工作之余郑州人乐于外出放松。郑州距离洛阳、开封等旅游资源丰富的地区较近，节假日，郑州人多选择周边游，夜晚归巢时可能导致晚高峰和夜高峰。

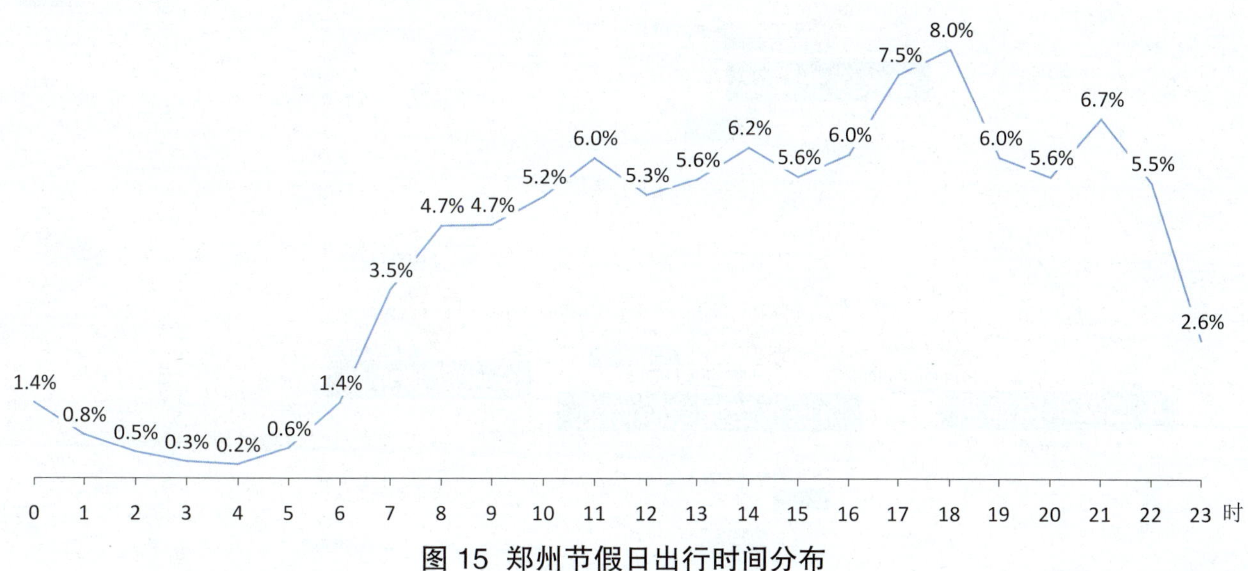

图 15 郑州节假日出行时间分布

2. 春节：空城现象明显

具体看 2016 年 2 月郑州出行量，自 2 月 1 日起，出行人数明显减少，2 月 7 日 -11 日（除夕至正月初四）达到低谷，其中 2 月 8 日（正月初一）出行量最低。春节期间，郑州的外来人口返乡团圆、本地市民外出游玩致使郑州市内人口大幅减少，出行需求骤降，郑州在春节期间进入"空城"模式。11 日之后，特别是 12 日（正月初五）后，出行人数开始大幅增加。

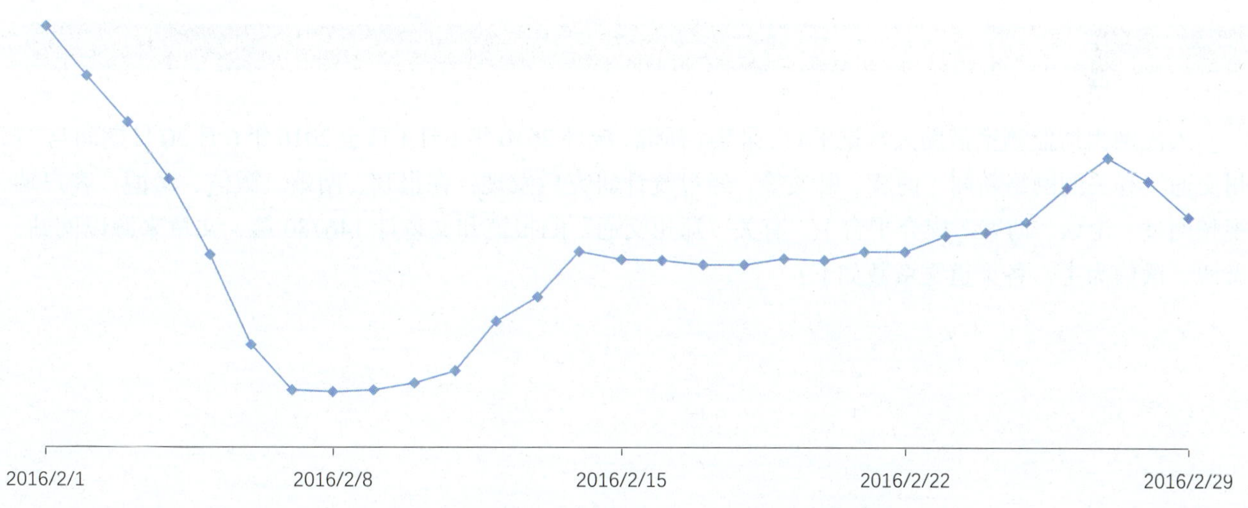

图 16 郑州 2016 年 2 月出行量变化趋势图

选取 2016 年 2 月 7 日 -13 日这一时段，并与上一周同比进行比较发现，春节期间，大量打工族返乡，城市部分区域出行量骤降。出行量下降幅度最为明显的区域是金水区建业路，建业路是市民工作地集中区域，由于春节放假，出行量大幅下降。

除了建业路一带，金水区北环路、二七区郑平公路、中原区中原西路、二七区中原东路医学院附近的出行量均出现明显下降。

图 17 郑州春节期间出行量下降最大的区域分布

五、舆论中的城市出行

人民网舆情监测室借助大数据平台，采集、抓取、统计2016年1月1日至2016年6月30日期间与“郑州交通”有关的网络新闻、博客、贴文等，经过统计研究后发现：在报刊、网站、微信、微博、客户端、视频网站、论坛、博客等媒介平台上，有关“郑州交通”的报道和文章计146780篇，文章来源以网站、微博、微信为主，各渠道文章数如下：

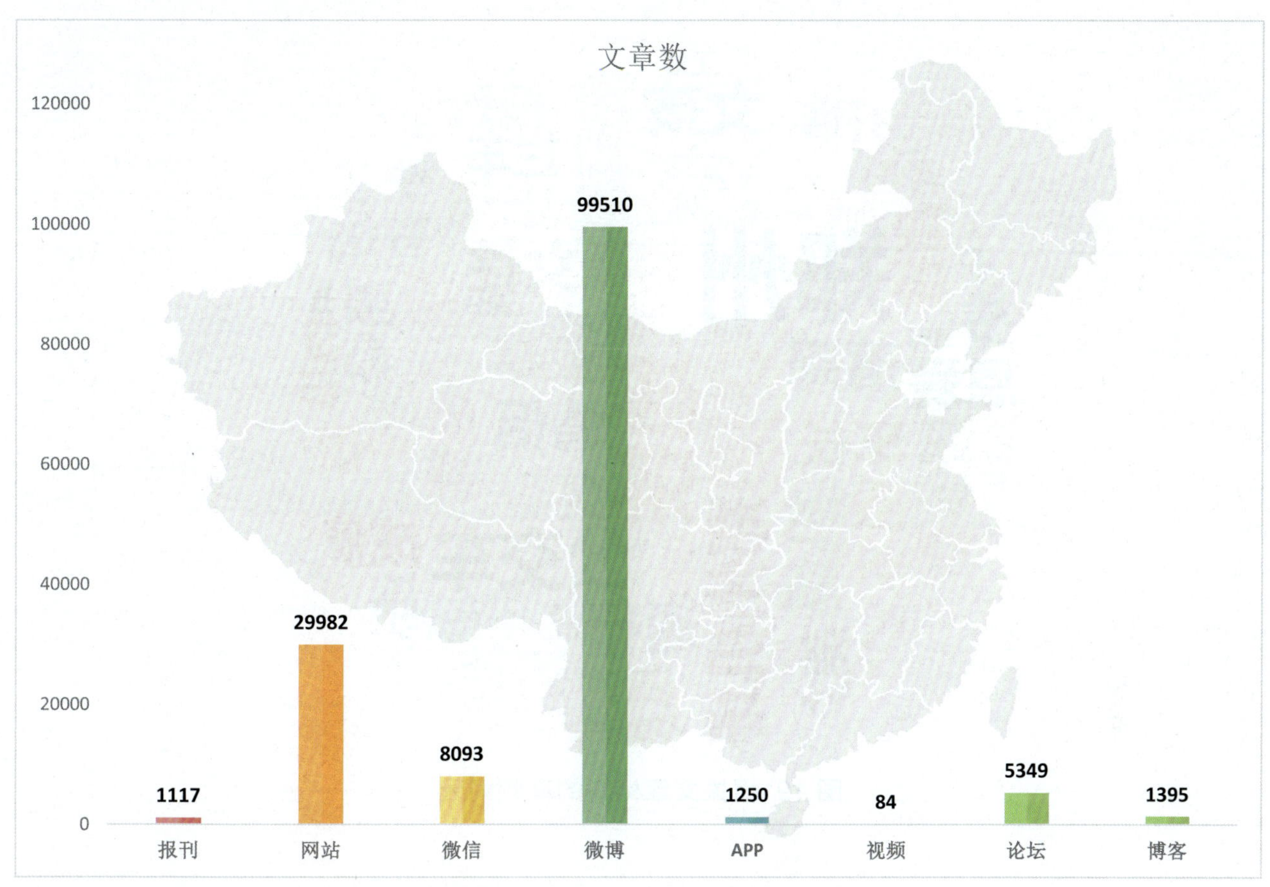

图 18 各媒介平台相关文章数量

进一步对这些文章的标题进行词频统计，去除干扰词后发现：在相关报道中，出现频次最高的 10 个名词分别为郑州、公交（车）、地铁、交通、机场、女性、河南、专车、航站楼、五一；频次最高的 10 个动词分别为开通、自驾、歧视、通车、运营、建设、招标、施工、运输、落网。这些词汇反映了上半年在与郑州市相关的交通议题上，媒体和网民最为关注的焦点。在这些高频词当中，“女性”“专车”“歧视”3 词成为郑州市独有的热点词语，这些词语的频现与郑州公交推行一条“女性专车”项目有关。为方便孕妇和哺乳期母亲在高峰期乘车，同时避免女性在夏季遭到骚扰，2016 年 4 月，郑州市 906 路公交车推出夏季女性专车，在夏季乘车高峰时分发，仅限女性乘坐。这一新规引发广泛热议，在这件事件的背景下，与女性专车相关的词语成为郑州市交通的高频词。

图 19 相关文章标题的高频词云

六、总结

众所周知，河南是人口大省，其省会郑州更是人口净流入地区。然而在庞大的人口体系下，郑州仅有 2 条地铁线路，加剧了郑州市民的出行困难，尤其是“离巢期”与“归巢期”时的打车需求难以得到满足。

2016 年 5 月开始，郑州智能出行人数持续上升、增长显著。一方面得益于打车软件市场不断扩张，培养了市民的智能出行意识和消费习惯，刺激了出行；另一方面，也是该地长期以来打车需求得不到有效满足、供求失衡后的需求爆发。据悉，滴滴打车是最早进入郑州的打车软件，随之而来的是优步、易到、神州等打车软件，“四大巨头”集结郑州，开启了网约车“价格大战”。可以看到的是，在“打价”热度冷却之后，郑州市民对智能出行方式的热衷并未冷却，出行人数反而由此逐月递增。这也反映出作为市场新兴模式的网约车服务，确实在一定程度上缓解了“打车难”问题。

据悉，今后 5 年郑州将坚持公交优先战略，加快推进以轨道交通为重点的公交都市建设，新开工轨道交通线路 10 条以上，到 2020 年运营里程超过 300 公里[v]，促进公共交通机动化出行分担率达到国内城市一流水平。可以预见，在政府部门“顶层设计”与打车软件市场通力协作“互联网出行”的道路上，郑州未来的城市交通将大为改观。

v 《到 2020 年 郑州轨道交通运营里程将超 300 公里》，大河网 - 大河报
http://news.dahe.cn/2016/09-26/107533573.html

武汉市

WUHANSHI

武汉城市出行大数据分析

一、城市概况

武汉，湖北省省会。武汉自古以来被称为九省通衢，一直是中国重要的人口、物资集散地。从“十二五”到“十三五”，武汉全国综合交通枢纽地位将进一步提升，得天独厚的区位优势和不可替代的交通枢纽地位，让武汉在“一带一路”、长江经济带、中部崛起等国家战略实施中挺立支点。

“十二五”期间，武汉“地铁第一环”成网运营，4条地铁串起三大火车站，实现高铁、城铁、地铁“三网”快速无缝换乘，全市轨道交通营运里程达到126公里。公交优先战略深入推进，首条BRT基本建成，39条156公里公交专用道建成投入使用，更新公交车、出租车5800台，新辟、调整线路391条，开通公交微循环57条，推出公交优惠换乘方案，形成“快、干、支、微”的公交网络。市民公交出行分担率达到40%，比“十一五”高出10个百分点。全市“村村通客车”率100%，所有新城区均通达公交车。

据国家统计局数据，2015年全国城市GDP排名，武汉以11000亿元位列第八名，仅次于“北上广深”四大一线城市和天津、重庆、苏州。据滴滴媒体研究院和第一财经商业数据中心发布的《中国智能出行2015大数据报告》显示，武汉城市平均时薪、因拥堵造成的延时及人均全年通勤次数，报告算出的武汉人每年因交通拥堵导致的人均成本为4458元，排第12位，是排名首位的北京7972元的一半。且打车难问题在武汉也是顽疾，随着城市规模和人口总量的不断扩大，在城市偏远地区、早晚高峰时段、拥堵路段，或是遇上恶劣天气，几乎是“一车难求”。

武汉为什么那么堵？一方面，从城市规划角度出发，武汉已经全面进入轨道交通网络时代，至2015年12月，投入运营1号线、2号线、3号线、4号线共96座车站（换乘站不重复计数），运营里程126公里。据武汉市国土规划局、市交通发展战略研究院发布最新版交通蓝皮书《2016武汉市交通发展年度报告》，2016年武汉市轨道交通第三期建设规划线路全部开工，同时在建线路达14条，封闭主干道施工导致堵车在所难免；另一方面，至2016年4月底，武汉机动车保有量达243万辆[i]，由于担心出现限购，在2015年底出现抢购潮。如果道路交通基础设施规划没有跟上汽车保有量的增长速度的话，武汉市的交通只会是日渐拥堵。2014年武汉市交通管理部门介绍，武汉路网负荷度约0.75，按照现有的增长速度，2016年将达到武汉路网严重拥堵临界值[ii]。

i 《武汉机动车保有量已达243万辆》，新浪，http://news.sina.com.cn/o/2016-06-02/doc-ifxsvexw8294130.shtml

ii 《武汉汽车保有量2016年将越红线》，凤凰财经，《中国质量报》
http://finance.ifeng.com/a/20140218/11682874_0.shtml

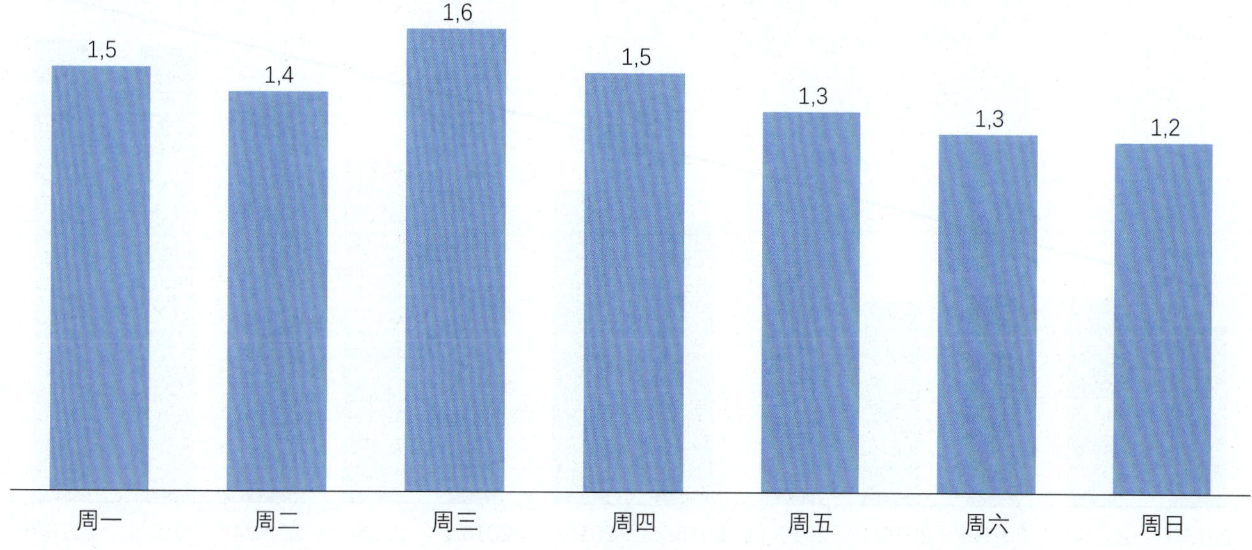

图 3 武汉一周内 NBTR 分布情况

从一天分小时的 NBTRI 分布数据来看，凌晨的 NBTRI 数值最小，而早高峰（7:00 ~ 8:00），晚高峰（17:00 ~ 18:00）的 NBTRI 数值较大，道路路况较差，这和我们理解的早高峰、晚高峰相符合，即在这个时间段，需要预留更多时间预防影响交通的不可靠因素的发生。

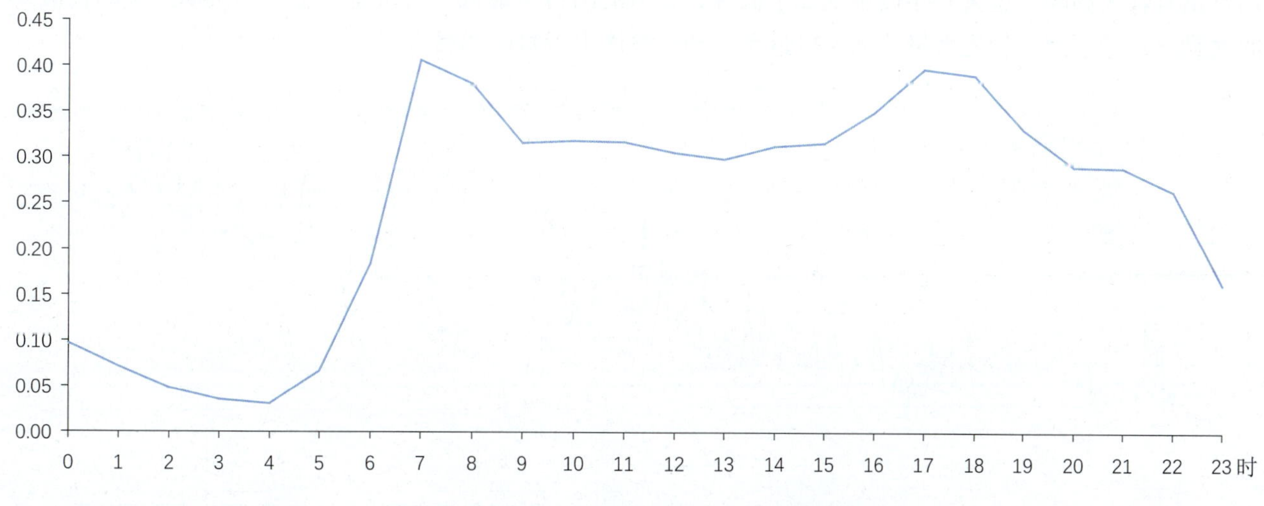

图 4 武汉 24 小时 NBTRI 分布情况

三、出行规律

1. 年度出行量分布及规律

武汉智能出行总量呈整体上升趋势。过去一年，除 2 月外，其他月份的智能出行订单呈稳定上升趋势；2 月受春节假期影响，城市整体智能出行量均环比下降 46.1%。

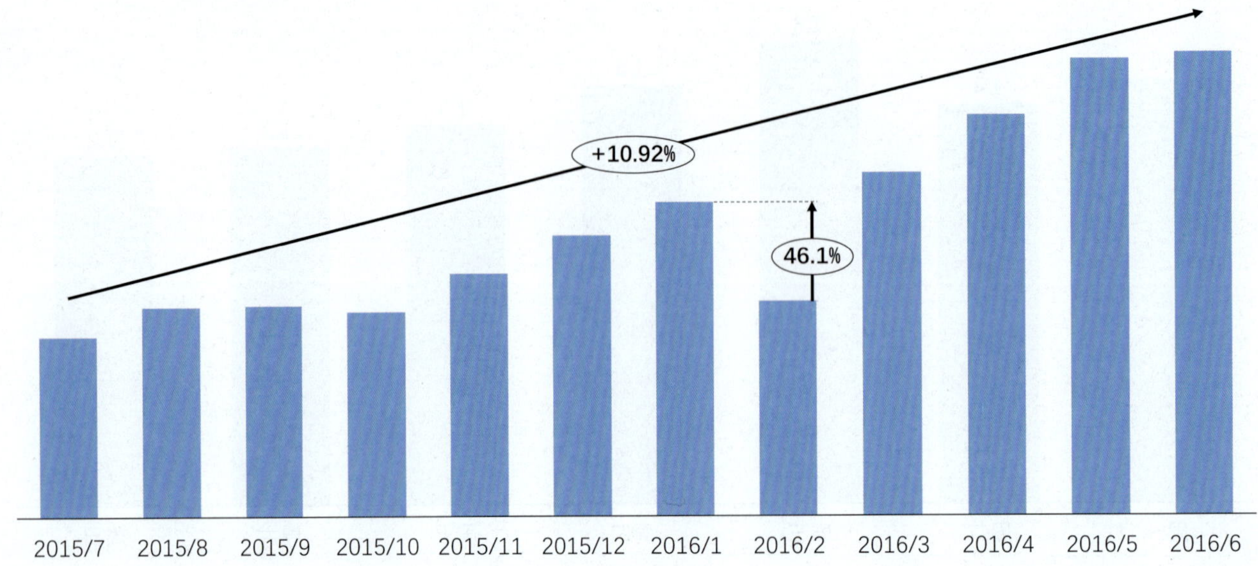

注：数据通过滴滴出行平台全量数据，结合统计周期内市场份额推算。

图 5 武汉智能出行人数变化趋势（2015 年 7 月至 2016 年 6 月）

数据显示，过去一年武汉市智能出行量一周内呈现“工作日—周末”的交替波动情况。重大节日对出行量有较大影响，过去一年内出现 2 个低谷，春节的出行量最低，其次是“十一”假期。推测长假期间通勤出行量下降，加之大量流动人口返乡，导致整体出行量降幅较大。

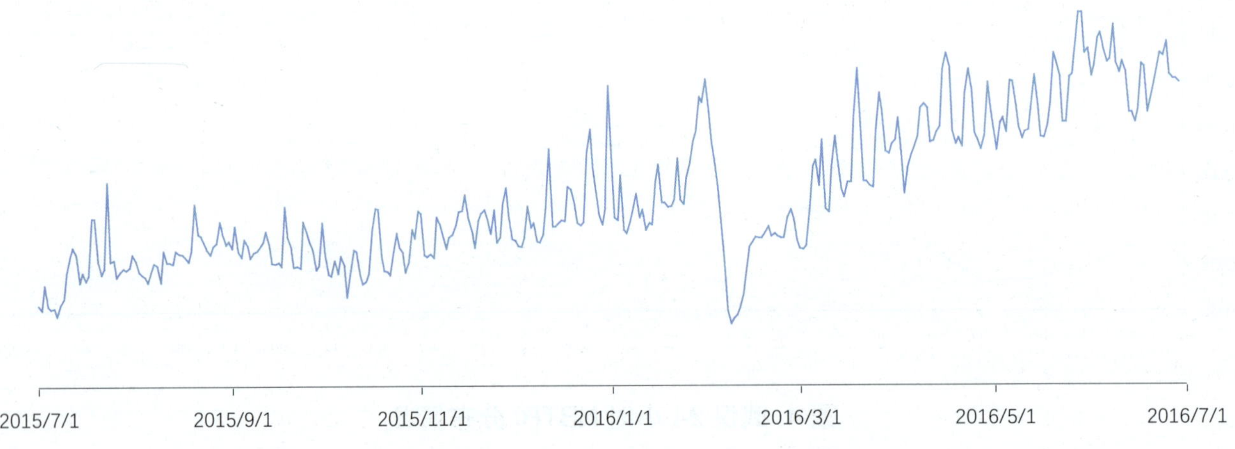

注：数据通过滴滴出行平台全量数据，结合统计周期内市场份额推算。

图 6 武汉全年智能出行量分布（2015 年 7 月至 2016 年 6 月）

如果将数据拆分得更细，以天为单位来看，过去的一年里，2 月整体出行量较低，其中 2016 年 2 月 8 日（正月初一）出行量最低，这种情况与同类城市基本一样。

2. 出行量分布及规律

数据显示，工作日武汉市民出行有明显的早晚高峰，其中早高峰在 7:00 ~ 8:00，6:00 起出行量开始上升；晚高峰在 17:00 ~ 18:00 尤为突出，15:00 ~ 16:00 出行量开始小幅上升，到 17:00 达到峰值，随后出行量下降；夜高峰 20:00 ~ 21:00，之后出行量急剧下降。

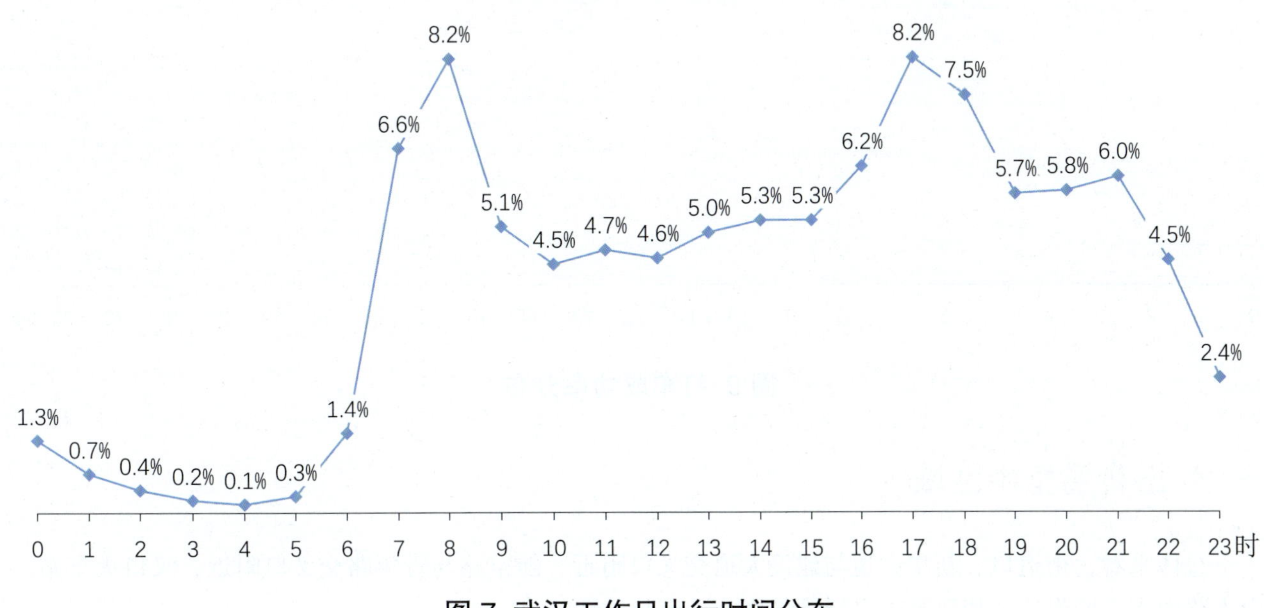

图 7 武汉工作日出行时间分布

3. 打车成功率

过去一年，武汉智能出行整体打车成功率呈小幅上升趋势，2016 年春节以来，打车成功率上升较快，其中 2016 年 3 月平均打车成功率最高。

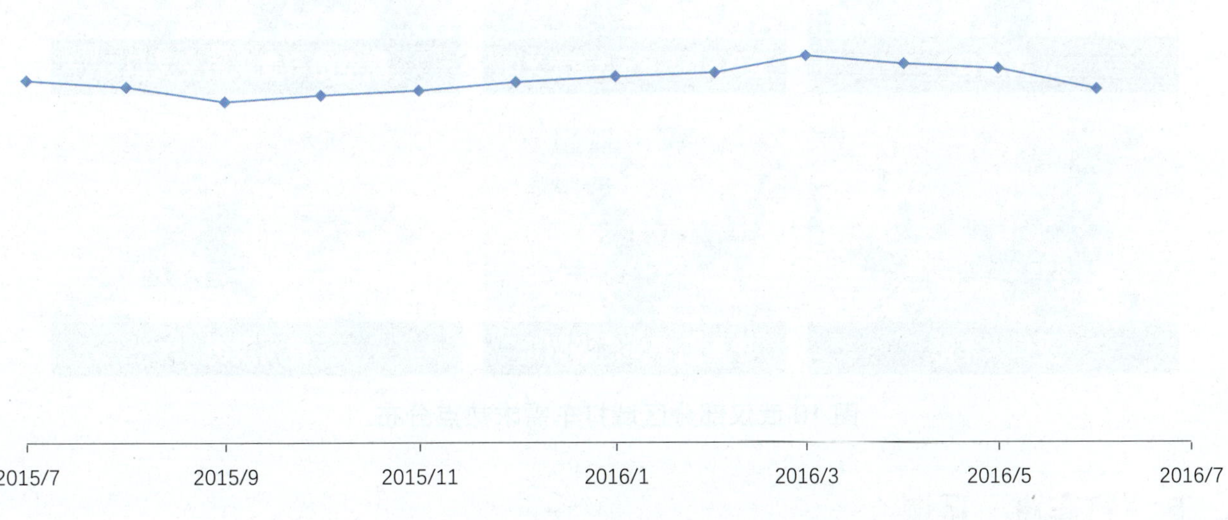

图 8 武汉打车成功率分布

全天来看，早上5:00打车成功率最低，工作日打车成功率早晚高峰时较低，节假日整体比较稳定。

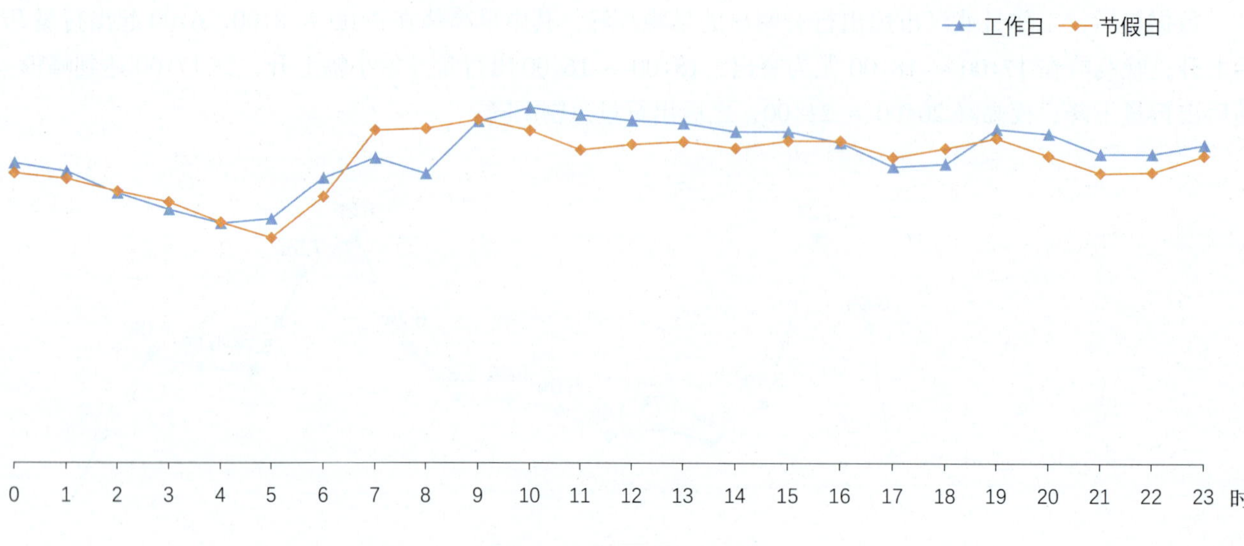

图9 打车成功率分布

4. 出行量集中区域

总体来看，街道口、新华大道与建设大道交叉口附近、航空路与青年路交叉口附近、汉口火车站、中南路中南广场附近、楚河汉街出行量最多。

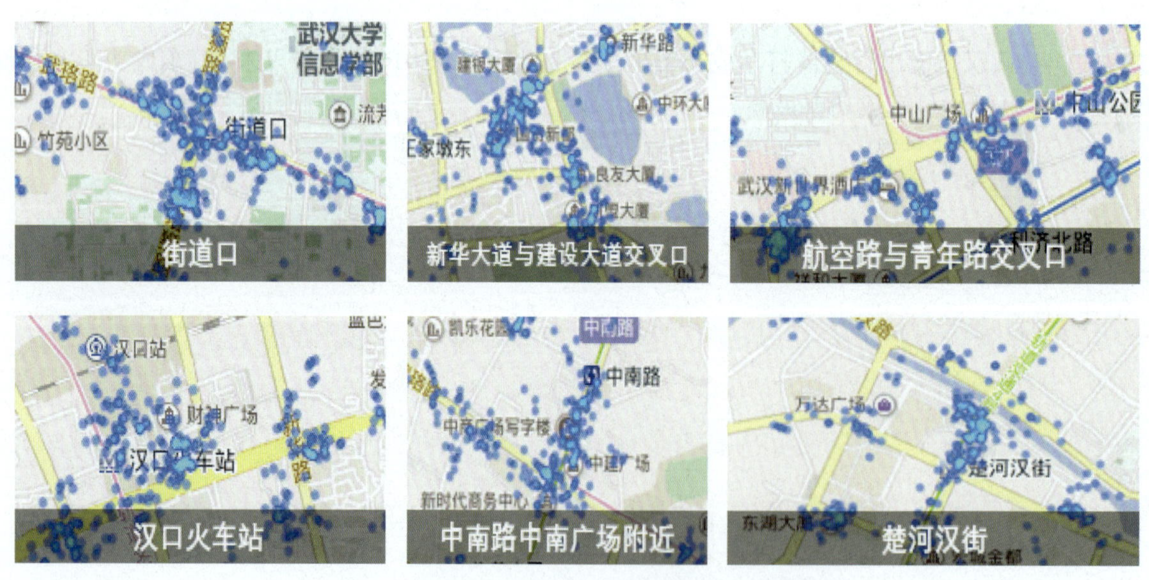

图10 武汉部分区域打车需求热点分布

5. “打车难”区域

武汉打车难地点主要分布在洪山区和武昌区的部分路段，且早晚高峰存在差异：

图 11 武汉早高峰打车难区域分布

图 12 武汉晚高峰打车难区域分布

6. 不同时间的出行目的地

整体来看，智能出行目的地集中在住宅小区和商务楼宇，节假日和工作日相比，去往商务楼宇的人数下降 33.1%，去往购物中心和休闲娱乐场所的人数分别上升 17.0% 和 26.7%，去往餐饮和机场火车站的人数也有所上升。

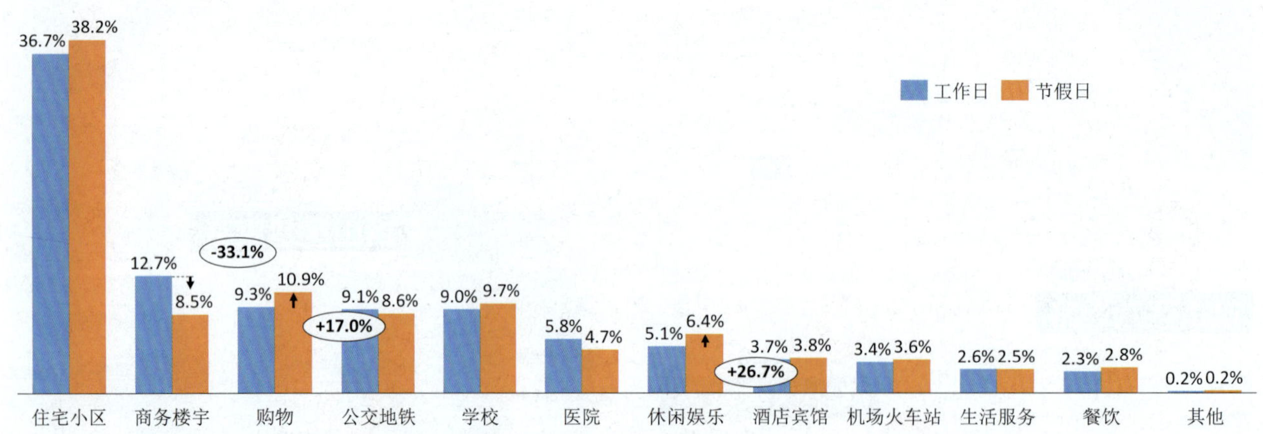

图 13 打车目的地分布

从武汉 8:00 打车目的地分布可以看出，工作日去往商务楼宇的人占比最多，节假日则少了 45.7%；节假日较工作日去往目的地增幅最大的是休闲娱乐场所、机场火车站和购物中心。

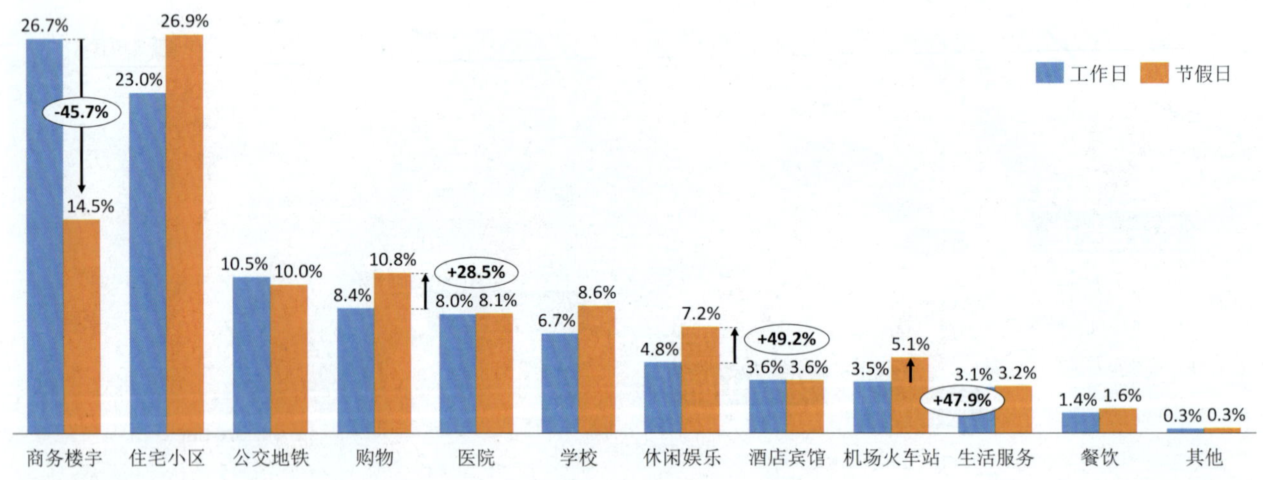

图 14 武汉 8:00 打车目的地分布

7. 通勤路线

根据滴滴出行大数据平台，对武汉日常通勤订单的起始地进行分析，结合武汉市的城市规划，发现武汉主要通勤路线分布在武汉大道方向的长江西北和长江东南部，呈贯通长江式分布。

通勤主要集中在武汉大道东南边，以武昌站为中心的通勤，以及包括武汉市高等院校所在区域的通勤。

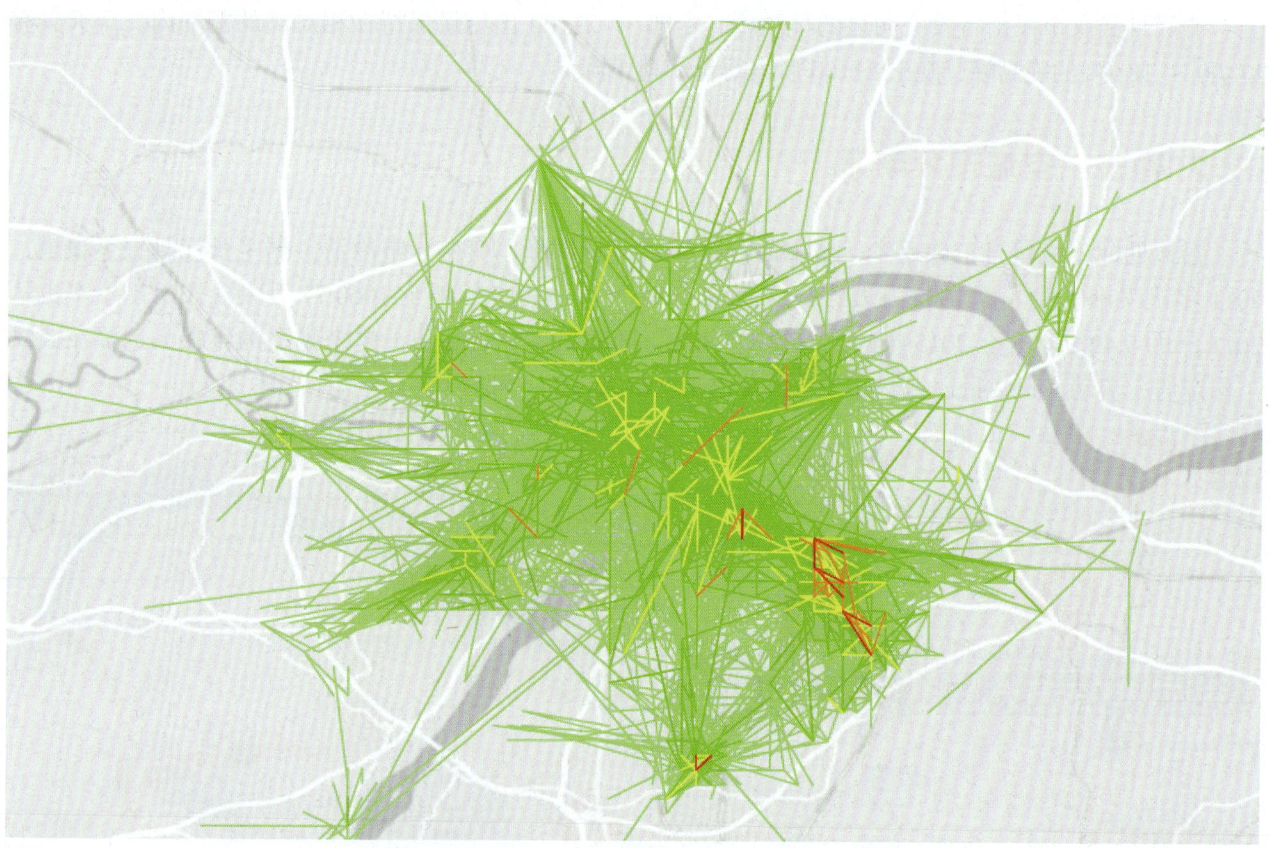

注：上图通过打车订单的起点终点连线绘制，颜色从绿色到黄色，再到红色，越趋向红色表示该通勤线路的人数越多。

图 15 武汉工作日早晚高峰 OD 图

四、特殊时间出行

1. 节假日：出行量减少，晚高峰突出

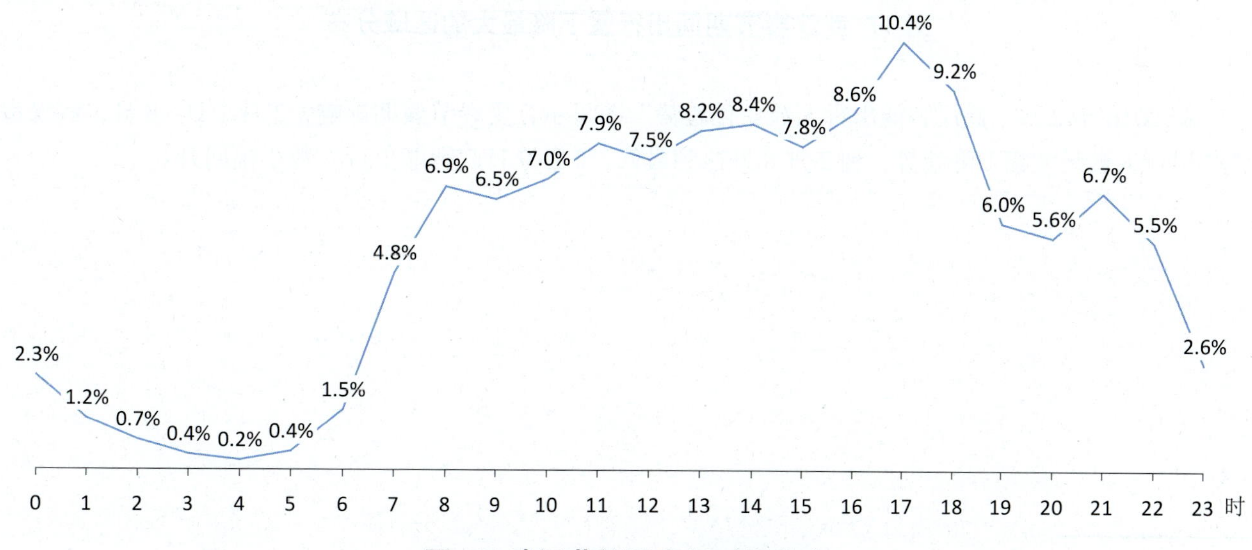

图 16 武汉节假日出行时间分布

节假日武汉市民出行没有明显的早高峰，8:00 ~ 21:00 出行量保持在相对高的范围内。全天只有 17:00 ~ 18:00 的晚高峰，晚上 21:00 后出行量快速下降。

2. 春节：空城现象明显

春节期间，大量打工族返乡，城市部分区域出行量骤降，变得异常冷清。据《长江日报》报道，2011 年武汉市常住人口 1002 万人，2013 年为 1022 万人，2015 年增至 1060.77 万人。人口出生率也从 2011 年的 9.49‰攀升至 2015 年的 12.87‰。其次，随着城市建设加快，越来越多的年轻人选择在武汉工作定居，流动人口数量逐年攀升，其子女也是学龄人口的一部分 [iii]。

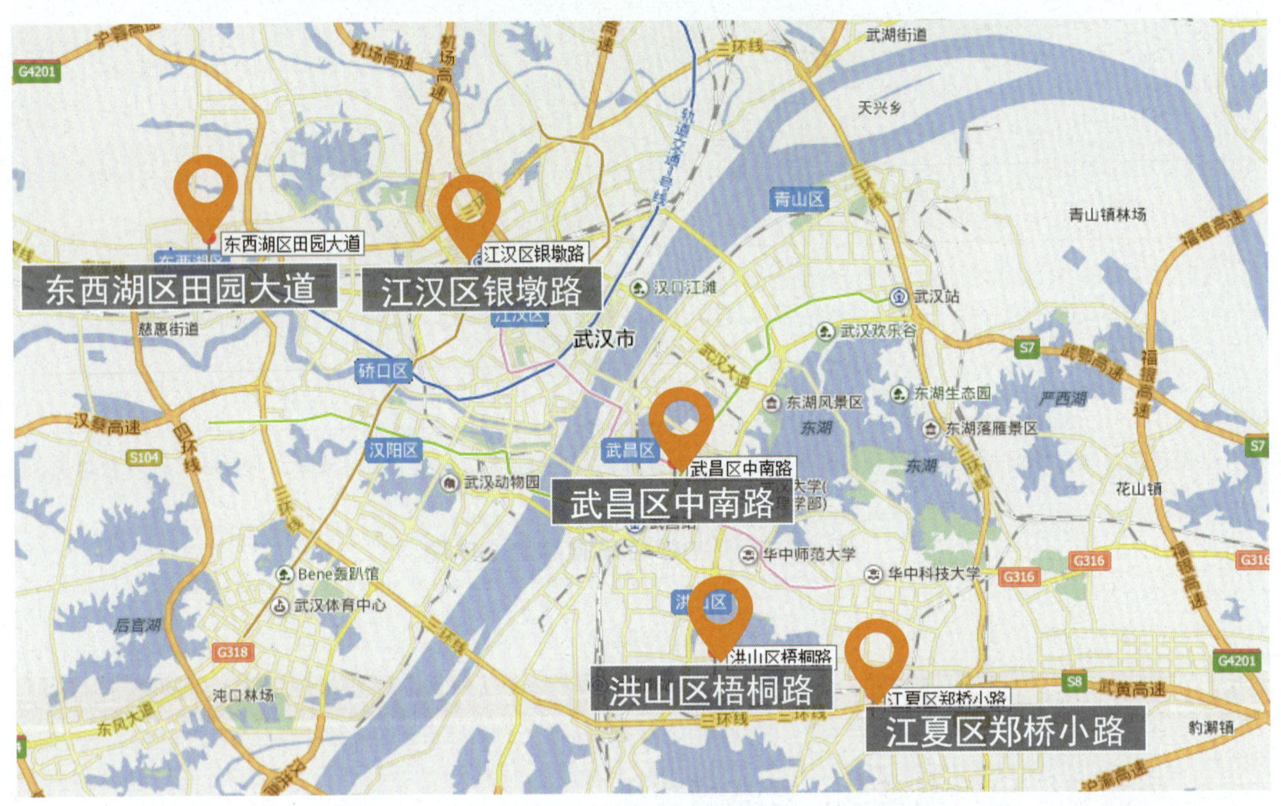

图 17 武汉春节期间出行量下降最大的区域分布

据 2016 年 2 月“武汉智能出行人数变化趋势”图显示，受春节假期影响，2 月 1 日 -8 日，武汉市智能出行人数呈大幅下降趋势，到 2 月 8 日达到最低；2 月 9 日起智能出行人数小幅回升。

iii 《武汉城市人口逐年稳定增长》，《长江日报》
http://cjrb.cjn.cn/html/2016-05/28/content_5533920.htm

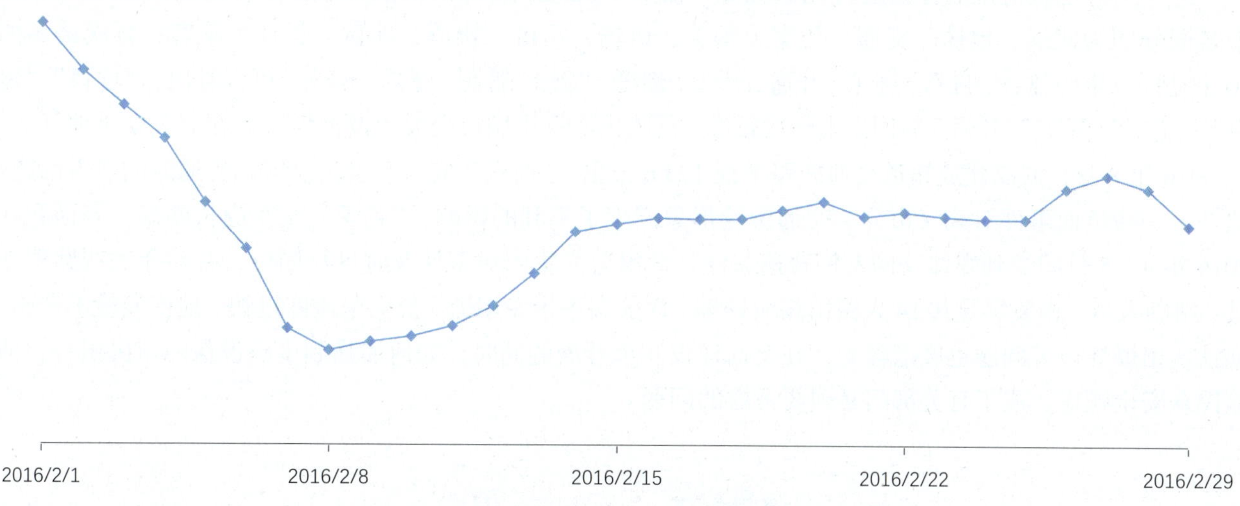

图 18 武汉 2016 年 2 月出行量变化趋势

五、舆论中的城市出行

人民网舆情监测室借助大数据平台，采集、抓取、统计 2016 年 1 月 1 日至 2016 年 6 月 30 日期间与“武汉交通”有关的网络新闻、博客、贴文等发现：在报刊、网站、微信、微博、客户端、视频网站、论坛、博客等媒介平台上，有关“武汉交通”的报道和文章计 252000 篇，文章来源以网站、微博、论坛、微信为主，其中各渠道的文章数如下图：

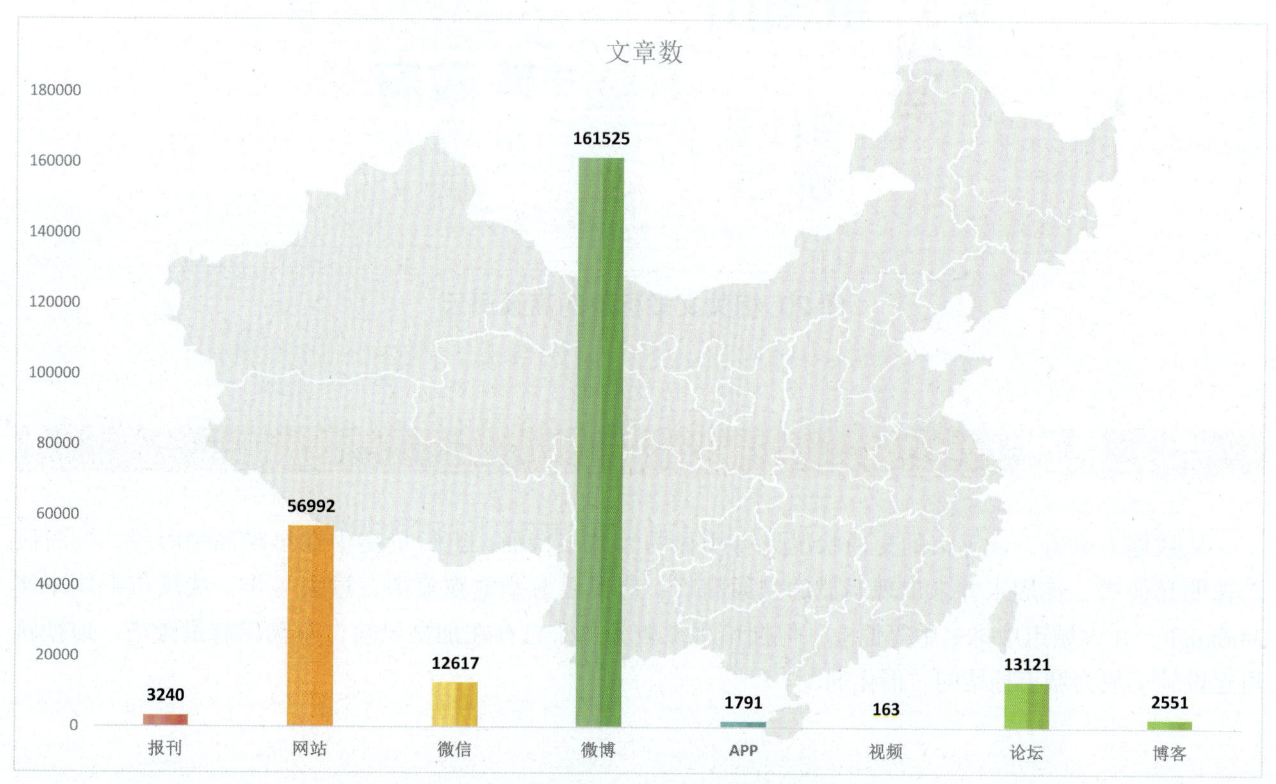

图 19 各媒介平台相关文章数量

进一步对这些文章的标题进行词频统计，去除干扰词后发现：在相关报道中，出现频次最高的10个名词分别为武汉、地铁、交通、公交（车）、机场、司机、轨道、项目、长江、乘客；频次最高的10个动词分别为建设、自驾、施工、开通、开工、新增、招标、管制、爆炸、问责。可以看出，“项目”“建设”“施工”“开工”“开通”等词出现频次较高，反映出武汉市城市交通建设近年来正在突飞猛进地开展。至2016年8月，武汉建成轨道交通线路里程123.6公里，“地铁”成为武汉民众谈论交通时的热点话题。此外，一些负面事件对武汉市公共交通舆论形象产生了不利的影响。“武汉公交车内长蘑菇”等话题在2016年4、5月间受到媒体和网友们普遍关注，武汉公交集团对事件及时进行回应，并对相关线路驾驶员、站勤人员、相关领导共14人做出相应处理。而公交不走专用道、公交车速度过快、地铁安检不严格、地铁传出爆炸声等问题也屡遭曝光，在交通建设积极开展的同时，如何加强制度建设保障市民出行，消除民众安全顾虑，成了有关部门必须要考虑的问题。

图20 相关文章标题的高频词云

六、总结

从数据上来看，武汉市的交通状况具有明显的大城市特征，出行量集中在早晚高峰时段，同时段车速明显放缓，在周末并未出现明显的交通高峰，市民更愿意宅在家中。过去一年，武汉市平均车速24.6km/h，在大城市中排名中等偏上，但拥堵现象较为严重且存在加剧风险，车辆保有量激增、地铁轨道建设施工成为城市拥堵的“催化剂”。

武汉智能出行状况整体发展较好，《中国智能出行 2015 大数据报告》显示，武汉智能出行的活跃度在全国排第四位，与北京持平；近一年来智能出行人数稳定增长；打车成功率相对稳定，略高于全国水平。[iv]

同时，作为华中地区重要的交通中心，武汉市在节假日去往机场火车站的人数明显提升，特别是节假日清晨，去往机场火车站的人数提升近 48%，交通枢纽作用凸显。武汉作为中国地理概念上的中心位置，是华中地区最重要的交通枢纽，铁路运输异常发达，同时，随着多条高铁线路开通，武汉去往中国各主要城市的时间多数会在 8 小时以内，在节假日清晨或上午乘坐高铁，下午或晚上就可以到达目的地，这在客观上使得在节假日清晨前往火车站的人数显著提升。作为劳动力大量集中的城市之一，武汉在春节期间会出现明显的“空城”现象，出行人数在节日期间一直维持在较低水平。

近些年来，作为智慧城市建设重点城市，武汉市全市交通体系正在向智能化发展不断迈进，武汉市公安局交通管理局积极探索建设“互联网 +”智慧交通。2016 年 6 月，“滴滴公交”启动，武汉成为全国首批可实现公交实时查询的城市，除了可以实时查看公交到站信息的数据外，“滴滴公交”还有包车和班车业务，进一步满足交通出行的各种需求，为城市拥堵问题探寻有效解决方案。[v] 同年 9 月，武汉正式上线滴滴租车业务，成为全国首批开展该业务的 4 个城市之一。[vi]

---

iv 《武汉智能出行活跃度全国第四》，网易财经频道 http://money.163.com/16/0122/06/BDTOIEFT00253B0H.html

v 《滴滴推出实时公交系统包括武汉在内全国四城市可查实时公交》，网易新闻中心 http://news.163.com/16/0606/15/BOSUABDI00014Q4P.htm

vi 《滴滴正式上线租车业务 在武汉成都青岛启动试运营》，搜狐财经 http://business.sohu.com/20160909/n468078223.shtml?_k=s4g53t

长沙市

CHANGSHASHI

长沙城市出行大数据分析

一、城市概况

长沙，湖南省省会，也是全省政治、经济、文化、科教和商贸中心。作为国务院首批公布的历史文化名城之一，长沙有“屈贾之乡”“楚汉名城”“潇湘洙泗”之称，历经3000年，城名、城址不变。市内有马王堆汉墓、四羊方尊、三国吴简、岳麓书院、铜官窑等历史遗迹，近代曾发生过清末维新运动、旧民主主义革命和新民主主义革命等爱国救亡运动，走出了黄兴、蔡锷、毛泽东、刘少奇、雷锋等名人。

长沙市经济发展迅速，2015年，全市实现地区生产总值8510.13亿元，比上年增长9.9%[i]。2005年至2015年的10年间，长沙GDP由1520亿元增加到8510.13亿元，增长460%，在全国33个重点城市中，增速领跑全国[ii]。

随着长沙经济持续强势发展，市内常住人口也不断增长，农村人口大量向城市转移。2015年年末常住总人口743.18万人，比上年增长1.65%。城镇化率74.38%，比上年提高2.04个百分点[iii]。与人口增长相伴而来的是长沙机动车保有量爆炸式增长，仅在2016年上半年，长沙市就新增机动车17万辆，平均月增近3万辆，全市机动车保有量218万辆[iv]，与中部省份其他省会城市相比，长沙机动车拥有的密度甚至是其他同等城市的3倍[v]。

城市规模大幅扩张，交通设施不断完善。近年来，长沙通过实施重大投资项目带动了城市的扩张与发展，地铁、城铁、磁悬浮、过江隧道、湘江枢纽、城市路网等一大批重大项目相继开工建成，“十二五”期间，长沙累计完成基础设施投资4474亿元，比“十一五”增长113.3%，其中亿元以上城市基础设施投资2155.8亿元，比“十一五”时期增长84.8%[vi]。长沙市轨道交通发达，设计线路总长456公里，数量12条。2016年5月6日，长沙开通中国首条中低速磁悬浮线路，设计时速100公里。

---

i 《2015年长沙市国民经济和社会发展统计公报》，长沙统计信息网 http://www.cstj.gov.cn/static/ndcss/20160311/30925.html

ii 《长沙GDP10年增长460% 增速领跑全国》，中国新闻网 http://www.chinanews.com/cj/2016/08-22/7980583.shtml

iii 同1

iv 《胡衡华主持召开全市道路交通管理工作领导小组2016年第二次会议》，华声在线 http://hunan.voc.com.cn/article/201607/201607280905214184.html

v 《长沙机动车突破200万台 市政协委员建议：“停车＋换乘”》，新华网湖南频道 http://www.hn.xinhuanet.com/2016-01/17/c_1117798132.htm

vi 《“十二五”时期长沙经济社会发展再创辉煌》，长沙统计信息网 http://www.cstj.gov.cn/static/jcndbg/20160218/30737.html

二、整体交通概况

1. 全年平均车速

过去一年（2015 年 7 月 1 日至 2016 年 7 月 1 日，下同），长沙平均车速 24km/h。长沙车速受节假日影响较小，仅在 2016 年春节出现明显峰值，期间日均车速 33.6km/h。

单位：km/h

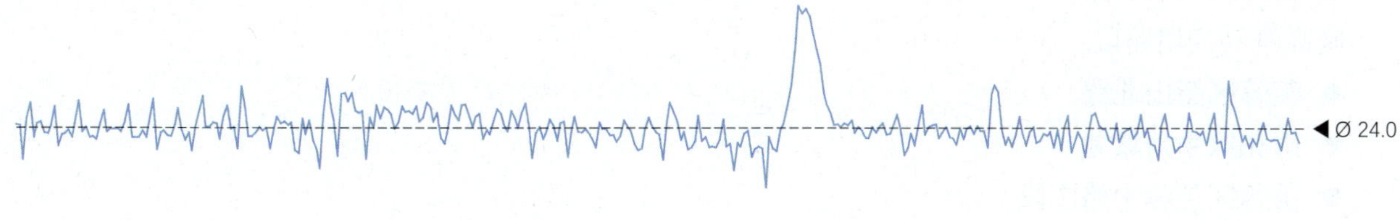

图 1 长沙日均车速变化趋势图（2015 年 7 月 1 日至 2016 年 7 月 1 日）

工作日，7:00 和 17:00 平均车速最低，早晚高峰明显。与其他城市相似，12:00 路况最好；在节假日，车速相对稳定，没有明显的低谷时段，白天车速整体低于夜间。

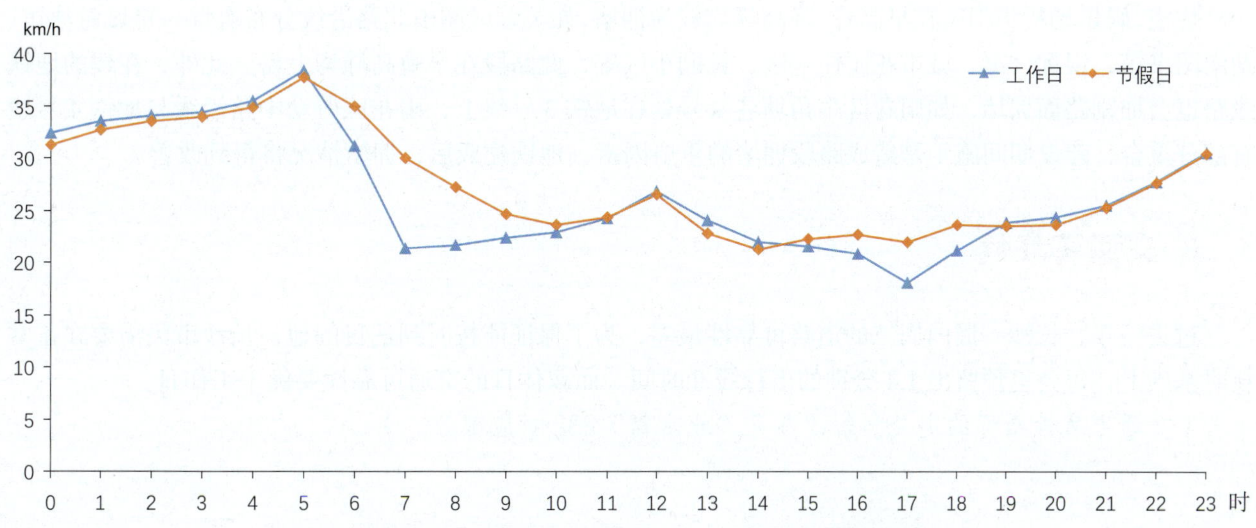

图 2 长沙工作日、节假日平均车速变化趋势图

2. 拥堵路段

根据滴滴出行大数据测算，长沙市区早高峰和晚高峰最易拥堵的路段。

早高峰易拥堵路段：

- 雨花区爱民巷
- 雨花区劳动中路
- 雨花区城南东路
- 芙蓉区法院路
- 芙蓉区东二环 1 段
- 芙蓉区韶山北路

晚高峰易拥堵路段：

- 芙蓉区韶山北路
- 雨花区牛角塘巷
- 芙蓉区芙蓉中路 2 段
- 芙蓉区里仁巷
- 开福区螃蟹桥巷
- 天心区白沙街

长沙市区内，早晚高峰的拥堵路段集中在雨花区、芙蓉区和开福区。

早高峰拥堵路段附近多是住宅密集区。如雨花区劳动中路沿线有东友星座、海华嘉园、公交野坡小区、石油小区、公交园小区等住宅区；雨花区爱民巷沿线分布有活力康城住宅区和金源大酒店北停车场；芙蓉区法院路沿线附件分布有振湘园小区、畅心苑、新世纪家园南区、付家湾小区；芙蓉区东二环 1 段附近有东方之珠住宅区，住宅区早晨上班时间人流集中，易出现拥堵。

晚高峰拥堵路段附近多分布有写字楼、医院、学校等。如芙蓉区芙蓉中路 2 段是华菱大厦所在地；芙蓉区文运街附近分布有长沙市口腔医院等；芙蓉区里仁巷分布有长沙市冶金机械职业技术培训中心；开福区螃蟹桥巷临近湖南省交通医院；天心区白沙街附近分布有白沙幼儿园。

住宅、娱乐场所集中区在早高峰、晚高峰均较为拥堵，如芙蓉区韶山北路沿线分布有维一星城游泳馆、湖南图书馆、银远公寓、城市花园住宅区、长勘小区等，此路段在早晚高峰均上榜。此外，在建的地铁线路也会加剧路面拥堵，如雨花区牛角塘巷 9 号处在地铁 3 号线上，雨花区劳动中路沿线与地铁 4 号线有部分重合，建设期间施工是造成路段拥堵的重要因素，地铁建成后，拥堵情况将得到改善。

3. 交通可靠性

过去一年，长沙一周内周三的道路可靠性最差，为了保证能按时到达目的地，长沙市民需要在正常耗时基础上，每公里预留出 1.4 分钟的出行缓冲时间。而双休日的交通可靠性要优于工作日。

（交通可靠性指标的定义和解读参见“北京篇”P32 对应部分。）

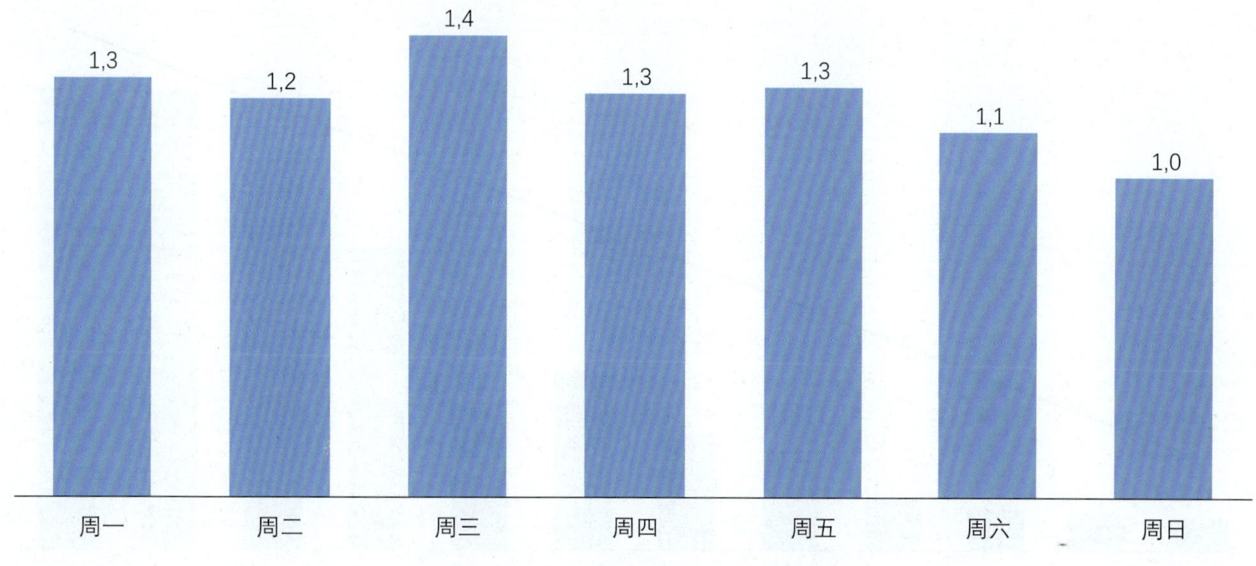

图 3 长沙一周内 NBTR 分布情况

从一天分小时的 NBTRI 分布数据来看，凌晨的 NBTRI 数值最小，而早高峰（7:00 ~ 8:00），晚高峰（17:00 ~ 18:00）的 NBTRI 数值波动较大，道路路况较差，这和我们理解的早高峰、晚高峰相符合，即在这个时间段，需要预留更多时间预防影响交通的不可靠因素的发生。

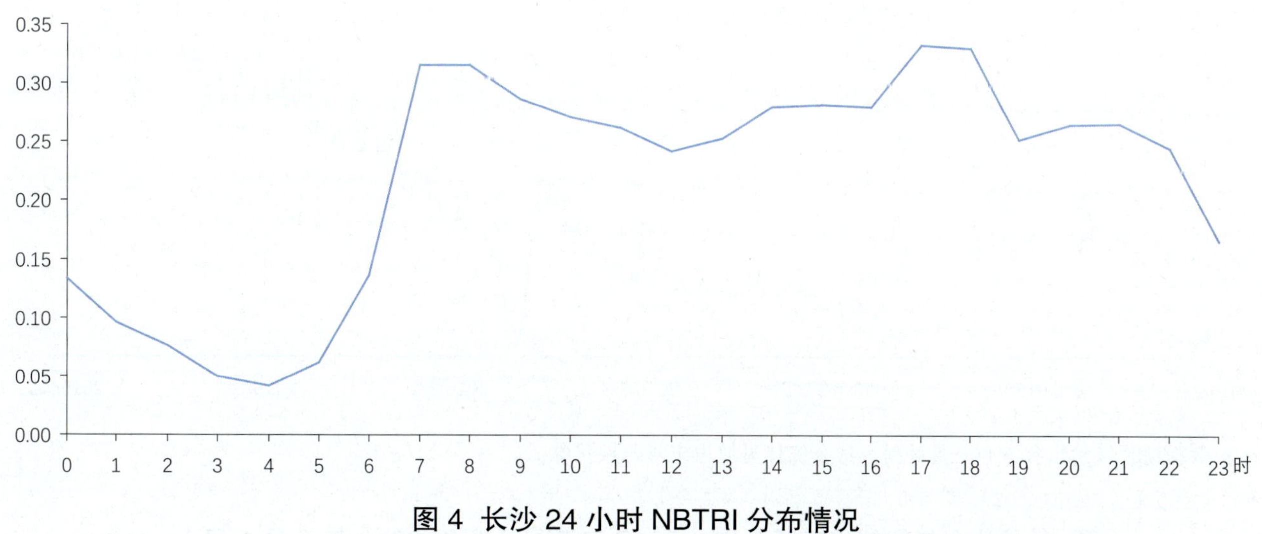

图 4 长沙 24 小时 NBTRI 分布情况

三、出行规律

1. 年度出行量分布及规律

过去一年，除 2 月外，长沙的智能出行订单呈稳定上升趋势。2 月受春节假期影响，城市整体出行量均环比下降 16.2%。

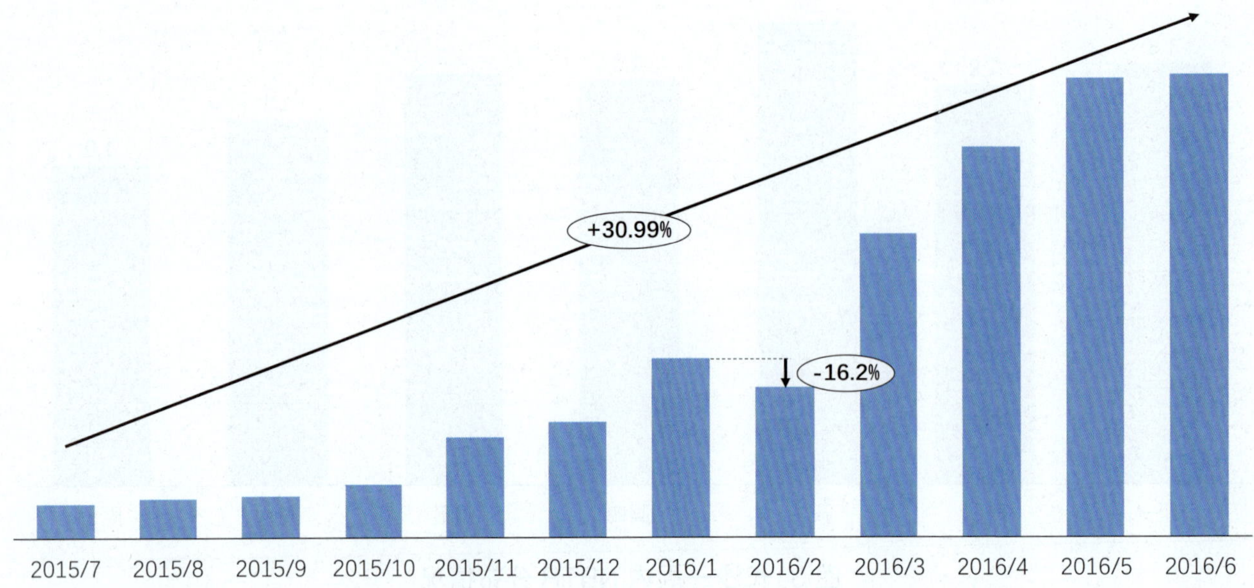

注：数据通过滴滴出行平台全量数据，结合统计周期内市场份额推算。

图 5 长沙智能出行量变化月趋势图（2015 年 7 月至 2016 年 6 月）

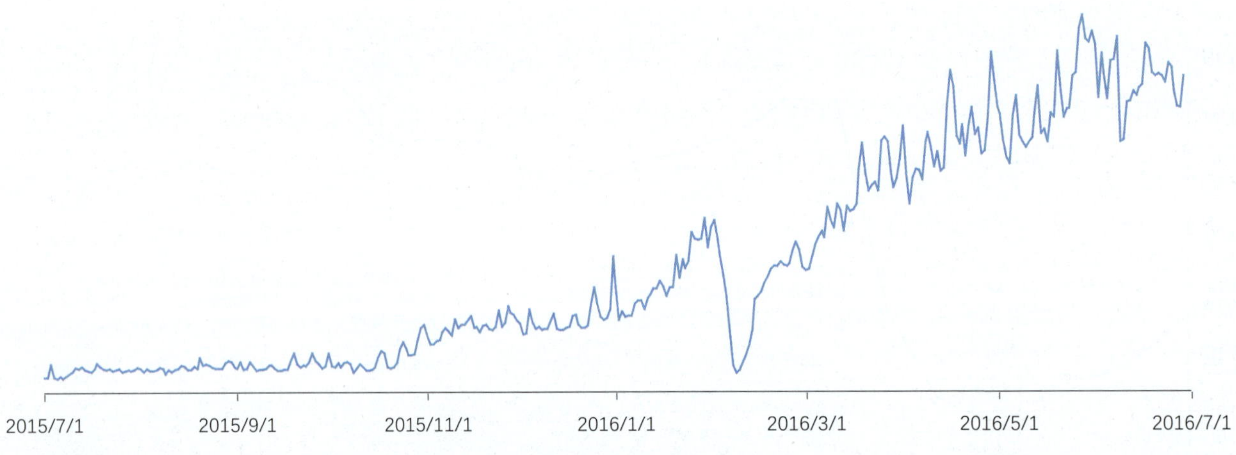

注：数据通过滴滴出行平台全量数据，结合统计周期内市场份额推算。

图 6 长沙全年智能出行量分布（2015 年 7 月 1 日至 2016 年 7 月 1 日）

2. 工作日出行量分布及规律

工作日内，长沙有 3 个明显的出行峰值，即早高峰（7:00 ~ 9:00，8:00 达到最高峰），晚高峰（17:00 ~ 19:00，17:00 达到最高峰），以及夜高峰（20:00 ~ 22:00），与北京、郑州等其他城市类似。晚高峰的出行量最大，早高峰次之，夜高峰最少。

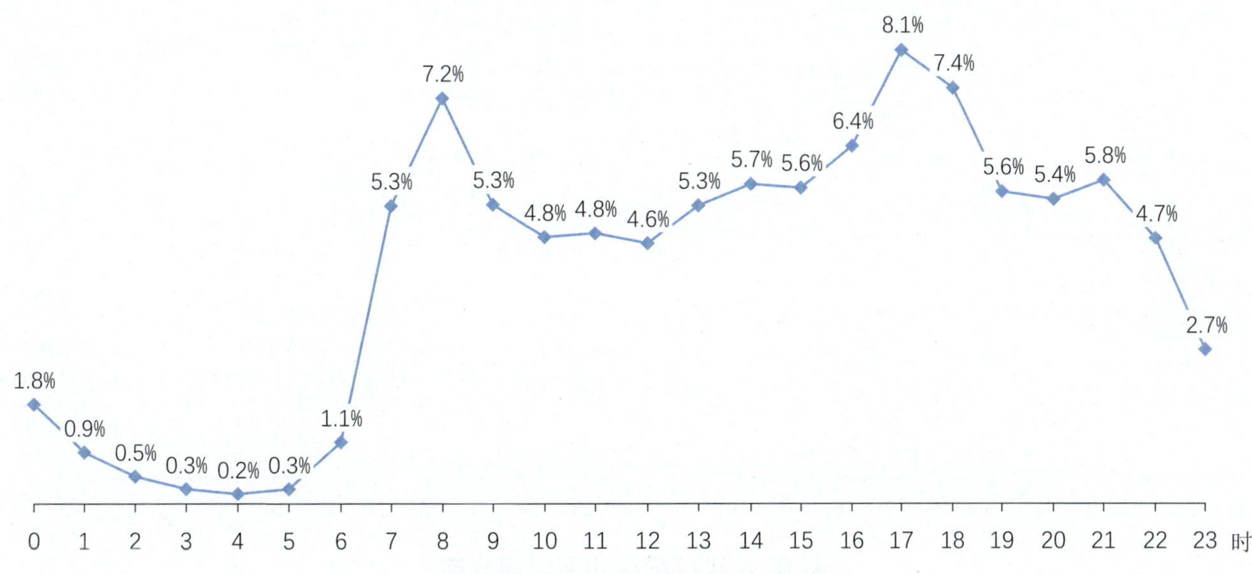

图 7 长沙工作日出行量的时间分布

3. 打车成功率

在工作日，早晚高峰期由于用车需求过大导致打车成功率较低；在节假日，集中的需求被分散，整体比较稳定，早上 5:00 由于供给不足导致打车成功率出现低值。19:00 以后，工作日的打车成功率高于节假日，一方面由于人们节假日的晚上，倾向于外出或更晚回家，时段内需求大导致打车难；另一方面，可能由于节假日影响，传统出租车司机休息较多，参与到分享经济形式的网约车专兼职司机休假较多，导致供给不足。

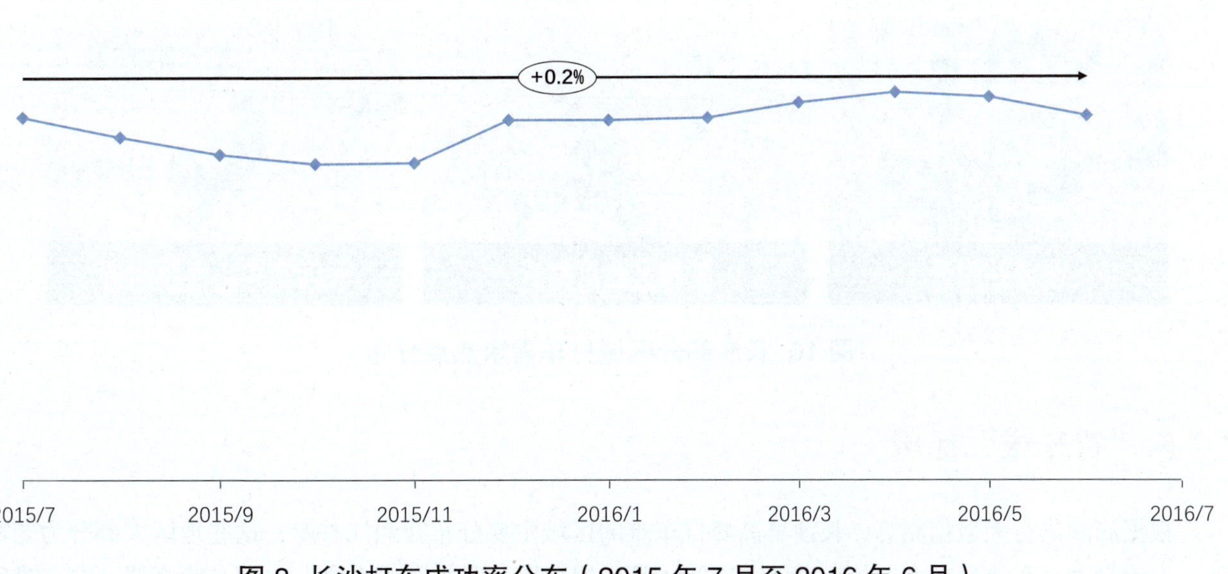

图 8 长沙打车成功率分布（2015 年 7 月至 2016 年 6 月）

图 9 长沙打车成功率时间分布

4. 出行量集中区域

总体来看，湘江中路五一广场、长沙市第一医院附近、韶山北路与人民中路交叉口附近、长沙站附近、芙蓉区政府附近及长沙市中心医院附近等区域出行量最大。

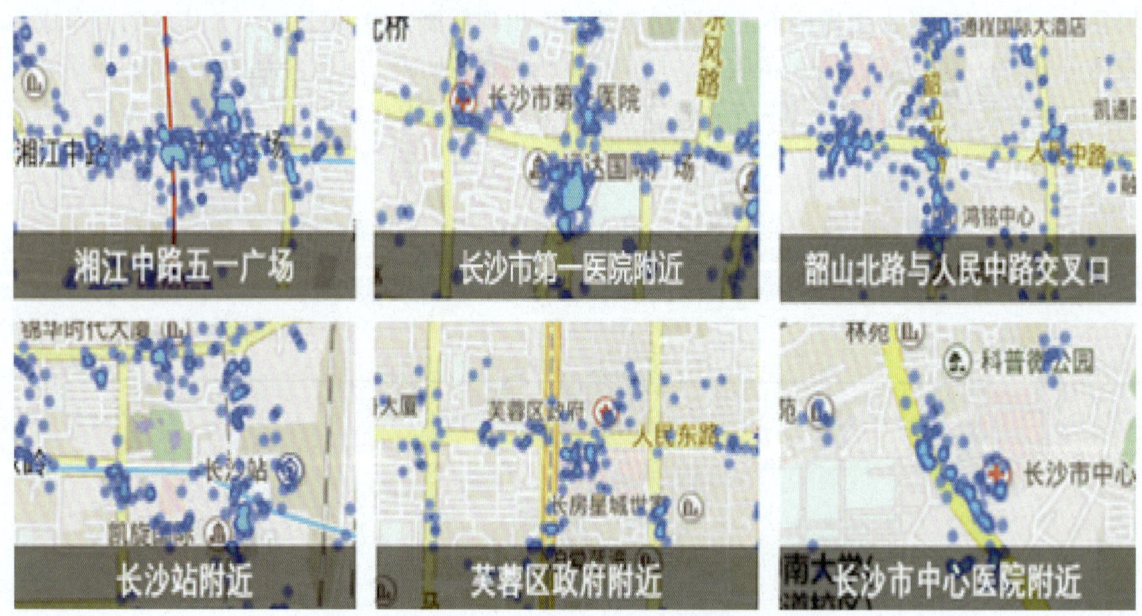

图 10 长沙部分区域打车需求热点分布

5. “打车难”区域

根据滴滴出行大数据测算，长沙早高峰打车难的区域主要分布在湘江右岸，这些地区大部分为老城区，人流量大，车流量也大，位于湘江左岸的岳麓区银双路也是打车难点之一。而在晚高峰，打车难区域则全部分布在湘江右岸，从北到南呈一字排列状，主要分布在地铁沿线。

图 11 长沙早高峰打车难区域分布

图 12 长沙晚高峰打车难区域分布

6. 不同时间的出行目的地

整体来看，智能出行目的地集中在住宅小区和商务楼宇，节假日和工作日相比，去往商务楼宇的人数下降 27.0%，去往休闲娱乐场所和购物中心的人数分别上升 27.2% 和 12.1%。这说明长沙人与其他一二线城市一样，在有限的假期里放松心情是最佳选择。

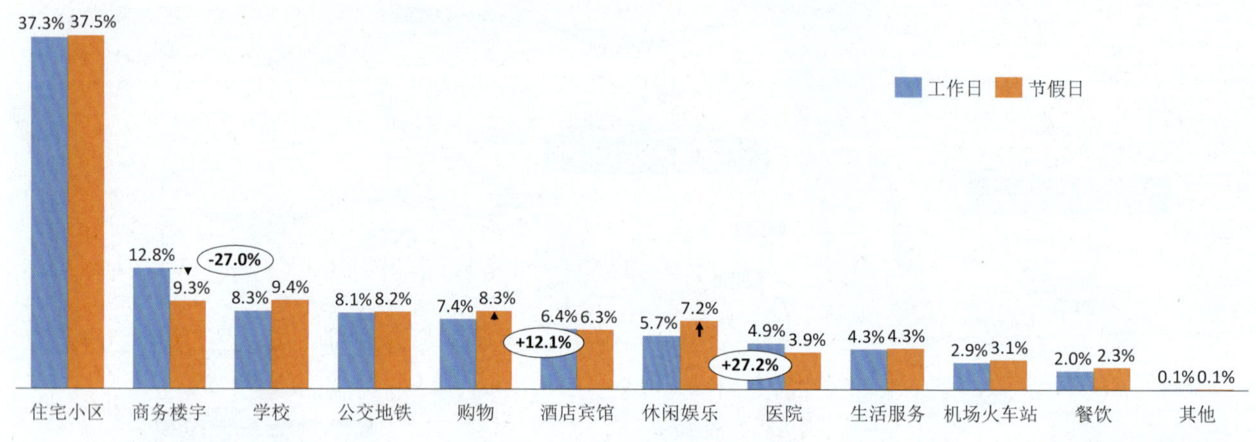

图 13 长沙打车目的地分布

对比工作日和节假日 8:00 时段，节假日打车去商务楼宇的人数下降 44.2%。节假日这一时段，去往公交地铁、机场火车站、购物中心和休闲娱乐场所的人数比工作日多。

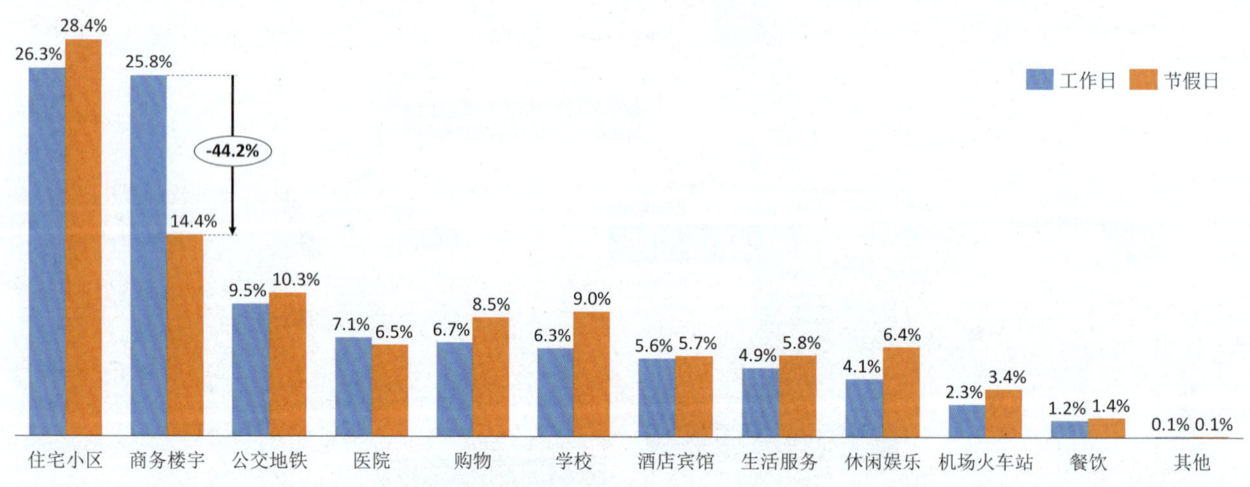

图 14 长沙 8:00 打车目的地分布

7. 通勤路线

根据滴滴出行大数据平台，对长沙日常通勤订单进行分析，结合长沙的城市规划，发现长沙主要通勤路线分布在长江的东西两侧。东侧城市范围更大，包括长沙火车站等中心，以及长沙西边的宁乡县；通勤主要集中长江西侧的岳麓大道附近，以及宁乡县内部的通勤。其中金科湖湘公园—长沙市政府，湖南师范大学—省肿瘤医院，是比较典型的打车通勤路线。

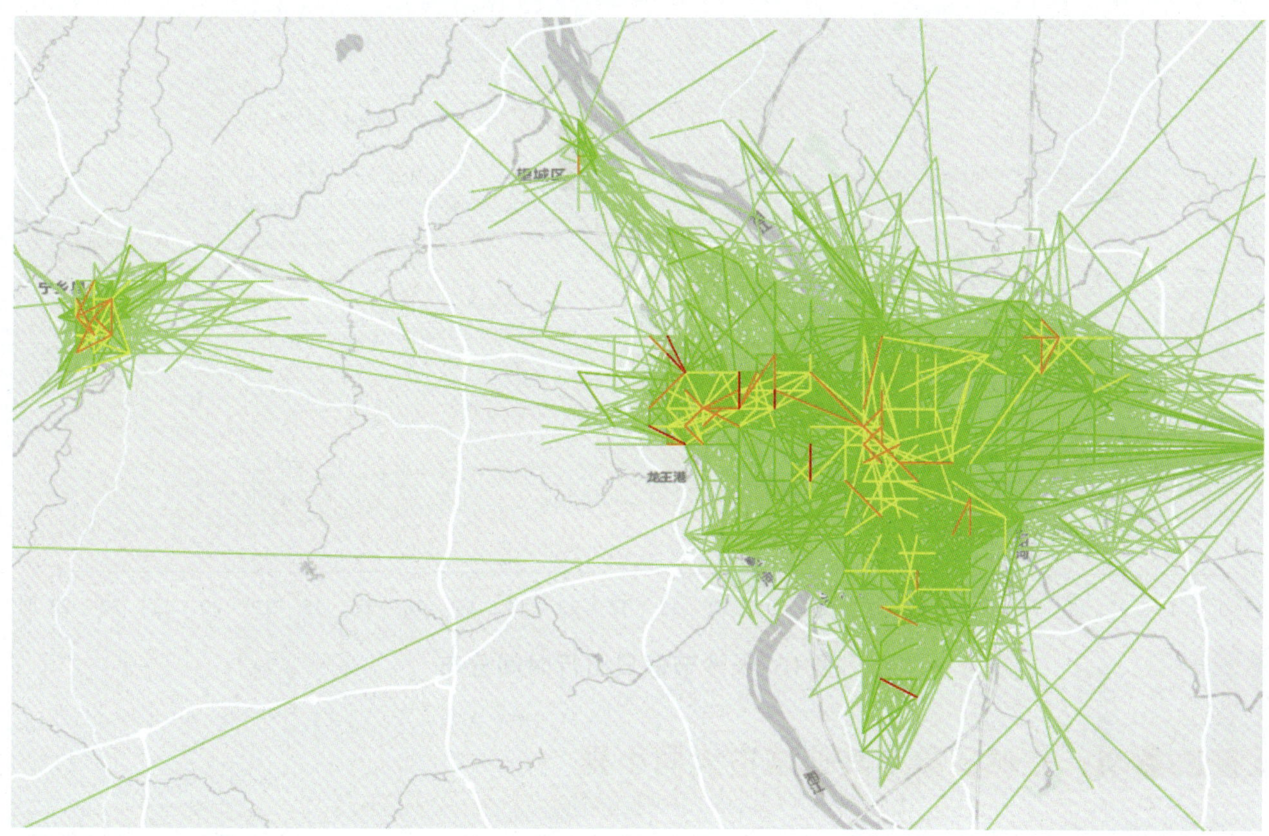

注：上图通过打车订单的起点终点连线绘制，颜色从绿色到黄色，再到红色，越趋向红色表示该通勤线路的人数越多。

图 15 长沙工作日早晚高峰出行 OD 图

四、特殊时间出行

1. 周末：早高峰和夜高峰消失，晚高峰势微

节假日，因无上班时间约束，7:00 ~ 9:00 并未出现早高峰，17:00 ~ 18:00 中，当天出行量达到峰值。节假日晚高峰峰值远低于工作日的 8.1%，再加上节假日去往公交地铁站点的乘客增多这一现象，可以初步判断，由于节假日人们有更多自由时间，或由于节假日出行路途较远，出于性价比考虑，人们往往选择公共交通。

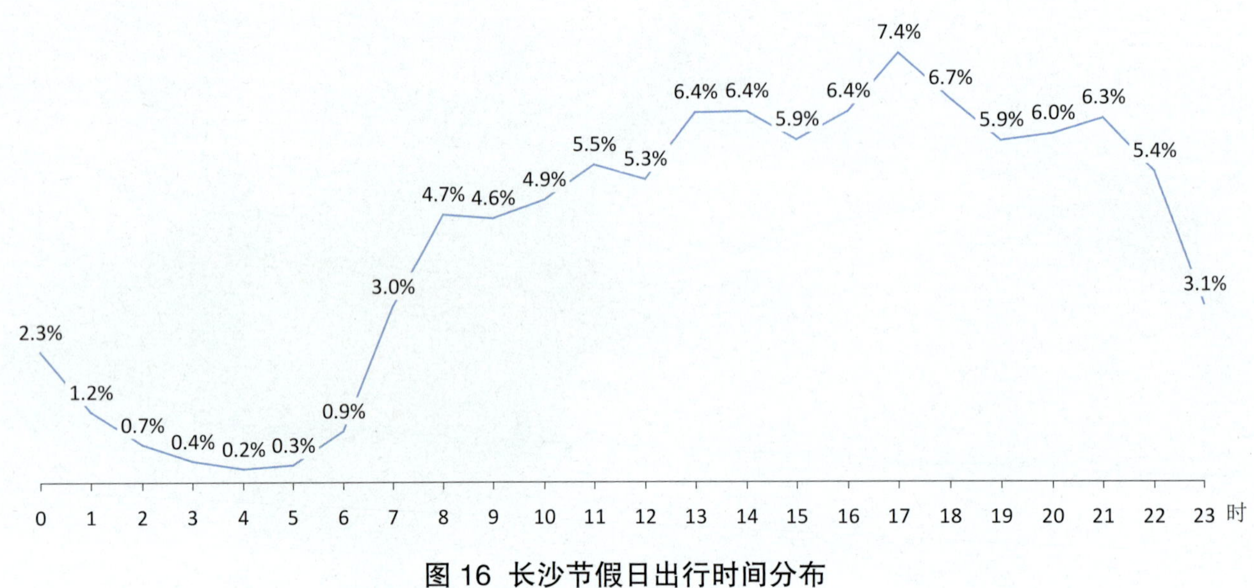

图 16 长沙节假日出行时间分布

2. 春节：空城现象与其他城市大同小异

具体看 2016 年 2 月长沙出行量，自 2 月 1 日起，出行人数大幅减少，2 月 8 日（正月初一）达到低谷，而后开始逐渐增加。与其他大城市相似，春节期间，市区的外来人口返乡、本地市民外出游玩使市内人口大减，城市进入“空城”模式，出行需求骤降。观察后发现，14 日 -15 日（初六至初七），出行量的增幅较 14 日之前、15 日之后更大，可能由于大部分企事业单位在初六或初七开工，民众在这两天“归巢”，集中用车需求大。

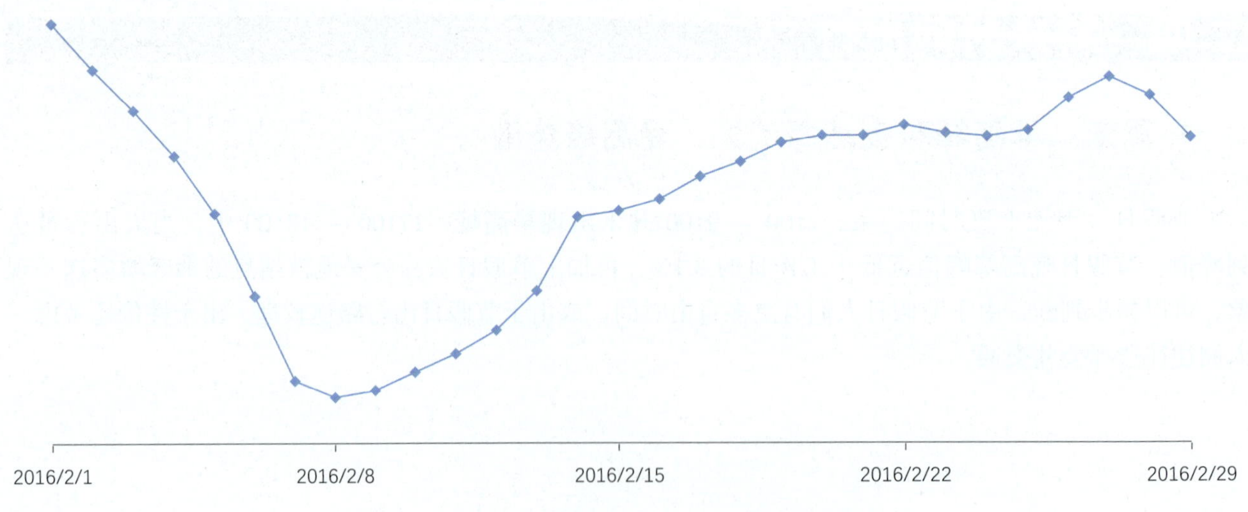

图 17 长沙 2016 年 2 月出行量变化趋势图

春节期间选取 2016 年 2 月 7 日 -13 日，并与上一周同期比较后发现，出行量下降幅度最为明显的区域是岳麓区谷苑路、开福区佳亭路、天心区南湖巷、雨花区自然岭路、岳麓区桐梓坡路。开福区佳亭路是长沙市民居住地集中区域，岳麓区桐梓坡路、雨花区自然岭路是长沙市民工作地集中区域，附近分布有中南大学附属湘雅三医院、港澳校友楼、雨花区自然岭小学、海鲜水产批发市场等，春节期间人们会减少对这些地方的需求，导致出行量下降幅度明显。

图 18 长沙春节期间出行量下降最大的区域分布

五、舆论中的城市出行

人民网舆情监测室借助大数据平台，采集、抓取、统计 2016 年 1 月 1 日至 2016 年 6 月 30 日期间与“长沙交通”有关的网络新闻、博客、贴文等，试图进一步分析。通过关键词检索、大数据抓取和统计研究后发现：在报刊、网站、微信、微博、客户端、视频网站、论坛、博客等媒介平台上，有关“长沙交通”的报道和文章计 121685 篇，文章来源以网站、微博、微信、论坛为主，其中各渠道的文章数如下图。

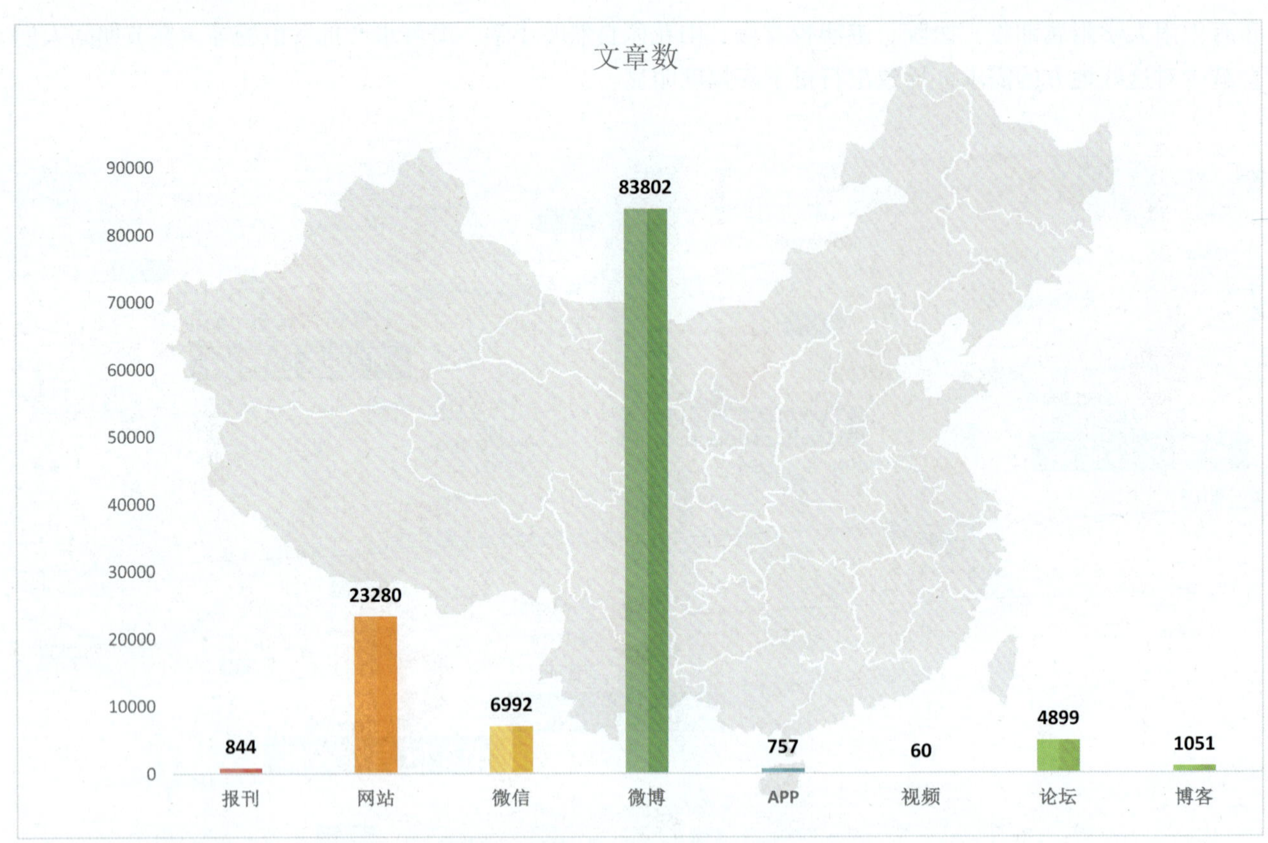

图 19 各媒介平台相关文章数量

进一步对这些文章的标题进行词频统计，去除干扰词后发现：在相关报道中，出现频次最高的 10 个名词分别为长沙、公交（车）、机场、交通、地铁、铁路、项目、交警、道路、一期；频次最高的 10 个动词分别为改造、打车、回应、运营、施工、通车、围挡、运行、设计、试运。“磁浮”一词成为长沙独有热词。“磁浮”，即长沙中低速磁浮工程，2015 年 12 月 26 日试运行，2016 年 5 月 6 日正式通车试运营。“磁浮”运营以后从长沙火车南站到黄花国际机场，全程仅需 10 余分钟，极大地缩短了运营时长，方便市民的出行。湖南作为中部地区交通枢纽，其“磁浮”重点项目的顺利建成，不仅标志着我国正式拥有第一条自主设计、自主制造、自主施工和自主管理的中低速磁悬浮，更助力中国磁浮地位的提升，推动世界磁浮技术与产业的发展。9 月 25 日，湖南磁浮首次亮相国际舞台——2016 年柏林国际磁浮大会。同时，长沙还将成为 2020 年国际磁浮大会的举办地。

图 20 相关文章标题的高频词云

六、总结

整体上看，长沙的城市出行存在着很多大城市共有的交通问题。长沙平均车速为 24km/h，略低于北京的 25.7km/h，在高峰期易出现拥堵状况。长沙的智能出行发展较为迅速，自 2015 年 10 月以来，智能出行量都在持续增长。长沙市的出行特征与大部分城市相同，拥堵状况受节假日影响明显。节假日无早高峰及夜高峰、整体打车成功率在上升、节假日火车地铁站点的枢纽地位明显、春节空城效应凸显。相对来说，区域性特点并不十分显著，随着长沙市轨道交通的发展，发达的地铁线路有可能会为公路交通“减压”。

近年来，长沙当地政府为解决交通拥堵问题，探索出一系列行之有效的新方法。2016 年 9 月，长沙在金星路、银双路、观沙路、岳华路、潇湘路等 5 条主次干道设置信号灯“绿波带”并启动使用，以提高通行效率。所谓“绿波带”，就是在指定交通道路上，根据交通流量及道路情况设置好车速后，综合路段距离等因素，把车流所经过的各路口绿灯起始时间进行相应的调整，以保证只要驾驶员按照规定速度行驶，之后遇到的信号灯将全是绿灯。“绿波带”将在加速出城交通、优化周边微循环及降低占道施工影响方面起到重要作用。[vii]

同时，随着智能出行的普及，长沙当地开始积极行动，规范相关市场。2016 年 8 月 31 日，长沙市举行网约车驾驶员从业资格培训启动仪式。100 多名驾驶员报名参加培训，他们或将成为长沙首批接受培训的网约车司机。通过相关培训，可以提高网约车驾驶员的专业服务水平，让乘客出行更加放心。[viii]

vii 《长沙城区新增五条“绿波带” 市民可享一路绿灯》，凤凰网 http://hunan.ifeng.com/a/20160924/5003784_0.shtml

viii 《长沙启动网约车司机培训》，新浪网 http://news.sina.com.cn/o/2016-09-01/doc-ifxvqefm5267981.shtml

广州市

GUANGZHOUSHI

广州城市出行大数据分析

一、城市概况

广州，广东省省会。2000多年来一直是中国华南地区的经济中心、文化中心，是国家历史文化名城，也是国务院定位的国际化大都市，国家三大综合性枢纽城市之一，五大国家中心城市之一。经常与北京、上海、深圳并提为“北上广深”一线城市。

广州区划几经调整，现在管辖的城市总面积7434.4平方公里，至2015年末，常住人口1350.11万人，户籍人口854.19万人，城镇人口比重为85.53%。

经过30多年的改革开放，加之广州本来就是华南地区最重要的通商口岸，是商品物资重要的流通集散地，广州的经济贸易非常发达。2015年，广州全市地区生产总值18100.41亿元，比上年增长8.4%。地区生产总值居全国城市第三位，财政总预算收入5116亿，城市和农村常住居民人均可支配收入分别为46735万元和19323万元。

作为一线城市的广州，其公共交通发达水平在全国各大城市中位居前列。已建成9条地铁线路，长达260公里（至2015年末）。广州新一轮截止2025年的轨道交通建设规划已经启动，计划到2025年，新建15条339公里的地铁线路。广州市在建地铁线路共11条（段）260公里，计划2016年、2017年陆续建成。

至2015年底，广州机动车保有量超过250万辆，汽车保有量接近224万辆，每年仍有较大幅度增长。

作为珠三角的核心城市，广州在海、空、陆交通方面优势相当明显——广州港吞吐量居世界第六，广州白云国际机场是全国三大国际枢纽机场之一，广州铁路客运枢纽也是我国主枢纽之一。

广州城市具有“山、水、城、田、海”的自然格局，生态要素丰富齐备，城市错落有致。同时，广州经济总量连续27年保持全国第三的位置，与北京、上海形成“三足鼎立”之势，正代表国家参与全球竞争与合作。

二、整体交通概况

1. 全年平均速度

滴滴出行大数据平台显示，过去的一年（2015年7月1日至2016年7月1日，下同），广州主城区的平均车速24.6 km/h，这个数值略低于同为一线城市的北京道路的车速。

春节期间，广州车速达到全年最高水平，平均车速31.8 km/h。2015年“十一”假期、2016年清明和“五一”假期也出现车速峰值，平均车速分别为28.4km/h、28.6 km/h和26.2 km/h。

单位：km/h

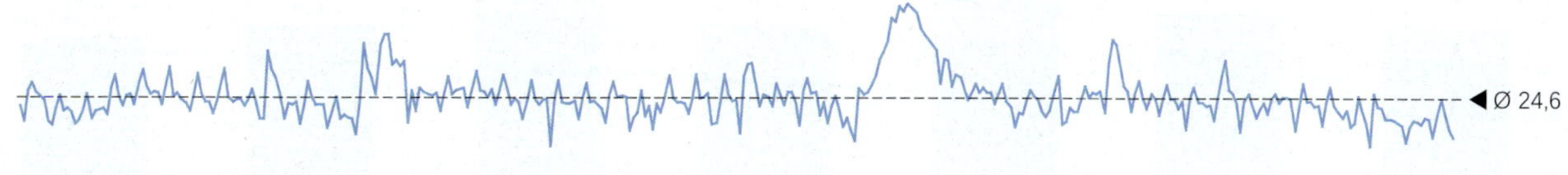

图 1 广州日均车速变化趋势图（2015 年 7 月 1 日至 2016 年 7 月 1 日）

虽然广州的车速数值上低于北京，但感官上可能并不比北京的通行速度慢，这和城市的面积有关。广州的全区域面积和主城区建成区面积都要比北京小很多，一般人们的活动范围也相对小，从 A 点到 B 点的距离较小，时间较少，所以感受上广州可能比北京还要畅通。

导致广州市交通拥堵的主要因素，和其他城市有着一致性，比如机动车保有量的不断增加。虽然广州目前对车牌采取了限制措施，但汽车总量还是逐年逐月增加；现有道路及附属设施增长难以应对交通需求的爆发式增长，作为区域中心城市和国际化大都市，广州仍然有着非常强的人口吸附力，新增人口依然逐年攀高，人均道路面积很快就抵消了新增道路面积；停车位不足带来的交通拥堵；城市公共交通竞争力不足，分担率不高。

2. 拥堵路段

2016 年 9 月，滴滴媒体研究院、第一财经商业数据中心发布《珠三角城市智能出行报告》，显示在珠三角城市群中，广州的道路拥堵排名第一。

广州拥堵路段主要有：

- 工业大道南
- 江南大道
- 广州大道中
- 东风路
- 黄埔大道西

3. 交通可靠性

过去一年，广州一周内周三和周五的道路可靠性最差，为了保证能按时到达目的地，广州市民需要在正常耗时基础上，每公里预留出 1.6 分钟的出行缓冲时间。而双休日的交通可靠性稍优于工作日。

（交通可靠性指标的定义和解读参见“北京篇”P32 对应部分。）

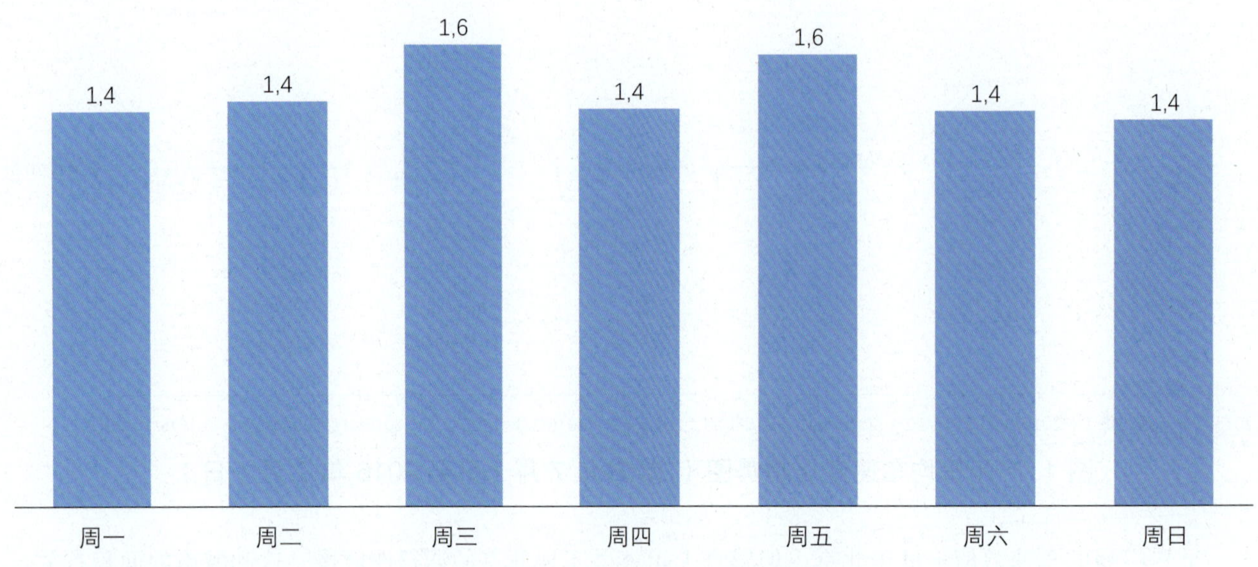

图 2 广州一周内 NBTR 分布情况

从一天分小时的 NBTRI 分布数据来看，凌晨的 NBTRI 数值最小，而早高峰（7:00 ~ 8:00），晚高峰（17:00 ~ 18:00）的 NBTRI 数值较大，道路路况较差，这和我们理解的早高峰、晚高峰相符合，即在这个时间段，需要预留更多时间预防影响交通的不可靠因素的发生。

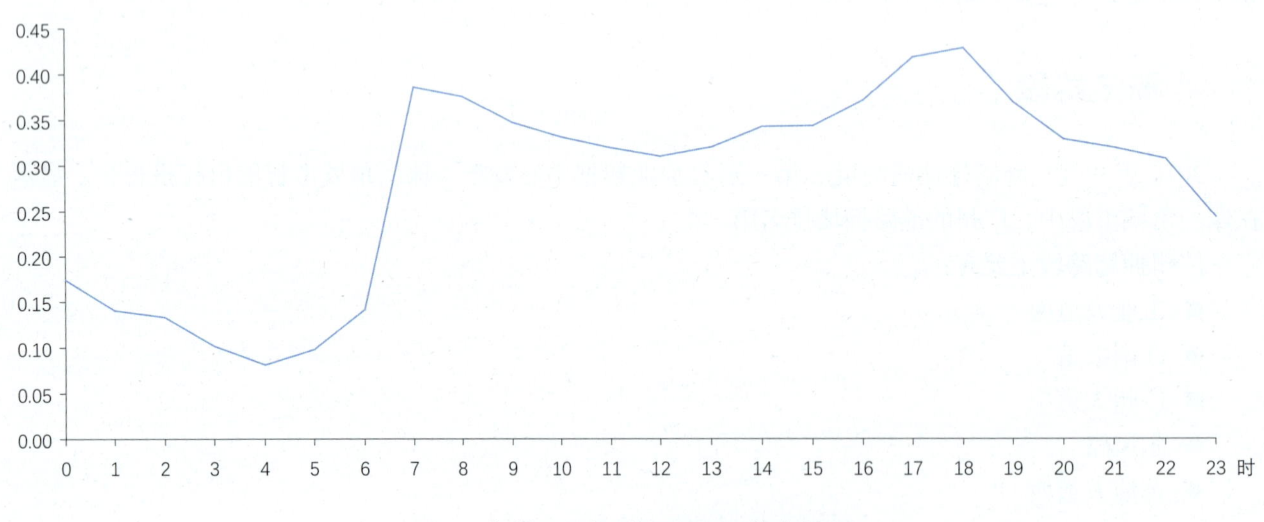

图 3 广州 24 小时 NBTRI 分布情况

三、出行规律

1. 年度出行量分布及规律

广州的网约车发展较早，速度较快，渗透率高。《珠三角城市智能出行大数据报告》显示，广州在珠三角城市群中，智能出行渗透率位列第 2 位，人均每月消费 4.4 次。过去一年，广州市民通过智能出行网约车平台叫车的数量稳步增长。与很多二三线城市相比，广州的智能出行一开始就达到较高水平，说明领改革风气之先的广州，对新事物的接受速度远远高于其他城市。之后，一直稳定在一个相当高的水平，并持续小幅增长。

与其他城市一样，2016 年 2 月，受传统春节假期的影响，广州的城市整体出行量下降 34%，广州聚集了大量外来人口，本地人外出旅游的热情很高，春节期间成为“空城”。

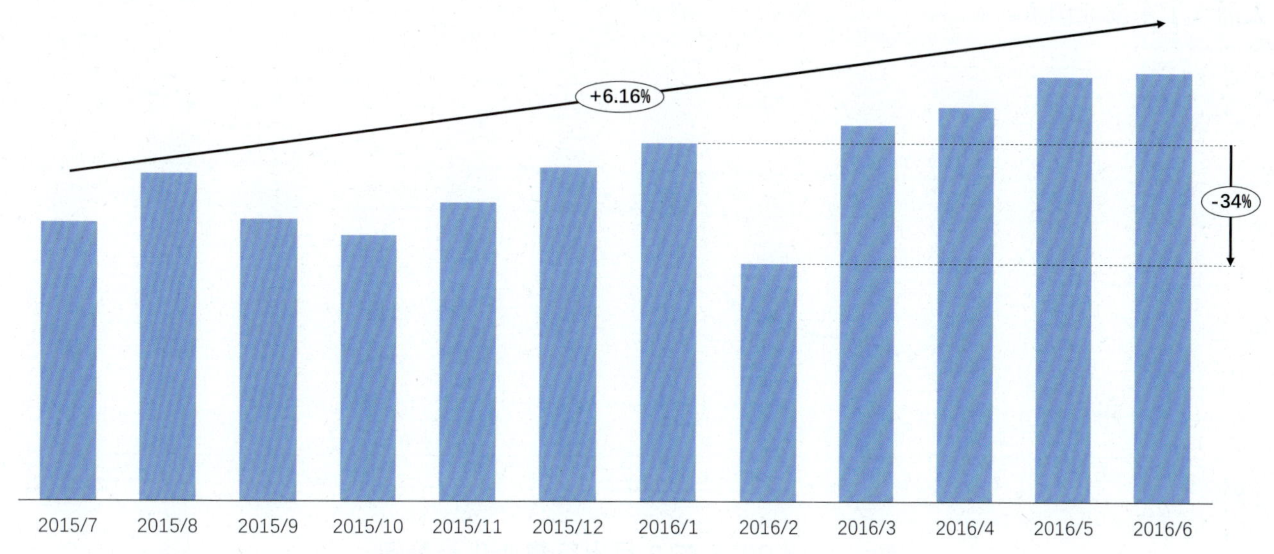

注：数据通过滴滴出行平台全量数据，结合统计周期内市场份额推算。

图 4 广州智能出行量变化月趋势图（2015 年 7 月至 2016 年 6 月）

如果将时间跨度调整为一年，对每天的订单量做一个统计，清晰观察到市民出行的规律性波动。广州市民出行规律和其他城市一样，同样经历“工作日—周末”的交替波动，除了个别日子的出行量会有较大上浮或下滑之外，这种规律性几乎覆盖全年。在春节、“十一”假期，城市出行量会出现较大幅度下降，这个规律和公共交通出行量的规律一致，说明出行需求的周期性波动。

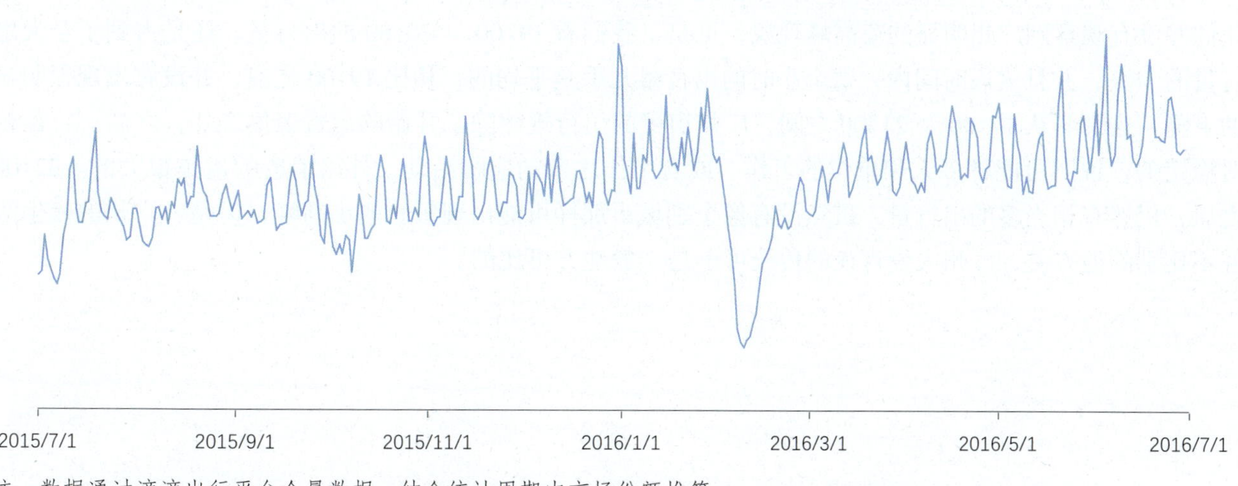

注：数据通过滴滴出行平台全量数据，结合统计周期内市场份额推算。

图 5 广州全年智能出行量变化日趋势图（2015 年 7 月 1 日至 2016 年 7 月 1 日）

在 2015 年 12 月末、2016 年 5 月 20 日、2016 年 6 月 7 日，分别出现了与前后 2 周相比较大幅度的出行量增长，是否和滴滴等网约车平台的市场营销活动有关，还有待进一步研究。

观察与智能出行有关的人数，同样发现在 2016 年 2 月，整个月份使用智能出行的人数出现较大幅度下降，随后出现大幅上升，在 2016 年 4 月、5 月、6 月相对稳定，并有小幅增长（见图 1）。单独来看广州 2016 年 2 月每天的智能出行量变化趋势，可以看出，广州在 2 月的春节前后人口是较少的，“新广州人”大多返乡探亲，还有很大一部分踏上旅程，广州人喜欢东南亚、澳洲游，想必很大一部分广州人涌入了东南亚国家。

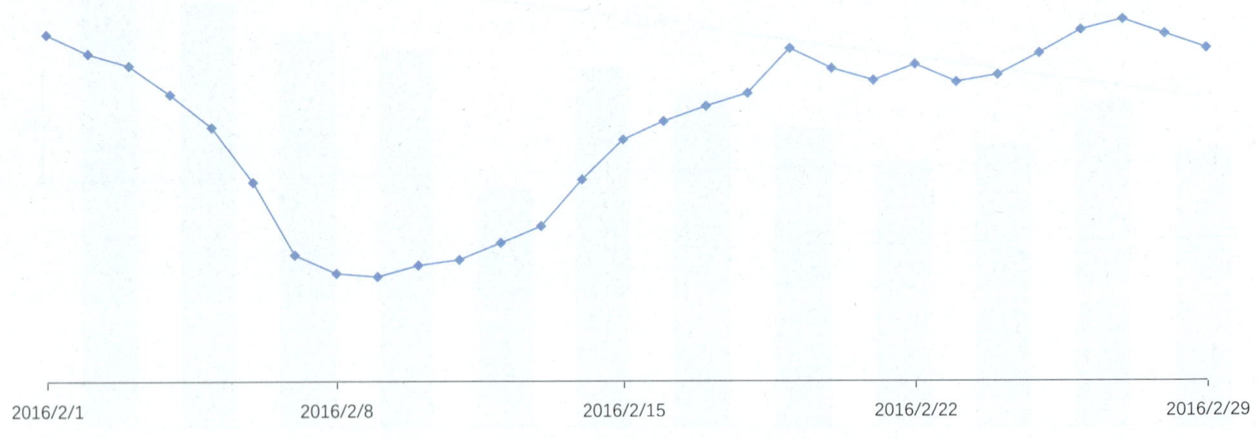

图 6 广州 2016 年 2 月出行量变化趋势图

而春节期间之外，前后分别有差不多一个月的“人口渐变周期”，从交通出行数据观察动态的城市人口变化，应该可以给社会治理带来一种新的思考、观察角度。

2. 工作日和节假日的出行规律

如果将时间单位换算为天，并放大到 24 小时的时间轴，从出行量观察市民的出行规律，可以发现工作日的广州，明显有早晚 2 个高峰出行，其中早高峰在 7:00 ~ 9:00，晚高峰 17:00 ~ 19:00。或许我们并没有观察到广州明显的夜高峰现象，可是，我们看 19:00 ~ 20:00 的出行量，还是占到了全天出行量的 18%，并且这段时间内，每个小时的出行量几乎是平均的，相比 19:00 之前，并没有出现很明显的下降，这说明从 17:00 ~ 21:00 之间，广州市民的出行规律除了开始的短暂聚集之外，之后一直是相对稳定的，说明可能许多人和单位的工作、或者工作之余的应酬活动、外出消遣的量是很大的。22:00 之后，仍然有相当多的出行量，虽然没有像个别城市那样可能出现短暂的小高峰，但是，广州的夜生活并不比别的地方差，广州人爱宵夜的传统可不是一般地方可比的。

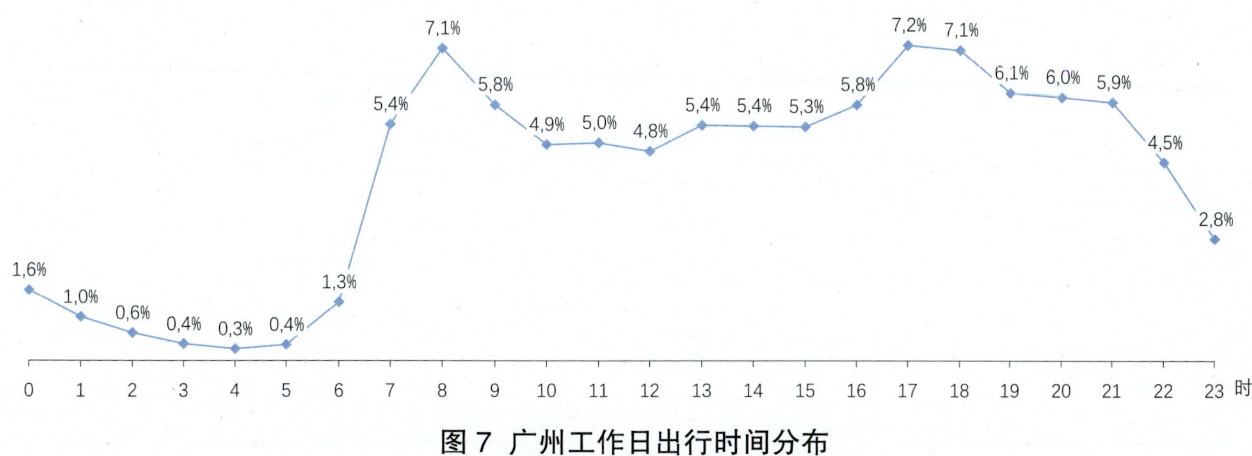

图 7 广州工作日出行时间分布

周末及节假日，广州市民的出行规律呈现另外一条曲线：8:00 开始，直到 22:00，一天中每个时段的出行量没有大的起伏，只是 17:00 稍有一点上浮，这或许说明，在节假日的广州，人们可能游玩，可能外出就餐，也可能访友，总之，这些事情可以选择白天的任一时间去做。

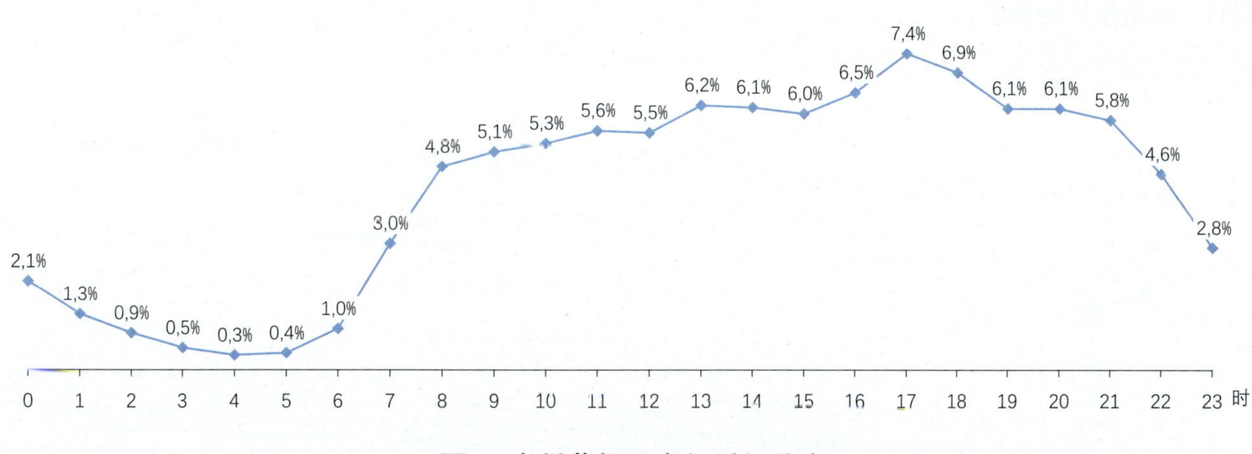

图 8 广州节假日出行时间分布

3. 打车成功率

过去一年，打车成功率总体来看呈小幅上升趋势，特别是 2016 年春节以来，打车成功率上升较快。

稍微悲观的是，广州版“网约车新规”实施之后，是否导致网约车供给量下降，影响到“打车成功率”，影响到市民出行，这个问题还有待观察。

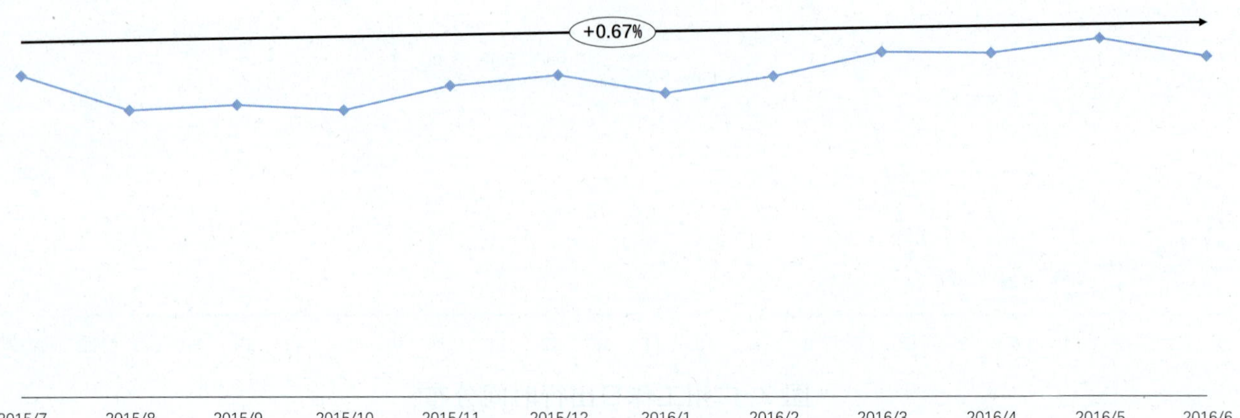

图 9 广州打车成功率分布（2015 年 7 月至 2016 年 6 月）

放大到全天来看，在每天凌晨 3:00 ~ 5:00，打车成功率最低，因为这时候司机还没有起床，也是广州出租车交接班的时间段，供需关系紧张所导致。在工作日，打车成功率早晚高峰时段较低，而在节假日，则整体比较稳定。

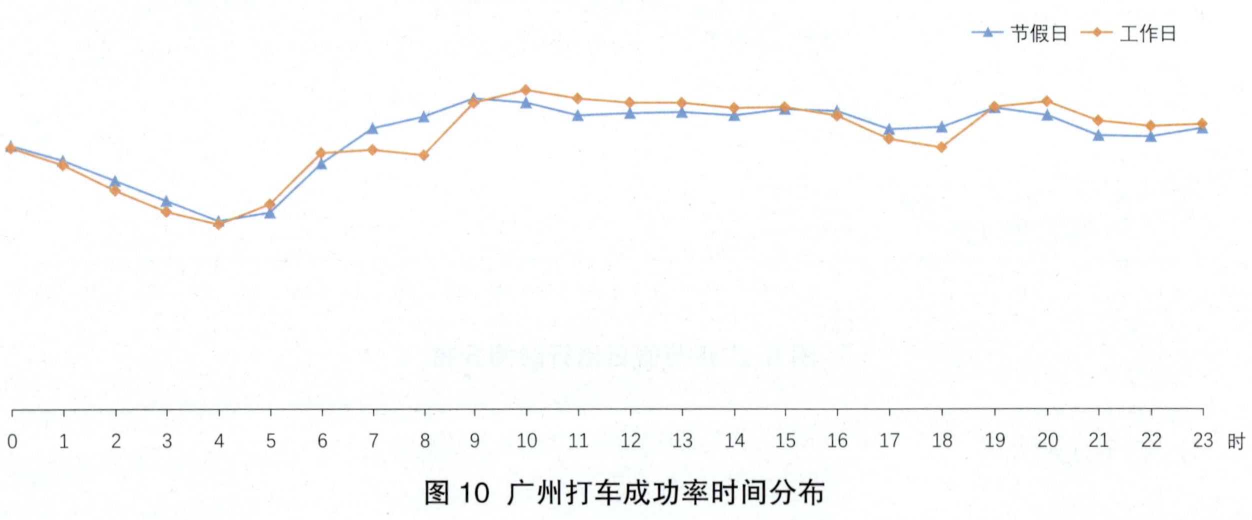

图 10 广州打车成功率时间分布

4.“打车难”与打车需求旺盛区域分布

早晚高峰，广州主城区都有相当数量的地方存在“打车难”的问题，而且，这些区域的早晚高峰区间并不重合。随着互联网技术的发展，特别是移动互联网的技术进步、大数据的应用、网约车的进一步发展、道路更加合理匹配，有些区域的“打车难”问题或许将随着供应和需求的更加匹配得到解决。

图 11 广州打车难区域分布

与“打车难”点分布相对应的，是打车需求旺盛区域，但这两个并不重合，需求旺盛区域，可能因为供应的旺盛而得到解决。

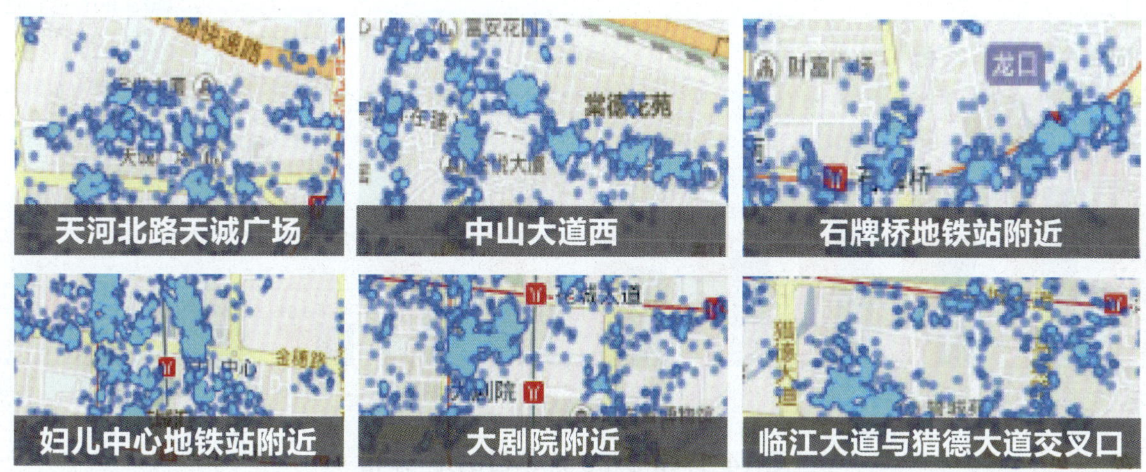

图 12 广州部分区域打车需求热点分布

分析打车需求旺盛点发现，这些地点大多在广州市的老城区、珠江新城等区域，都是商业贸易区域和 CBD 区域，聚集了大量的商务交往活动，同样也汇聚了相当大的人流量。未来，根据人流量的变化，将人流量导流到更合适的区域，可能是城市规划可以结合大数据进行思考的课题。

5. 不同时间的出行目的

整体来看，出租车、网约车等以智能出行平台为出行需求的目的地，主要集中在住宅小区、商务楼宇和公交地铁站点，说明人们打车大部分还是以“接驳”为主要功能，智能出行恰好弥补了人们的这个需求。从数据来看，节假日和工作日相比，去往商务楼宇的人数下降 37.4%，去往购物中心和休闲娱乐场所的人数分别上升 19.1% 和 31.6%，这个规律和其他城市有着一致性，也可能是全国城市人的生活规律之一。

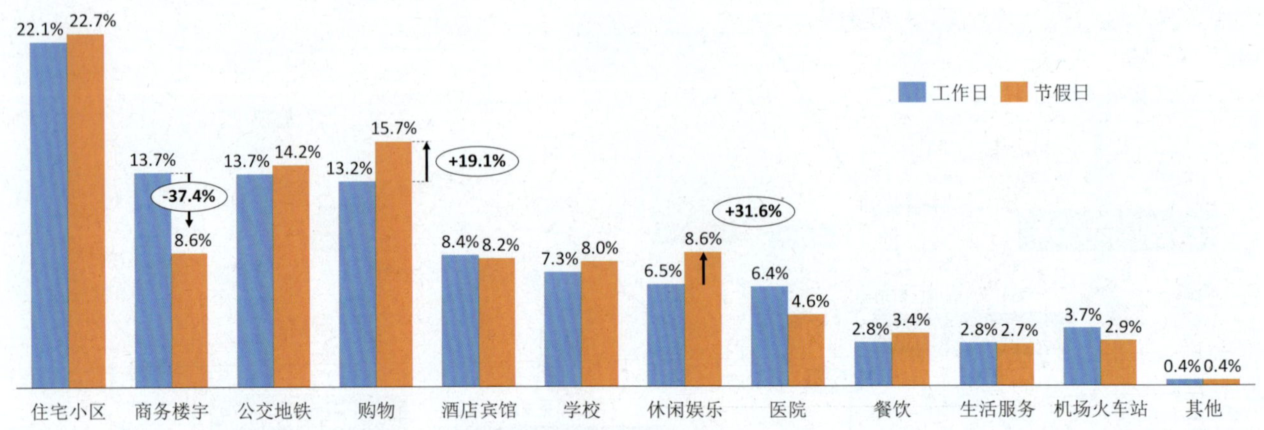

图 13 广州打车目的地分布

从广州 8:00 打车目的地分布图可以看出，工作日去往商务楼宇的人占比最多，节假日下降 50.6%；而在节假日，去往公交地铁站的人占比最多，比工作日多 15.0%。

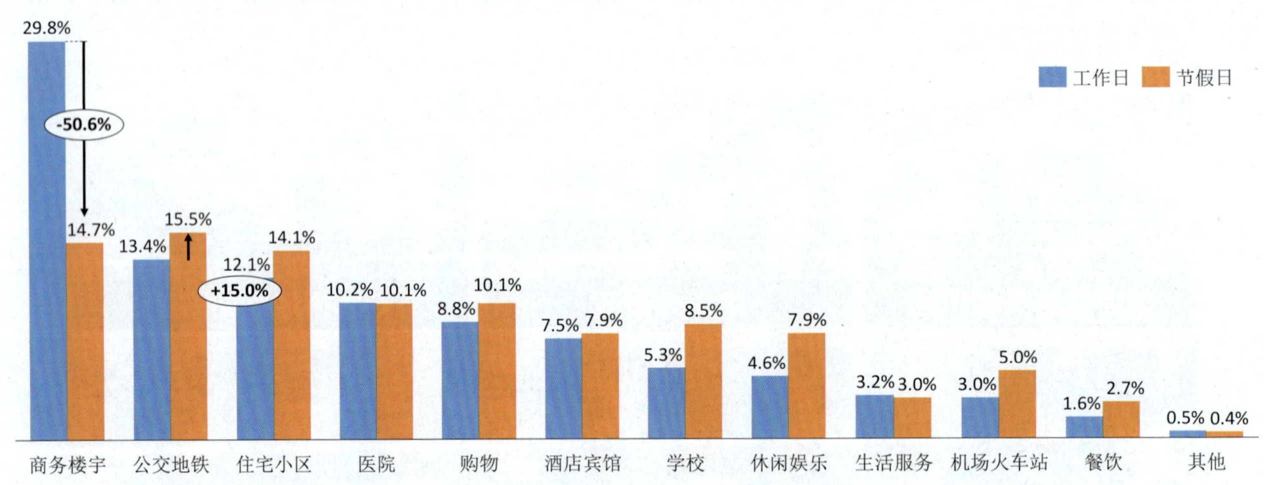

图 14 广州 8:00 打车目的地 分布

6. 通勤路线

根据滴滴出行大数据平台，对日常早高峰通勤订单进行分析，发现广州的通勤路径主要为：

- 天河区华利路—天河区珠江大道东
- 天河区平逸街—天河区珠江大道东
- 天河区员村松花岗—天河区员村路

图 15 广州工作日早晚高峰出行 OD 图

大城市职住分离现象在广州也有体现，通过滴滴出行大数据统计测算，广州典型长距离（打车订单距离大于 15 公里）通勤路线有：

- 金沙—珠江新城
- 龙洞—黄埔立交
- 南石头—天河体育中心
- 金州新村—二沙岛
- 西关—广州市国际会展中心

四、从出行量看区域人口流动

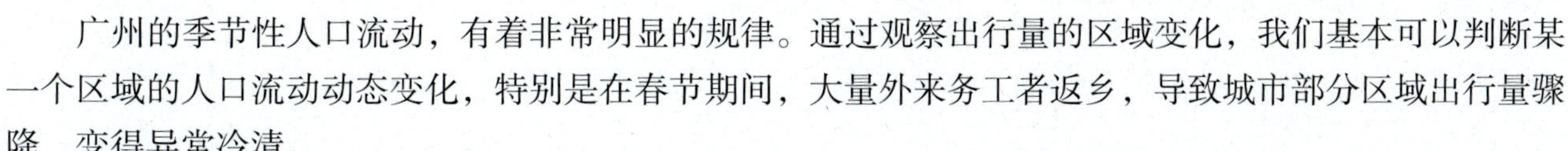

广州的季节性人口流动，有着非常明显的规律。通过观察出行量的区域变化，我们基本可以判断某一个区域的人口流动动态变化，特别是在春节期间，大量外来务工者返乡，导致城市部分区域出行量骤降，变得异常冷清。

滴滴大数据发现，在 2016 年 2 月 7 日 -13 日，有些区域的出行量急剧下降了 80% 左右。这些地点为：白云区白云机场、东坑工业区、天河区吉山村、黄埔区恒达路附近、番禺区西宁路附近。

图 16 广州春节期间出行量下降最大的区域分布

比照广州市地图发现，这些区域都是在主城区的外缘地带，除了白云机场向来是城乡结合部的“都市村庄”，通常聚集了大量外来务工者，遇到假期，瞬间成为“空村”“空城”。

五、舆论中的城市出行

人民网舆情监测室借助大数据平台，采集、抓取、统计 2016 年 1 月 1 日至 2016 年 6 月 30 日期间与“广州交通”有关的网络新闻、博客、贴文等，试图进一步分析。在统计研究后得出：在报刊、网站、微信、微博、客户端、视频网站、论坛、博客等媒介平台上，有关“广州交通”的报道和文章计 309389 篇，文章来源以网站、微博、微信为主，其中各渠道的文章数如下图：

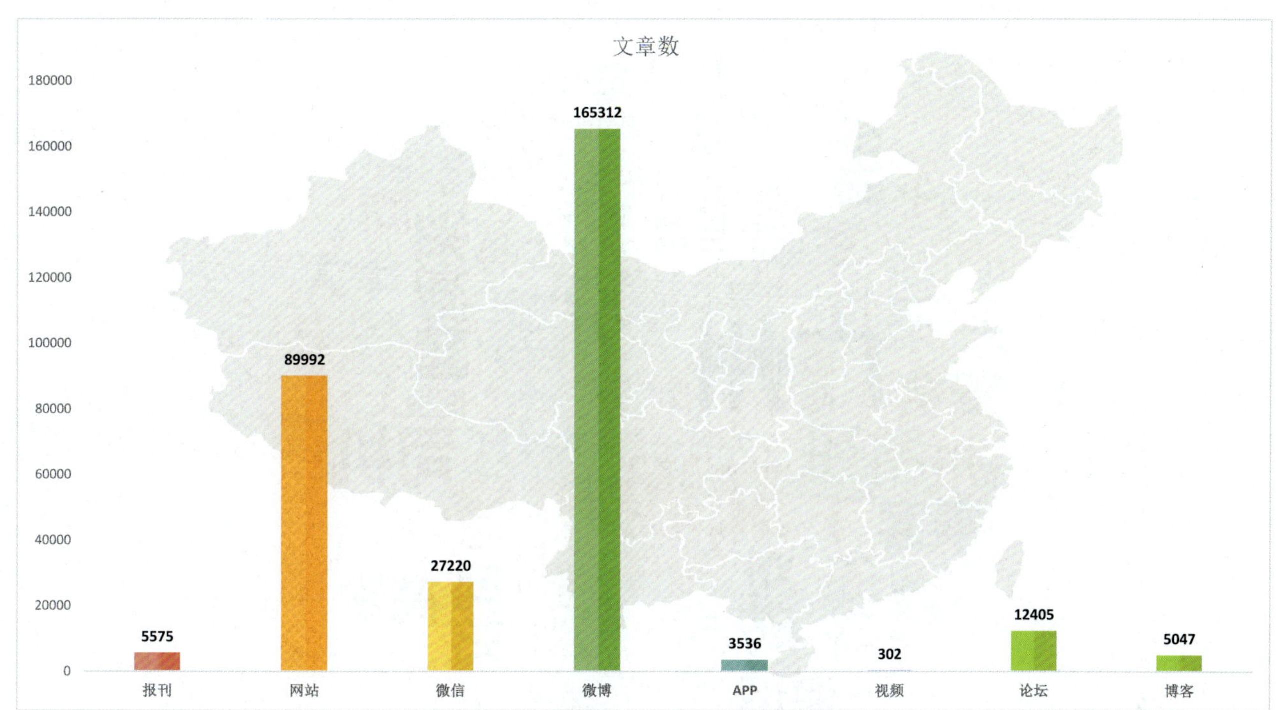

图 17 各媒介平台相关文章数量

进一步对这些文章的标题进行词频统计，去除干扰词后发现：在相关报道中，出现频次最高的 10 个名词分别为广州、地铁、交通、机场、公交（车）、航班、司机、端午、中国、城市；频次最高的 10 个动词分别为拼车、自驾、开通、预测、拥堵、规划、备降、动工、管制、打车。

在这些高频词当中，“广州”“地铁”的出现频次远高于其他词语；“端午”也成为广州市独特的高频词语。近年来，广州城市轨道交通发展迅速：市内有 10 条地铁线路，并有多条新线路及延伸线路正在动工建设，2016 年及 2017 年则是各条线路建设的关键年份，“地铁”一词自然而然成为热点。2016 年 3 月，广州地铁 7 号线全部隧道贯通，全线进入轨道铺设与设备安装阶段，12 月 28 日实现开通试运营。2016 年 4 月，广州地铁 13 号线首期工程延伸线成功获批，13 号线延伸线从天河公园站发往鱼珠，沿中山大道行进，经过棠下、车陂等居民密集区，是广州市内重要的地铁规划线路。延伸线建成后，天河公园站将成为亚洲最大的地铁站。

“端午”一词上榜则与广州当地的民风有关，广州人对端午节非常重视，赛龙舟则是节日期间最大的活动项目。每年端午节前后，广州市内多地都会举办赛龙舟或龙船巡游活动，相关活动成为节日期间的旅游热点，如何规划路线去参加龙舟比赛或参观龙舟巡游是市民非常关心的话题，在这一背景下，“端午”成为广州交通中的高频词汇也就不足为奇了。

图 18 相关文章标题的高频词云

六、总结

通过大数据的分析研究，观察广州的脉动，当然，由于受各种限制，我们仍然不能非常细微地观察到城市更小的毛细血管，暂时只能从宏观角度观察她的律动，寻找规律发现问题，在对交通出行研究基础上，对城市规划发展提出肤浅的分析。

研究发现，广州的城市边缘具有非常强的扩张能力，如果对照 2015 年 6 月和 2016 年 7 月的智能出行轨迹分布图，可以发现不少城市的边缘地区，都已逐渐被出行轨迹所覆盖，这一方面说明智能出行的发展，另一方面也说明城市的边缘地区，正在逐渐转变为城市的功能拓展区域。

未来，将大数据的研究持续下去，时间的维度可以跨得更长，对城市的交通出行研究或许能够看得更准确，那样才能把广州看得更清晰，把城市洞察得更有趣。

深圳市

SHENZHENSHI

深圳城市出行大数据分析

一、城市概况

可以说，深圳是中国最年轻的一座一线大城市。2015 年，深圳全市生产总值（GDP）17502.99 亿元，按可比价格计算，比上年增长 8.9%，继“北上广”之后，位列第四位，形成约定俗成的“北上广深”一级梯队[i]。

深圳市域边界设有中国最多的出入境口岸。深圳也是重要的边境口岸城市，皇岗口岸实施 24 小时通关。

深圳是全国性经济中心城市和国际化城市。按照国家规划，深圳的城市职能被明确为：国家综合配套改革试验区、实践自主创新和循环经济科学发展模式的示范区；国家支持香港繁荣稳定的服务基地，在“一国两制”框架下与香港共同发展的国际性金融、贸易和航运中心；国家高新技术产业和文化产业基地；国家重要的综合交通枢纽和边境口岸。

高速发展的城市建设，使深圳已与隔河相望的香港的城市建设不相上下，据统计，至 2015 年底，深圳机动车保有量超过 320 万辆，可是，登记的停车位只有近 100 万个，也就是说，深圳 3 辆车中，有 2 辆是没有车位的[ii]。

对于深圳车主来说，开车，停车难；不开车，出行难。小汽车保有量不断增长，使得深圳交通变得拥堵，也让停车成为一个大难题。道路上随意停车现象增多，对交通状况的影响越来越严重，并逐渐成为城市发展的掣肘。据《深圳商报》报道，深圳交警公布的数据显示，2015 年十大交通违法行为中，违法停车排名第一，全面查处违法停车行为超过 155 万宗。

与日益增长的机动车保有量形成鲜明对比的是，深圳市道路资源严重不足，停车供给严重不足。据统计，深圳登记的经营性停车场有 4200 多家，登记停车位近 100 万个，其中社会公共类停车场约 1200 多家，住宅类停车场约 2500 家，临时类停车场约 470 家。

深圳的公共交通已经得到长足发展，至 2016 年 1 月 1 日，深圳公交线路有 900 条以上。与内地的大部分城市不同，深圳系统地对公交线路进行了区分，公交有干线（Main-Line）、支线（Branch）、快线（Express）、城际（Inter City-Bus）、夜班（Night）、高峰、旅游专线（Holiday）等多种类型，不同类型的公交车其车身颜色和线路命名不同。至 2016 年底，深圳公交专用道规模达到 1037 公里，市民人均公交出行时间进一步缩短[iii]。

在发展地面交通的同时，深圳的轨道交通也做出了长远规划，根据《深圳市轨道交通规划(2012－2040 年)》，深圳城市轨道网络远期共规划 20 条线路，总里程 748.5 公里(含弹性发展线路约 73.7 公里)；同时规划 5 条城际线路，形成 146.2 公里的城际线网，加上国家铁路，深圳轨道交通总里程远景规划将

i 《2015 年深圳国民经济和社会发展统计公报》

ii 2015 深圳机动车保有量超 320 万辆 每 3 辆车抢 1 个停车位 http://mt.sohu.com/20160309/n439830185.shtml

iii 深圳市交通委员会 http://www.sztb.gov.cn/bsfw/wycx/gjcx/gjfw/201602/t20160205_71735.htm

达到 1080 公里[iv]。

二、智能出行的发展

深圳的网约车市场发展很早，在中国一二线大城市中，很早就被以滴滴出行为代表的网约车平台看中。由于其城市年轻人口占比较多，互联网从业者和金融业从业者较多，以网约车为代表的智能出行渗透率非常高。2016 年 9 月，滴滴出行与第一财经商业数据中心联合发布的《珠三角城市智能出行大数据报告》显示，这个距离省会广州 100 多公里的大城市，其渗透率在珠三角城市群中排在第 1 位，人均月使用 4.5 次。

过去一年（2015 年 7 月 1 日至 2016 年 7 月 1 日，下同），深圳市民通过智能出行网约车平台叫车的数量稳步增长。2015 年 7 月，滴滴快车进入深圳市场不久，其时，优步中国已经进入这个重要的华南市场。从这时开始，深圳的智能出行量迅速达到一个相当高的水平，说明年轻人对新生事物的接受程度较高。

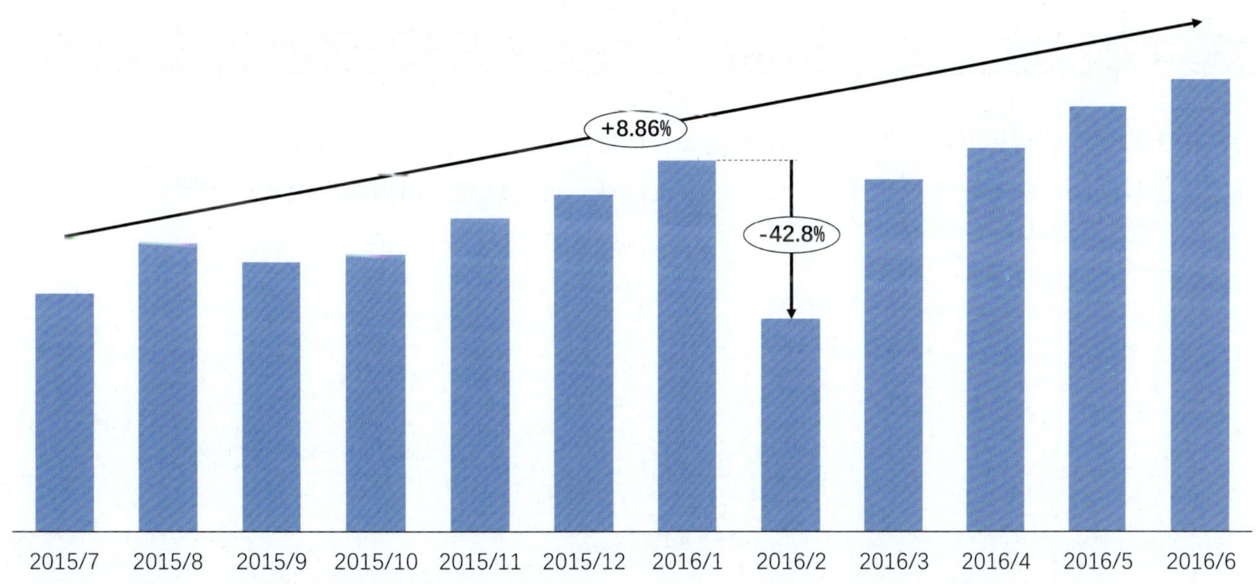

注：数据通过滴滴出行平台全量数据，结合统计周期内市场份额推算。

图 1 深圳智能出行量月变化趋势图（2015 年 7 月至 2016 年 6 月）

2016 年 2 月春节假日，从 1 月下旬开始，深圳的整体出行量下降很多，直到 3 月恢复到正常水平，呈现一个低谷状分布。深圳外来人口比率非常大，10 个深圳常住人口中，只有 1 个多是有深圳户籍的，而在有深圳户籍的群体中，大部分也都是新移民。到了春节，深圳比广州还“空”。

将出行量放大至每一天来分析，可以发现除了正常的智能出行市场增长变化外，在 12 月的最后几天，出行量达到年度的最高峰，是因为年底放假的原因，还是外地游客到达深圳过境香港的较多？还是其他原因？需要综合考虑进行研究。

iv 深圳市交通委员会

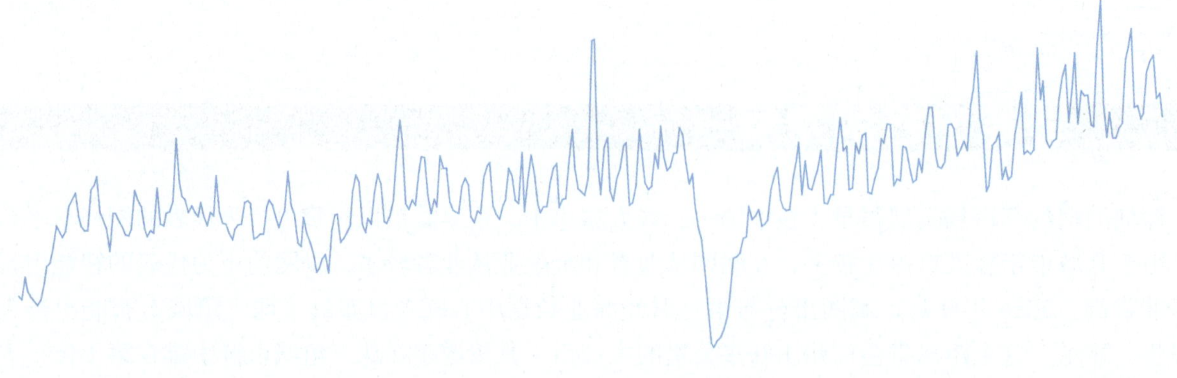

注：数据通过滴滴出行平台全量数据，结合统计周期内市场份额推算。

图 2 深圳智能出行量日变化趋势图（2015 年 7 月 1 日至 2016 年 7 月 1 日）

三、新移民城市的出行规律

作为典型的新移民城市，年轻人群体的庞大，构成深圳市与别处不一样的出行特点。过去一年，深圳的工作日期间，除了有早晚高峰外，还有一个夜高峰。这一点与广州很像，但比广州明显。

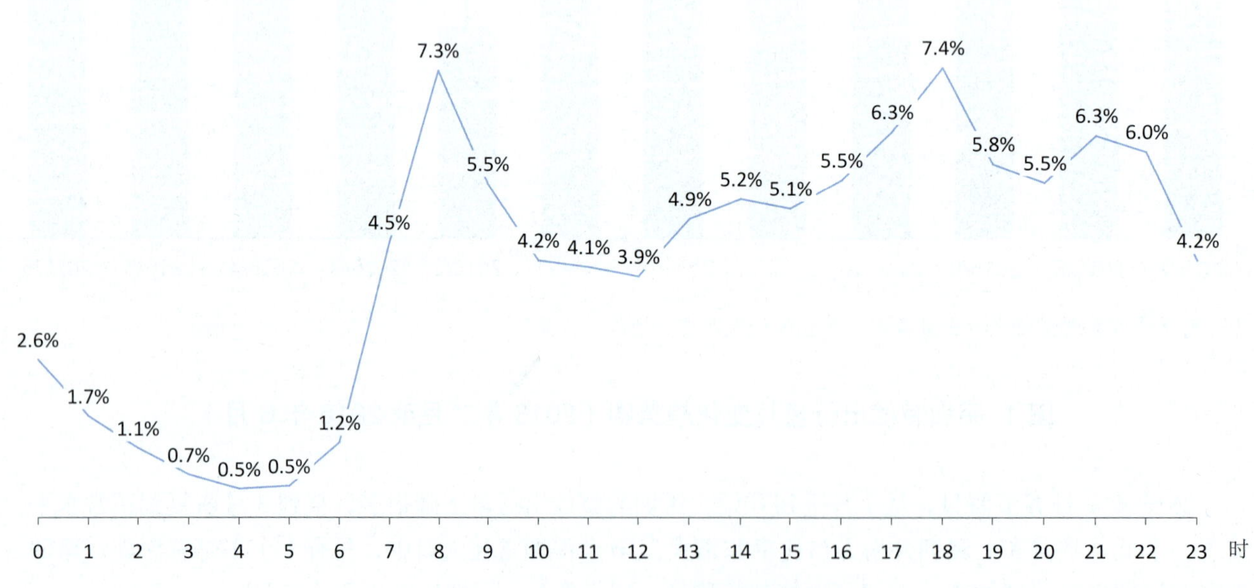

图 3 深圳工作日出行时间分布

工作日 8:00 的出行量是一天的顶点，随后下落至正常水平，12:00 后，开始出现缓慢上升，说明整个下午的出行量都是很高的，表现出深圳人在 12:00 后开始进入到商务工作走动频繁的时间段，至 18:00 达到晚高峰后，又出现小幅回落，但 21:00 之前，维持在一个较高水平的出行量上，

21:00 ~ 22:00 期间形成明显的夜高峰。

节假日，除了前一天的 23:00 至次日的凌晨 5:00，出行量一直缓慢下降，5:00 后开始持续增长，并在全天都维持在一个基本水平。13:00 之后的时间段，节假日的出行量一直是活跃的，17:00 ~ 18:00 形成一个小高峰，随后至 22:00，一直维持在高位。说明节假日的深圳是白天出行量相对均衡，晚间有小高峰，可能在假日里，大家更愿意出门活动。

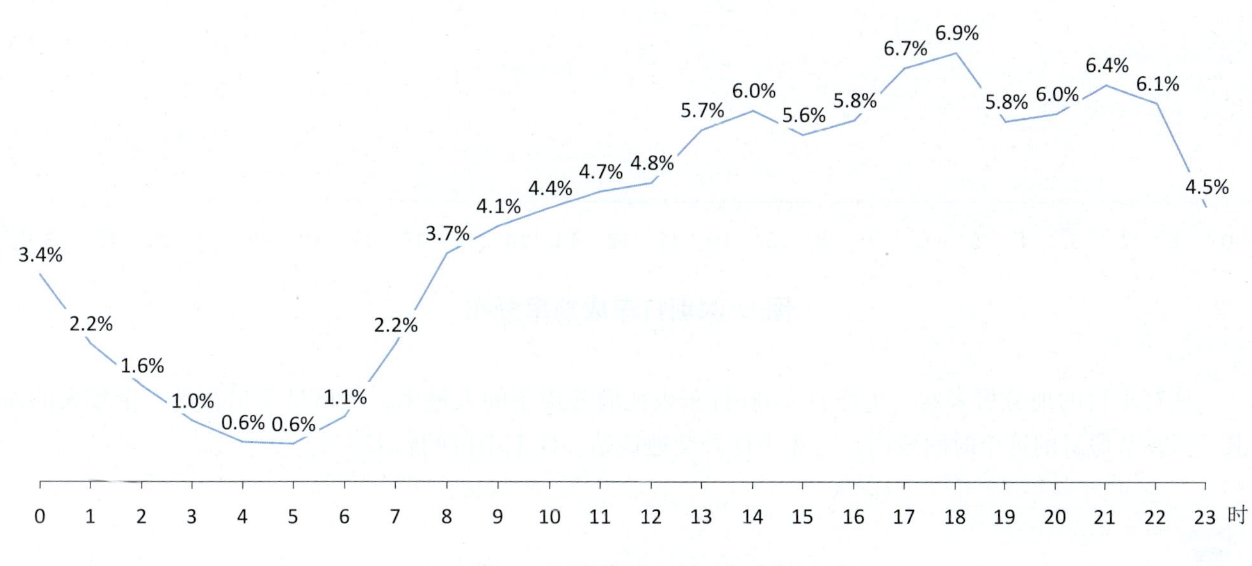

图 4 深圳节假日出行时间分布

四、如何在深圳打到车

与绝大多数城市不一样，在深圳，出租车是分“绿的”和“红的”的。每一个初来深圳的人，在打车时可能都会有点不知所措。深圳的出租车大致分 4 种颜色：原特区内的为红的，原特区外为绿的，电动的士外表是蓝色的，还有一种深绿色的“面的”。不同的区域分别由不同颜色的出租车提供服务。

在滴滴等网约车出现之前，在深圳特区内外想很容易地打到车，真的不是一件容易的事。滴滴大数据显示，4:00 ~ 5:00，是一天当中打车成功率最低的时间段，工作日 8:00 ~ 9:00 打车也相当难，其余的白天时间段内，无论是节假日或工作日，打车成功率都维持在一个相对平均的水平。晚高峰时段会出现短暂的打车难，但比早高峰有所缓解。

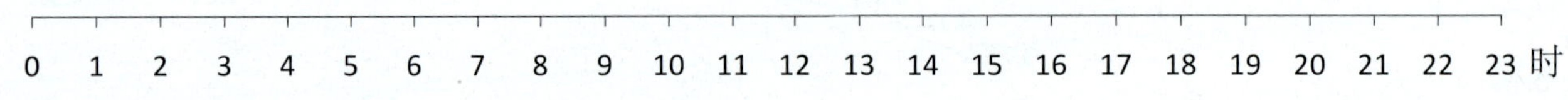

图 5 深圳打车成功率分布

从打车目的地分析来看，工作日 8:00 打车去往商务楼宇的人最多，上班打车出行是一个较大的需求；而在节假日的这个时间段内，打车去往公交地铁站、住宅小区的较多。

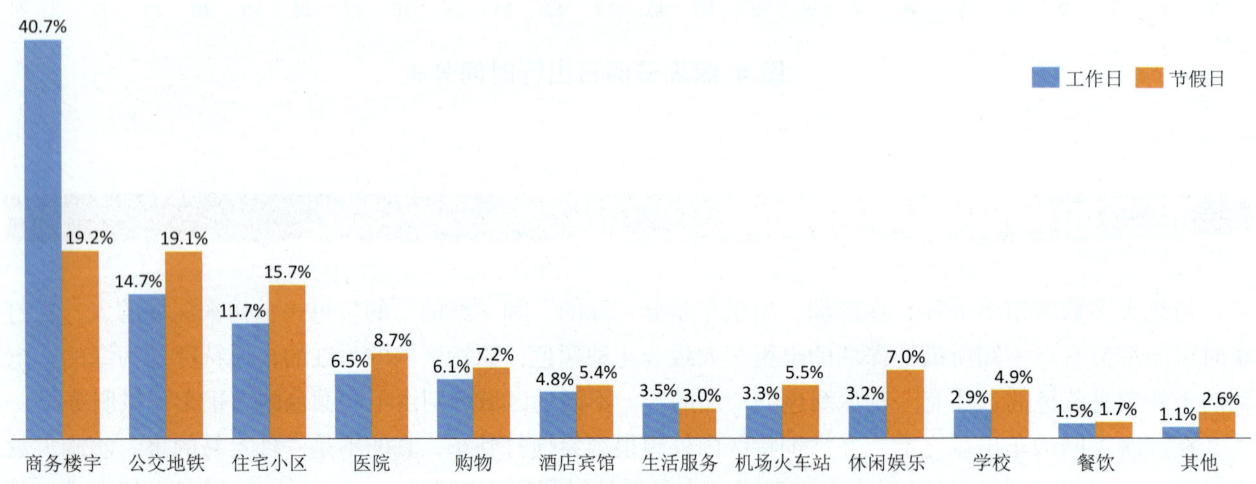

图 6 深圳 8:00 打车目的地分布

选取工作日和节假日进行比较，对比结果就更加明显。节假日打车去往购物中心和休闲娱乐场所的人数占比上升较大，而去往商务楼宇的人数陡然下降。

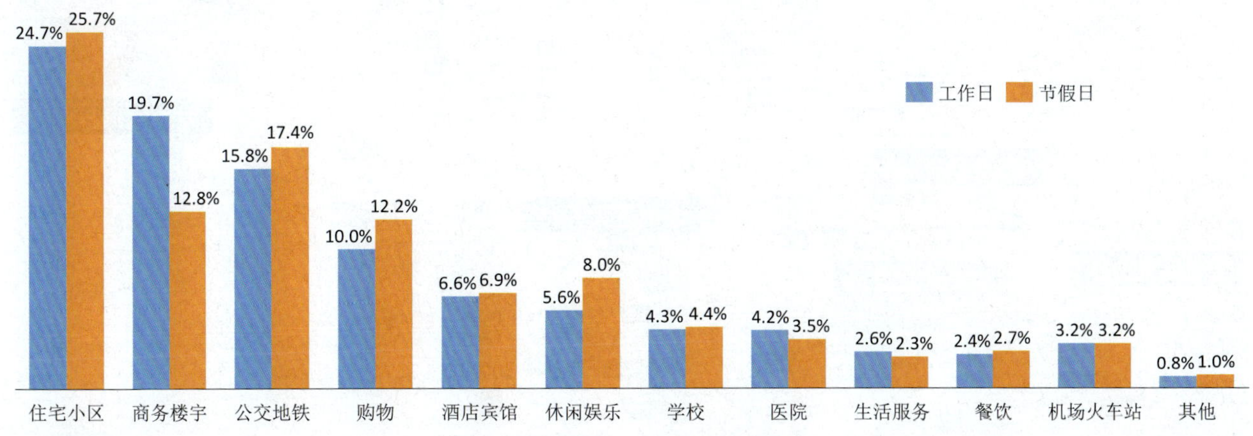

图 7 深圳打车目的地分布

反映在晚高峰期间，工作日和节假日打车目的地也有所不同。对于出行起始地和目的地的掌握，可以更精确地分配车辆资源，更有效地服务于民众的出行。

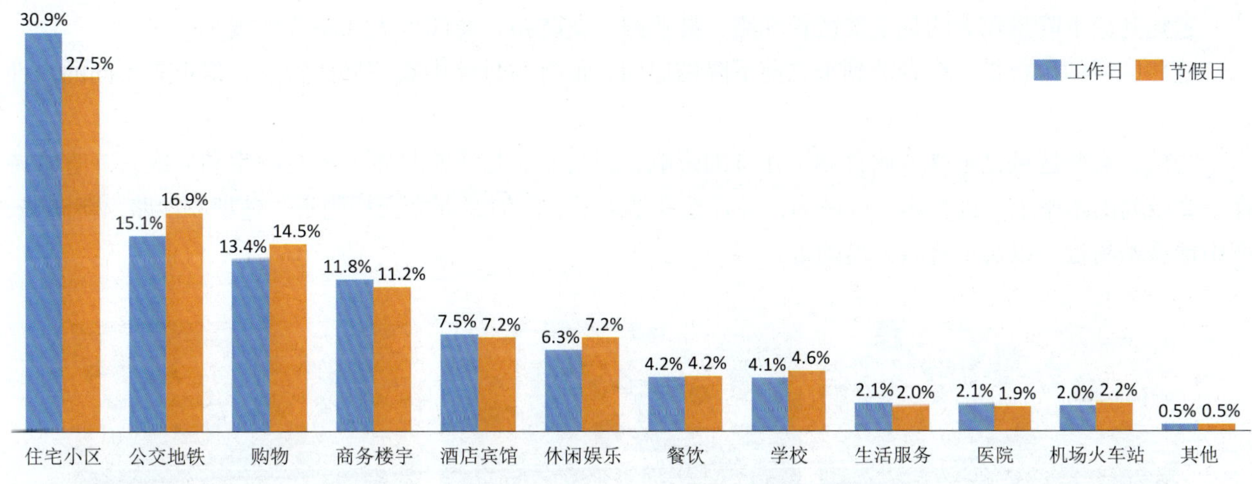

图 8 深圳 18:00 打车目的地分布

五、出行量的区域分析

观察深圳的年度智能出行量，按天分析来看，发现在 1 月 31 日至 2 月 7 日期间，数量下降最大的区域为龙岗区丹梓中路。其实这里的丹梓大道两侧，特别是南侧，分布着大量的工厂，是非常集中的工业园区，住宅、商业密度相对较小。春节前夕，大量外地务工人员返乡，导致这里的人流量出现大幅度下降。

图 9 深圳春节期间出行量下降最大的区域

紧随其后下降量较大的是宝安区长圳路、蚝业路、龙腾路，龙岗区大井路等区域。

这些区域的出行量，在春节到来之前下降的原因，都有与丹梓中路一样的特点，但也有不同的个性特征。

当然，有些区域是不受节假日和工作日的影响，出行量、打车难易度、出行频率和人次，一直维持在一个较高的水平上。这些热点区域为：侨香地铁站附近、滨河新洲立交桥附近、莲塘罗沙路、新洲路、南山地铁站附近，以及华侨城公寓附近。

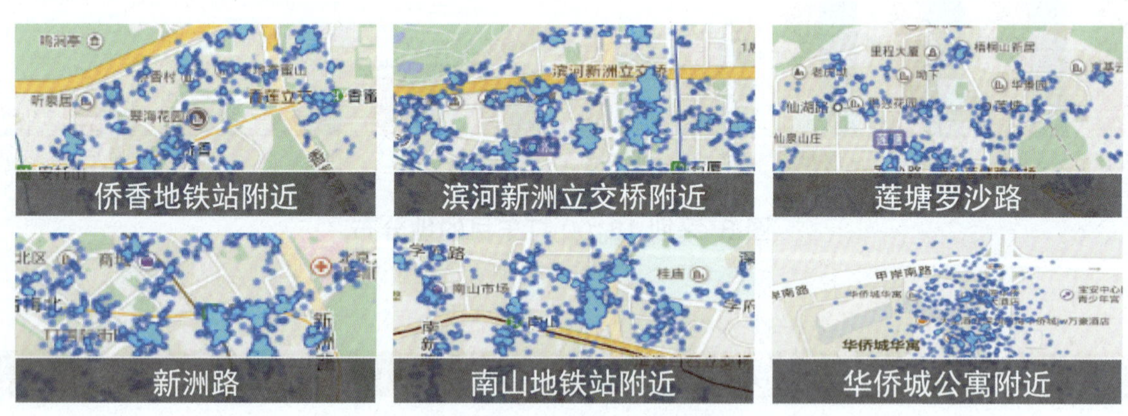

图 10 深圳打车需求旺盛的区域

出行量热度高，并不等于这里就存在打车难的问题，而有打车难的地点，可能并不是出行量热度高的区域，这是和区域内某一时间段的供需比有关系的。研究发现，罗湖区、福田区等传统的“关内”区域，有大量的“打车难”地点存在，而现在，“打车难”地点也发散到了“关外”地区，因为这些年“关外”区域的城市建设水平达到一定高度，经济活跃度相应上升，随之也带来人流量的急剧变化。

图 11 深圳打车难区域分布

六、道路、交通、车速及可能的拥堵分析

深圳交通委的数据显示，2015 年深圳中心城区运行车速 27.4 km/h，这与北京、广州等一二线城市相比处于较好水平，可是，与 2011 年相比，深圳交通拥堵程度仍然略有增加，中心城区拥堵时长从 50 分钟增至 57 分钟，晚高峰拥堵里程从 117 公里上升至 128 公里。

通过对滴滴出行平台的大数据分析，同样可以得出深圳中心城区运行车速较为理想的结论。过去一年，深圳的车速平均可以达到 27km/h。2016 年春节期间，深圳的运行车速达到全国城市运行车速的峰值，最高日均车速超过 38.5 km/h。

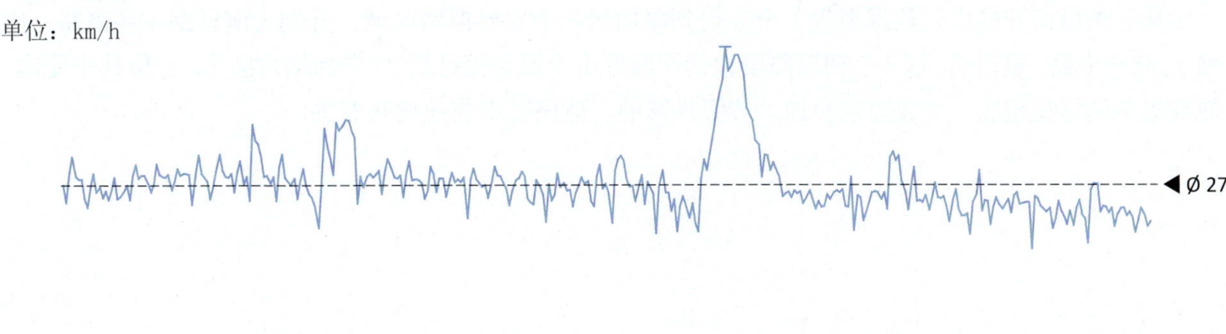

图 12 深圳日均车速分布（2015 年 7 月 1 日至 2016 年 7 月 1 日）

深圳运行车速的良好状况，得益于合理的城市规划，带状中心城区，加上星罗棋布的外部城市功能组团，由发达的高速路网、快速路网连接，加上快速发展的地铁等轨道交通的延伸，使得深圳城市交通处在一个相对合理的发展水平上。

当然，通过数据研究可以发现，在一年中，每个月的行驶车速并不均衡，6、7 月份，是深圳一年当中较为拥堵的时间，平均车速有所下降，12 月底至 1 月初之间，也会出现交通压力较大的情况。

深圳运行车速也有工作日和节假日的明显区分，工作日的平均车速 26km/h，休息日的平均车速 28km/h，一般情况下，在假日来临前的一天，整体车速开始提高。如果将一天的观察时间段更为细微观察，可以发现无论是工作日或休息日，车速在 5:00 会达到峰值，在 40km/h 左右，18:00 后车速开始缓慢上升，延续到 5:00 达到高峰。

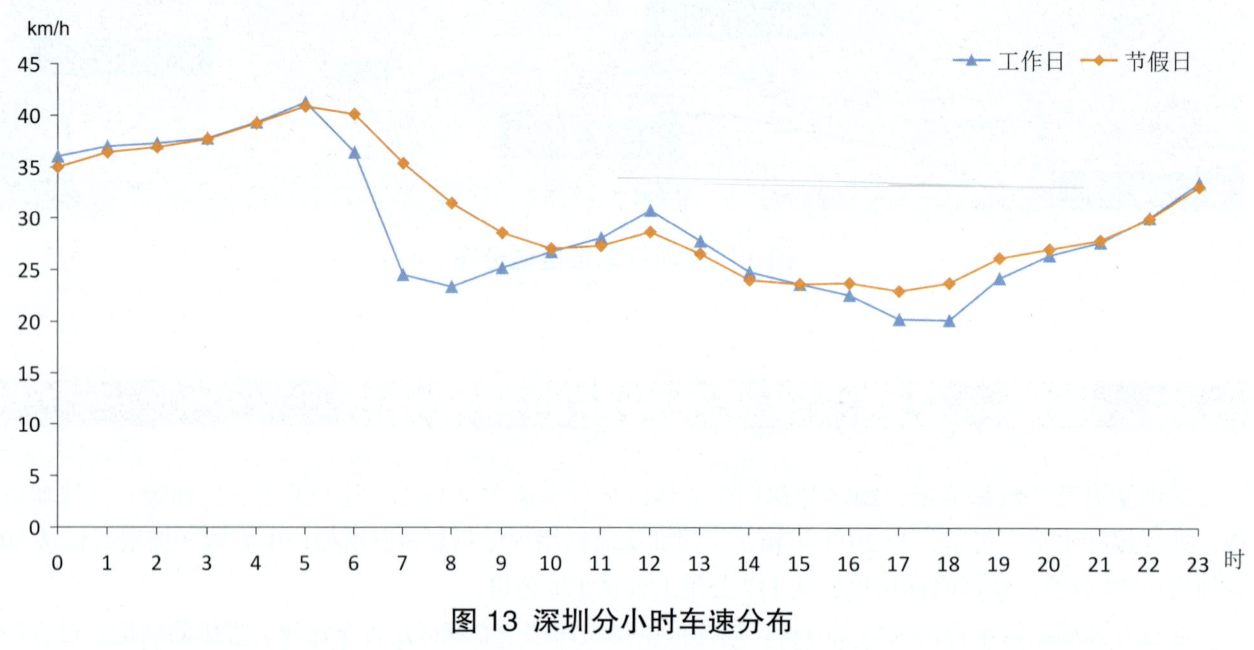

图 13 深圳分小时车速分布

深圳市交通委的资料显示，2015 年，深圳有 27 个片区高峰期处于拥堵状态，主要集中在福田区、罗湖区、南山区与龙华新区。

《珠三角城市智能出行数据报告》中，提到深圳的 3 个主要拥堵区域，分别为南环路（环镇路—中心路）、红岭中路、皇岗路。这 3 个拥堵路段包括在深圳市交通委统计的 27 个拥堵片区中。分析其中原因，可能与集中的科技园区、交通因素叠加、节假日影响、休闲需求快速增长有关。

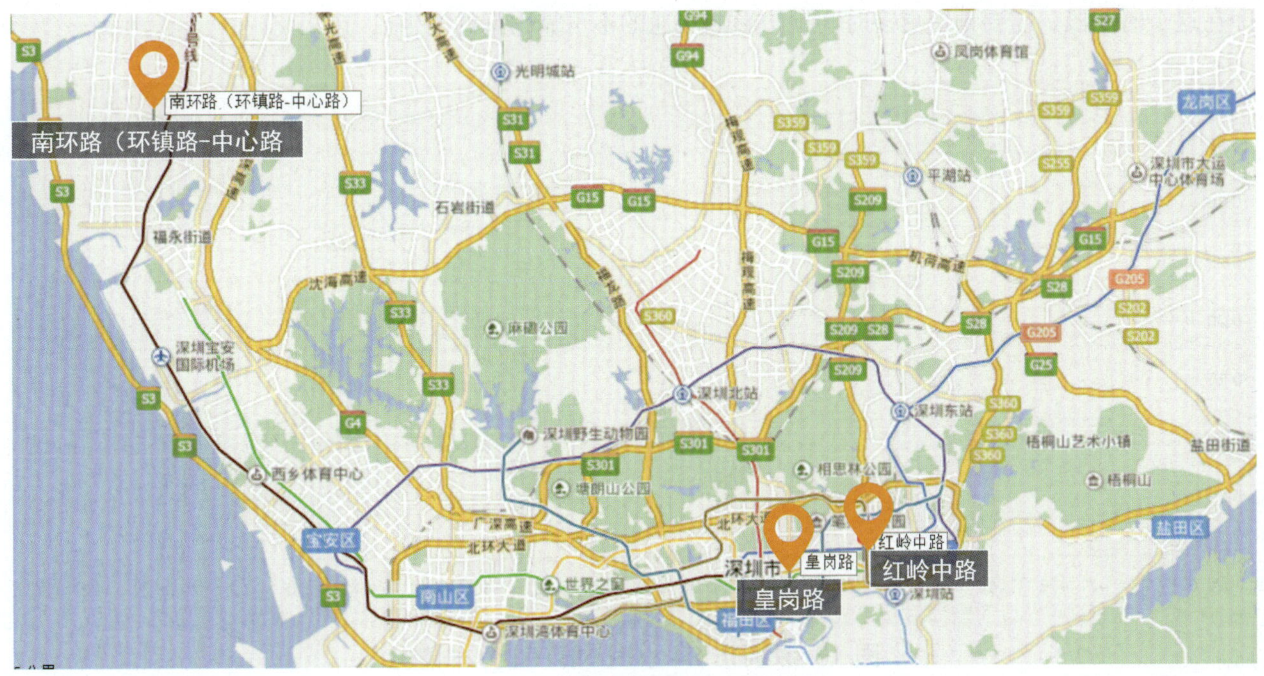

图 14 深圳拥堵路段分布

七、交通可靠性

过去一年，深圳一周内周五的道路可靠性最差，为了保证能按时到达目的地，深圳市民需要在正常耗时基础上，每公里预留出 1.3 分钟的出行缓冲时间。而节假日的交通可靠性稍优于工作日。

（交通可靠性指标的定义和解读参见“北京篇”P32 对应部分。）

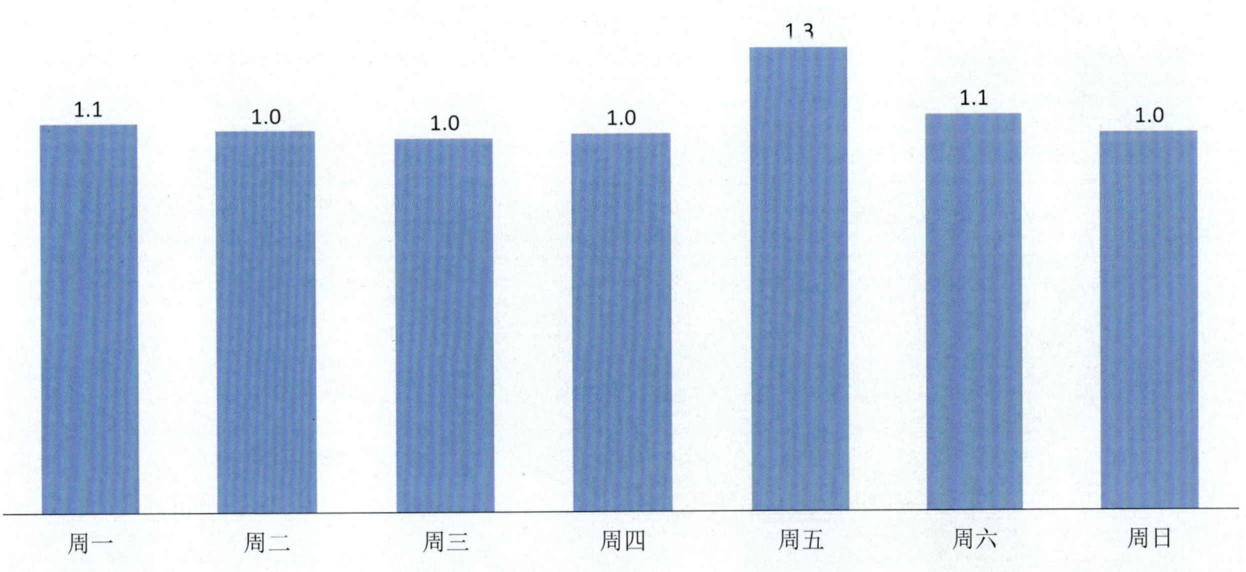

图 15 深圳一周内 NBTR 分布情况

从一天分小时的 NBTRI 分布数据来看，凌晨的 NBTRI 数值最小，而早高峰（7:00 ~ 8:00），晚高峰（18:00 ~ 19:00）的 NBTRI 数值较大，道路路况较差，这和我们理解的早高峰、晚高峰相符合，即在这个时间段，需要预留更多时间预防影响交通的不可靠因素的发生。

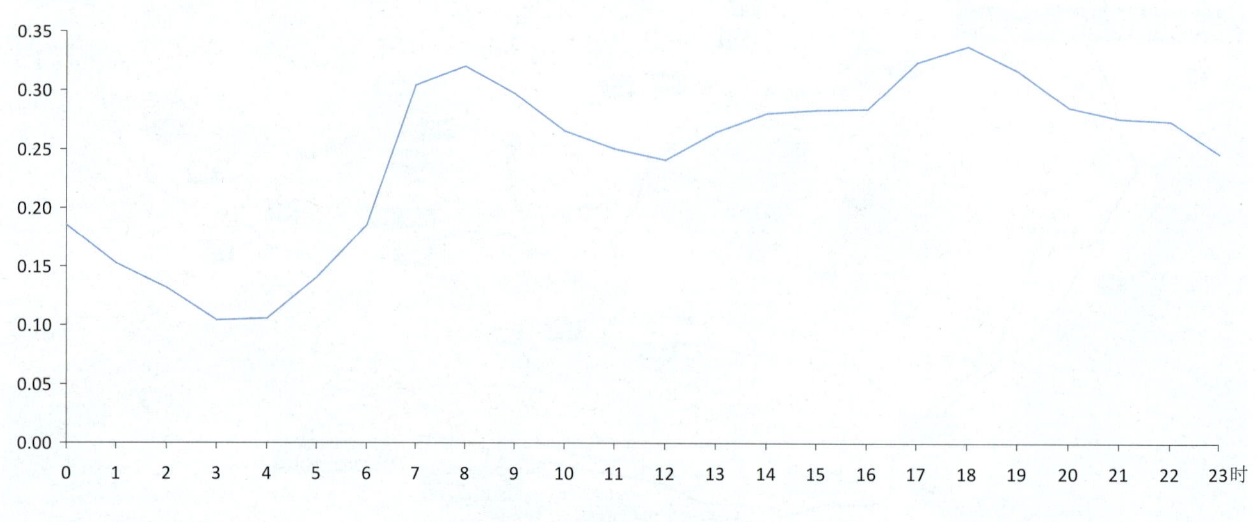

图 16 深圳市 24 小时 NBTRI 分布情况

八、特区的通勤集中线路和特点

根据滴滴出行大数据平台，对日常通勤订单的起始地进行分析，结合深圳的城市规划，发现居住地和办公地集中的区域分布在市中心的福田区，以及深圳火车站为中心的南山区 2 个区域。

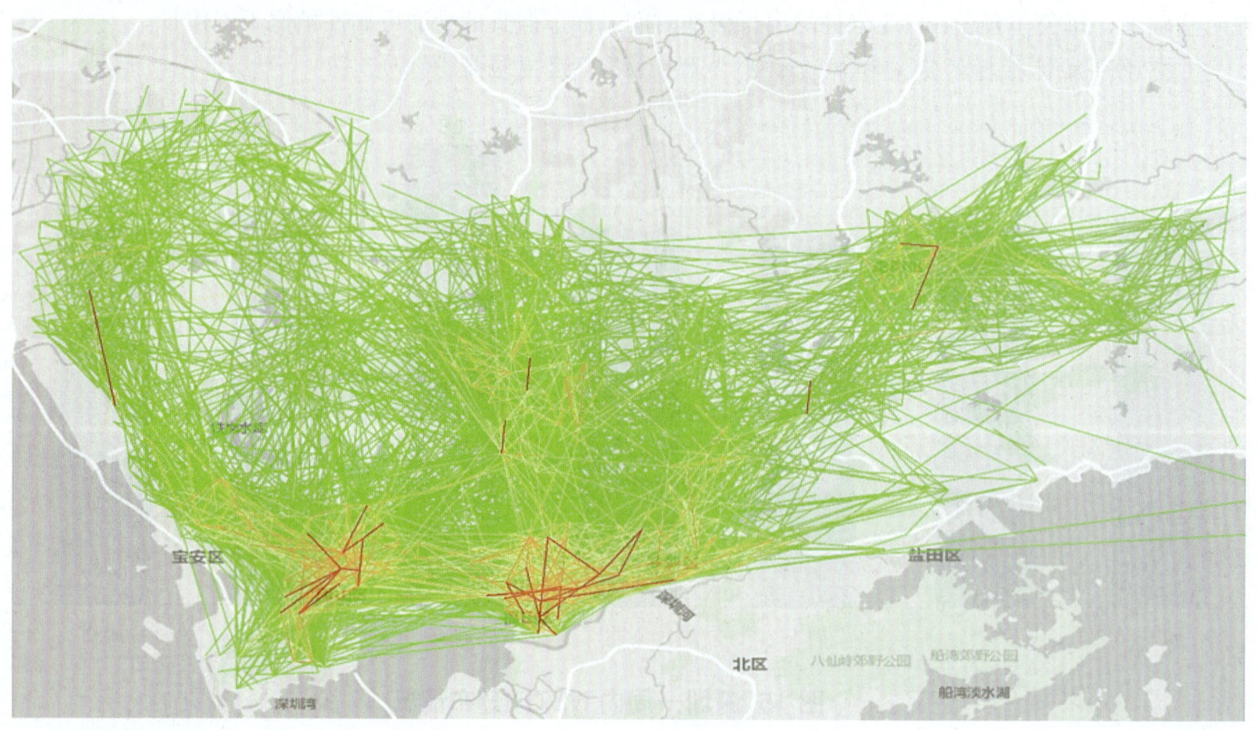

注：上图通过打车订单的起点终点连线绘制，颜色从绿色到黄色，再到红色，越趋向红色表示该通勤线路的人数越多。

图 17 深圳工作日早晚高峰出行 OD 图

通勤主要集中在市中心福田区的内部高密度通勤、南山区的内部高密度通勤，以及沿广深沿江高速、滨河大道的长距离通勤等。

分析通勤的起始地和目的地，找出其中的出行规律，对于工作、生活、休闲、商业的场所分布，应该有帮助作用，研究发现哪些线路相对合理，哪些线路不合理，也可以看到交通资源的分配状况，适当做出调剂。

九、舆论中的城市出行

人民网舆情监测室借助大数据平台，采集、抓取、统计2016年1月1日至2016年6月30日期间与“深圳交通”有关的网络新闻、博客、贴文等，经过统计研究后发现：在报刊、网站、微信、微博、客户端、视频网站、论坛、博客等媒介平台上，有关“深圳交通”的报道和文章计332824篇，仅次于北京、上海。文章来源以网站、微博、微信、论坛为主，其中各渠道的文章数如下图：

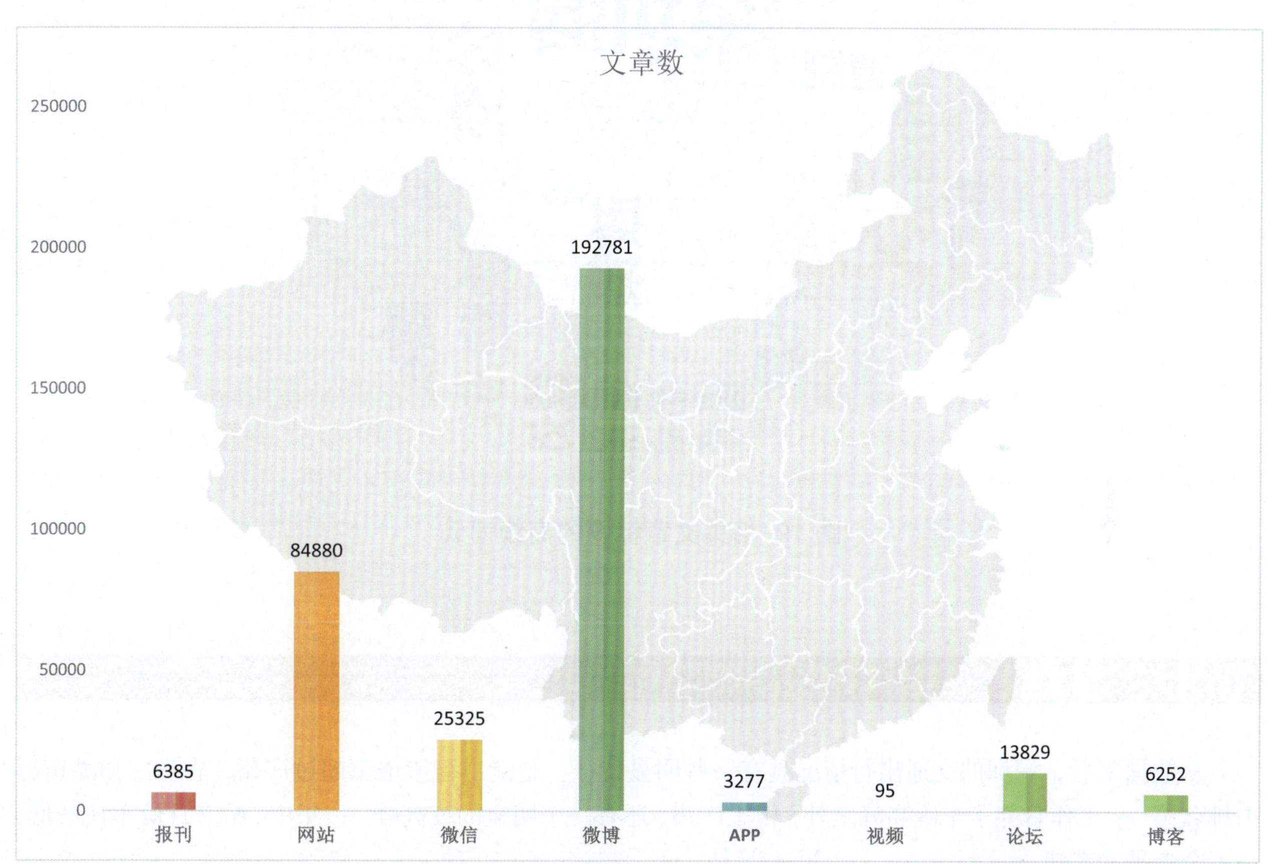

图 18 各媒介平台相关文章数量

进一步对这些文章的标题进行词频统计，去除干扰词后发现：在相关报道中，出现频次最高的10个名词分别为深圳、地铁、交通、机场、新政、五一、公交（车）、航班、司机、私家车；频次最高的10个动词分别为建设、开通、开工、预测、整治、运营、报告、规划、自驾、创业。在这些高频词当中，“新政”一词上榜，成为深圳市独有的高频词语。

这与深圳市在网约车领域新发布的“限外”政策有关。2016年4月，深圳市交警局发布《关于对早晚高峰期间非本市核发机动车号牌载客汽车行驶路线和区域进行调整的通告》，将先前仅在南山、福田、罗湖、盐田4个市内特区实施的异地牌照车辆限行政策扩大到全市范围，龙岗区、宝安区等多个区域在早晚高峰时期对外地牌照机动车实行限行或禁行，异地牌照驾驶人需申请临时通行证才可在上述区域正常行驶。这一新政客观上对异地牌照网约车在深圳市内的运行带来了巨大打击，引发广泛热议。相对其他城市，深圳对网约车的管理办法实施严格而迅速。最新进展是，2016年10月8日，深圳市发布《深圳市人民政府关于深化改革推进出租汽车行业健康发展的实施意见（征求意见稿）》，与北京、上海共同成为国内首批发布网约车新政的城市，新的实施意见提高了驾驶人及网约车型号的门槛。

图19 相关文章标题的高频词云

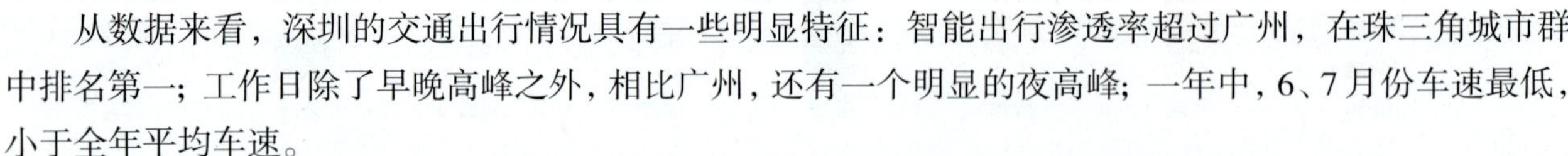

十、总结

从数据来看，深圳的交通出行情况具有一些明显特征：智能出行渗透率超过广州，在珠三角城市群中排名第一；工作日除了早晚高峰之外，相比广州，还有一个明显的夜高峰；一年中，6、7月份车速最低，小于全年平均车速。

总体来看，作为经济特区，深圳城市年轻人口较多，智能出行发展程度较高。而作为典型的新移民城市，深圳的交通拥堵情况跟务工人员的进城返乡有着密切联系。由于带状中心城区、外部城市功能组团、发达的高速路网等优势，深圳中心城区运行车速与其他一二线城市相比处于较好水平。

南宁市

NANNINGSHI

南宁城市出行大数据分析

一、城市概况

南宁市，广西壮族自治区首府，广西第一大城市，广西政治、经济、文化、交通、科技和金融中心。同时，南宁是北部湾经济区核心城市，中国面向东盟开放合作的前沿城市、国家“一带一路”有机衔接的重要门户城市、中国东盟博览会暨中国东盟商务与投资峰会永久举办地。

南宁下辖 7 区、5 县，根据《南宁市 2015 年国民经济和社会发展统计公报》初步核算，全年地区生产总值 3410.09 亿元，其中，第一产业增加值 370.35 亿元，增长 4.1%；第二产业增加值 1345.66 亿元，增长 8.2%；第三产业增加值 1694.08 亿元，增长 9.9%。三次产业的比重为 10.86 ∶ 39.46 ∶ 49.68。

据统计，至 2015 年末，南宁全市户籍人口 740.23 万人，其中市区人口 290.46 万人，比上年增加 6.08 万人，增长 2.14%，人口增速相对较平缓。南宁机动车保有量涨幅较高[i]，南宁市车管所的统计数据显示，至 2015 年末，南宁市机动车保有量超过 175 万辆，其中私家小汽车 778135 辆。

南宁是广西重要的铁路枢纽，拥有南宁站、南宁东站等高铁站，连接湘桂铁路、黎湛铁路、南防铁路、南昆铁路等干线，北与全国各干线相连接，向东可达湛江、广州，向南可达钦州、防城、北海，西南可至越南河内。近年来南宁加速城市道路交通建设的步伐：南宁快速公交试点线路西起南宁火车站，东至南宁东站，2016 年 3 月全线开工，2017 年 7 月通车；2016 年 6 月 28 日，南宁地铁 1 号线东段（南湖站至南宁东站）开通运营，远景规划 9 条线路；另外，随着沙井富乐立交、南站立交、火车东站片区凤凰岭路—高速环路立交等一批重点项目陆续建成，相信南宁城市道路交通情况会逐渐提升。

二、整体交通概况

1. 全年平均车速

过去一年（2015 年 7 月 1 日至 2016 年 7 月 1 日，下同），南宁平均车速 22.9km/h，低于北京、上海等一线城市，甚至比成都、杭州、南京等二线城市也要低；春节期间车速最高，平均车速 33.3km/h；2015 年“十一”假期、2016 年清明节期间车速出现峰值，平均车速分别为 27km/h、26.5km/h，从日均车速来看，南宁城市拥堵状况不容忽视。

i 《南宁市 2015 年国民经济和社会发展统计公报》 南宁市政府门户网站 网址：http://www.nanning.gov.cn/Government/tjxx/tjgba/201605/t20160525_612316.html

单位：km/h

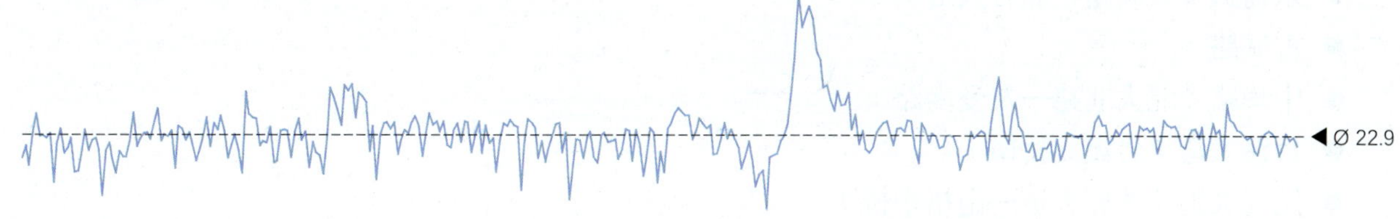

图 1 南宁日均车速变化趋势图（2015 年 7 月 1 日至 2016 年 7 月 1 日）

工作日早高峰（7:00 ~ 9:00），晚高峰（17:00 ~ 18:00）车速最低，节假日日间车速相对稳定，没有明显的低谷时段。节假日整体车速超过工作日，不过在 10:00 ~ 15:00 期间，节假日车速低于工作日，节假日全天出行量保持均衡。

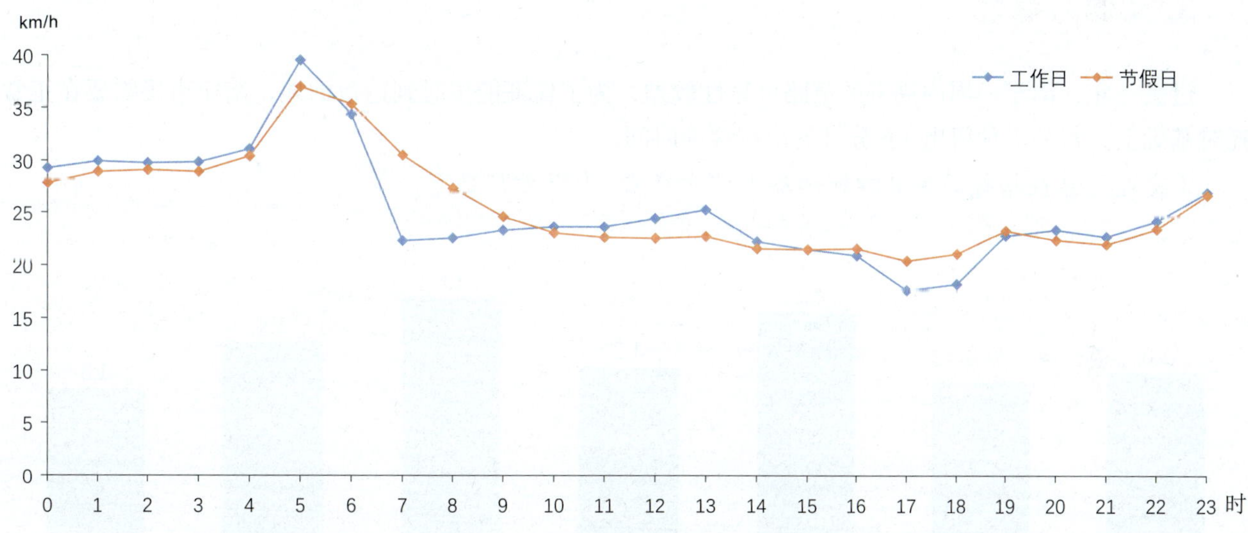

图 2 南宁工作日、节假日平均车速变化趋势图

2. 拥堵路段

早高峰主要拥堵路段：

- 桃源路
- 双拥路（南湖公园路口）
- 金州路
- 圆湖南路
- 安吉大道（高新大道—友爱立交）

晚高峰主要拥堵路段：

- 东葛路（长湖路—厢竹大道）
- 古城路
- 中华路（北大北路—友爱南路）
- 竹溪大道（竹溪立桥南）
- 昆仑大道（秀厢大道—南梧中桥）

通过观察可见，南宁拥堵路段主要集中在青秀区，尤其聚集于南湖公园周围，西乡塘区和兴宁区分布较少，道路狭窄、修建地铁道路围挡、学校住宅小区集中、道路设置不合理、行人车辆不遵守交通规则等原因造成青秀区交通拥堵严重。

具体分析，桃源路、双拥路连接白沙大桥、桃源大桥、南湖大桥，车流汇聚，沿线幼儿园、南湖小学、广西医科大学及卫干院、卫计委、财政厅、商务厅、人民银行等学校机关事业单位，以及接送孩子、上下班给早晚高峰造成较大压力。此外，路口修建地铁道路围挡，加剧拥堵情况，不过随着地铁 1 号线的开通，道路拥堵可能会有所缓解。金洲路道路狭窄，沿线学校密集，琅西小学、南宁第二中学早晚高峰期间接送孩子的车辆造成较大拥堵。园湖南路、东葛路、古城路人口密集车流大，而道路通行量有限，其中古城路口公交站点及交通信号灯设置不合理严重加剧拥堵情况。中华路临近火车站，附近车流量大且交通混乱，加上南宁市第三中学上下学高峰，进一步加剧道路拥堵。

3. 交通可靠性

过去一年，南宁一周内周五的道路可靠性较差，为了保证能按时到达目的地，南宁市民需要在正常耗时基础上，每公里预留出 1.6 分钟的出行缓冲时间。

（交通可靠性指标的定义和解读参见“北京篇”P32 对应部分。）

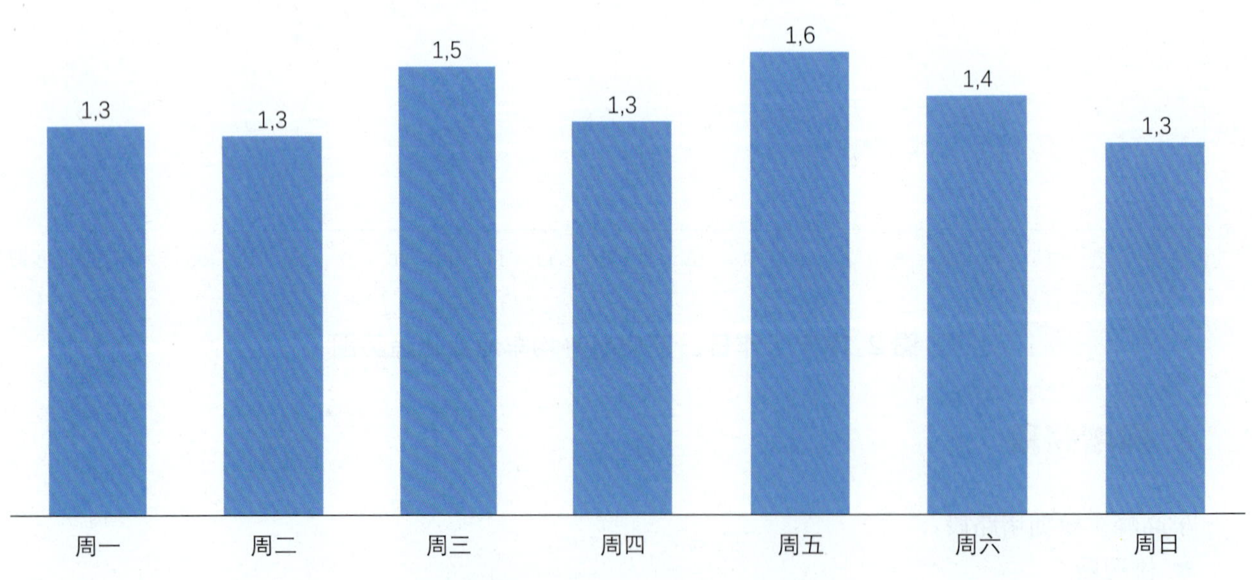

图 3 南宁一周内 NBTR 分布情况

从一天分小时的 NBTRI 分布数据来看，凌晨的 NBTRI 数值最小，早高峰（7:00 ~ 8:00），晚高峰（17:00 ~ 18:00）和夜高峰（21:00 ~ 22:00）的 NBTRI 数值较大，道路路况较差，这和我们理解的早高峰、晚高峰相符合，即在这个时间段，需要预留更多时间预防影响交通的不可靠因素的发生。

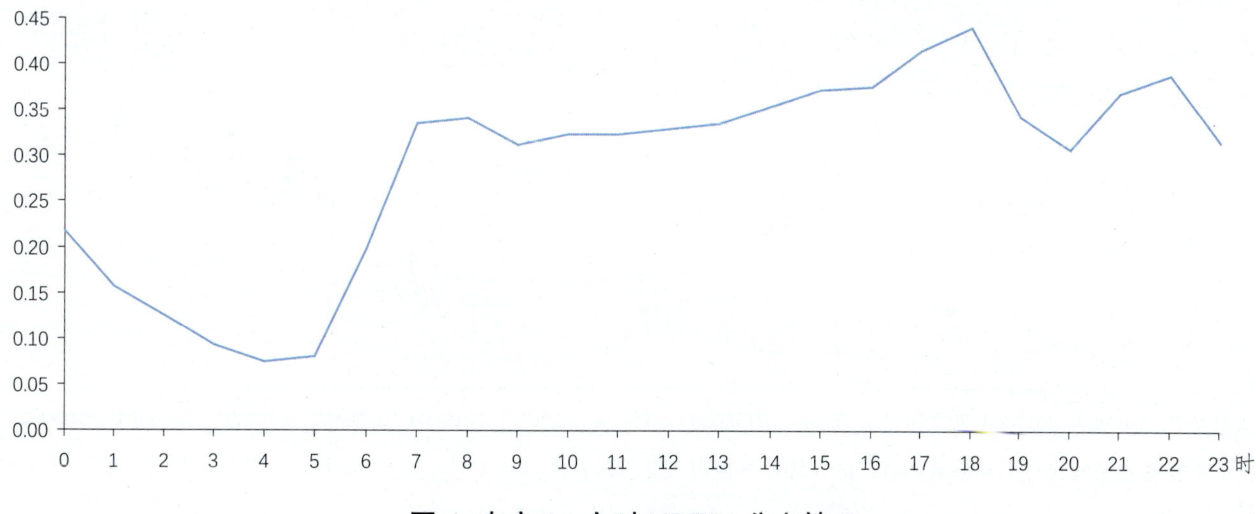

图 4 南宁 24 小时 NBTRI 分布情况

三、出行规律

1. 年度出行量分布及规律

过去一年，南宁的智能出行总量呈整体上升趋势，除 2 月外，其他月份的智能出行量呈稳定上升趋势。与所有城市一样，2 月受春节假期影响，城市整体出行量均环比下降 25.7%。从 2016 年 4 月起，智能出行量增幅迅速提升。

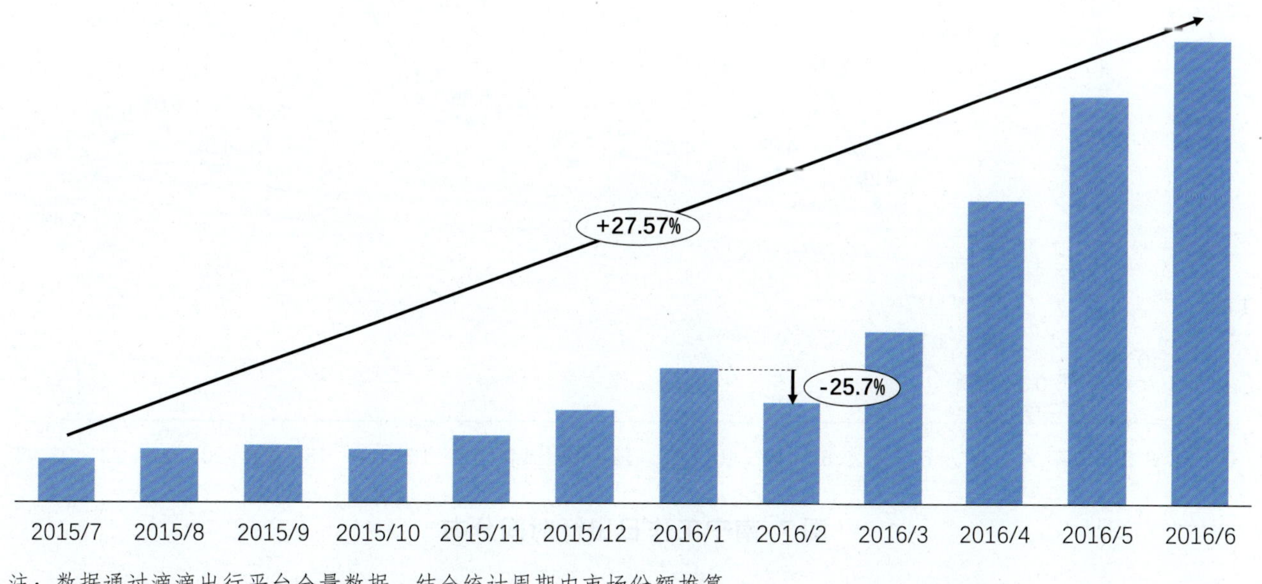

注：数据通过滴滴出行平台全量数据，结合统计周期内市场份额推算。

图 5 南宁智能出行量变化月趋势图（2015 年 7 月至 2016 年 6 月）

过去一年，南宁市整体出行在一周内呈现出“工作日—周末”交替波动的情况，重大节日对出行量有较大影响，春节出行量最低，其次是“十一”假期。

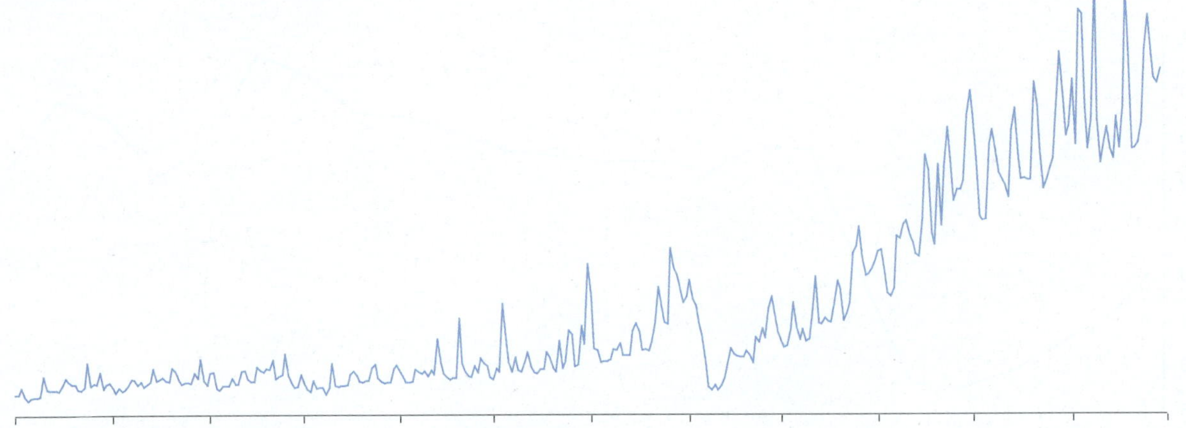

注：数据通过滴滴出行平台全量数据，结合统计周期内市场份额推算。

图 6 南宁全年智能出行量变化日趋势图（2015 年 7 月 1 日至 2016 年 7 月 1 日）

2. 工作日出行量分布及规律

工作日，南宁市民出行有明显的早晚高峰，其中早高峰 8:00 ~ 9:00、晚高峰 17:00 ~ 18:00 比较突出，夜高峰 21:00 ~ 22:00，之后出行量急剧下降。南宁晚高峰出行量明显高于早高峰，可能南宁市民在下班后更倾向于使用叫车软件约车回家，选择舒适快捷的回家方式是很多南宁人的选择。

图 7 南宁工作日出行时间分布

3. 打车成功率

过去一年，南宁以滴滴为代表的智能出行整体打车成功率相对稳定，呈现 2015 年下半年至 2016 年上半年小幅上升后，略有回落并逐渐趋于稳定，这个因素有待将时间段划分得更为细微进行观察分析其原因。在省会城市中，南宁打车成功率增幅低于智能出行在南宁的出行量增幅，反应出南宁市民的打车出行需求的增加幅度更大，智能出行市场有较大发展空间。

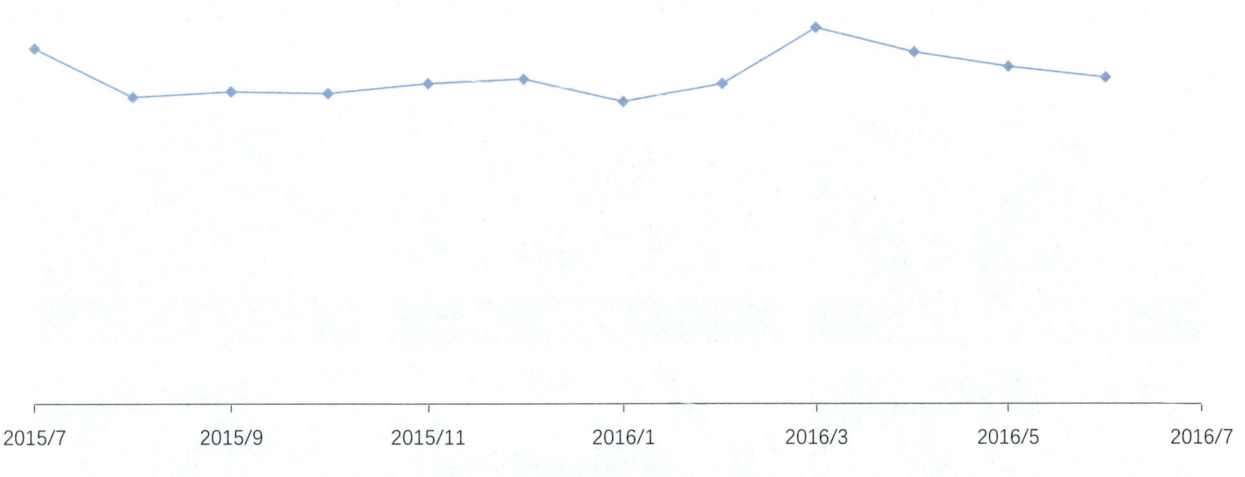

图 8 南宁打车成功率分布（2015 年 7 月至 2016 年 6 月）

全天 24 小时来看，5:00 打车成功率最低，这一数据与多数城市基本一致，工作日打车成功率低点出现在早晚高峰时段，节假日整体比较稳定。工作日与节假日整体打车成功率基本一致，在 9:00 ~ 16:00、19:00 ~ 23:00 两个时段内，节假日打车成功率低于工作日。

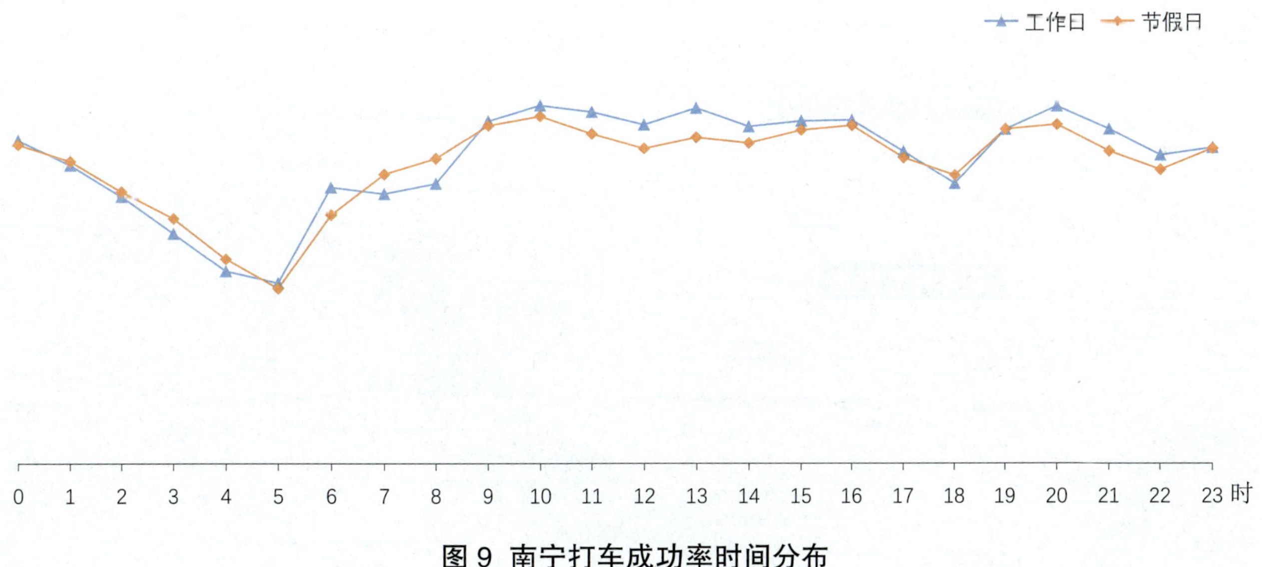

图 9 南宁打车成功率时间分布

4. 出行量集中区域

综合分析，南宁打车需求旺盛的地区集中于青秀区，该区是南宁政治、经济、文化、科技、教育、金融、信息的中心。高新科技企业、大公司主要聚集于此，商业写字楼密集，同时形成以中山路、新民路、民族大道、东葛路延长线、琅东为中心的五大核心商业圈，区内工作生活的居民打车需求较高。凤凰岭路和竹秀路相对较偏僻，公共交通站点和巡游出租车都比较少，同时该路段住宅小区较多，附近居民对智能出行需求较高。

通体来看，青秀区的望园路幸福家园、青秀路、民族大道金湖广场、建政路、凤翔路、东盟商务区出行量较大。

图 10 南宁部分区域打车需求热点分布

5.“打车难”区域

图 11 南宁早高峰打车难区域分布

图 12 南宁晚高峰打车难区域分布

观察南宁打车难点分布，主要集中于青秀区，个别分布于兴宁区和西乡塘区，青秀区东葛路、古城路、竹溪路及兴宁区人民中路等路段拥堵情况严重，这些路段打车需求相对较高，2 项因素叠加导致打车难度较高。江南区江南大道和青秀区江北大道 2 条沿江道路，附近人口密度低，位置相对偏僻，等候网约车较少，导致这些路段打车难度较高。

6. 不同时间的出行目的地

整体来看，智能出行目的地集中在住宅小区、购物中心和商务楼宇，节假日和工作日相比，去往商务楼宇的人数下降 33.5%，去往购物中心和休闲娱乐场所的人数分别上升 15.1% 和 25.7%。工作日智能出行目的地占比最高的是住宅小区，印证了前文提到的晚高峰期间智能出行量高，下班族使用网约车的意愿更强。

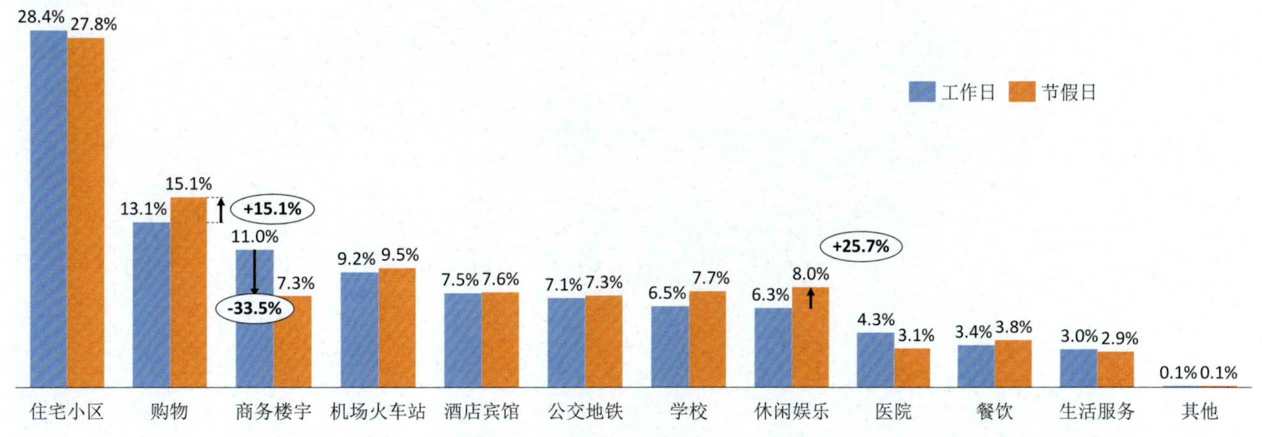

图 13 南宁打车目的地分布

从南宁 8:00 的打车目的地分布图可以看出，工作日去往商务楼宇的人占比最多，节假日下降 57.6%，节假日较工作日去往目的地增幅最大的是机场火车站，比工作日增加 53.6%。南宁市民似乎热衷于节假日回乡探亲或者外出旅游，这可能与近年来广西壮族自治区内动车相继开通大大缩减城市间空间距离有关。据《南宁市 2015 年国民经济发展统计公报》显示，2015 南宁铁路旅客运输量 2138.66 万人，比上年增长 42.37%。

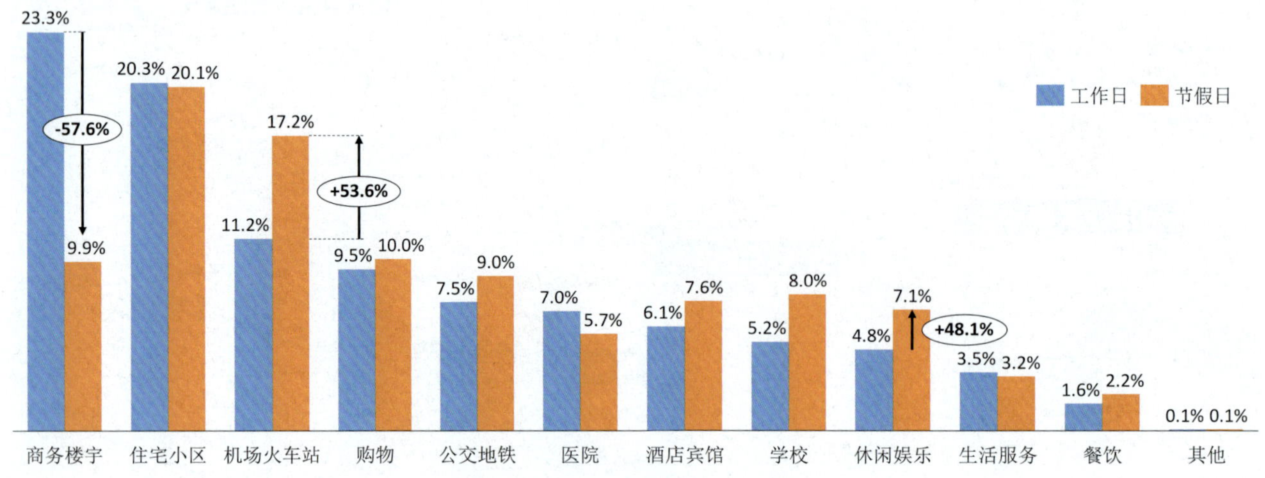

图 14 南宁 8:00 打车目的地分布

7. 通勤路线

根据滴滴出行大数据平台，对南宁日常通勤订单进行分析， 结合南宁的城市规划发现，南宁主要通勤路线分布在长江北侧，南宁火车站周围。

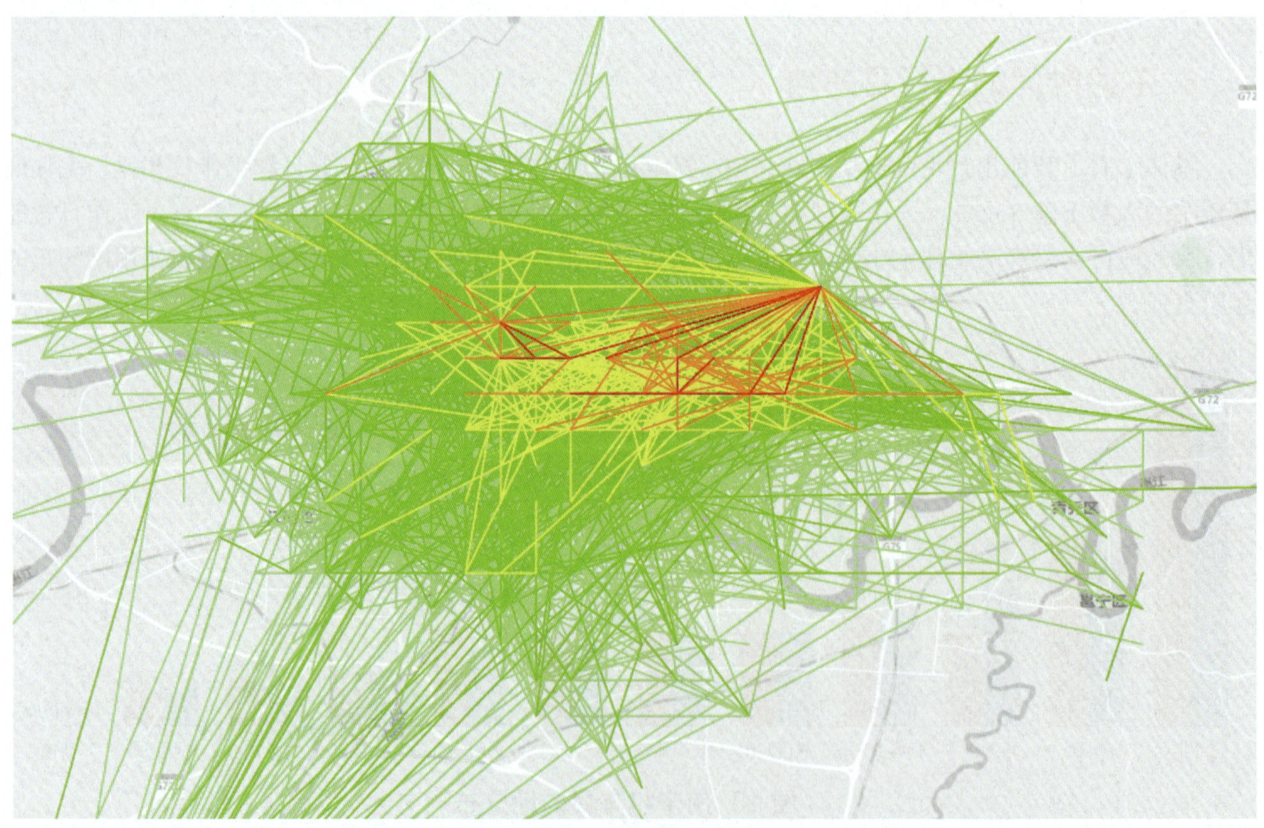

注：上图通过打车订单的起点终点连线绘制，颜色从绿色到黄色，再到红色，越趋向红色表示该通勤线路的人数越多。

图 15 南宁工作日早晚高峰出行 OD 图

四、特殊时间出行

1. 节假日：整体态势平稳，晚高峰、夜高峰小幅突出

节假日，南宁市民出行没有明显的早高峰，全天只有 17:00 ~ 18:00 的晚高峰，夜高峰 21:00 ~ 22:00，晚上 22:00 后出行量快速下降。10:00 开始出行量快速上涨，节假日期间南宁市民外出时间整体推迟，且全天出行量比较平稳。

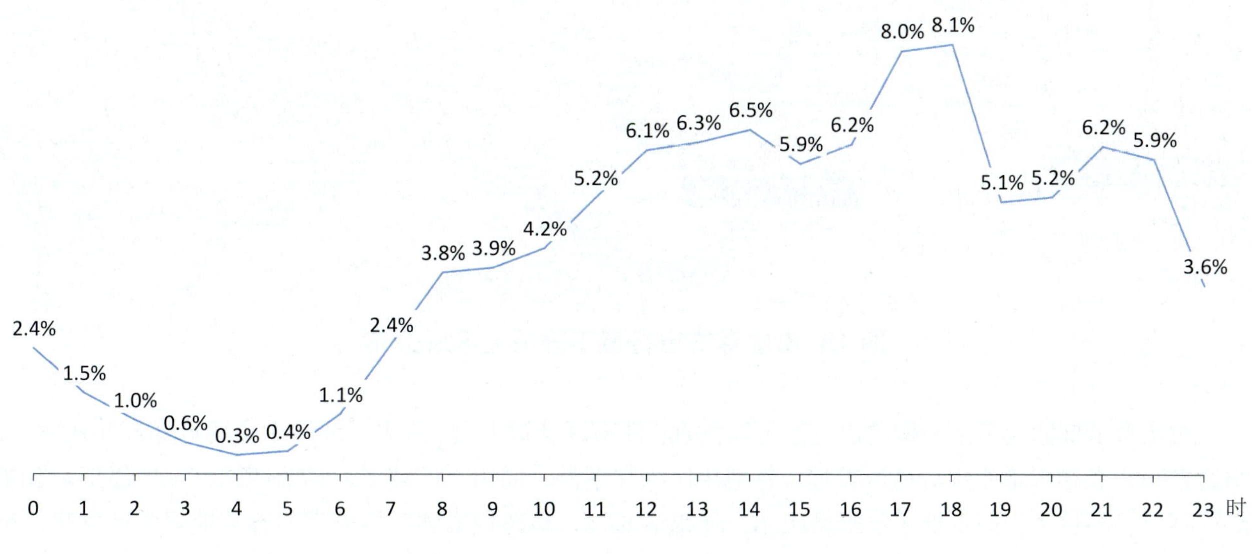

图 16 南宁节假日出行时间分布

2. 春节：空城现象明显

单独看春节期间南宁出行量分布，2 月 1 日出行量开始下降，2 月 8 日（正月初一）下降至最低点，随后出行量逐步回升，不过直至月末仍未回升到月初水平。

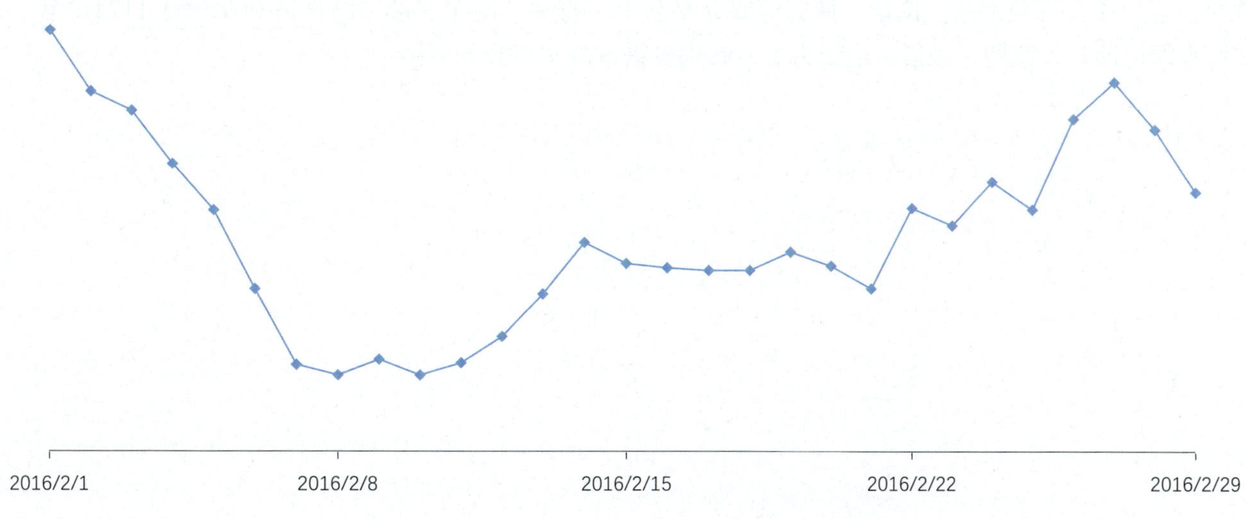

图 17 南宁 2016 年 2 月出行量变化趋势图

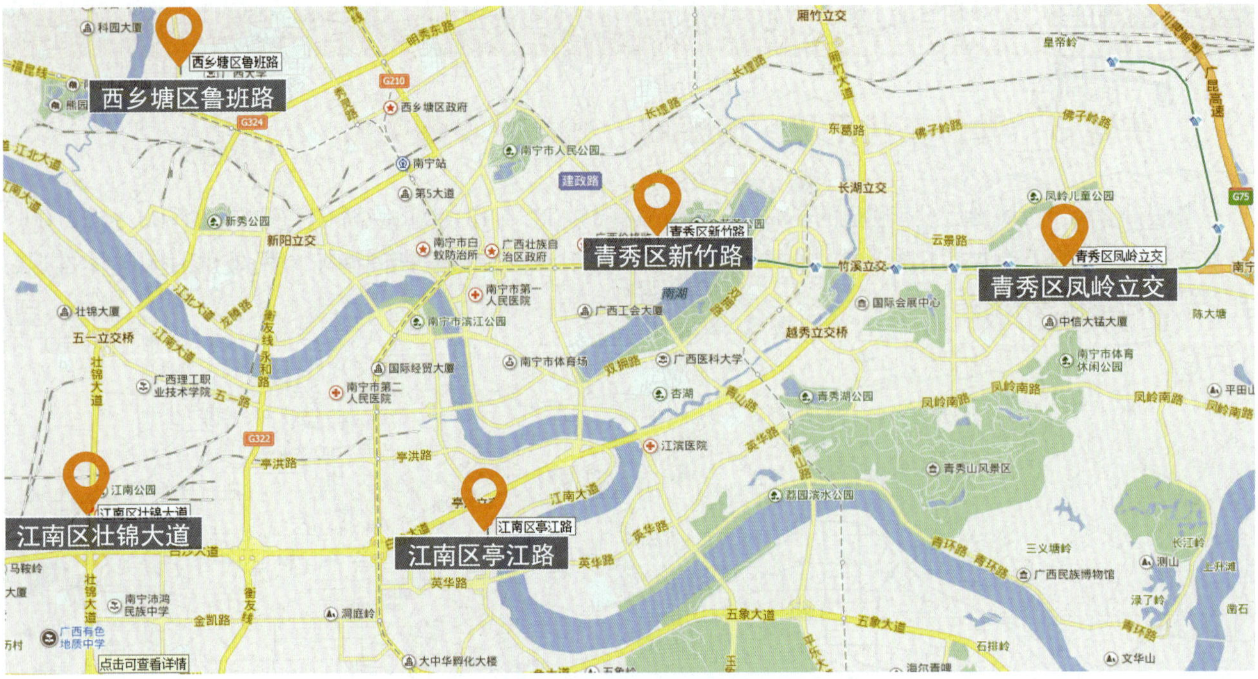

图 18 南宁春节出行量下降最大区域分布

对比春节期间与节前一周的出行量可以发现：江南区壮锦大道、青秀区凤岭立交附近降幅并列第一，均达 83%，壮锦大道距中心城区较远，住宅小区入住率低，周边工厂较多，春节期间，工厂停工，智能出行订单下降较大。西乡塘区鲁班路次之，降幅达 82%，该路段紧邻广西大学，春节期间学生放假，对智能出行订单产生较大影响。

五、舆论中的城市出行

人民网舆情监测室借助大数据平台，采集、抓取、统计 2016 年 1 月 1 日至 2016 年 6 月 30 日期间与“南宁交通”有关的网络新闻、博客、贴文等，试图进一步分析。通过统计研究发现：在报刊、网站、微信、微博、客户端、视频网站、论坛、博客等媒介平台上，有关“南宁交通”的报道和文章计 112410 篇，文章来源以网站、微博、微信、论坛为主，其中各渠道的文章数如下图：

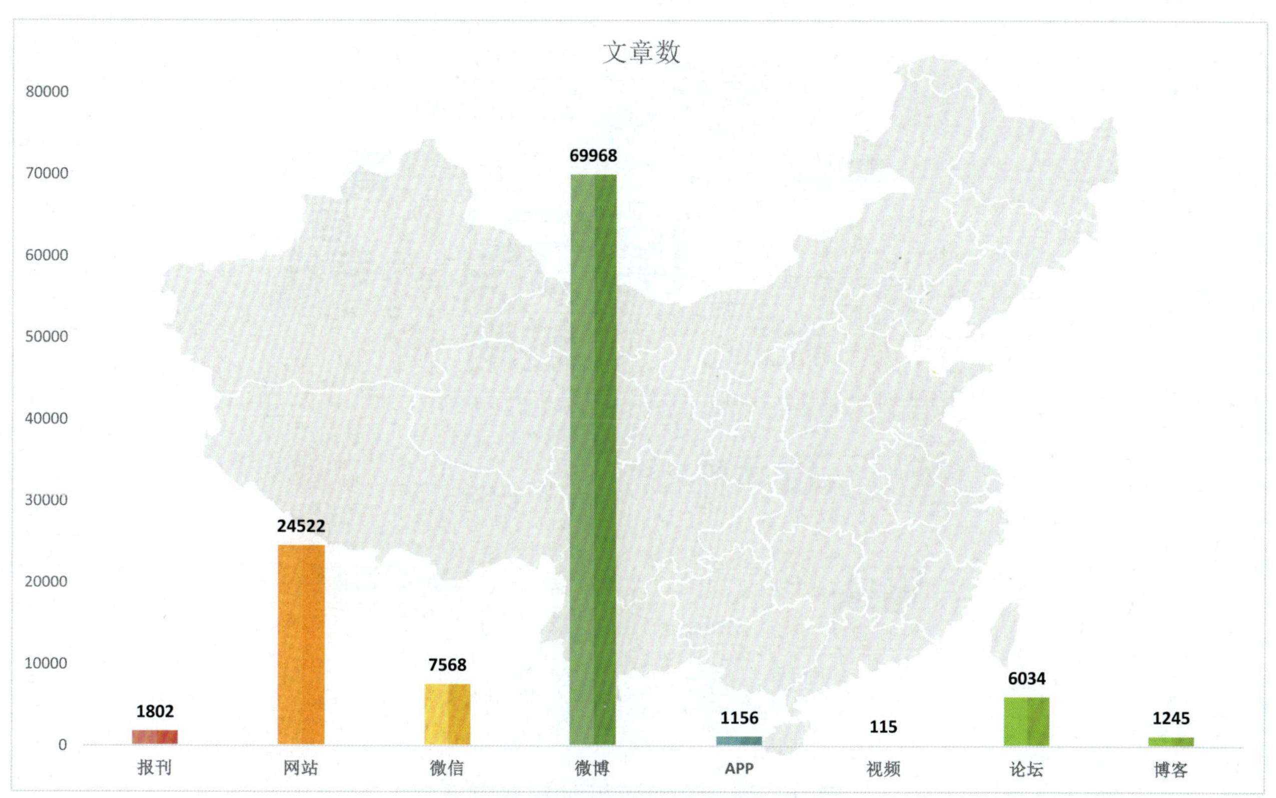

图 19 各媒介平台相关文章数量

进一步对这些文章的标题进行词频统计，去除干扰词后发现：在相关报道中，出现频次最高的 10 个名词分别为南宁、地铁、交通、机场、公交（车）、航线、轨道、安全、项目、春运；频次最高的 10 个动词分别为开通、自驾、建设、施工、运营、通车、新增、运输、整治、延误。"地铁"成为舆论场中有关南宁市交通出行最热门的关键词之一。经过近 4 年的漫长等待，2016 年 6 月 28 日，南宁轨道交通 1 号线（东段）南湖站至南宁火车东站正式开通试运营，作为中国—东盟合作枢纽城市的南宁正式迈入地铁时代。2016 年年底 1 号线全线通车。

此外，"春运"一词出现的频率也较高。据悉，春运期间南宁机场春运旅客吞吐量创新高，安全保障航班 10446 架次，运送旅客 125 万人次。值得一提的是，为保障春运出行顺畅，南宁机场在春运期间新开南宁机场至容县地面班线并推出"广西民航"APP 和微信公众号，旅客可通过手机自主办理值机手续，有力地激活了航空市场。为进一步缓解春运期间出行压力，南宁交管部门还增设 3 条临时公交快线服务火车东站，全力保障春运畅通。

图 20 相关文章标题的高频词云

六、总结

整体上看，南宁的城市出行状况一般，南宁平均车速为 22.9km/h，工作日出行量高于节假日，说明本地人上下班成为出行的主要目的；南宁的智能出行发展比起一线城市较慢，智能出行量 2016 年 4 月开始有爆发式增长；南宁城市的出行特征与大部分城市相同，受节假日影响较重、出行量集中区域打车更难、整体打车成功率在上升、火车的枢纽地位明显、春节空城效应。相对来说，区域性特点并不十分显著。

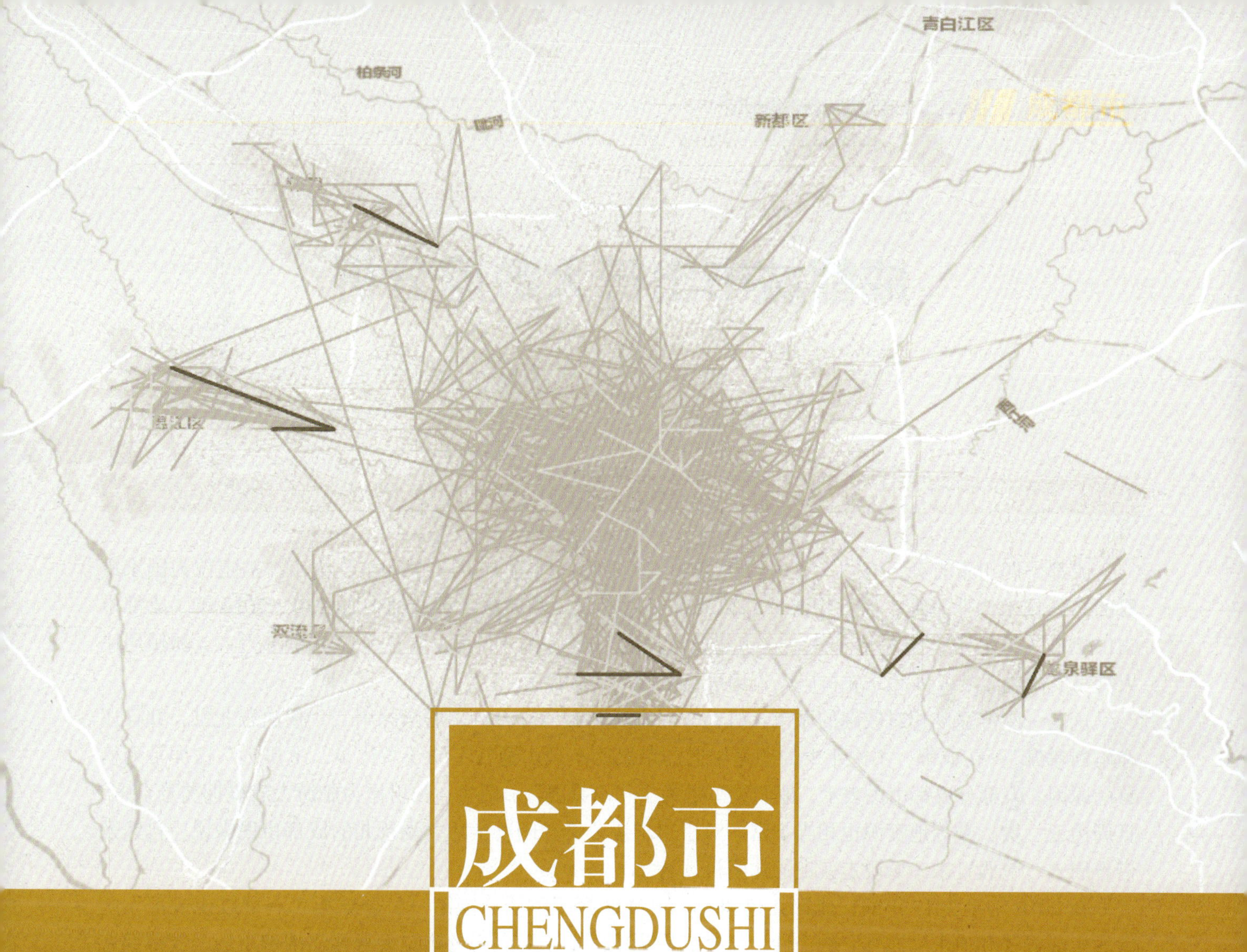

成都市

CHENGDUSHI

成都城市出行大数据分析

一、城市概况

成都，四川省省会，有“天府之国”美誉，下辖锦江区等10区5县和5县级市。被定位为国家重要的高新技术产业基地、商贸物流中心和综合交通枢纽，西部地区重要的中心城市。2014年，成都市GDP突破1万亿元；至2015年末，全市建成区面积1006.7平方公里，常住人口1465.8万人，城镇居民人均可支配收入33476元，农村居民人均可支配收入17690元。[i]

这是一座舒适度相对较高的城市：机动车保有量突破400万辆，居全国第二，仅次于北京，并且还在不断攀升[ii]。在成都，不论年少的还是年老的市民购车理由通常不同于“代步、上班远”这类常列榜首的原因，大部分成都市民表示，他们买车是为了“出去耍”。确实，四川作为旅游大省坐拥美景众多，且周边云、贵、藏等地资源也相当丰富。对于追求慢节奏、闲适生活、爱玩儿的成都市民来说，自然爱惜着周末、节假日来一场说走就走的休闲自驾游。

在2010年至2015年间，成都在建Shopping Mall面积位居全国第一、全球第二。可以说成都人闲散的生活方式和追求“洋气”的个性，使成都成为中国继上海之后的第二大奢侈品消费市场。成都拥有茶馆9264家、KTV2344家和书店1129家，在中心城区方圆1公里以内，步行1分钟，可找到一家川味小吃；步行3分钟，就能到一间购物商场。“成会玩儿”“好吃”（四声）、“爱打麻将”是外地游客为成都印象打上的最负盛名的“城市名片”。

二、整体交通概况

1. 全年平均车速

滴滴出行大数据平台显示，过去一年（2015年7月1日至2016年7月1日，下同），成都日均车速整体趋于平稳，平均车速25.4km/h，低于北京的25.7km/h，高于上海的24km/h、杭州的23km/h。2015年“十一”假期、2016年清明和“五一”假日频频出现短期小高峰，平均车速分别为28.4km/h、28.2km/h和27.4km/h。春节期间成都日均车速达到最大峰值34km/h。

i 《2015年 成都市国民经济和社会发展统计公报》，成都统计信息网 http://www.cdstats.chengdu.gov.cn/detail.asp?ID=89559&ClassID=020705

ii 《成都开展史上首次最大规模交通调查》，四川新闻网 http://scnews.newssc.org/system/20160503/000670569.htm

单位：km/h

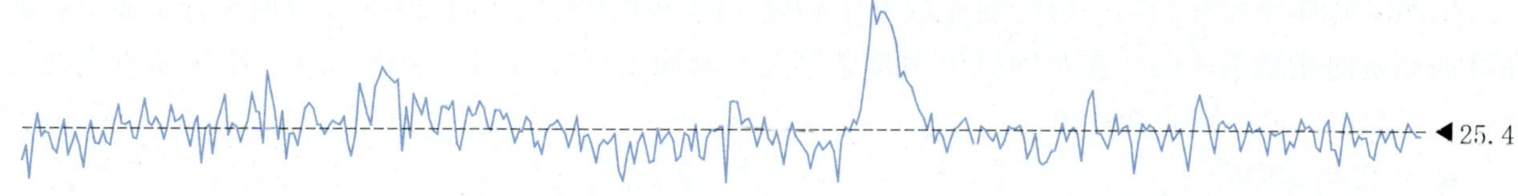

图 1 成都日均车速变化趋势图（2015 年 7 月 1 日至 2016 年 7 月 1 日）

工作日日间车速情况，“W 曲线”趋势特征明显，有 2 个低谷时段，分别是：早高峰（7:00 ~ 9:00）和晚高峰（17:00 ~ 18:00）。节假日日间车速相对稳定，没有明显低谷时段。

对比节假日和工作日分小时车速分布的情况发现：节假日在早晚高峰时段的车速高于工作日的车速，且早高峰的增幅较晚高峰的增幅大，说明节假日早晚高峰的出行量大为降低。在一定程度上说明成都市民在节假日、周末不必早起赶车，可享受一个慵懒的上午，再计划当日的出行安排；到了傍晚，尽管相比工作日减少大批下班族，但不少市民会在此时段外出与亲朋好友开启“麻辣烫之约”，且正赶上不少家庭周末自驾游返程，所以 17:00 的车速虽然比工作日有提高，但增幅情况不如早高峰时段明显。

除了早晚高峰时段外，节假日和工作日分小时车速分布的曲线重合度较高。可以说，节假日和工作日区别不大，“上班族”的休息模式并没有显著缓解城市交通压力。这也从一定程度上反映出，成都作为旅游城市，大有“城内的人想出去，城外的人想进来”的特征——蓉城人去城区周边赏花摘果、打牌品茶，城郊人来成都市区探亲访友、聚会购物，还有大量外地人过来旅游、休闲。

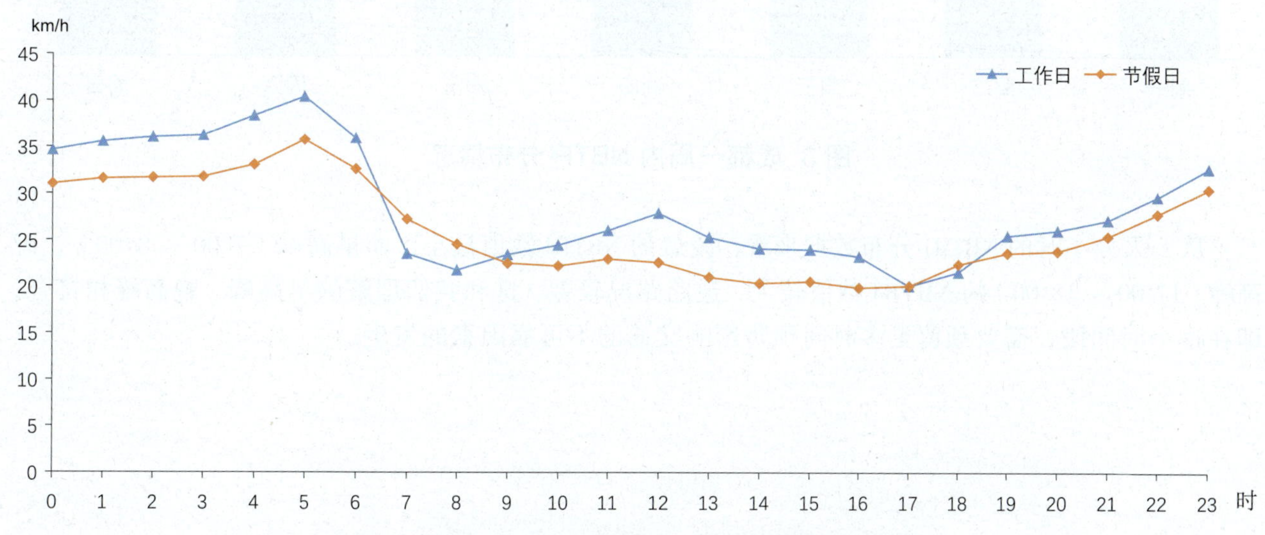

图 2 成都工作日、节假日平均车速变化趋势图

2. 拥堵路段

据滴滴媒体研究院和第一财经商业数据中心发布的《中国智能出行 2015 大数据报告》显示，成都高峰拥堵延时指数为 1.62，在全国城市中排名第九。滴滴出行发布的《2016 上半年中国城市交通出行报告》成都市区最拥堵的路段如下：

- 人民南路四段
- 武侯大道双楠段
- 文昌路（S6 成都机场高速北侧）
- 南三环路四段
- 南三环路五段

3. 交通可靠性

过去一年，成都一周内周四的道路可靠性最差，为了保证能按时到达目的地，成都市民需要在正常耗时基础上，每公里预留出 1.3 分钟的出行缓冲时间。而双休日的交通可靠性稍优于工作日。

（交通可靠性指标的定义和解读参见“北京篇”P32 对应部分。）

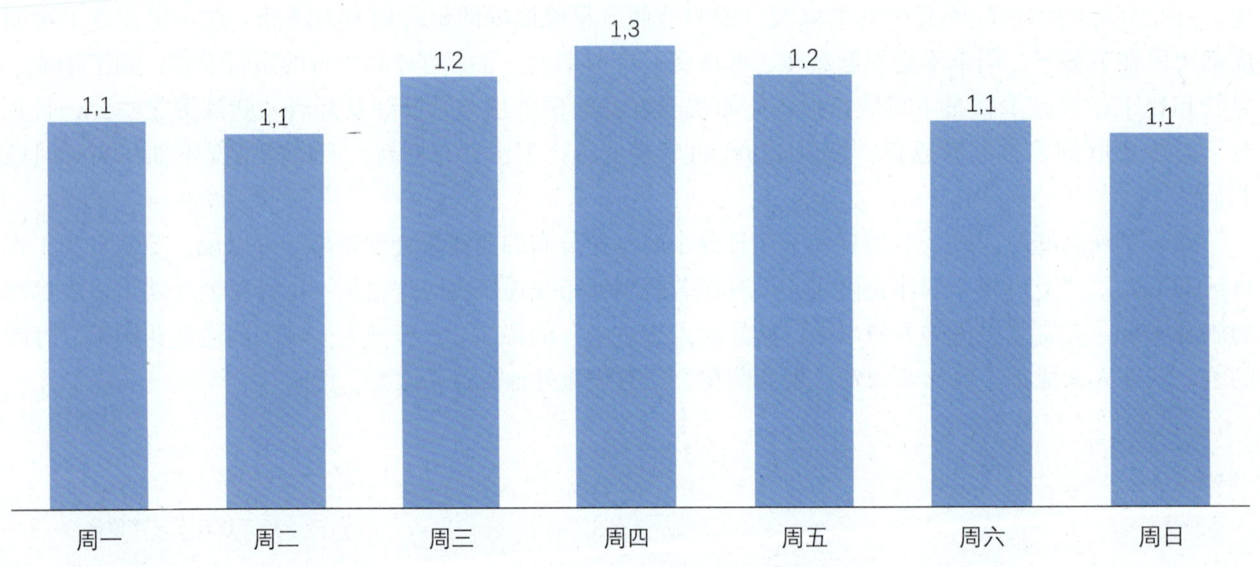

图 3 成都一周内 NBTR 分布情况

从一天分小时的 NBTRI 分布数据来看，凌晨的 NBTRI 数值最小，而早高峰（7:00 ~ 8:00），晚高峰（17:00 ~ 18:00）的 NBTRI 数值较大，道路路况较差，这和我们理解的早高峰、晚高峰相符合，即在这个时间段，需要预留更多时间预防影响交通的不可靠因素的发生。

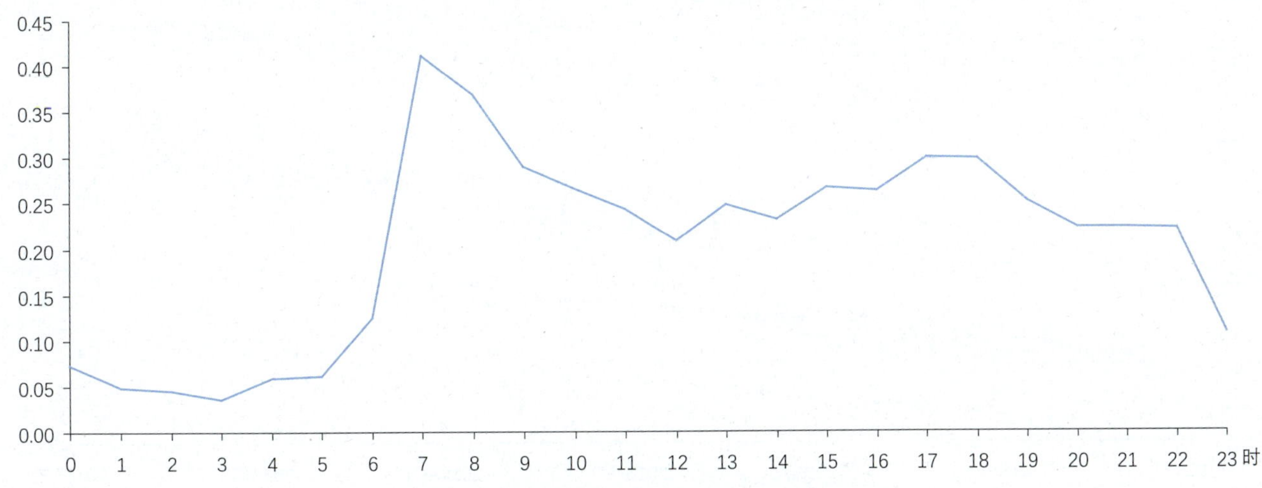

图 4 成都 24 小时 NBTRI 分布情况

三、出行规律

1. 年度出行量分布及规律

过去一年，成都整体交通出行量呈上升趋势，特别是 2016 年上半年的数据较 2015 年下半年有明显提升，呈现出“工作日—周末”的交替波动情况。与所有城市一样，重大节日对出行量有较大影响，过去一年内，春节的出行量最低，呈一个明显的“低开”时段。

具体来看，2016 年上半年整体出行量的显著增加，与成都市的旅游增长有一定关系。四川省旅游发展委员会数据显示，2016 年 1 月至 6 月，四川旅游经济总收入 3840.13 亿元，同比增长 25.1%。入境人数 120.86 万人次，同比增幅 13.3%，外汇收入 51530.17 万美元。再细分来看，二季度整体情况优于一季度：仅“五一”假期，成都就以 89.89 亿元暂列旅游总收入排行榜第一名。二季度旅游总收入 552.22 亿元，旅游景区接待人数 4208.45 万人次，占成都市接待游客总人次的 97.6%。

2015 年“十一”假期，出行人数较低也与不少成都市民选择借假期离城探亲、旅游有关。成都机场 10 月 1 日当天安排 868 个航班的起降，比上年增加 111 班，出行人数 6.5 万人次，同比增加 0.6 万人次，创历年国庆首日吞吐量新高。据四川省交通运输厅运管局数据，全天客运联网售票出行人数超过 11 万人，创客运联网售票以来最高值。[iii]

而 2015 年 11、12 月出行人数开始上升，且高于国庆期间的订单量。一方面可能与滴滴的市场动作有关：滴滴出行自 12 月 1 日起，上线“快车拼车”，并在成都启动“愿拼 5 折、拼成免单”活动。通过“快车拼车”打车，即可享受普通快车的 5 折优惠，顺利拼车最高还可减免 10 元车费。滴滴出行的系列举措刺激了智能打车、培养了用户的消费习惯，对应的智能出行量在此期间上升明显。另一方面，可能与天气状况有一定关系：步入 11、12 月，南方进入冬季，成都的冬天多风多雨且阴冷潮湿，不少市民愿意通过网约车出行。除了用户被培养起智能出行的习惯外，2016 年夏季出行量的走高也与天气状况有着相关性。受“厄尔尼诺”现象影响，成都 2016 年气温偏高、降水偏多，涝重于旱，大雨和暴雨开始期偏早，5 月 1 日起成都就进入了汛期，7 月 1 日起进入主汛期。受降雨、强降雨天气的影响，更多人

iii 《2015 年“十一”国庆假日旅游情况综述》，成都旅游局 成都旅游政务网 http://www.cdta.gov.cn/

愿意借智能出行软件提前预约车辆，以保证行程。

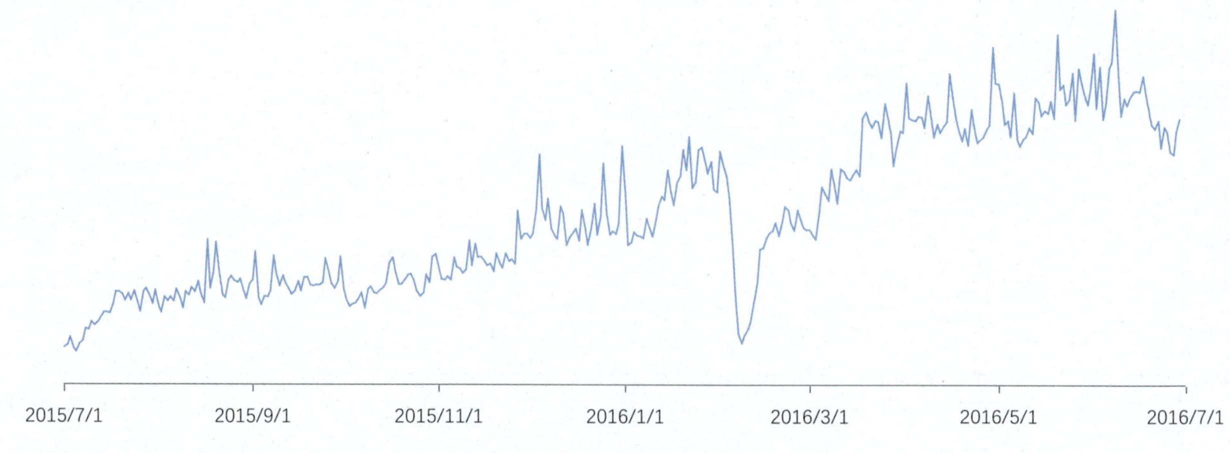

注：数据通过滴滴出行平台全量数据，结合统计周期内市场份额推算。

图 5 成都全年智能出行量变化日趋势图（2015 年 7 月 1 日至 2016 年 7 月 1 日）

过去一年，成都智能出行人数呈整体上升趋势，除 2 月外，其他月份均稳定增高，且 2016 年上半年整体出行人数明显高于 2015 年下半年，这也与打车软件自身通过不断打磨服务、优化用车体验，由此吸引了越来越多的用户群体有关。其中 2 月受春节假期影响，整体数据环比下降 31.1%，但仍然高出 2015 年 7 月的出行量最小值。

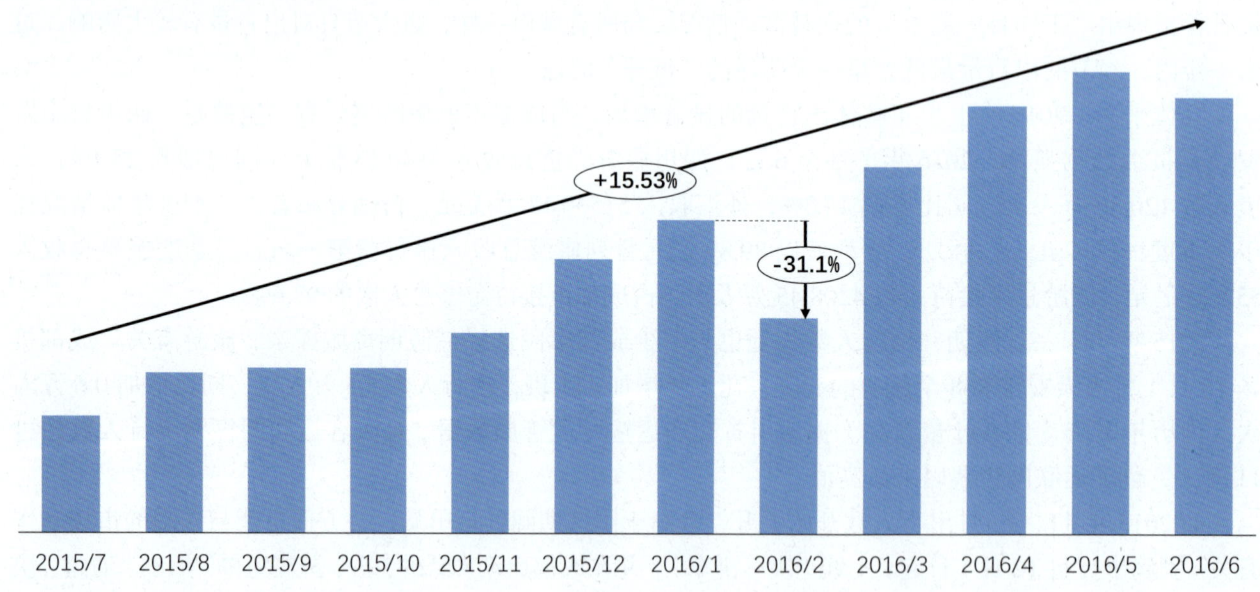

注：数据通过滴滴出行平台全量数据，结合统计周期内市场份额推算。

图 6 成都智能出行量变化月趋势图（2015 年 7 月至 2016 年 6 月）

2. 工作日出行量分布及规律

成都市民工作时间大多是“朝九晚五”，其出行有明显的早晚高峰，其中早高峰在 8:00 ~ 9:00,

晚高峰在 17:00 ~ 18:00，与一线城市相比，成都没有夜高峰。此外，出行量最大的时间节点为 8:00，占比 8.3%，其次是 18:00，占比 7.6%；出行量最小的时间段为凌晨 3:00 ~ 5:00，均占比 3%。

但相比北京、杭州等城市的夜高峰时段（20:00 ~ 21:00），成都凭借九眼桥、玉林生活广场、犀浦夜市等多个能满足市民吃喝玩儿乐、夜间出行等不同需求的休闲娱乐集中地，展现出独特的"四川味道"夜生活：好吃的成都人下班聚餐、放松休闲最常光顾的"干锅烤鱼""火锅串串"和"冷锅兔头"等餐厅通常会营业到凌晨一两点，且成都市民的用餐高峰期晚于北方大多数城市，主要集中在 21:00 左右，因此 18:00 ~ 21:00 出行量保持稳定。

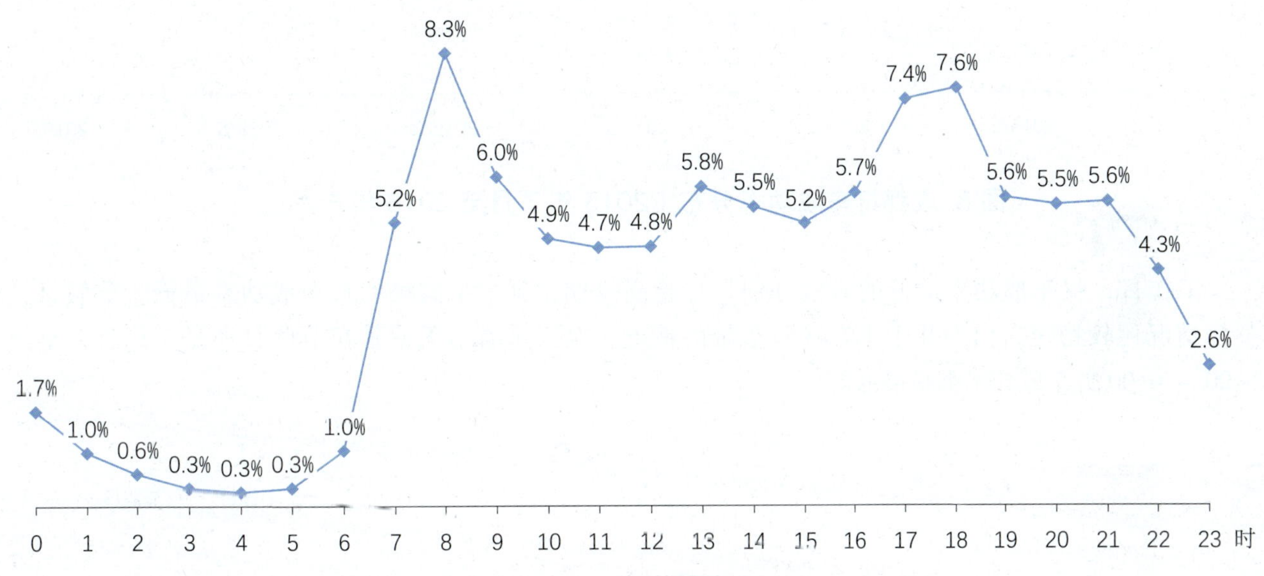

图 7 成都工作日出行时间分布

3. 打车成功率

成都市交通委数据显示，至 2016 年 3 月底，四川成都市出租汽车在册数量 17567 辆，同比下降 5.37%，公路营业性载客汽车拥有量 7263 辆，同比增长 0.95%。[iv] 尽管成都一直在大力推动交通基础设施建设，相继开通地铁 1 号线、2 号线、4 号线及"panda"线，但仍然难以满足日益增长的交通需求，交通资源供需矛盾也依然存在。

打车软件主动培养消费群体、培养市场，创造了市场，提供便捷优质服务，通过间接达到效果。相比于传统的出租车，如今大热的打车软件通过专门的数据系统能更方便、更智能地解决刚性出行需求。用户不光可以根据自己的时间提前叫车，更可以在用车高峰时段、恶劣天气下享受顺风拼车的简单服务。

iv 《2016 年 1-3 月成都市道路营业性汽车运输生产完成情况》，四川省交通运输厅 http://www.moc.gov.cn/st2010/sichuan/sc_zhengwudt/201604/t20160422_2017359.html

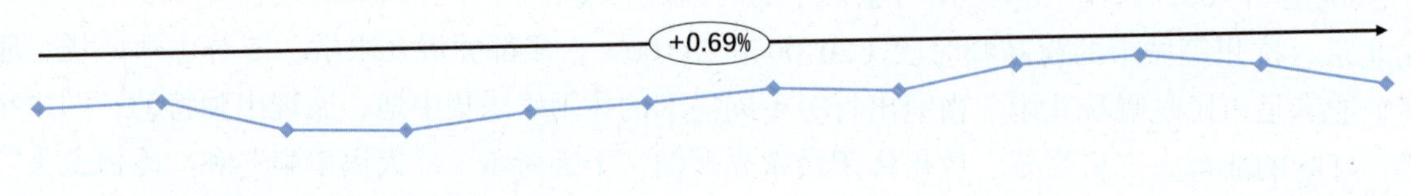

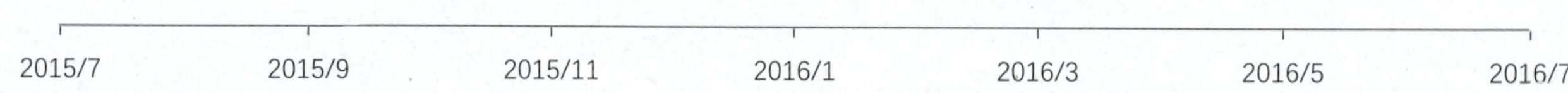

图 8 成都打车成功率分布（2015 年 7 月至 2016 年 6 月）

工作日，打车成功率最低的时段分别是早晚高峰期，其中早高峰的打车成功率最低。节假日，整体情况比较稳定，白天几乎不存在打车难的情况。全天来看，无论是在节假日还是工作日，早上 5:00 ~ 6:00 打车成功率都是最低的。

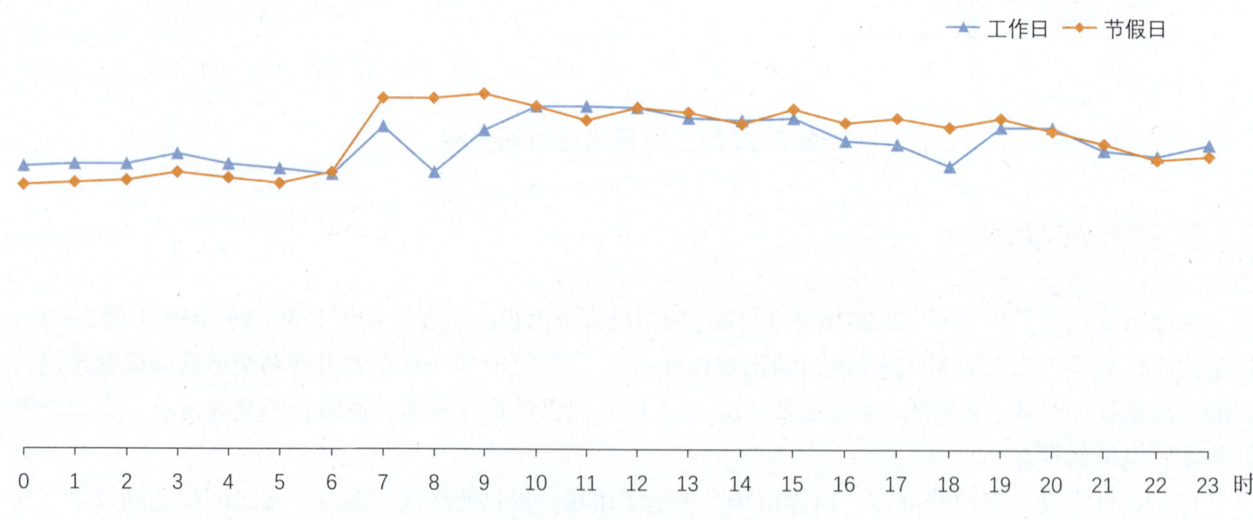

图 9 成都打车成功率时间分布

4. 出行量集中区域

总体来看，武侯区高升桥、成华区八里庄、武侯区红牌楼、锦江区春熙路时代广场（龙王庙正街 71 号）、成华区建设南路虹波苑、青羊区清江西路出行量最密集。

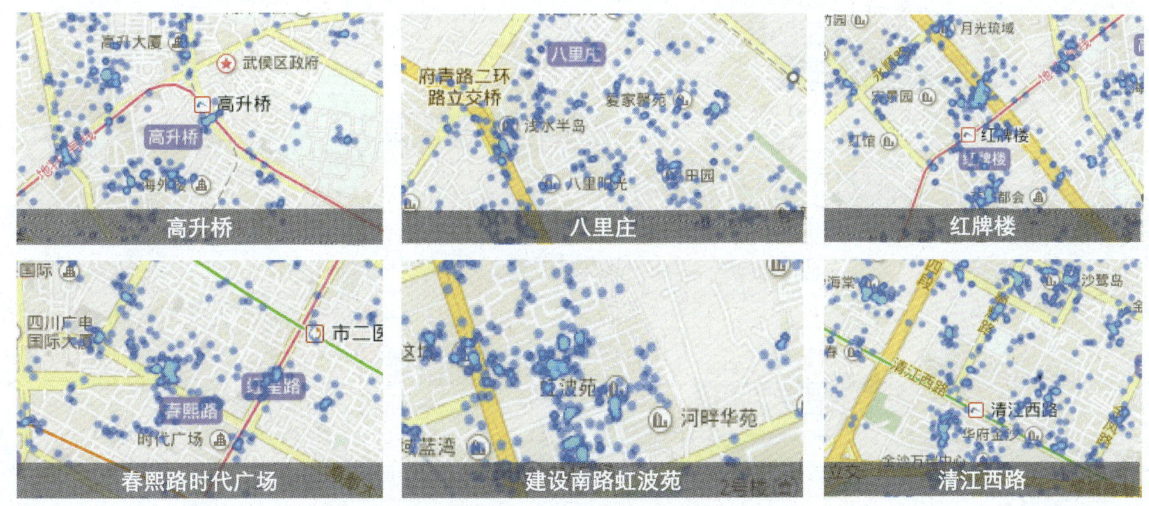

图 10 成都部分区域打车需求热点分布

5. “打车难”区域

打车难的地段通常是热门的、需求量较大的区域，同时也是人流量最大、交通压力最重的区域。

在成都“打车难”问题依然存在：早高峰时段，“打车难”现象在武侯区和双流区最为明显。晚高峰时段，“打车难”现象在武侯区和青羊区最为明显。

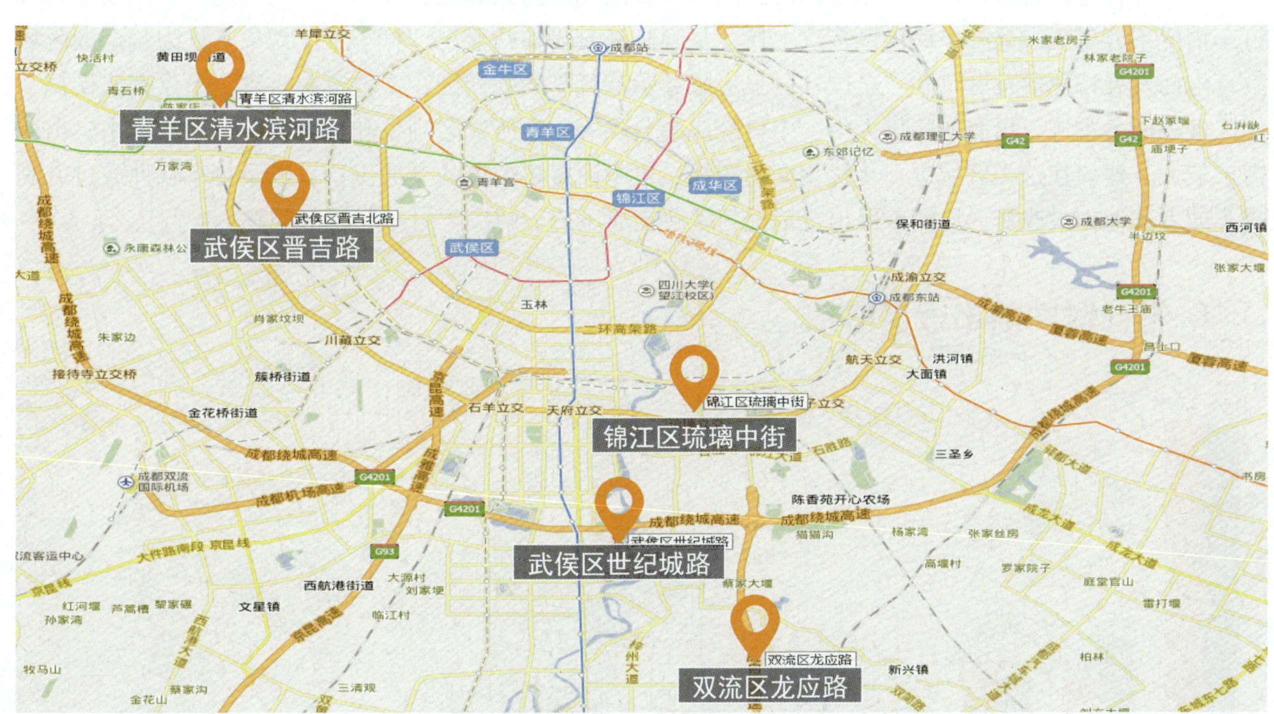

图 11 成都早高峰打车难区域分布

图 12 成都晚高峰打车难区域分布

双流区自身位置较偏，位于机场附近，同时双流区龙应路紧邻成雅高速、绕城高速，多路段早高峰打车情况不容乐观。此外，武侯区多次上榜，早晚高峰时段均凸显出“打车难”现象。作为“全国区域教育均衡发展特色示范区”和“全国社区卫生服务示范区”的武侯区，文教资源丰富，不仅有武侯祠、望江楼等闻名古迹，更有如四川大学、中科院成都分院等数十所知名高校和科研院所，人流集中、出行需求较大。建议在这类区域进一步优化交通布局、集中设置多渠道的交通出口，以及打车软件通过鼓励拼车或者其他方式改变、协调市民出行情况，缓解交通压力、解决“打车”难的问题。

6. 不同时间的出行目的地

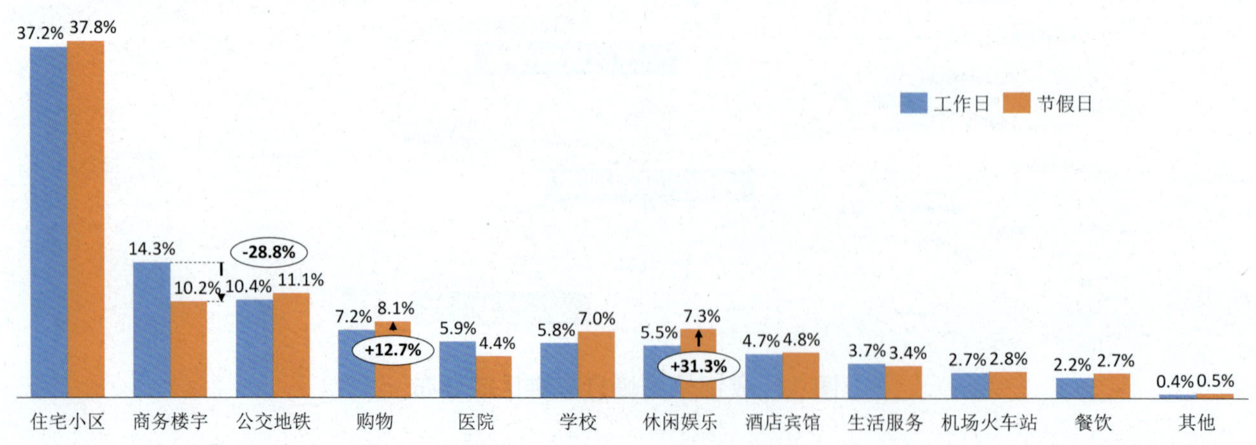

图 13 成都打车目的地分布

整体来看，智能出行目的地集中在住宅小区和商务楼宇，节假日和工作日相比，去往商务楼宇的人数下降 28.8%。而去往休闲娱乐场所的人数上升 31.3%。去往购物中心的人数比工作日上升 12.7%。体现出在节假日期间，成都市民通常会选择约三五好友一起打牌唱歌、品茶聊天，尽享娱乐休闲。

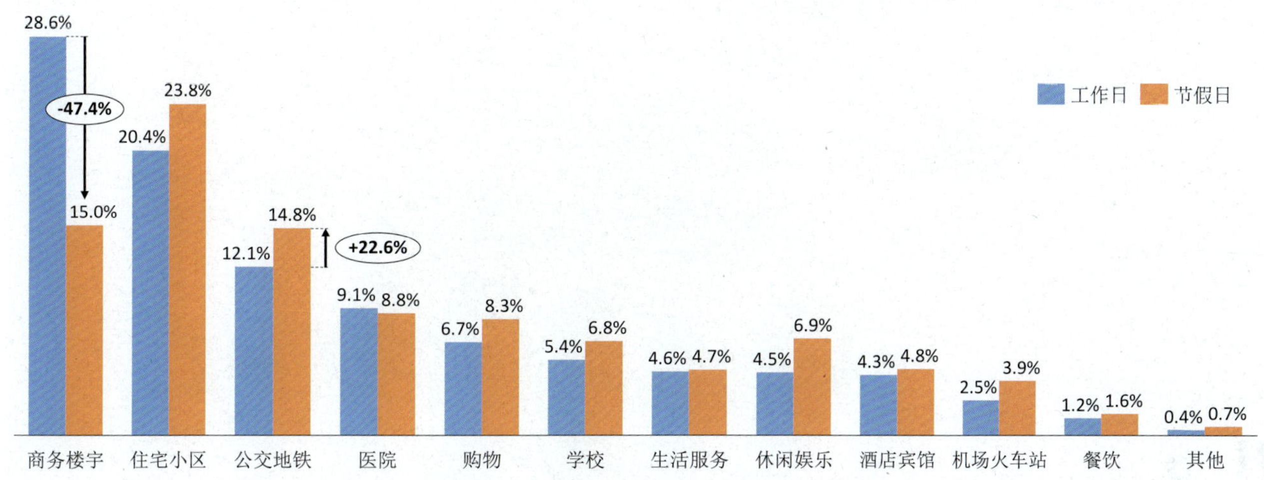

图 14 成都 8:00 打车目的地分布

从成都 8:00 打车目的地分布图可以看出：在工作日和节假日去往医院、酒店宾馆等地点的订单需求差别不大，波动幅度甚微。而节假日去往商务楼宇的人降幅最大，比工作日少 47.4%。去往公交地铁的人占比最多，比工作日多 22.6%。此外，去往休闲娱乐场所的人数比工作日有明显上升。反映出相比“北上广深”这些一线城市，成都的“加班”文化并不浓郁。

7. 通勤路线

根据滴滴出行大数据平台，对日常通勤订单进行分析，结合成都城市规划，发现成都通勤主要为环状结构由中心向外围拓展，加上西北方向 2 个温江区和郫县向东南方向的龙泉驿区。通勤主要集中在由沿成都地铁 1 号线的南北向周围的通勤，以及上面提到 3 个区县内部的通勤，比较集中的打车通勤路线有:

- 新怡花园住宅区—天府软件园
- 家益欣城住宅区—华府大道办公区
- 天府三街住宅区—天府软件园

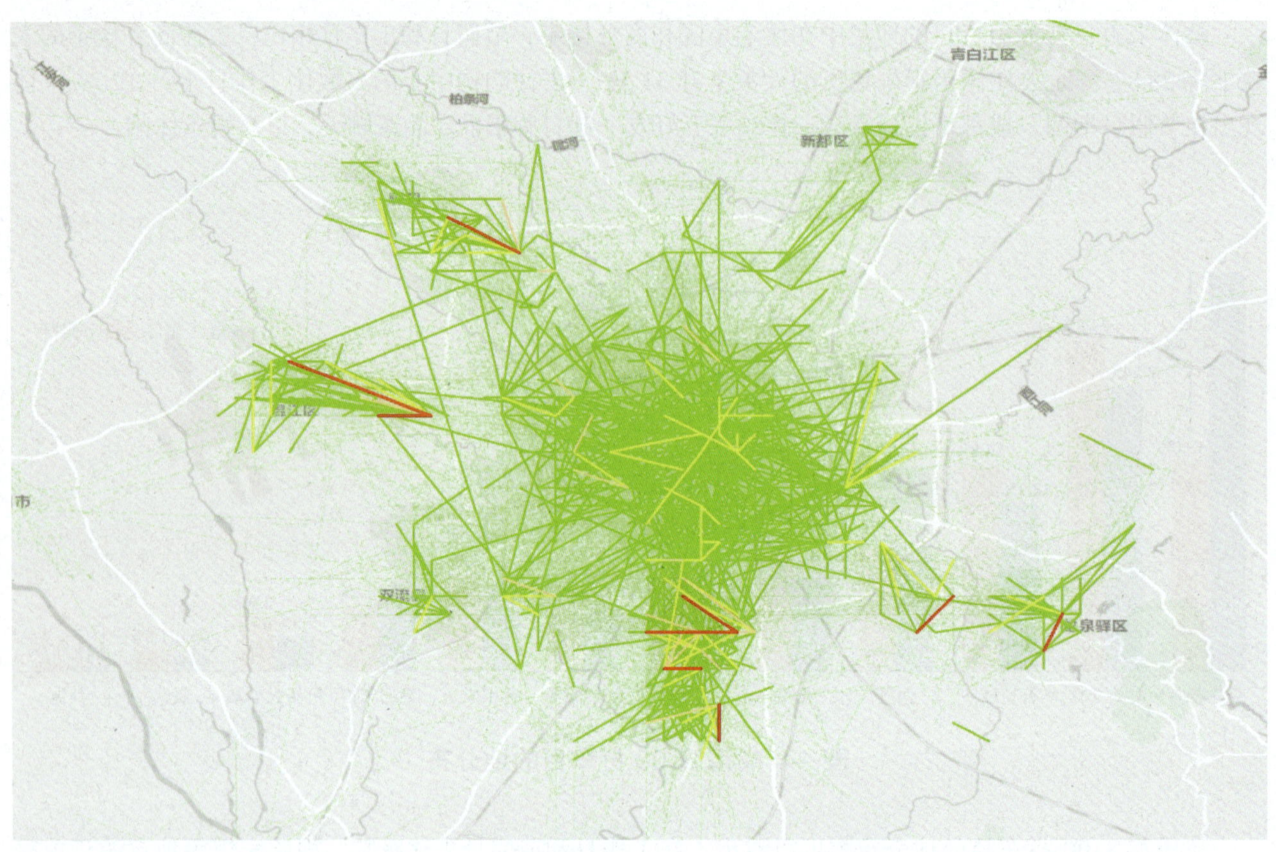

注：上图通过打车订单的起点终点连线绘制，颜色从绿色到黄色，再到红色，越趋向红色表示该通勤线路的人数越多。

图 15 成都工作日早晚高峰出行 OD 图

四、特殊时间出行

1. 节假日：午高峰和晚高峰

节假日，成都市民的出行没有早高峰和夜高峰，有一个午高峰和晚高峰。从数据走势可以看出，自 8:00 开始，上午出行量逐渐增多，到 13:00 时出现一个出行量小高峰，占比 6.7%；18:00 出行量最高，为 7.1%。夜间时段，从 21:00 后出行量呈现下降趋势，且从 23:00 ~ 1:00 期间都仍有一定的集中需求。

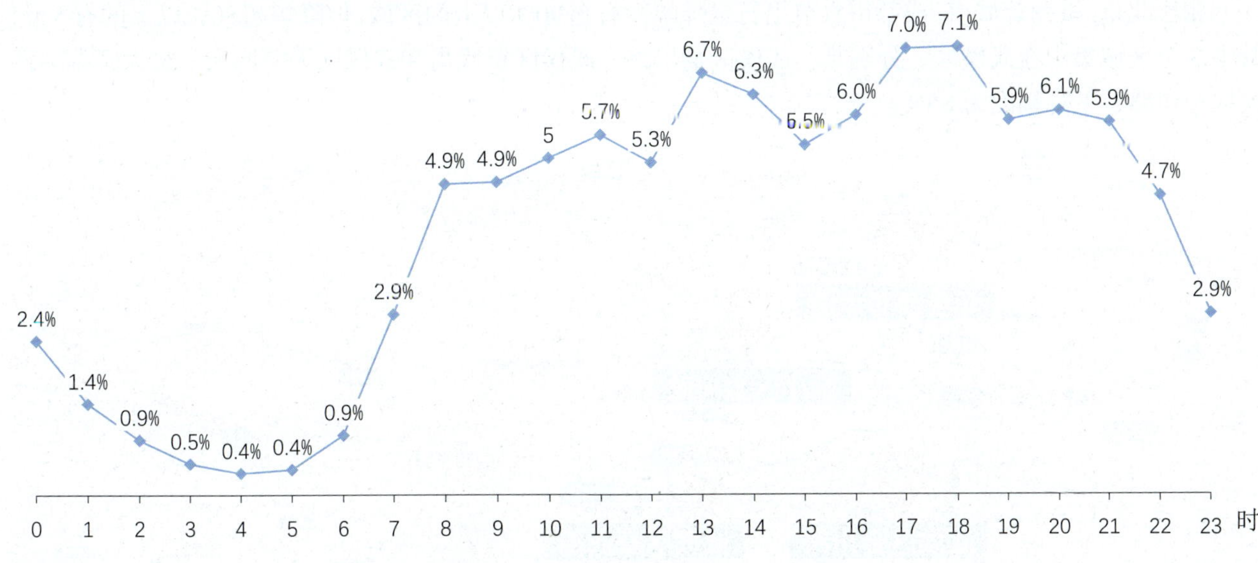

图 16 成都节假日出行时间分布

2. 春节："空城计"唱满一周

单独看 2016 年 2 月成都出行量分布，2 月初开始出行量明显下降，其中 2 月 8 日（正月初一）出行量最低，往后开始"触底反弹"，出行量持续上升。从 2 月 15 日（月中）开始，出行量在节后呈现"周期性"小幅增长，整体走势趋于平稳。以上数据也与中国旅游研究院和旅行网站发布的《2016 春节旅游趋势报告与人气排行榜》数据相吻合，报告显示，2016 年春节期间出游峰值出现在 2 月 9 日正月初二，出游时长以 4 ~ 6 天为主。

在成都，除夕之夜不少商家（不光是饭店老板，服装生意、日用品行业的商家）都会在下午 17:00 ~ 18:00 起集体关门歇业。在这一天，绝大部分市民都有必须得在自己家里吃年夜饭的习俗，一起享受家的味道。

除夕聚完初一聚，初一聚完初二聚，成都人通常会在节假日吃"转转儿饭"。以爱吃、好吃著称的成都市民都有着一股"懒劲儿"，各大美食店在春节期间依旧红红火火，除了除夕之夜在家吃团年饭，越来越多的成都市民倾向于请亲朋好友在外就餐团聚，所以从数据上反映出从 2 月 8 日起，出行人数逐渐增多，这在一定程度上与聚餐需求有较大关系。

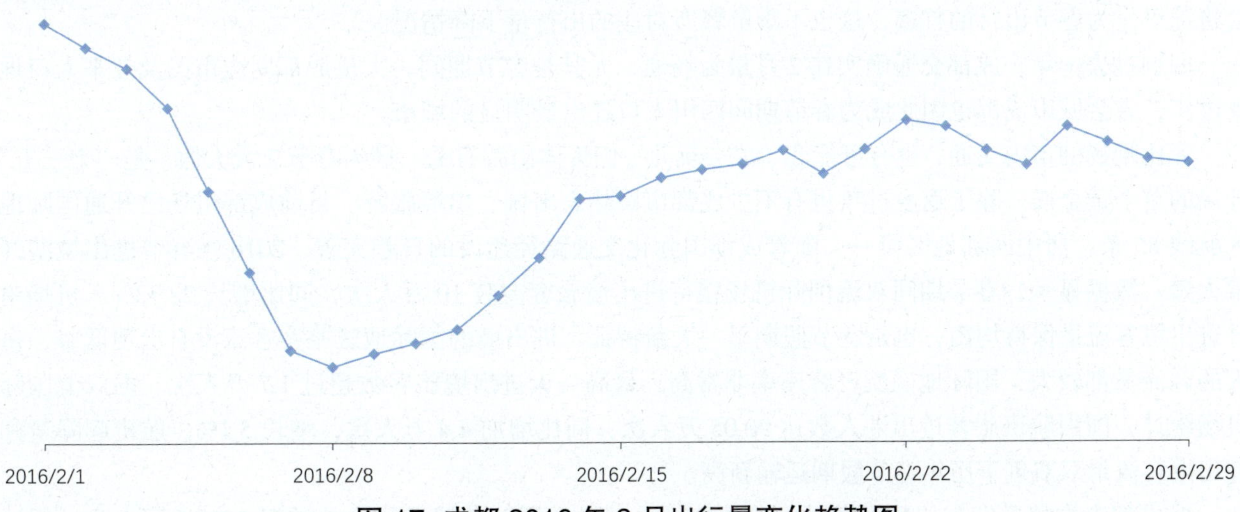

图 17 成都 2016 年 2 月出行量变化趋势图

相比北京、杭州等城市，成都市春节出行量降幅没有超90%以上的区域，但降幅超80%以上的有5个，其中3个区域集中在武侯区，分别是：武侯区金川路、武侯区章武街和武侯区天府四街。最大降幅为武侯区金川路，下降幅度为85%。

图18 成都春节期间出行量下降最大的区域

这些路段附近集中了白佛桥、天府软件园和郫县工业园区等科技大厦、厂房、机械研究所和创业园。春节期间，大量打工族返乡、探亲，所以以上区域变得异常冷清，“空城”指数颇高。

值得一提的是，下降幅度较大的区域还包括永远人满为患的“西蜀第一街”——锦里（临近武侯区章武街）。这条全长550米，最古老、最具有商业气息的街道，集酒吧娱乐、四川餐饮名小吃和府第客栈等多项“成都缩影”为一体，常年以它独具古韵的三国文化和颇具魅力的四川民风吸引着络绎不绝的游客。然而在春节期间，该区域出行量下降幅度明显，达到84%。但事实上，锦里主要是在外地游客首选游览名单前三，而成都当地市民觉得锦里景区的小吃价格偏高、口味略敷衍不够正宗、地道，因而不会将锦里作为春节出行的首选，这也不难解释所对应的出行量下降情况。

回顾过去一年，成都交通确实在2月最为畅通，尤其是春节期间，大量成都周边市民及外来人口返乡过年，省会城市成都也因此成为春节期间四川人口迁出最明显的城市。

无比顺畅的市内交通，也有可能和“成会玩儿”们集体出游有关。猴年春节7天大假，是“十三五”开局的首个黄金周。除了返乡过年也有不少成都市民热衷出城、出境旅游。目前成都机场已开通国际地区航线85条，居中西部地区第一。随着成都国际化交通路径建设的日趋完善，2016年春节进出境游异常火爆。数据显示，春节期间双流国际机场接待进出境旅客突破10万人次，同比增长22.73%。机场单日进出境客流量保持均衡，也是春节假期里一大新特征。进出境的国际地区旅客客流没有出现低谷，每天的客流量都较大，国际地区航班客座率非常高，最高一天进出境旅客数超过1.7万人次。据双流国际机场统计，国内航班旅客进出港人数达90.05万人次，同比增加4.4万人次，增长5.1%，航班起降量和进出港客流量双双创下历年春节假期运输新高。

据成都市旅游局发布的数据显示，2016年“春节黄金周”共接待国内外游客1540.5万人次，同比增长 5.5%，旅游收入 75 亿元，同比增长 21.9%。但客流充沛的地方主要是蕴含历史文化气息的宽窄巷子特色街区和将文化遗产与时尚元素二合一的太古里街区以及像 IFS、环球中心、来福士、天府凯德、龙湖北城天街等城市综合体。居民春节消费正逐渐以购物为重心向集购物、餐饮、娱乐、休闲于一体的大型城市综合体扩展。尤其是随着成都地铁 4 号线的开通，更为 IFS 和太古里街区增添了新的客流。相比于北京、深圳等一线城市，成都开启的春节模式相对“温柔”、成都年味儿依旧热闹非凡，“空城计”仅持续一周，出行量就回到节前 3/4 的水平。

整体而言，成都的交通状况不容乐观，尤其是上下班高峰期打车难的城市通病，在成都这个悠闲、慵懒的城市也依然严峻。成都地铁公司表示，为最大限度满足乘客需求，更好地应对客流增长，将采取技术改造提升运能、加快新线建设等五大措施缓解交通压力，加速向“778”交通结构迈进（机动化占全方式出行的 70%，公交占机动化出行的 70%，轨道交通占公交出行的 80%），以期从根本上缓解拥堵现状。

五、舆论中的城市出行

人民网舆情监测室借助大数据平台，采集、抓取、统计 2016 年 1 月 1 日至 2016 年 6 月 30 日期间与“成都交通”有关的网络新闻、博客、贴文等，试图进一步分析。通过关键词检索、大数据抓取和统计研究后可以发现：在报刊、网站、微信、微博、客户端、视频网站、论坛、博客等媒介平台上，有关“成都交通”的报道和文章计 263653 篇，文章来源以网站、微博、微信、论坛为主，其中各渠道的文章数如下图：

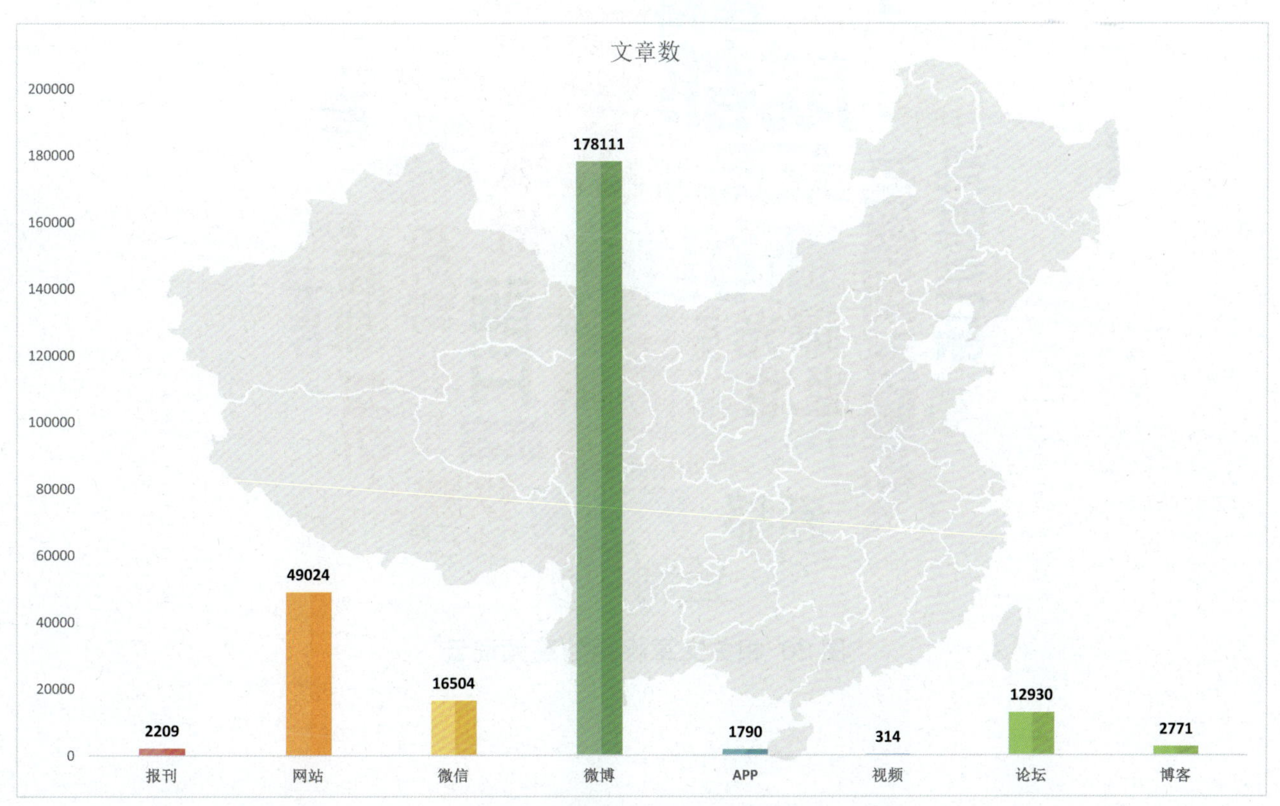

图 19 媒介平台相关文章数量

进一步对这些文章的标题进行词频统计，去除干扰词后发现：在相关报道中，出现频次最高的10个名词分别为成都、新机场、川藏线、高铁、温江、地铁、成渝、新都、国际、春运；频次最高的10个动词分别为新增、投资、自驾、开建、拼车、管制、换乘、绕行、出炉、中标。其中，“自驾”“泸沽湖”“川藏线”等词出现频次较高，主要与成都市民节假日出行爱自驾游有关，而位于川西的九寨沟、黄龙、四姑娘山更是以绝美的景色让“川藏线”成为自驾游出行选择的最热线路。从2015年10月15日起，为进一步缓解“川藏线”的交通压力，“老川藏线道路施工改造”工程正式启动。同时，川（主寺）黄（龙）公路雪山梁隧道项目的贯通，会使成都市民自驾游黄龙将缩短至6小时。此外，成自泸、成乐、成雅3条高速还将加宽改造。分析“新机场”一词，对应的是从2016年5月开工的距成都市中心51公里的成都天府国际机场。这是“十三五”规划建设的我国最大民用运输枢纽机场项目，负责成都出港的全部国际航线，预计2020年投入使用。此外，“地铁”“换乘”“铁路”等热词，主要反映成都市轨道交通的建设情况。面对市民的出行需求，成都地铁公司按照“778”的交通结构目标，加速轨道交通线网规划修编和项目建设。目前，地铁18号线已纳入规划编制，待此规划完成后成都市民15分钟内即可到达轨道交通车站。

值得一提的是，“3号线”“熊猫地铁”“盼达号”等词由于日期的推移和关注度的起伏属于短线热词，未能排在与“成都交通”相关的热词前列。但在2016年7月31日，随着以熊猫为主题的地铁3号线运营后，“熊猫地铁”等短线词热度骤升成新一届“网红”。传统文化与城市交通相结合打造“成都名片”的形式，广获舆论好评。

图20 相关文章标题的高频词云

六、总结

整体而言，成都的交通状况不容乐观，尤其是上下班高峰期打车难的城市通病，在成都这个悠闲、慵懒的城市也依然颇为严峻。成都地铁公司表示，为最大限度满足乘客需求，更好地应对客流增长，将采取技术改造提升运能、加快新线建设等五大措施逐步缓解交通压力，加速向“778”交通结构迈进，以期从根本上缓解拥堵现状[v]；并且，将提速 1 号线三期建设、加速 5 号线建设。

在智慧出行方面，2016 年 8 月 18 日，四川省本土首个网约车平台“天府行”智能出行平台正式上线运营。据介绍，“天府行”定位为智能综合出行服务平台，平台上拥有多种出行服务模块。它整合了传统的客运业务如购票、租车、包车等业务，开发了如网约车、城际快线、分时租赁等创新业务，最大限度地满足细分客运市场的需求，拓宽了移动出行的行业服务维度。7 月 18 日，百度地图与成都市公安局交通管理局、成都交投集团签署合作协议，三方将聚焦治理成都市交通拥堵“城市病”，推动建立基于互联网、大数据、云计算技术的成都公众交通出行信息服务和交通管理决策支持系统，结合成都当地特色，探索政企共建“互联网 + 交通拥堵治理”新模式。

v 《成都地铁公司五大举措保障市民出行》，成都市人民政府门户网站官网 http://www.chengdu.gov.cn/info/00020101/2016/8/19/340f8aad7ea44959af5e78828703746dinfo.shtml

西安市
XIANSHI

西安城市出行大数据分析

一、城市概况

西安，陕西省省会，地处关中平原中部，北濒渭河，南依秦岭，八水润长安。全市下辖10区3县，总面积10108平方公里。初步核算，2015年西安全年地区生产总值（GDP）5810.03亿元，比上年增长8.2%。

西安是中国最佳旅游目的地之一，作为十三朝古都，西安具有丰富的历史文化遗产，秦始皇陵及兵马俑、大雁塔、小雁塔、唐长安城大明宫遗址、汉长安城未央宫遗址、兴教寺塔等入选《世界遗产名录》。同时，境内及附近拥有秦岭、西岳华山、终南山、太白山等自然景观亦具有较强吸引力。据统计，2015年西安市接待国内外游客13600.80万人次，比上年增长13.3%；旅游总收入1073.69亿元，增长13.0%。[i]

据《2015年西安市国民经济和社会发展统计公报》，2015年末全市常住人口870.56万人，比上年净增加7.81万人，其中，城镇人口635.68万人。伴随着人口持续增长，机动车保有量随之增加，至2016年6月28日，西安市机动车保有量突破250万辆大关，平均每3.48个西安人就拥有一辆汽车。《西安晚报》报道，西安市机动车保有量近5年年均增长12%，日均新注册机动车1230辆，相当于每天需要2.5个标准足球场容纳新增车辆。

滴滴媒体研究院发布的《2016上半年中国城市交通出行报告》显示，西安在全国严重拥堵榜前十名城市中，排名第三。媒体分析西安拥堵原因，除日益增长的机动车保有量之外，西安道路承载力不足、立体交通不发达亦是重要原因。道路规划不合理，导致交通需求时空分布过度集中，长期以来形成的单中心城市结构导致的交通问题越来越突出，严重影响交通通畅程度。

二、整体交通概况

1. 全年平均车速

滴滴出行大数据平台显示，过去一年（2015年7月1日至2016年7月1日，下同），西安市车速相对保持平稳，平均车速22.2 km/h，低于北京的25.7km/h。春节期间车速最高，平均车速32.3km/h。

i 《2015年西安市国民经济和社会发展统计公报》，西安市统计局官网 http://www.xatj.gov.cn/websac/cat/2005876.html

单位：km/h

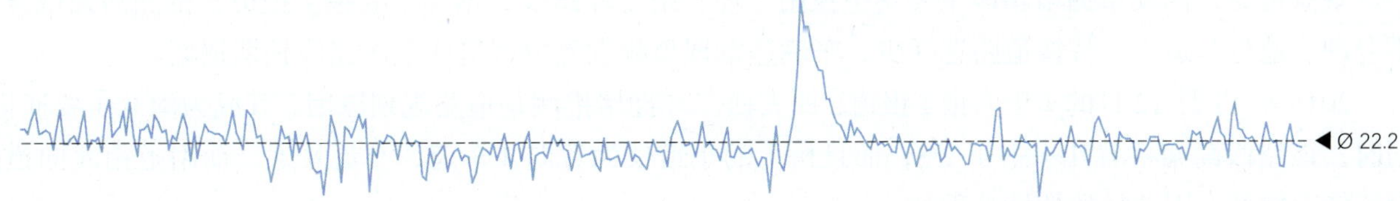

图 1　西安日均车速变化趋势图（2015 年 7 月至 2016 年 6 月）

过去一年，西安市工作日早高峰（7:00 ~ 8:00）、晚高峰（17:00 ~ 18:00）车速最低，节假日日间车速相对稳定，没有明显的低谷时段。

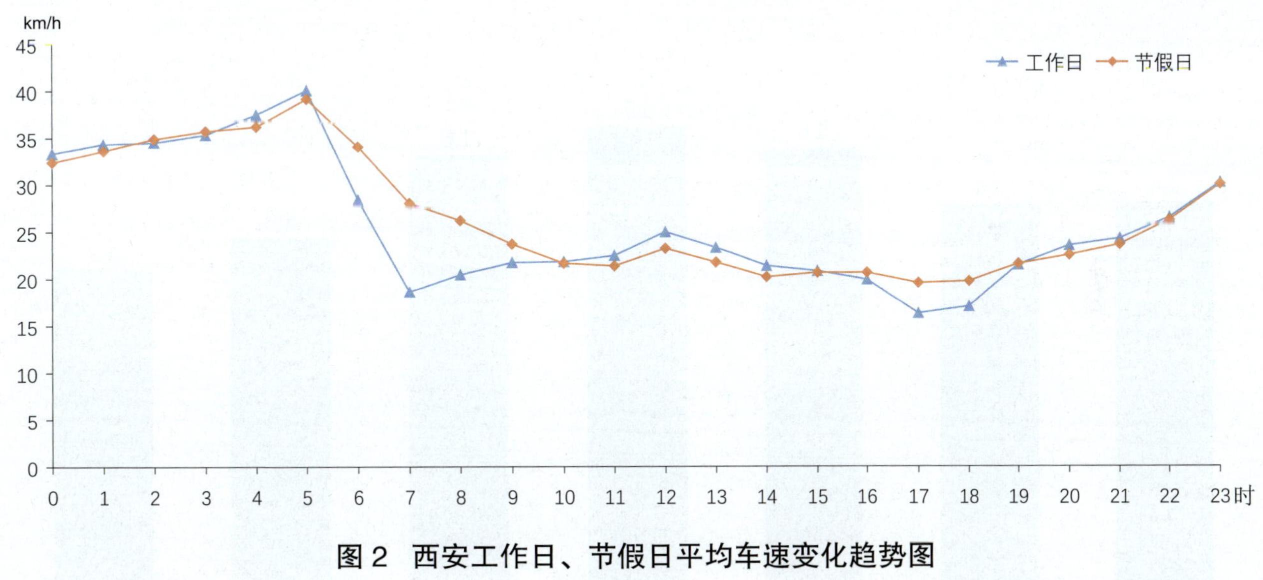

图 2　西安工作日、节假日平均车速变化趋势图

2. 拥堵路段

根据《2016 上半年中国城市交通出行报告》，2016 年上半年，西安市区最易拥堵的路段。

早高峰易拥堵路段：

- 西二环（土门附近）
- 南二环中段
- 南三环中段

晚高峰易拥堵路段：

- 红光路（近西二环）

- 长安南路（近南二环）
- 子午大道（近学府大街）

观察可见，西安市拥堵路段主要集中在南二环、南三环路段，据《华商报》报道，推测高架桥设置不合理、通行车道少、替换道路选择少、车辆违章现象频发等原因造成上述路段长期拥堵。

2015 年 11 月 12 日的《华商报》报道，西安西二环拥堵推测是道路规划原因，其成为南北主要通道，同时，该路段高架桥就几乎占了 2/3，而且桥上的车道仅为双向 4 车道，车流量大，而附近南北向道路分流能力较低，因此导致拥堵严重。

南三环中段，西沣路、丈八四路、子午大道与南三环交接，此 3 处是进出西安的重要路口，没有高架桥的设立，导致前述路口在高峰期及节假日期间长期处于拥堵状态。

长安南路沿线有曲江国际会展中心，附近车流量大，公共交通站点密集，且附近运营的出租车、“摩的”等违章现象较多。西安绕城高速有出口连接此路段，进一步加剧拥堵。

3. 交通可靠性

过去一年，西安一周内周四的道路可靠性最差，为了保证能按时到达目的地，西安市民需要在正常耗时基础上，每公里预留出 1.7 分钟的出行缓冲时间。而双休日的交通可靠性稍优于工作日。

（交通可靠性指标的定义和解读参见“北京篇”P32 对应部分。）

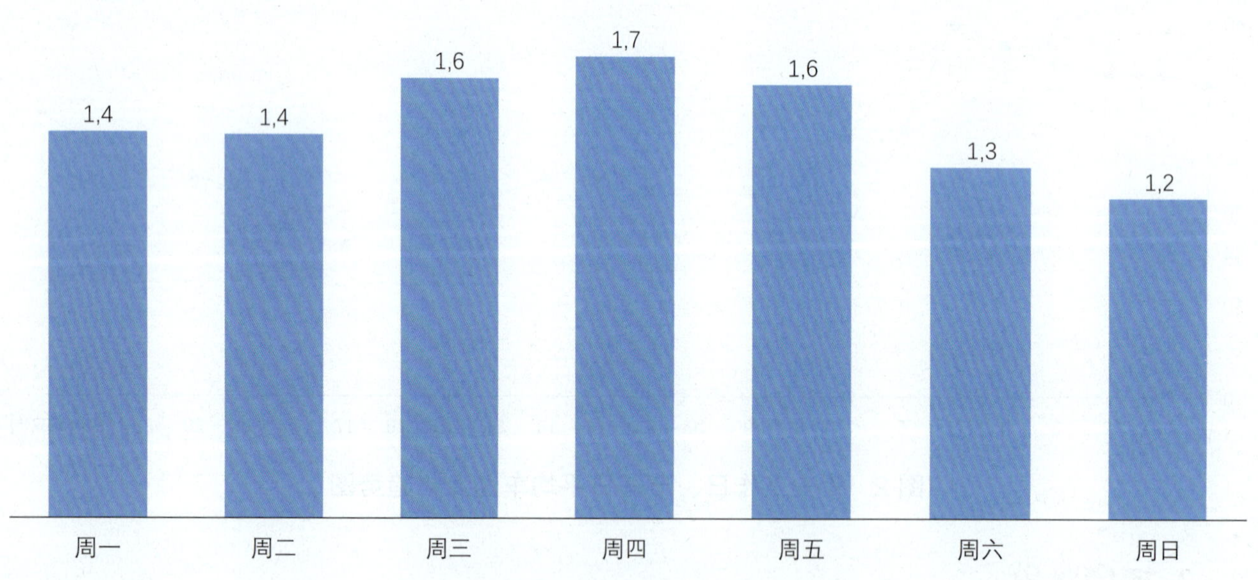

图 3　西安一周内 NBTR 分布情况

从一天分小时的 NBTRI 分布数据来看，凌晨的 NBTRI 数值最小，而早高峰（7:00 ~ 8:00），晚高峰（17:00 ~ 18:00）的 NBTRI 数值较大，道路路况较差，这和我们理解的早高峰、晚高峰相符合，即在这个时间段，需要预留更多时间预防影响交通的不可靠因素的发生。

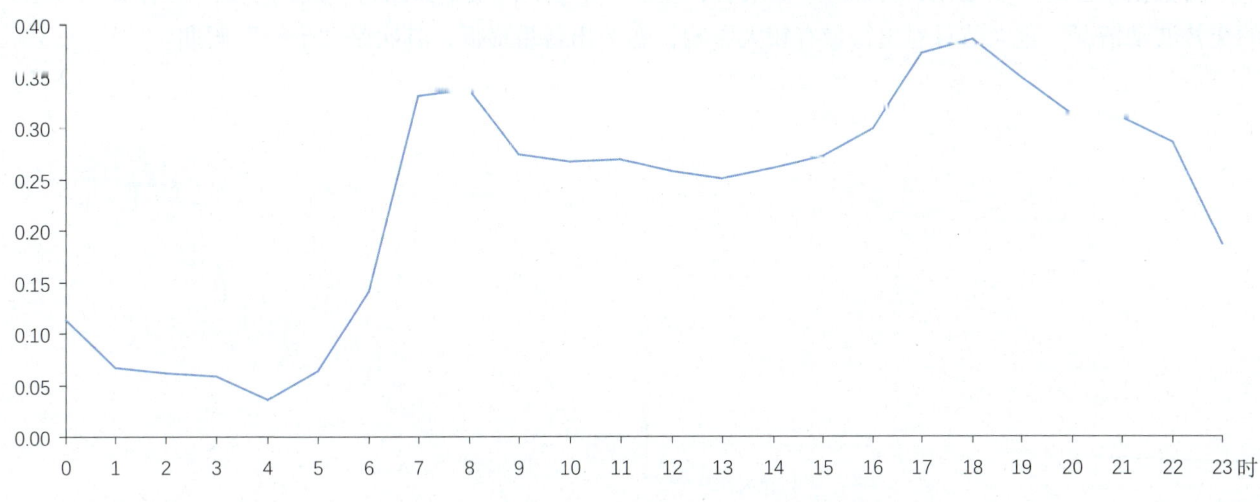

图 4 西安 24 小时 NBTRI 分布情况

三、出行规律

1. 年度出行量分布及规律

过去一年，除 2 月，其他月份的智能出行订单呈稳定上升趋势。2 月受春节假期影响，城市整体出行量均环比下降 57.1%。另外，从 2016 年 1 月起，智能出行量增幅迅速提升。2016 年，滴滴出行平台在西安得到长足发展，逐渐为西安市民所接受，越来越多的车主注册加入滴滴快车和专车司机队伍。

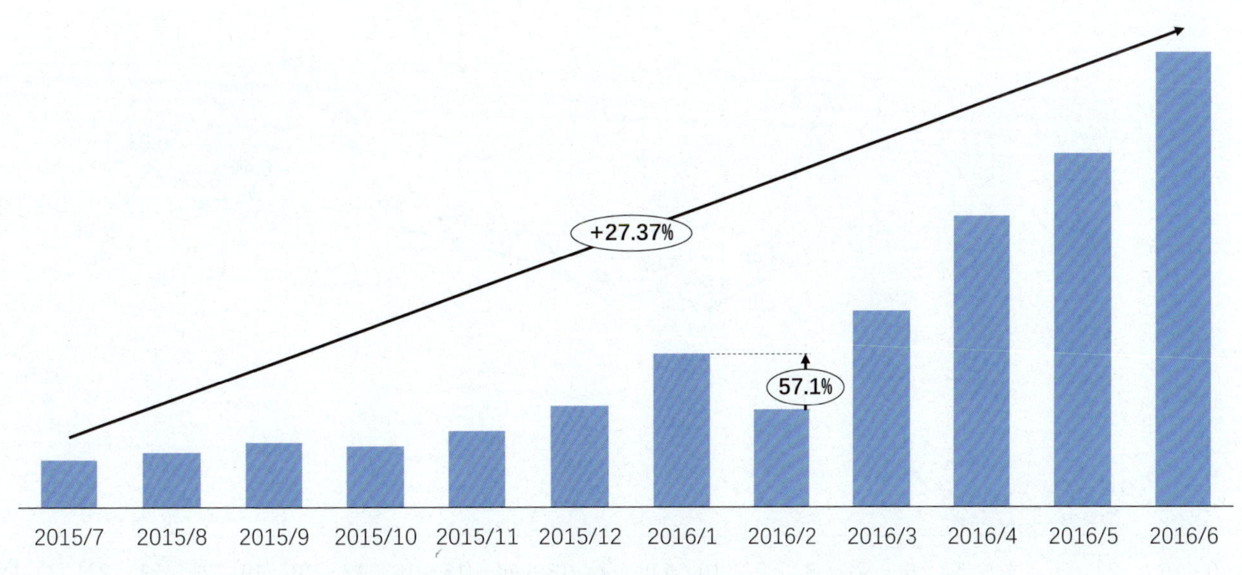

注：数据通过滴滴出行平台全量数据，结合统计周期内市场份额推算。

图 5 西安智能出行量变化月趋势图（2015 年 7 月至 2016 年 6 月）

将数据单位进一步细化，以天为单位来看，过去一年里，西安整体出行一周内呈现“工作日—周末”的交替波动情况。重大节日对出行量有较大影响，春节出行量最低，其次是“十一”假期。

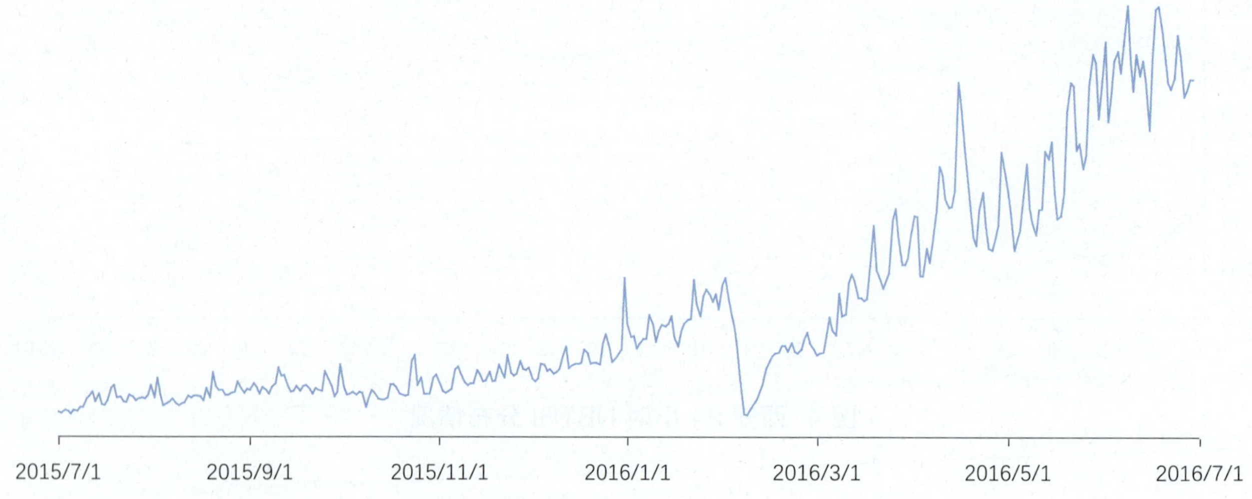

注：数据通过滴滴出行平台全量数据，结合统计周期内市场份额推算。

图 6 西安出行订单的日趋势图（2015 年 7 月至 2016 年 6 月）

2. 工作日出行量分布及规律

综合分析西安市工作日出行量分布，西安市民出行有明显的早晚高峰，其中，早高峰 7:00 ~ 9:00，晚高峰 17:00 ~ 19:00 尤为突出。另外，西安还出现夜高峰现象，20:00 ~ 21:00 有短暂的出行小高潮，此现象在近来表现的愈发明显，反映出西安市夜间经济的发展，带动西安市民夜间出行率提升。

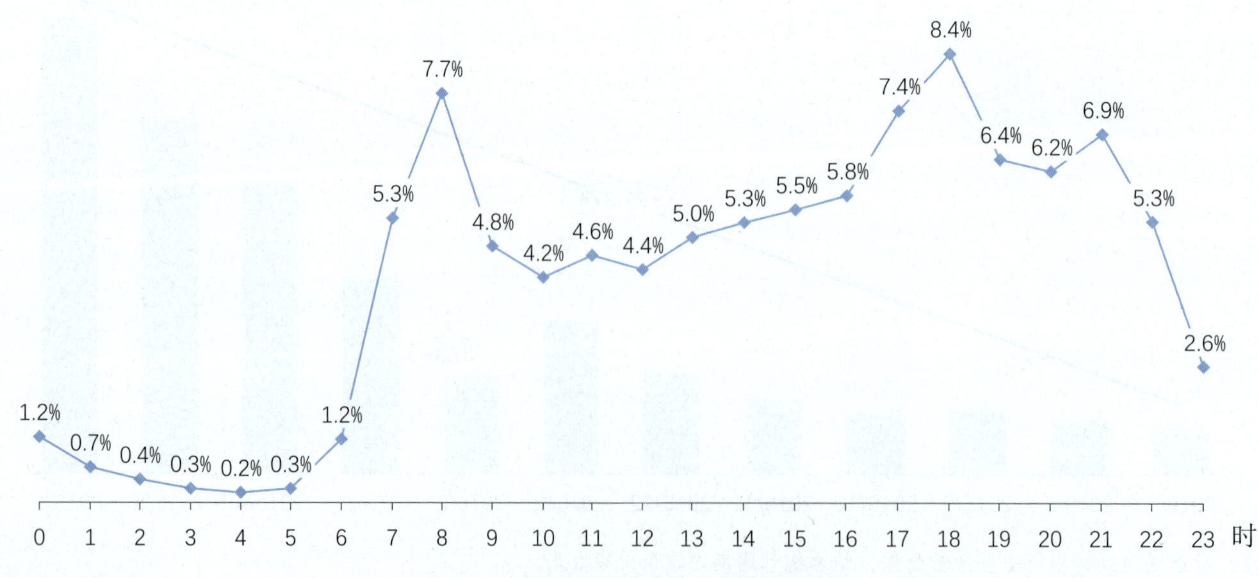

图 7 西安工作日出行时间分布

3. 打车成功率

过去一年，西安市民整体打车成功率呈小幅上升趋势。2016 年春节以来，打车成功率上升较快，这与滴滴出行 2016 年在西安的市场增长保持一致，其中 2016 年 3 月平均打车成功率最高。

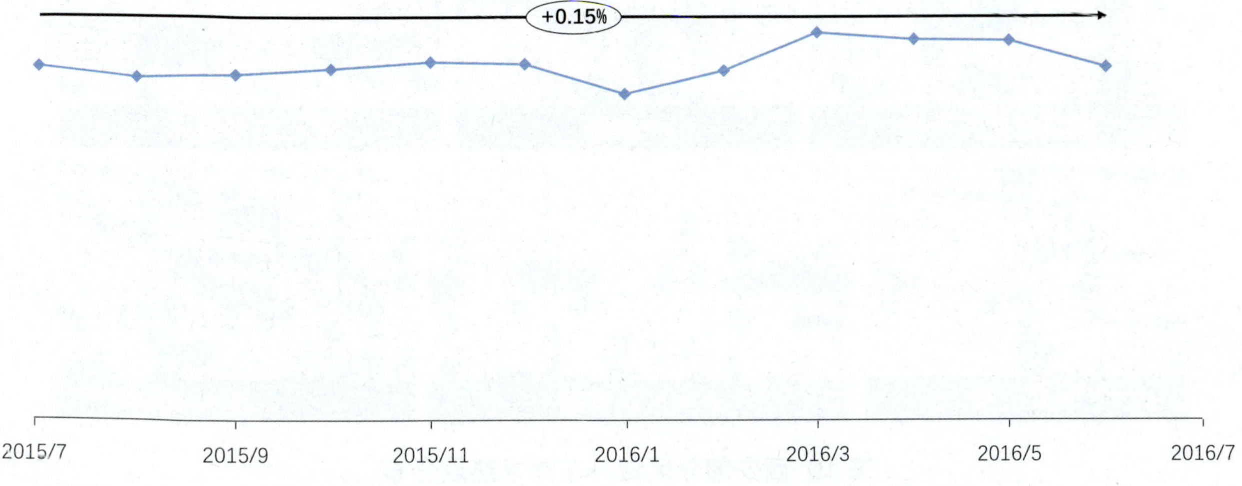

图 8 西安打车成功率分布（2015 年 7 月至 2016 年 6 月）

将数据观察角度细化至一天之内，可以发现，西安市 5:00 打车成功率最低，这一数据与全国多数城市一致。工作日期间，打车成功率最低时段出现在早晚高峰期间，节假日整体比较稳定。与“北上广深”等一线城市不同，西安节假日期间打车成功率整体低于工作日，尤其 20:00 ~ 21:00，这一现象尤为明显。一方面可能是因为西安网约车司机更习惯节假日休息，另一方面节假日 10:00 ~ 16:00、20:00 ~ 22:00 两个时段出行人数较工作日增多，打车需求增加。

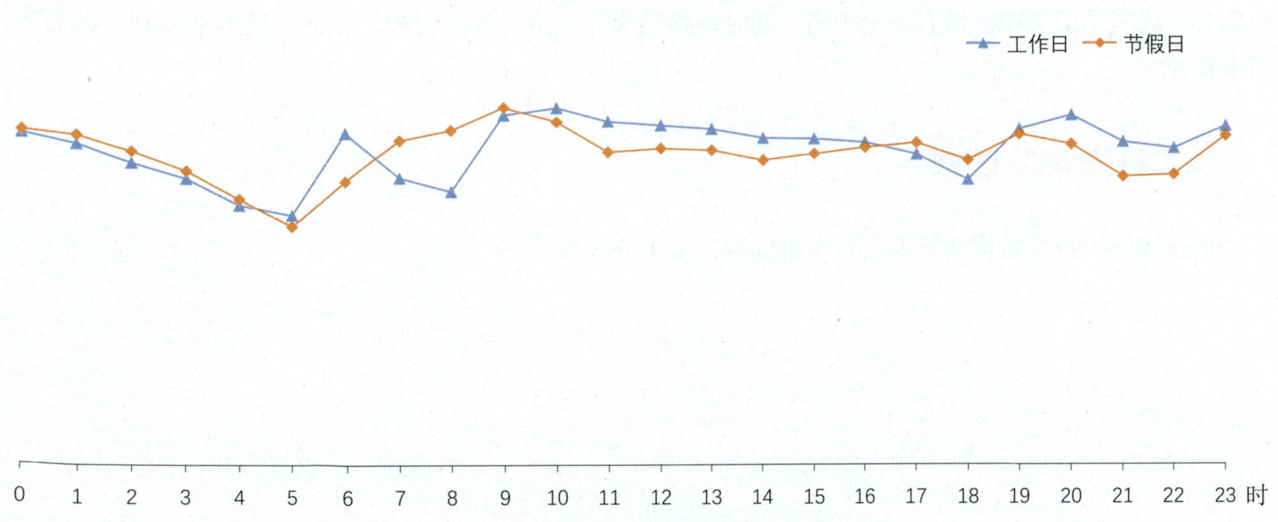

图 9 西安打车成功率的时间分布

4. 出行量集中区域

出行量集中的区域有：丈八四路、大寨路、矿山路翠屏湾碑林区友谊西路、长安立交、未央区梨园路、二池头，其中前 4 个区域均在雁塔区。

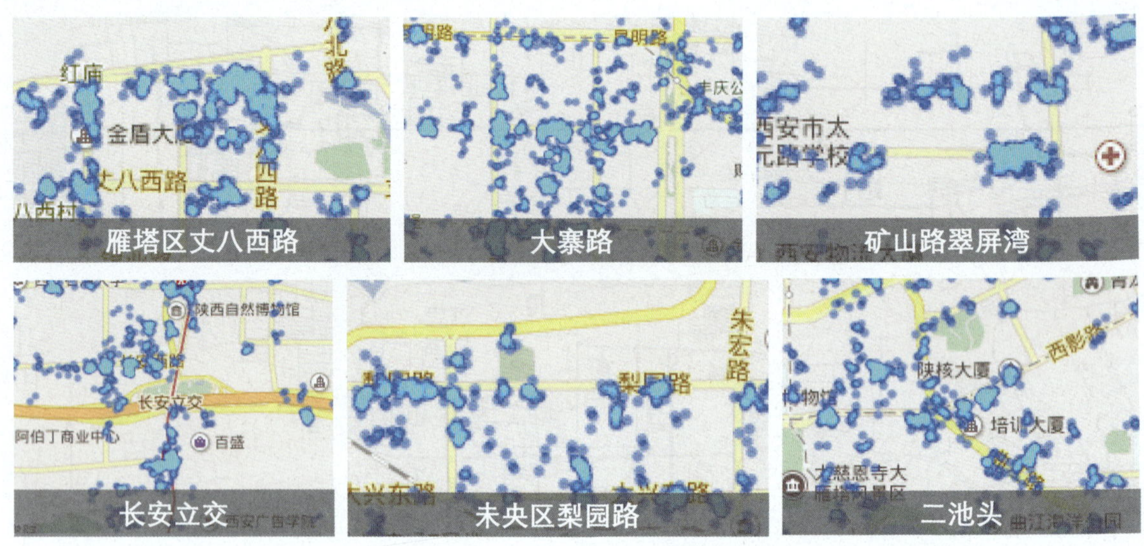

图 10 西安部分区域打车需求热点分布

综合分析，打车需求旺盛的地区集中于雁塔区、未央区，雁塔区是西安市中心城区最大的城市核心区，聚集西安交通大学（雁塔校区）、西安电子科技大学等多所高校，区内西部有西安高新技术产业开发区，高新技术企业集合地，企业员工、大学生出行带来旺盛的打车需求。如雁塔区高新二路、丈八四路，围绕高新区企业附近，商业大厦和生活社区集中，住户以高新区白领、蓝领为主，消费水平较高。而雁塔区雁塔西路与朱雀大街南段交汇，附近西安交通大学（雁塔校区）、西北工业大学西校区、西安交通大学医学院第一附属医院等高校和医院，医院就医人员与学生出行共同带动该路段出行需求旺盛。

未央区位于西安城区北郊，境内有国家级西安经济技术开发区，二环北路路段附近以住宅区为主，距离公司或者单位集中区域有一定距离，同时该路段为环城路，多高架桥，公共交通不够便利，故打车需求较高。

5.“打车难”区域

通过滴滴出行大数据测算西安打车难区域，主要分布如下：

图 11 西安打车难区域分布

观察西安打车难点分布，主要集中于雁塔区西南部，与打车需求旺点并未重合，菜田路、富鱼路、多元路、鱼化寨等路段道路狭窄、路况较差，同时又是市民居住集中地，导致附近市民打车难度较大。丈八东路、南三环等路段承载车流较大，道路通行拥堵，造成附近居民打车较为困难。

6. 不同时间的出行目的地

整体来看，智能出行目的地集中在住宅小区和商务楼宇。节假日和工作日相比，去往商务楼宇的人数下降 36.8%，而去往休闲娱乐场所和购物中心的人数分别上升 32.3% 和 19.0%。去往住宅小区、公交地铁的人数，在工作日与节假日差别较小，反映出节假日打车去公共交通站点的人数较少。

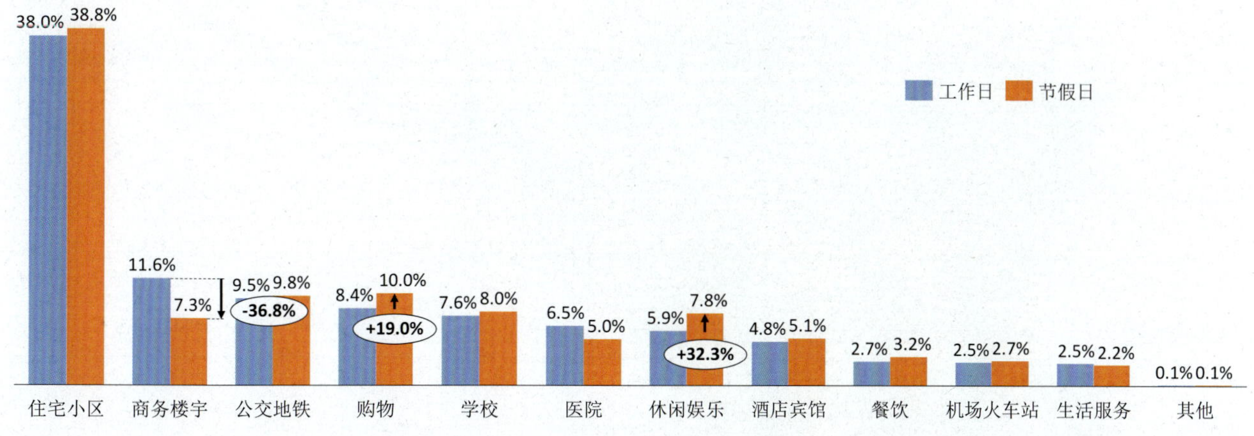

图 12 西安打车目的地分布

通过西安 8:00 打车目的地分布图可以看出，工作日去往商务楼宇的人占比最多；节假日较工作日去往目的地增幅最大的是休闲娱乐场所，比工作日增加 52.2%。

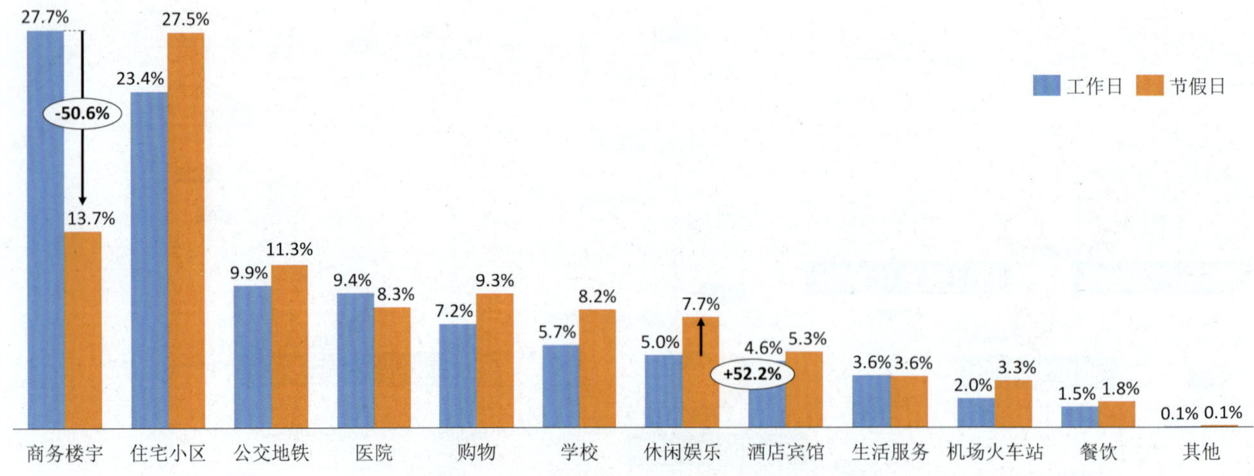

图 13 西安 8:00 打车目的地分布

7. 通勤路线

根据滴滴出行大数据平台，对西安日常通勤订单进行分析，结合西安的城市规划，发现西安通勤路线主要分布在从西安北站向南到长安区的沿地铁二号线的周围，以及从市中心钟楼往西的西三环西二环附近。通勤主要集中在钟楼西边的西三环路周围内部通勤以及到市中心钟楼的通勤，还有一些西安北凤城路周围的通勤。其中凤城五路住宅区—钟楼附近商圈及含光路城中村—高新国际科技中心是比较典型的打车通勤路线。

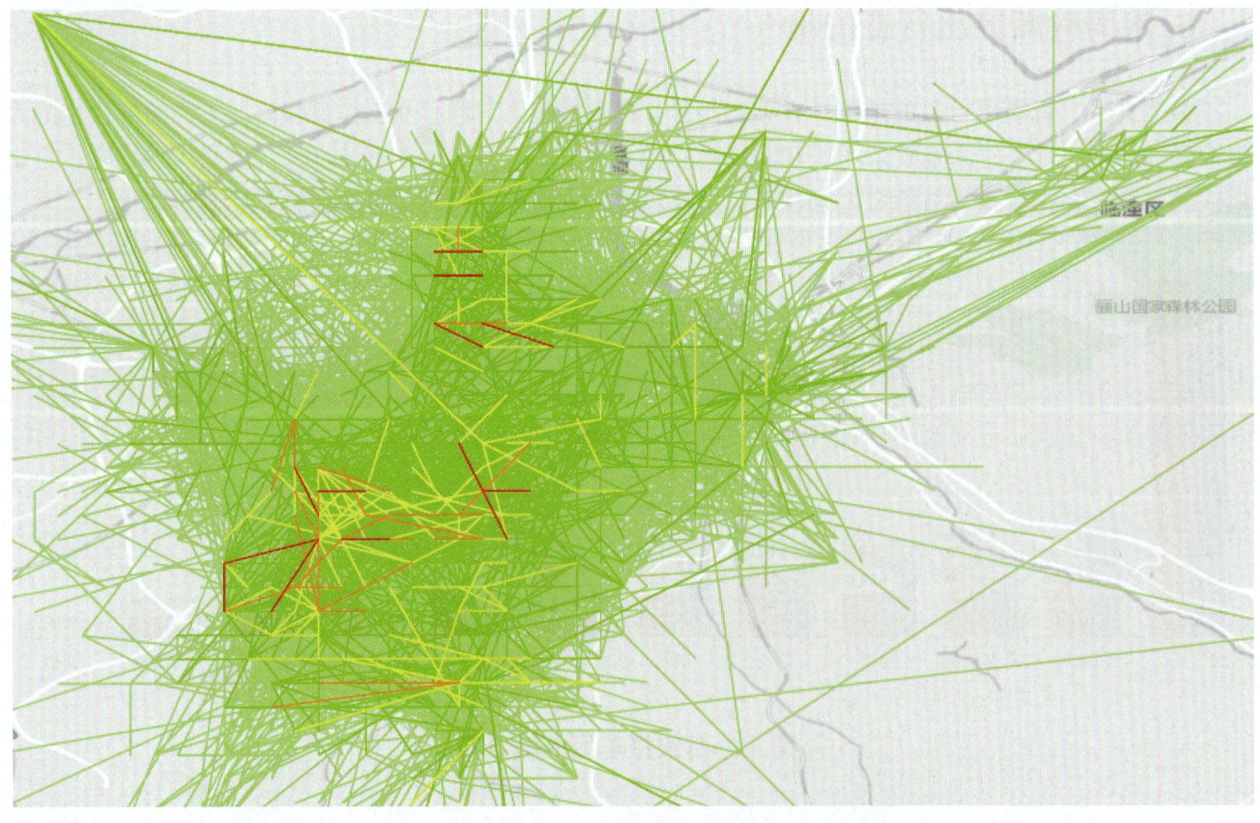

注：上图通过打车订单的起点终点连线绘制，颜色从绿色到黄色，再到红色，越趋向红色表示该通勤线路的人数越多。

图 14 西安工作日早晚高峰出行 OD 图

四、特殊时间出行

1. 节假日：整体态势平稳，晚高峰和夜高峰小幅突出

节假日期间，西安市民出行没有明显的早高峰，全天只有 17:00 ~ 18:00 的晚高峰，晚上 21:00 左右形成一个夜高峰，之后出行量快速下降。节假日全天出行比工作日有较大下降，且出行量比较平稳。

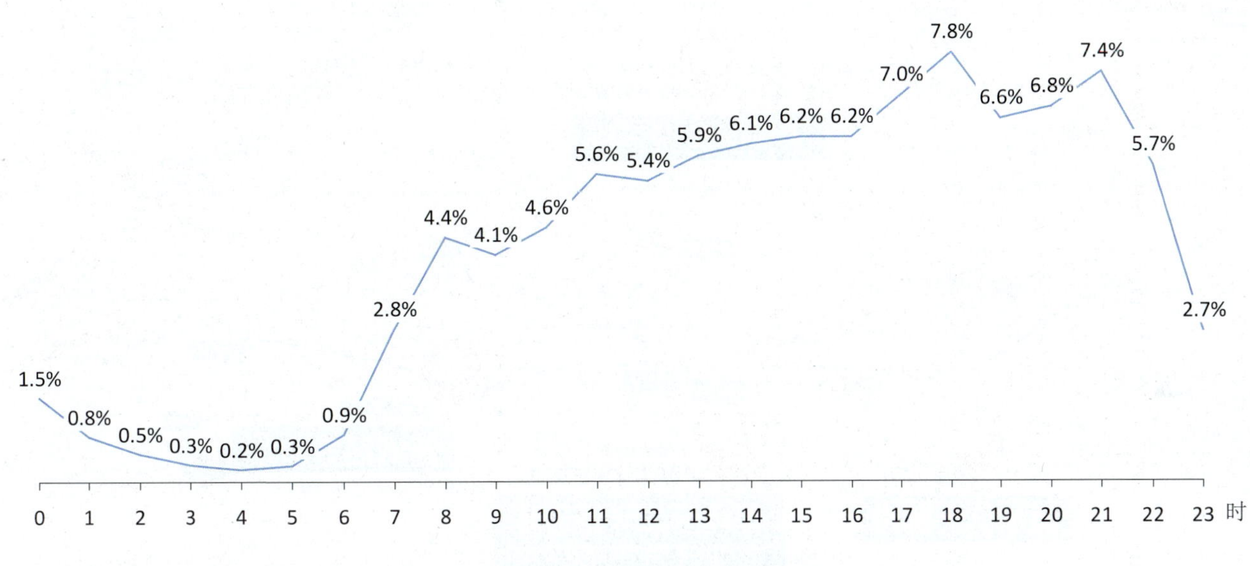

图 15 西安节假日出行时间分布

2. 春节：空城现象明显

单独看春节期间西安出行量分布，2 月 1 日出行量开始下降，2 月 8 日（正月初一）下降至最低点，随后出行量逐步回升，不过直至月末仍未回升到月初水平。可见比起一线城市，西安人春节休息时间较长。

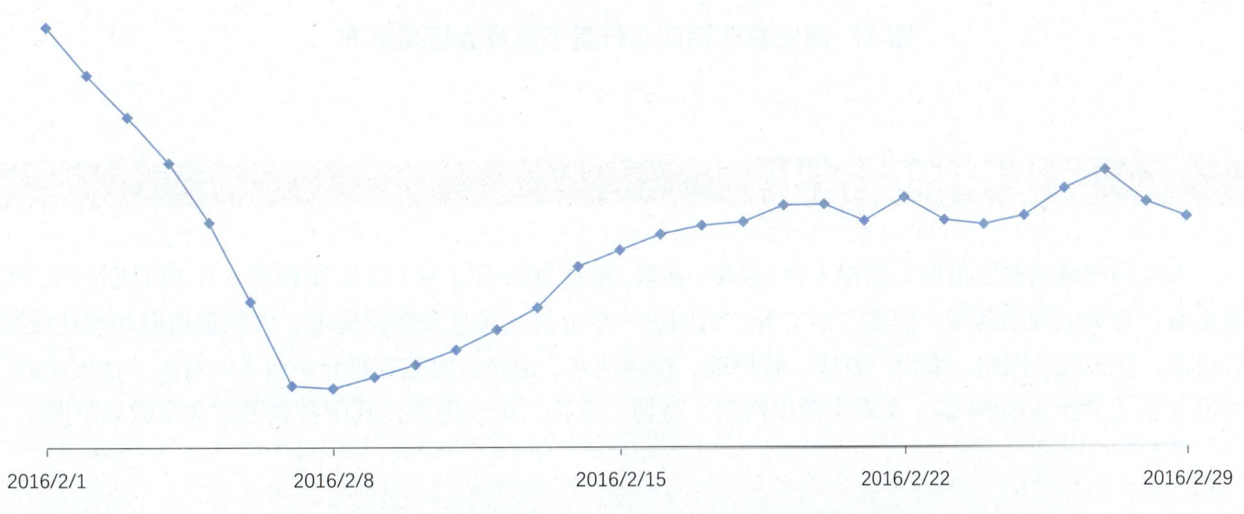

图 16 西安 2016 年 2 月出行量变化趋势图

对比春节期间与节前一周的出行量，可以发现：雁塔区大寨路出行量降幅最大，达 82%，该区域处于高新技术产业区，近几年被地产商迅速开发，逐步向高新区核心居住地段演变，此路段居住的人口以高新区企业员工为主，春节期间，企业放假，员工或返乡过年，或外出旅游，导致该区域出行量锐减。长安区西部大道、未央区凤城三路、碑林区二环路沿线商业经济带振兴路三地段降幅基本持平，分别为 81%、81%、79%。其中，西部大道是长安科技产业园生产区的主要道路之一，春节期间，企业工厂放假，生产区工人骤降。未央区凤城三路、新城区韩森路主要为外来务工人员集聚地。综合来看，企业放假对西安春节期间订单量下降有明显影响。

图 17 西安春节期间出行量下降最大区域分布

五、舆论中的城市出行

人民网舆情监测室借助大数据平台，采集、抓取、统计 2016 年 1 月 1 日至 2016 年 6 月 30 日期间与“西安交通”有关的网络新闻、博客、贴文等，试图进一步分析。通过关键词检索、大数据抓取和统计研究后得出：在报刊、网站、微信、微博、客户端、视频网站、论坛、博客等媒介平台上，有关“西安交通”的报道和文章计 401064 篇，文章来源以网站、微博、微信、论坛为主，其中各渠道的文章数如下图：

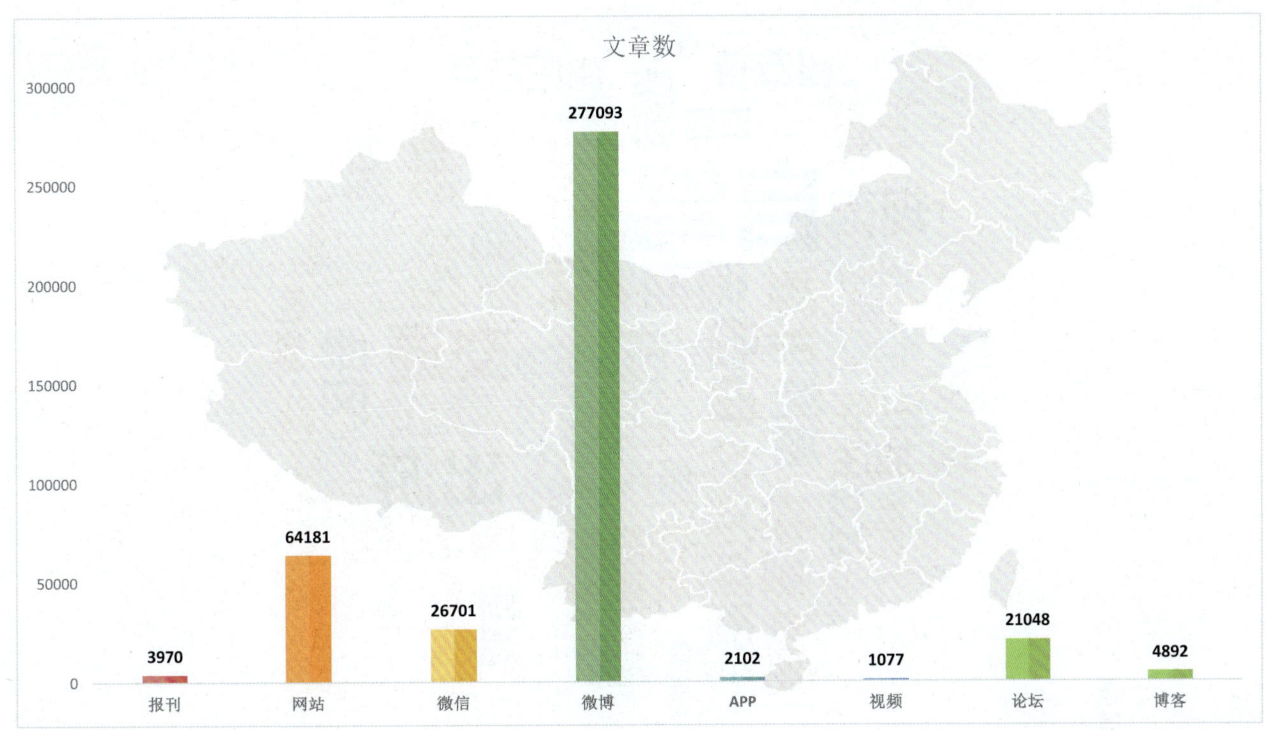

图 18 各媒介平台相关文章数量

进一步对这些文章的标题进行词频统计，去除干扰词后发现：在相关报道中，出现频次最高的 10 个名词分别为西安、航线、机场、蓝田、九间房、国家标准、交通、老区、交通网、铁路；频次最高的 10 个动词分别为保障、规划、规范、恢复、加注、自驾、开通、助推、振兴、停电。这些词汇在一定程度上反映了西安在交通建设、管理、发展等方面，媒体和网民最为关注的焦点。

另外，“自驾”“假期”“相约”“夏秋”等词出现频次较高，主要与 2016 年入夏以来西安天气炎热、不少市民为避高温，热衷于借周末、节假日自驾找清凉有关，在一定程度上体现出西安市民的出行规律和用车习惯。同时据国家统计局西安调查队公布的《西安乡村休闲旅游状况调查报告》显示，半数西安人选择自驾出游，自驾方式占到 52.9%，乘坐公交车占 25.5%，自驾和乘坐公共交通相结合的占 20.1%，其他占 1.5%。此外，从网络舆论上看，还有一些市民反映出自驾游时“停车问题”常成为困扰难题。而“蓝田”“九间房”等词出现频次较高主要与 2015 年 8 月“蓝田九间房镇突发山洪”造成 108 国道、210 国道等山区路段出现泥石流、塌方等水毁灾害有关。“老区”“振兴”“助推”等词是由于近年来陕西省一直致力于整合红色旅游资源助力革命老区发展。主要通过优化区域旅游交通网络，完善旅游交通体系建设，以满足新兴旅游消费需求。国家发改委还印发《川陕革命老区振兴发展规划》，从 7 大方面对“老区”区域振兴发展与脱贫攻坚重点任务进行规划。

图 19 相关文章标题的高频词云

六、总结

从数据来看，西安市的智能出行在工作日有 3 个明显高峰，而在节假日则是晚高峰和夜高峰格外突出，且晚上出行明显高于白天。近些年，西安旅游、餐饮等产业发展迅速，24 小时便利店遍布城区各处，直到夜晚依旧是车水马龙。作为中国最为著名的旅游城市之一，西安市吸引着众多本地及外地游客前来旅游，在周末前往休闲娱乐场所或酒店宾馆的人数较平日增长约一半，出行数据侧面印证了西安市第三产业的发达。

与繁华的生活相对应，西安的交通问题也不容忽视。近一年来，西安市的平均出行速度为 22km/h，低于主要城市的平均水平，是全国拥堵现象最为严重的几个城市之一。随着智能出行在西安逐渐开展，这一问题有了一定的转机，西安网约车等智能出行人数有了明显提升，打车成功率稳中有升，智能出行在西安的推广较为成功。

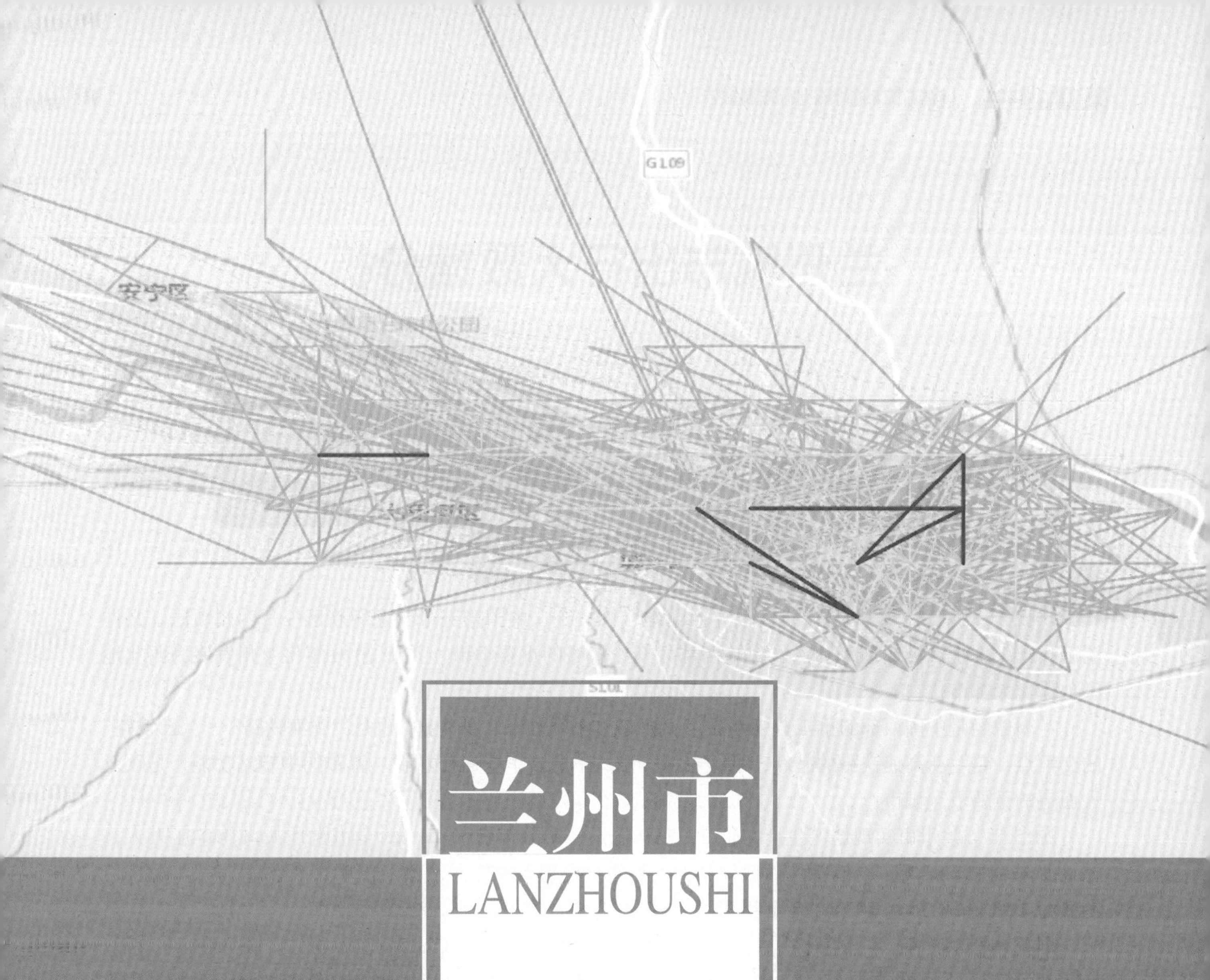

兰州市

LANZHOUSHI

兰州城市出行大数据分析

一、城市概况

兰州，甘肃省省会，西北地区重要的工业基地和综合交通枢纽，西部地区重要的中心城市之一，丝绸之路经济带的重要节点城市。

2012 年 8 月 28 日，国务院批复设立西北地区第一个、中国第五个国家级新区——兰州新区。文件明确指出，要把兰州新区作为深入实施西部大开发战略的重要举措，并于 2020 年将兰州发展为西北地区现代化大都市。

兰州曾经是中国西部的重工业中心城市，拥有兰化集团等大型企业，也是“陇海铁路”“兰新铁路”的交汇点，是兰新高速铁路的起点，承担着从华东、华北、华中通往新疆、青藏的中转站功能，是欧亚大通道的重要节点城市。

2015 年，兰州市实现地区生产总值 2095.99 亿元，比上年增长 9.1%；全市常住人口 369.31 万人，比上年末增加 2.82 万人。按常住人口计算，人均生产总值 56972 元，比上年增长 8.4%。三次产业接口调整为 2.68 ： 37.34 ： 59.58，与上年相比，第三产业所占比重上升 3.83 个百分点。[i]

据统计，2015 年末兰州市民用汽车保有量 80.46 万辆，比上年增长 30.87%。其中，轿车 31.70 万辆，增长 19.16%；本年新注册汽车 11.41 万辆，增长 16.98%。虽然兰州和其他中东部省会城市相比，汽车保有量并不算多，但是与其城市发展和地形制约的路况相比，迅猛增加的机动车保有量给城市交通带来明显压力。为保证兰州交通的可持续发展，兰州地铁 1 号线一期工程于 2014 年 3 月 28 日开工建设，计划 2018 年正式通车试运营；兰州地铁 2 号线一期工程 2016 年 5 月 14 日开工建设，计划 2020 年 9 月正式通车试运营。

二、整体交通概况

1. 全年平均车速

滴滴出行大数据平台显示，过去一年（2015 年 7 月 1 日至 2016 年 7 月 1 日，下同），兰州平均车速 20.2km/h，车速较为缓慢。2016 年春节期间车速最高，平均车速 29.1km/h。春节过后，2016 年整体车速相对 2015 年有下降趋势。

i 《2015 年兰州市国民经济和社会发展统计公报》，兰州市统计局 国家统计局兰州调查队 http://tjj.lanzhou.gov.cn/tjgb_1222/201603/t20160321_508867.htm

单位：km/h

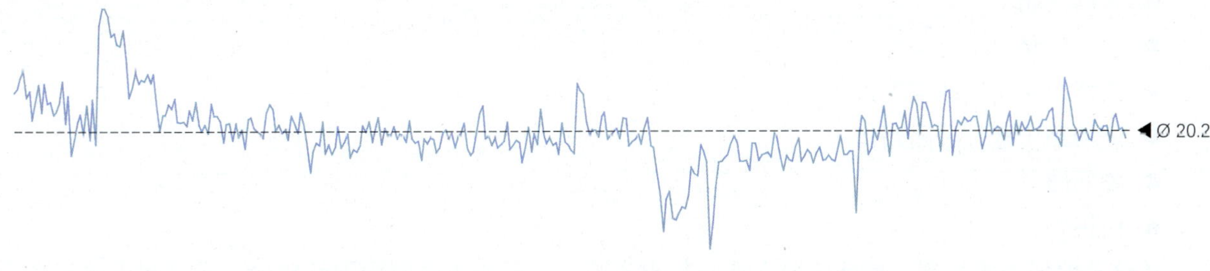

图 1 兰州日均车速变化趋势图（2015 年 7 月 1 日至 2016 年 7 月 1 日）

从分时段车速分布上看，工作日早高峰（7:00 ~ 9:00）、晚高峰（17:00 ~ 18:00）车速最低，节假日日间车速相对稳定，没有明显低谷时段。

对比节假日和工作日车速分布情况发现：工作日 7:00 ~ 9:00，兰州市民集中出行，导致部分道路堵塞，车速骤降；节假日期间，兰州市民或选择“睡到自然醒”，10:00 左右开始一天的忙碌。

除了早高峰外，其他时段节假日与工作日的车速分布基本重合，相差不大。这或与兰州的重要地理位置有一定的关系，兰州作为西北地区的重要交通枢纽、商贸中心和游客集散地，是丝绸之路旅游黄金线路的重要支点城市，在西北地区处于“座中四联”的位置，发挥着承东启西、连南济北的重要作用。节假日期间，除了兰州本地和周边城市的人，也有不少外地游客来此购物、旅游。

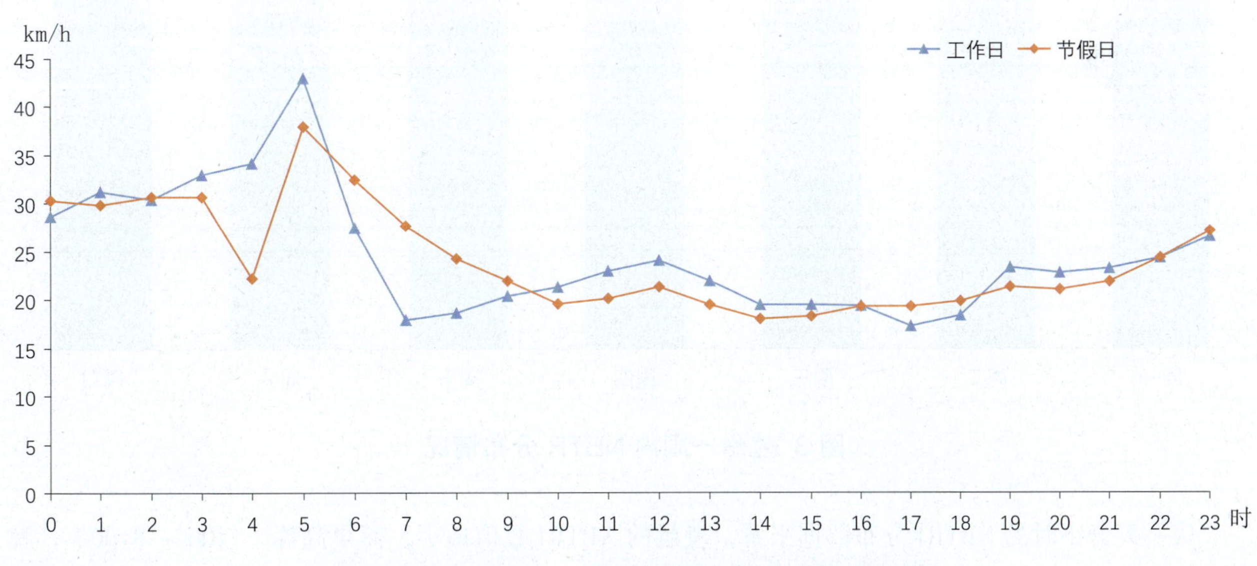

图 2 兰州工作日、节假日平均车速变化趋势图

2. 拥堵路段

根据滴滴出行大数据测算，兰州市区易拥堵的路段如下：

- 武威路（双洞子附近）
- 白云观至中山桥路段
- 金昌南路
- 兰工坪路
- 西津东路（区政府附近）
- 滨河路（盐什公路路口）
- 雁西路
- 白银路

从这些路段不难发现，拥堵路段多在与甘肃省政府、兰州市政府周围的路段，是兰州市的行政、商业集中区域。像西津东路、白银路、滨河路都是东西向的道路，与兰州市的城市地形特点一样呈东西向，狭窄的城市空间结构导致东西向的通路不多，而东西流动的车流量又大，应该是拥堵原因之一。

3. 交通可靠性

过去一年，兰州一周内周一的道路可靠性最差，为了保证能按时到达目的地，兰州市民需要在正常耗时基础上，每公里预留出 2 分钟的出行缓冲时间。而周日的交通可靠性稍优于工作日。

（交通可靠性指标的定义和解读参见“北京篇”P32 对应部分。）

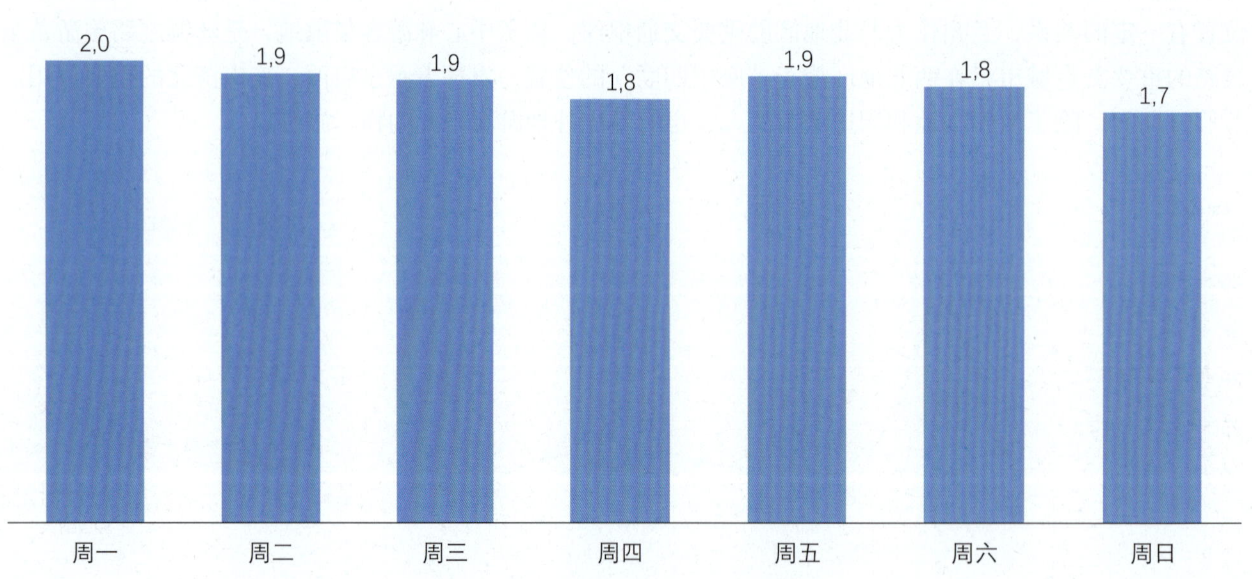

图 3 兰州一周内 NBTR 分布情况

从一天分小时的 NBTRI 分布数据来看，凌晨的 NBTRI 数值最小，而早高峰（7:00 ~ 8:00），晚高峰（17:00 ~ 18:00）的 NBTRI 数值较大，道路路况较差，这和我们理解的早高峰、晚高峰相符合，即在这个时间段，需要预留更多时间预防影响交通的不可靠因素的发生。

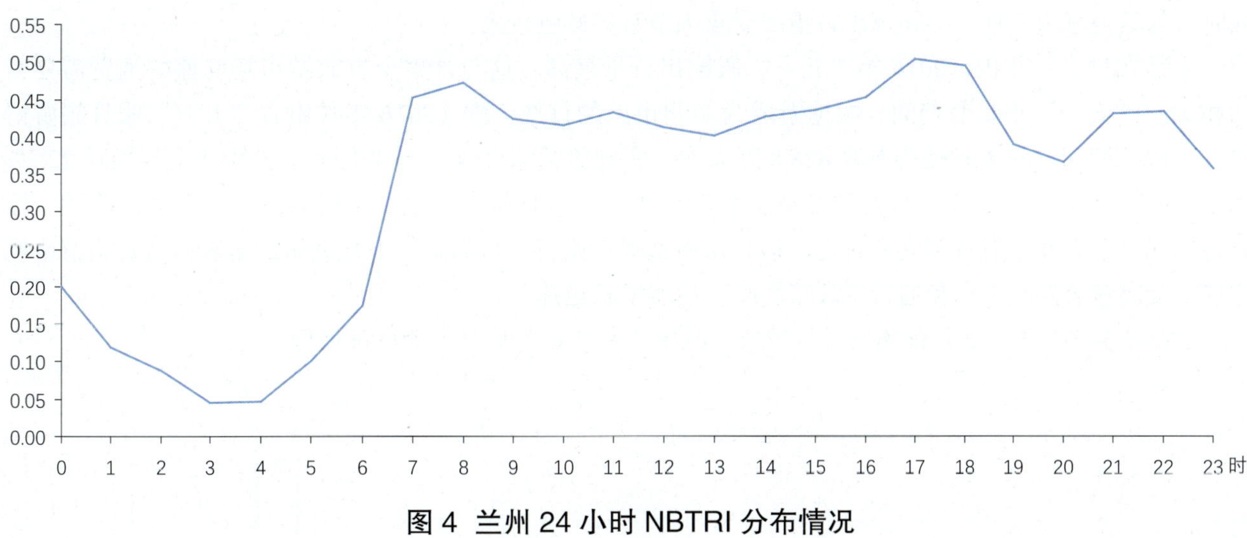

图 4 兰州 24 小时 NBTRI 分布情况

三、出行规律

1. 年度出行量分布及规律

整体而言，过去一年，反映在滴滴出行平台上的，智能出行量呈稳定上升趋势，月平均涨幅 25.39%；在 2016 年 4 月之后，兰州智能出行量增长幅度缓中有升。

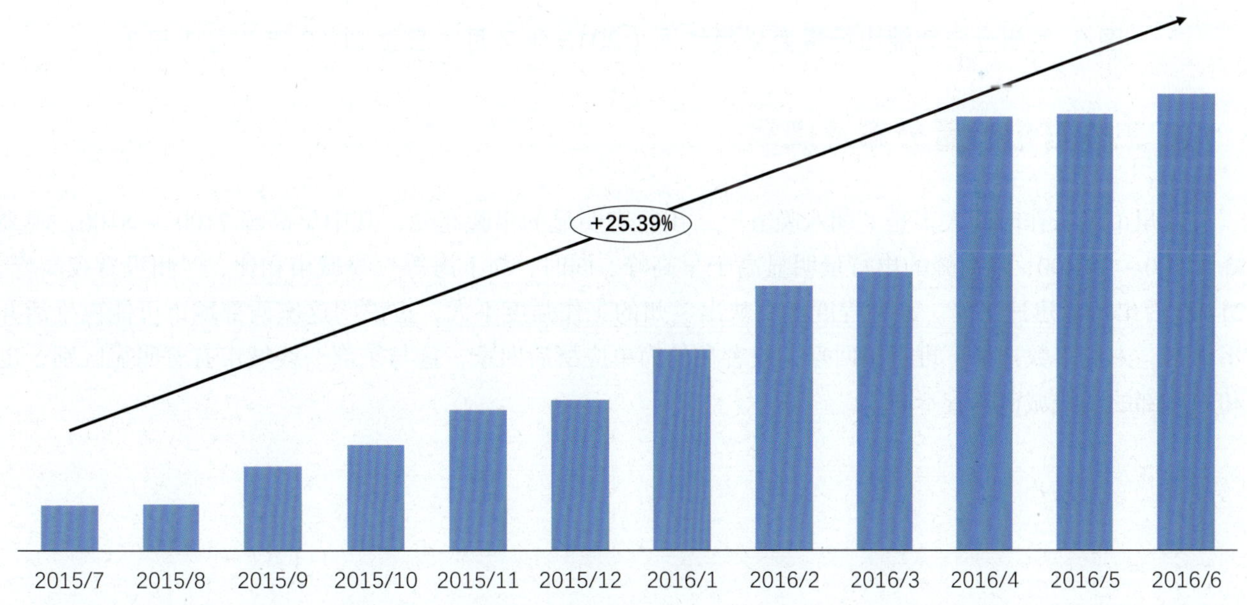

注：数据通过滴滴出行平台全量数据，结合统计周期内市场份额推算。

图 5 兰州智能出行量变化月趋势图（2015 年 7 月至 2016 年 6 月）

以周为单位来看过去一年兰州的出行订单量，兰州市整体呈现“工作日—周末”的交替波动情况。

同时，与其他城市一样，兰州市出行情况受重大节日的影响较大：

一是在过去一年内，2016 年“五一”假期出行量最高。这与甘肃全省旅游市场旺盛的消费需要密切相关。“五一”小长假期间，短途游成为兰州市民的首选。据《2016 年甘肃省“五一”假日旅游情况》，假日期间，甘肃省接待游客 828.8 万人次，实现旅游综合收入 48.2 亿元，分别比上年增长 22.2% 和 24.7%[ii]。同时，中短途一日游和经济实惠的周边二、三日旅游，以及乡村旅游、生态休闲旅游、城郊游仍然是游客在小假日期间的首选，假日出游选择自由行、自驾游、半自助游的游客占全省旅游市场主体，受高速公路小客车免通行费政策影响，游客增长迅速。

二是受春节影响，2 月整体出行量较低，其中 2 月 7 日（除夕）出行量最低。

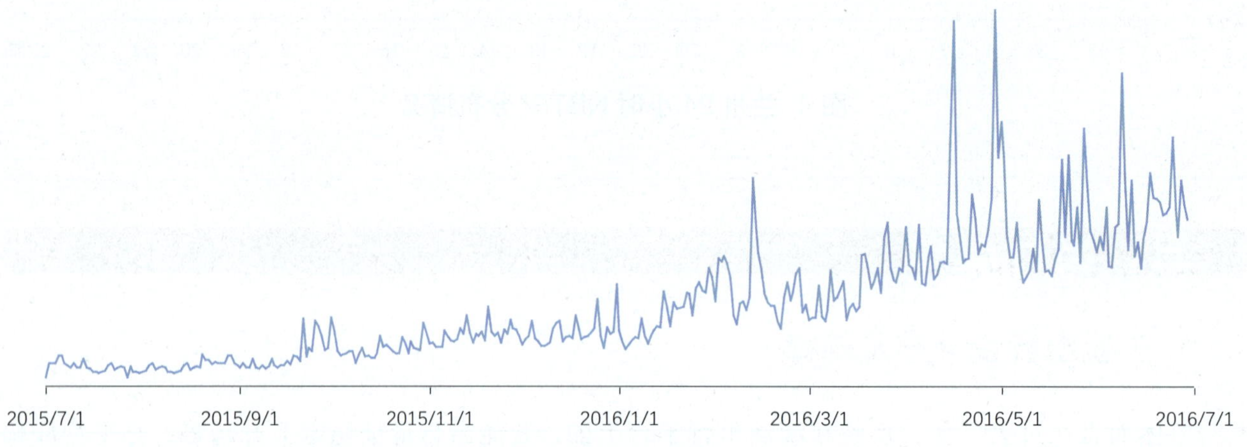

注：数据通过滴滴出行平台全量数据，结合统计周期内市场份额推算。

图 6 兰州全年智能出行量变化趋势图（2015 年 7 月 1 日至 2016 年 7 月 1 日）

2. 工作日出行量分布及规律

兰州市民工作时间大多是“朝八晚五”，出行有明显的早晚高峰，其中早高峰 7:00 ~ 8:00，晚高峰 17:00 ~ 18:00，晚高峰的出行量明显高于早高峰。同时，与上海等一线城市相比，兰州没有夜高峰，21:00 后出行量迅速下降。某种程度上反映出兰州的工作强度不大，也说明这座西部城市可能夜生活并不丰富，人们多数选择下班直接回家，或者在外简单应酬后回家，这与东部一线城市有着明显区别，也和中东部的二线城市有着不同。

ii 《http://www.cnta.gov.cn/xxfb/xxfb_dfxw/201605/t20160503_768704.shtml》
中华人民共和国国家旅游局官网 http://www.cnta.gov.cn/xxfb/xxfb_dfxw/201605/t20160503_768704.shtml

图 7 兰州工作日出行时间分布

3. 打车成功率

过去一年，兰州打车成功率整体较低，但在 2016 年以来有所提高。这可能和滴滴等网约车在兰州市加大投放力度有关，传统出租车不能满足市民出行需要，网约车的逐渐增多为市民出行提供新的选择，降低打车难度，增加打到车的概率。2015 年下半年，只有 8 月和 10 月的打车成功率相对较高，12 月的成功率全年最低。而 2016 年上半年，除 1 月和 2 月外，其余月份打车成功率提升明显。

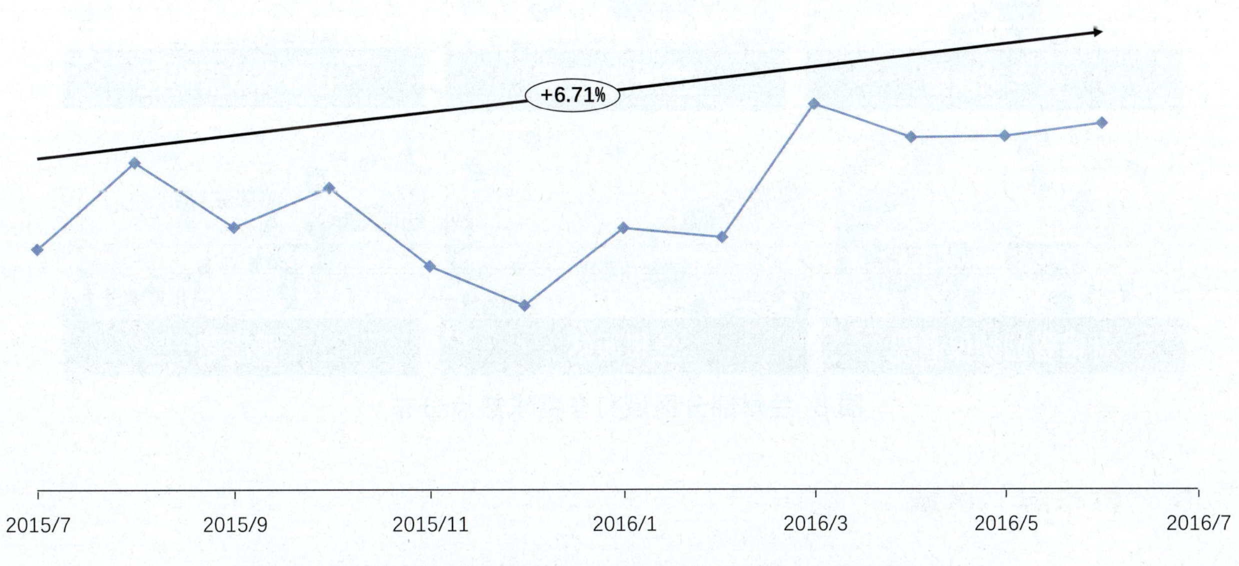

图 8 兰州打车成功率分布（2015 年 7 月至 2016 年 6 月）

与所有城市一样，不论工作日还是节假日，凌晨 4:00 前后打车成功率最低；工作日，早晚高峰 7:00 ~ 8:00、17:00 ~ 18:00，打车难度较大，成功率较低；而节假日期间波动较小，在 11:00 和 17:00 打车最难。

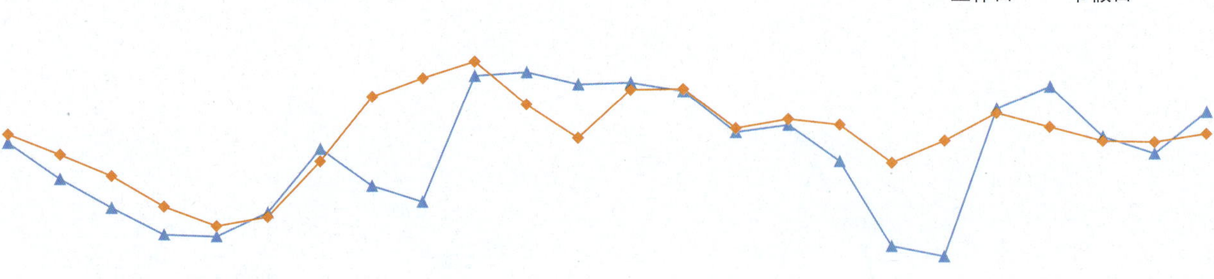

图 9 兰州打车成功率时间分布

4. 出行量集中区域

总体来看，火车站西路、兰州市政府、甘肃省政府附近、甘肃省妇幼保健院、兰州西站、盘旋路出行量最多。

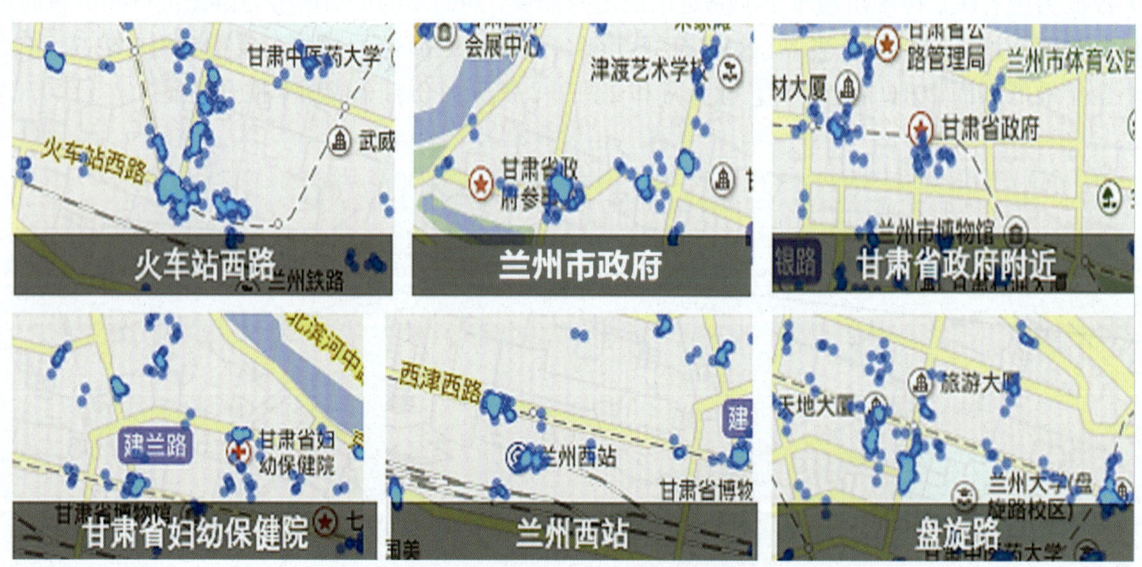

图 8 兰州部分区域打车需求热点分布

5. “打车难”区域

在兰州，“打车难”现象主要发生在城关区和七里河区。

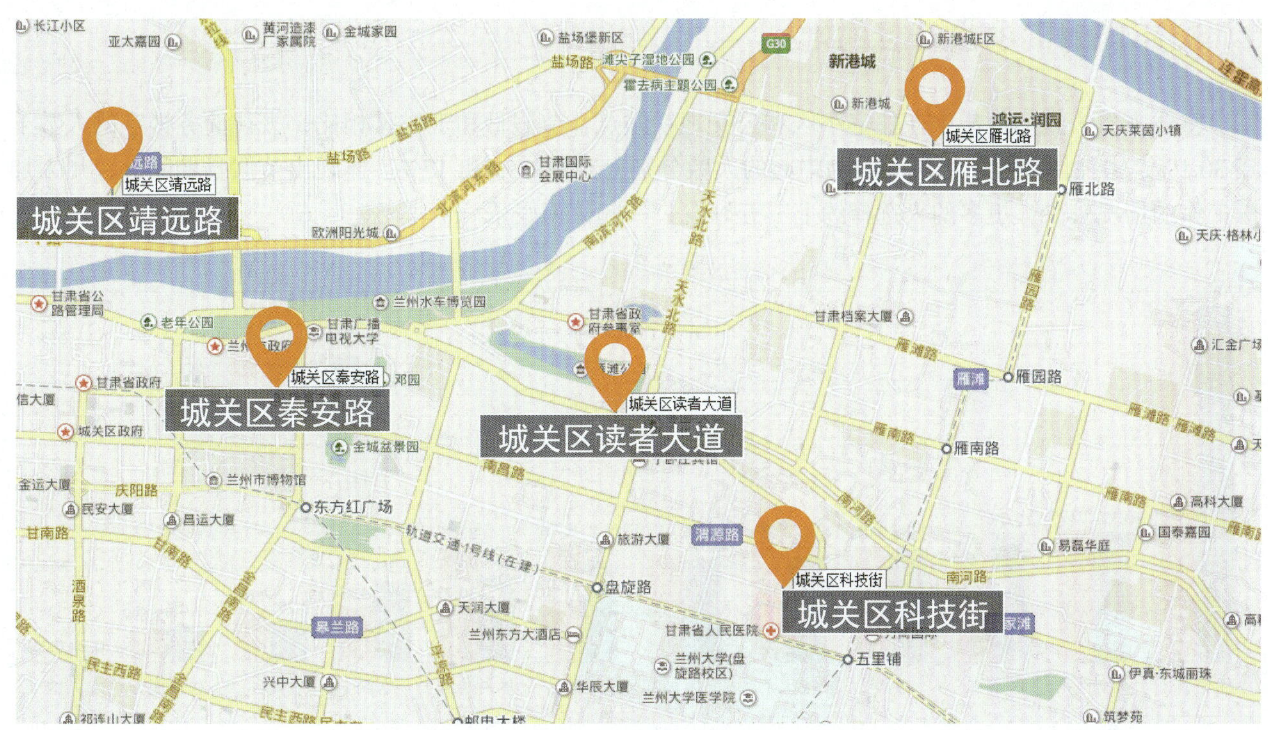

图 10 兰州早高峰打车难区域分布

图 11 兰州晚高峰打车难区域分布

这些区域和拥堵路段的分布位置有很多是重合的，可以看出兰州车流量大的地方较难打到车，可建议有关部门，在这里加大公共交通的投放量，和通过智能出行平台的大数据能力，对出租车、网约车等出行工具进行调剂。

6. 不同时间的出行目的地

整体来看，目的地集中在住宅小区和公交地铁站点，节假日和工作日相比，去往商务楼宇的人数下降 30.1%，去往休闲娱乐场所和购物中心的人数分别上升 30.7% 和 17%。体现出节假日期间，兰州人加班工作的情况较少，更多的人选择约上三五好友，一起休闲娱乐。

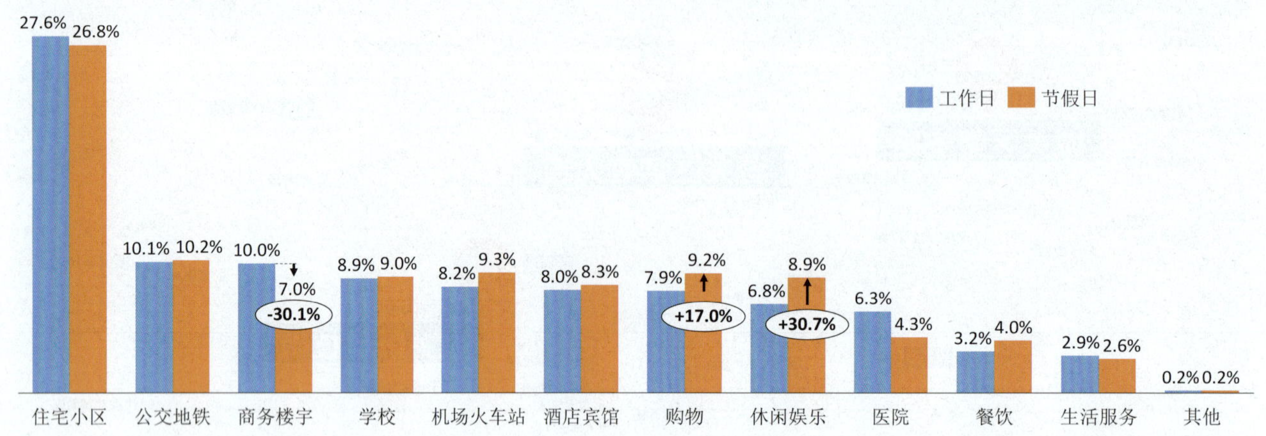

图 12 兰州打车目的地分布

从兰州 8:00 打车目的地分布可以看出：工作日去往商务楼宇的人占比最多，节假日减少 41.8%；节假日去往机场火车站的增幅最大，比工作日多 84.9%。

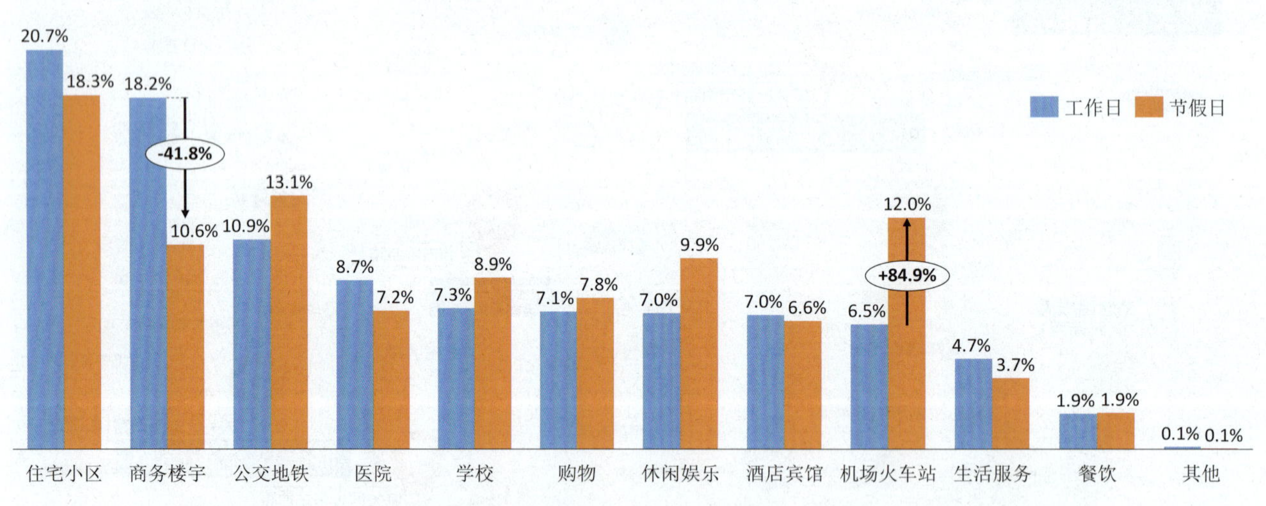

图 13 兰州 8:00 打车目的地分布

兰州，自古以来就是西部商埠重镇和交通要塞，是全国 12 个主干交通枢纽、全国 9 大物流区域、10 大物流通道和 21 个全国性物流节点城市之一。陇海、兰新、青藏、包兰和兰渝铁路等五大铁路干线皆交汇于此。当地有这样一句话广为流传：“中国西北游，出发在兰州”。很多到西北旅游、进疆入藏的游客都会选择兰州进行中转，这样就不难理解，节假日打车去火车站的人占比近 4 成了。

7. 通勤路线

根据滴滴出行大数据平台，对兰州日常通勤订单进行分析，结合兰州狭长的城市特点，发现兰州市主要通勤线路集中在以甘肃省政府及周围机关单位的办公群，与兰州市城关区东边的市中心相吻合。

注：上图通过打车订单的起点终点连线绘制，颜色从绿色到黄色，再到红色，越趋向红色表示该通勤线路的人数越多。

图 14 兰州工作日早晚高峰出行 OD 图

通勤主要集中在市中心的高密度通勤及市中心与黄河两座桥之间的通勤，还有兰州火车站为起始点的通勤。

四、特殊时间出行

1. 节假日：仅有晚高峰

节假日，兰州市民出行没有早高峰，全天只有 16:00 ~ 18:00 的晚高峰，和 21:00 左右的夜高峰，21:00 后出行量快速下降。从数据走势图可以看出，9:00 开始，出行量开始快速增加，到 11:00 出现一个小高峰，占比 6.3%。17:00 出行量最高，达 10.2%。夜间时段 21:00 后出行量快速下降。

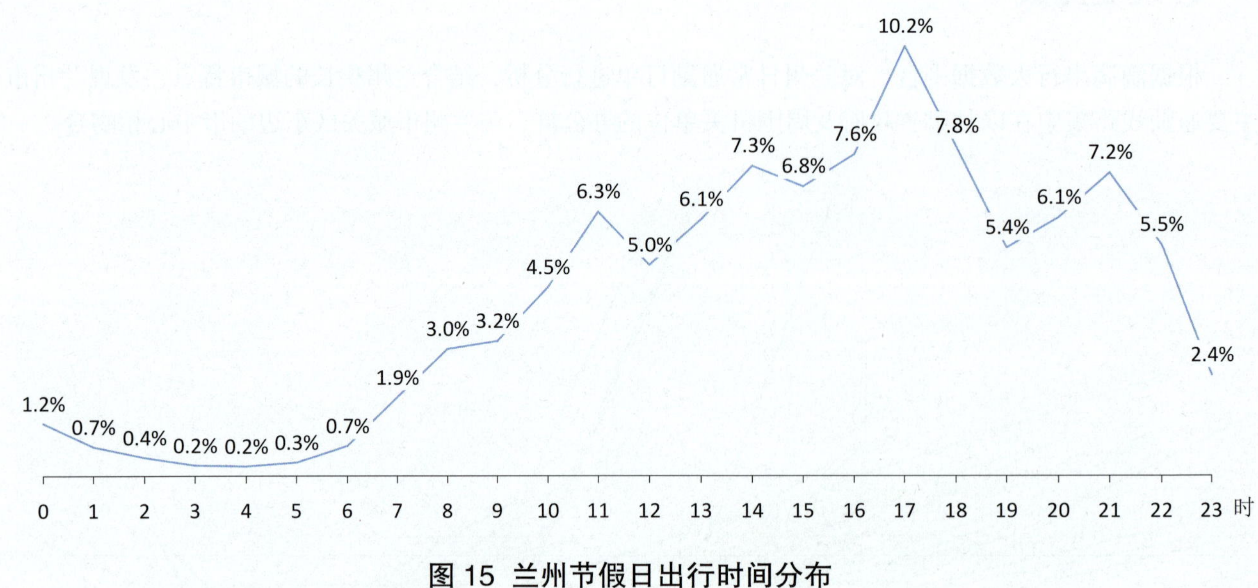

图 15 兰州节假日出行时间分布

2. 春节："温和"的空城效应下降

单看 2016 年 2 月兰州出行量分布可以发现，2 月整体出行量偏低，2 月 7 日（除夕）出行量最低。此外，俗以正月初五为财神生日，故而兰州商户大多选择在这一天开门迎客，寓意招财进宝、财源滚滚。所以 2 月 12 日出行量骤升，为 2 月出行人数最多的一天。此后出行量又大幅下降，直到 2 月 20 日开始上升。

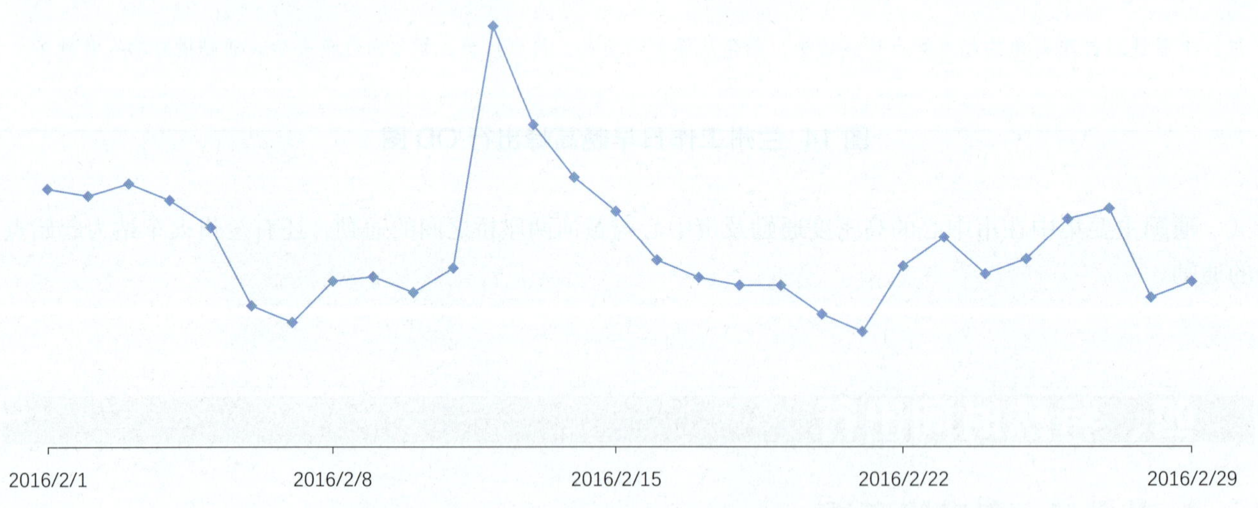

图 16 兰州 2016 年 2 月出行量变化趋势图

春节期间，大量打工族返乡，城市部分区域出行量下降，但比起一二线城市动辄 90%、80% 的出行量减幅，兰州的"空城"效应相对温和。其中，订单量下降最大的区域有：七里河区西站西路（32%）、安宁区银安路 527 号（11%）、西固区玉门街 502 号（10%）和西固区先锋西路（8%）。对照地图发现，这些地点附近集中了兰州西站及西固区实验学校、兰州市八十二中、福利路第三小学等学校。兰州西站客流减少，中小学放假，故而上述区域变得相对冷清。

图 17 兰州春节期间出行量下降最大的区域分布

五、舆论中的城市出行

人民网舆情监测室借助大数据平台，对 2016 年 1 月 1 日至 2016 年 6 月 30 日期间与“兰州交通”有关的网络新闻、博客、贴文等进行汇总统计得出：在报刊、网站、微信、微博、客户端、视频网站、论坛、博客等媒介平台上，有关“兰州交通”的报道和文章计 107144 篇，文章来源以网站、微博、微信为主，其中各渠道的文章数如下图：

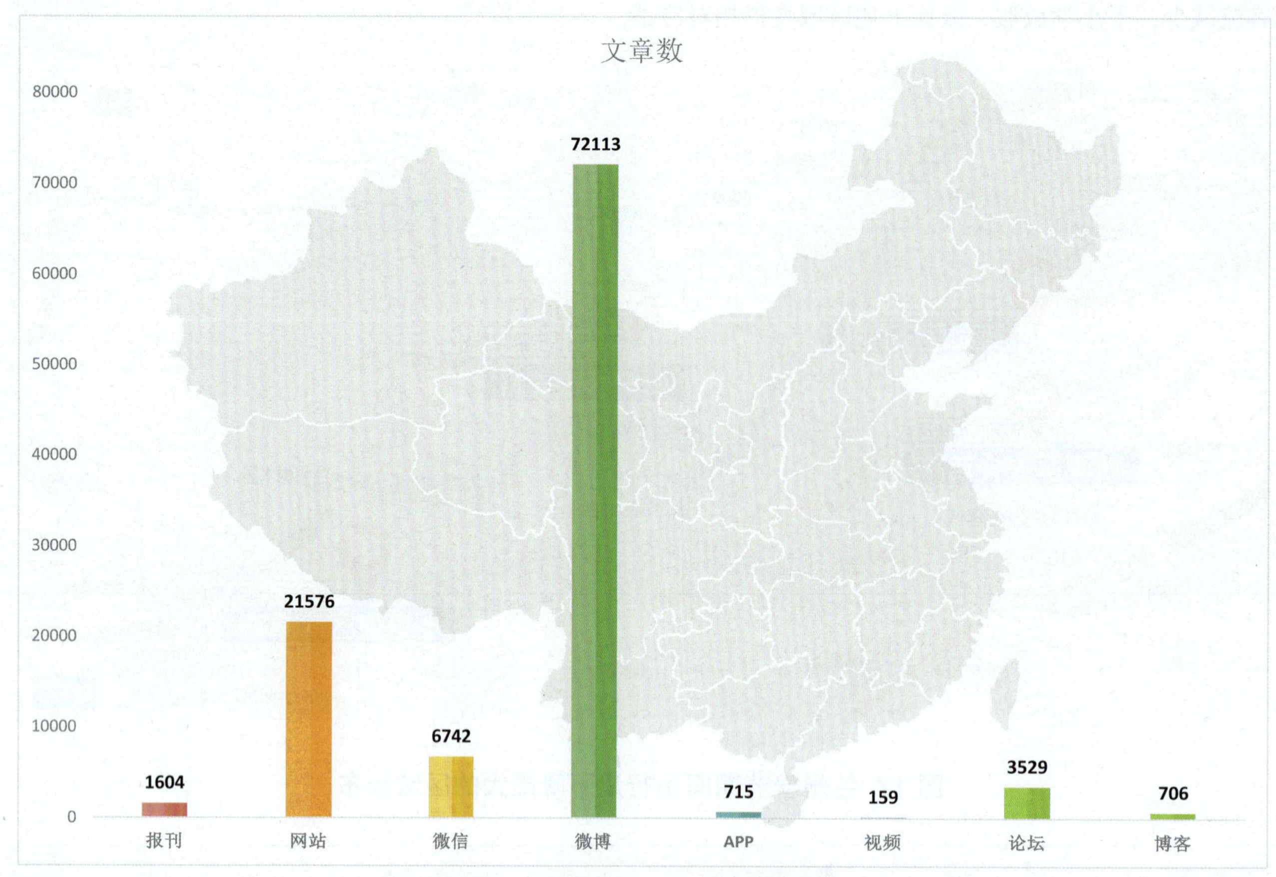

图 18 各媒介平台相关文章数量

进一步对这些文章的标题进行词频统计，去除干扰词后发现：在相关报道中，出现频次最高的 10 个名词分别为兰州、交通、机场、轨道、地铁、工程、一期、公交（车）、五一、隧道；频次最高的 10 个动词分别为自驾、贯通、建设、穿越、施工、开通、招标、管制、开建、规划。整体上，与轨道交通进展相关的话题成为网络热点：2015 年 12 月 31 日，兰州轨道交通 1 号线一期工程顺利掘进至黄河南岸河堤，标志着兰州地铁成为我国第一条成功下穿黄河的城市地铁隧道工程。目前，兰州轨道交通多条隧道相继竣工，伴随着工程建设的不断进行，相关的新闻也将持续走热。

图 19 相关文章标题的高频词云

六、总结

通过上述智能出行的数据发现：过去一年兰州交通拥堵比较严重，平均车速较低；在出行总量稳定上升的同时，“打车难”现象有所改善；兰州人更倾向于“朝八晚五”的安逸生活，节假日比较喜欢宅在家里。